CIGI走进中国系列丛书

走进巨龙

国际金融体系中的中国

[意] 多梅尼科·隆巴迪（Domenico Lombardi）
[美] 王红缨◎主编　徐秀军 等◎译

中国社会科学出版社

图字：01-2016-5707 号

图书在版编目（CIP）数据

走进巨龙：国际金融体系中的中国／（意）多梅尼科·隆巴迪，（美）王红缨主编；徐秀军等译．—北京：中国社会科学出版社，2018.3

（CIGI 走进中国系列丛书）

书名原文：Enter the Dragon: China in the International Financial System

ISBN 978-7-5161-8864-4

Ⅰ.①走… Ⅱ.①多…②王…③徐… Ⅲ.①国际金融体系—文集 Ⅳ.①F831-53

中国版本图书馆 CIP 数据核字（2016）第 213458 号

Copyright © by the Centre for International Governance Innovation
Chinese translation © by China Social Sciences Press
Published by arrangement with the Centre for International Governance Innovation.

出 版 人	赵剑英
选题策划	夏　侠
责任编辑	陈雅慧
责任校对	季　静
责任印制	戴　宽

出　　版	中国社会科学出版社
社　　址	北京鼓楼西大街甲 158 号
邮　　编	100720
网　　址	http://www.csspw.cn
发 行 部	010-84083685
门 市 部	010-84029450
经　　销	新华书店及其他书店

印刷装订	三河弘翰印务有限公司
版　　次	2018 年 3 月第 1 版
印　　次	2018 年 3 月第 1 次印刷

开　　本	710×1000　1/16
印　　张	24
字　　数	358 千字
定　　价	128.00 元

凡购买中国社会科学出版社图书，如有质量问题请与本社营销中心联系调换
电话：010-84083683
版权所有　侵权必究

前　言

多梅尼科·隆巴迪　王红缨

近几十年来，中国崛起为一个经济强国已成为一个不折不扣的奇迹。这是令中华儿女感到骄傲的事情，是跨国企业关注的热点，同时也是导致一些中国的经济和战略竞争对手感到焦虑的原因。最近以来，世界已注意到不断上升的中国形象，尤其是在国际金融体系方面。中国与其他金砖国家（BRICS，巴西、俄罗斯、印度、中国和南非）合作建立的新开发银行和应急储备安排以及亚洲基础设施投资银行和丝绸之路基础设施基金只是过去几年中国谋求的国际项目中的少数几个。中国金融实力大量存在的显著表现反过来又吸引了世界各地的极大关注。

这些事态发展凸显了中国在国际金融体系中地位的显著变化——从局外人到局内人，从外围角色到主要参与者，从规则的追随者到规则的制定者。随着中国的快速发展，对于学者、政策制定者以及广大公众来说，重要的是要理解中国金融治国的意图、能力和战略及其对中国自身未来发展和国际金融体系的影响。中国能否落实和维持包括金融业在内的进一步的经济改革？随着影响力的不断提升，中国在国际金融体系中将如何行动或做出何种反应？中国将继续适应当前的机制还是根据自己的构想塑造这些机制？《走进巨龙：国际金融体系中的中国》一书旨在探讨这些问题的答案。

本书是来自中国、北美和欧洲的经济学和政治学不同专业领域的学者合作的结果。我们感谢匿名审稿人为帮助提高本书质量提出的诸多意见和建议。特别要感谢考比·胡（Coby Hu）为研究提供的宝贵帮助以及詹妮弗·格莱德（Jennifer Goyder）和卡罗尔·博尼特（Carol Bonnett）对全部手稿的仔细编辑。最后，但并非最不重要的是，我们感谢本杰明·科恩（Benjamin J. Cohen）为本书书名所提的建议。

目　录

导论 ·················· 多梅尼科·隆巴迪　王红缨（1）
　人民币国际化 ·· （4）
　中国的金融国际化 ·· （6）
　国际金融治理中的中国 ·· （7）
　结论 ··· （9）

第一部分　人民币国际化

第一章　中国的实力和人民币的国际使用
　　················· 胡安·卡洛斯·马丁内斯·奥利瓦（13）
　无法抵制的人民币征程 ······································· （16）
　从全球治理改革的灰烬中走出来的亚洲版布雷顿森林
　　体系 ··· （21）
　中国的东亚区域政策中的硬实力和软实力 ····················· （27）
　结论 ·· （31）

第二章　人民币国际化的政治逻辑：通往全球主要货币的
　　独特路径 ··· 何兴强（37）
　国际货币：国际化的决定因素 ································ （38）
　中国对美元主导地位的看法 ·································· （44）
　人民币国际化之路的政治逻辑 ································ （52）
　人民币国际化的主要制约和支持力量 ·························· （61）

· 1 ·

结论 ………………………………………………………… (66)
致谢 ………………………………………………………… (68)

第三章　人民币国际化的顺序 ……………… 巴里·艾肯格林 (77)
　　什么是国际货币？ ………………………………………… (79)
　　关于排序的文献 …………………………………………… (81)
　　渐进主义的路径 …………………………………………… (86)
　　大爆炸式的路径 …………………………………………… (90)
　　阶段性策略 ………………………………………………… (91)
　　结论和建议 ………………………………………………… (100)

第四章　人民币贸易结算潜力评估 ……………… 徐奇渊 (106)
　　评估框架 …………………………………………………… (108)
　　结论 ………………………………………………………… (119)

第五章　人民币国际化的政治局限
　　………… 兰德尔·日耳曼　赫尔曼·马克·施瓦茨 (124)
　　货币国际化：国内和国际因素 …………………………… (126)
　　历史记录：英镑、美元及其教训 ………………………… (130)
　　中国与人民币：国内因素和国际因素的交汇点 ………… (134)
　　结论 ………………………………………………………… (139)

第二部分　中国的金融国际化

第六章　中国崛起为国际债权国：实力的象征？
　　……………………………… 斯图尔特·布朗　王红缨 (149)
　　国际债权国的有限影响力 ………………………………… (150)
　　中国的有限金融收益 ……………………………………… (152)
　　中国有限的政治影响力 …………………………………… (159)
　　债权国地位与发展模式 …………………………………… (164)

目 录

改革的政治障碍 ……………………………………… (169)
展望未来 …………………………………………… (173)
结论 ………………………………………………… (174)

第七章 中国国际金融政策的国内政治根源
……………………………… 大卫·A. 斯坦伯格 (181)
国内政治为何能影响国际金融政策 ………………… (182)
国内政治对中国金融政策的影响 …………………… (192)
总结及对未来的启示 ………………………………… (200)

第八章 中国债券市场国际化、离岸人民币中心发展与全球安全资产供给 ………………………… 刘东民 (210)
2008 年危机后全球安全资产的供需 ………………… (210)
人民币国际化、中国离岸债券市场与全球安全资产 …… (212)
中国地方政府债券国际化与全球安全资产供给 ……… (222)

第三部分 国际金融治理中的中国

第九章 国际货币基金组织中的中国 ……… 贝丝玛·莫曼尼 (241)
中国论 IMF 监管 ……………………………………… (242)
中国关于 IMF 监督的看法 …………………………… (248)
中国关于 SDRs 的看法 ……………………………… (255)
结论 ………………………………………………… (259)

第十章 中国参与 G20：回顾、展望、战略与议程 ………………………………………… 何兴强 (267)
中方对 G20 峰会中中国的回顾 ……………………… (268)
中国对外经济政策的制定及其对中国参与 G20 的影响 …… (275)
中国在 G20 中的战略 ………………………………… (281)
中国在 G20 中的议程 ………………………………… (286)

· 3 ·

结语 ··· (293)

第十一章　2007—2009 年金融危机后中国在金融标准制定中的角色
——关于《巴塞尔协议 III》与影子银行改革的案例
·························· 大卫·肯普索恩（301）

金融标准制定的历史：从 1974 年到后危机时代标准制定
体制 ·· (303)
IPE 视角下的中国实力和利益·· (308)
中国遵守《巴塞尔协议 III》·· (314)
中国执行影子银行改革·· (318)
结论 ··· (322)

第十二章　中国参与小多边金融合作：动机与影响
·· 王红缨（331）

背景 ··· (332)
中国的动机 ·· (333)
中国参与金融小多边主义的影响·· (342)

结论　·························· 多梅尼科·隆巴迪　王红缨（355）

国际金融权力的性质和来源·· (355)
中国对现行国际金融秩序的态度·· (357)
国内—国际联动·· (359)
中国金融崛起的特殊性·· (360)

缩略语 ·· (365)

作者简介 ·· (369)

译后记 ·· (373)

导 论

多梅尼科·隆巴迪　王红缨

20世纪90年代初，中国经济开始经历一场巨大的转型。得益于年均约10%的经济增长率，中国已成为世界第二大经济体。根据有些测算，中国甚至已是世界第一大经济体（见图1）。例如，根据国际货币基金组织（IMF）的数据，2014年中国按购买力平价（PPP）衡量的国内生产总值（GDP）已经超过美国，达到17.6万亿美元。在贸易方面，中国已经逐步从一个封闭的经济体成长为世界上最大的货物贸易国，贸易额占GDP的比重超过了50%。此外，中国的国内金融市场发展也大步向前。自1990年上海和深圳证券交易所成立以来，股票成交总额已经从零飙升至GDP的70%以上。从1997年至2014年，中国的本币债券市场规模占GDP的比重从3.6%上升至50.6%以上。同样，中国的企业债券部门从无到有，发展迅速，到2014年已形成了一个规模为2万亿美元的市场，占中国债券市场的份额达35.8%（见图2）。

中国的实体经济尤其是制造业已经融入全球贸易网络，而中国金融市场国际化的进展却表现平平（Subacchi et al. 2012；Dobbs, Leung and Lund 2013；Craig et al. 2013）。事实上，有管理的汇率政策以及对跨境资本流动的严厉管制等一些富有争议的因素导致中国的金融市场与其贸易伙伴相对脱离（Maziad and Kang 2012）。然而，2007—2009年全球金融危机（GFC）之后，中国政府相继出台了一系列的政策措施，以提升其货币——人民币（RMB）的国际地位。

| 走进巨龙 |

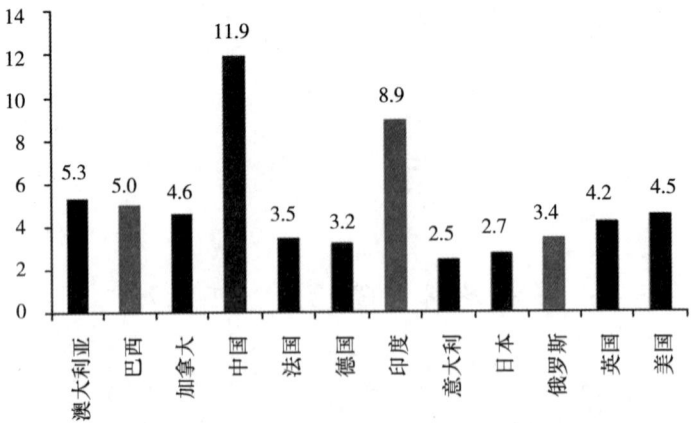

图1　1993—2015年金砖四国与发达经济体的经济增长率（%）

注：图中数据表现的是1993—2015年按购买力平价计算的GDP（美元）。2014年和2015年的数据为IMF预测的数据。

资料来源：IMF World Economic Outlook database（2015）.

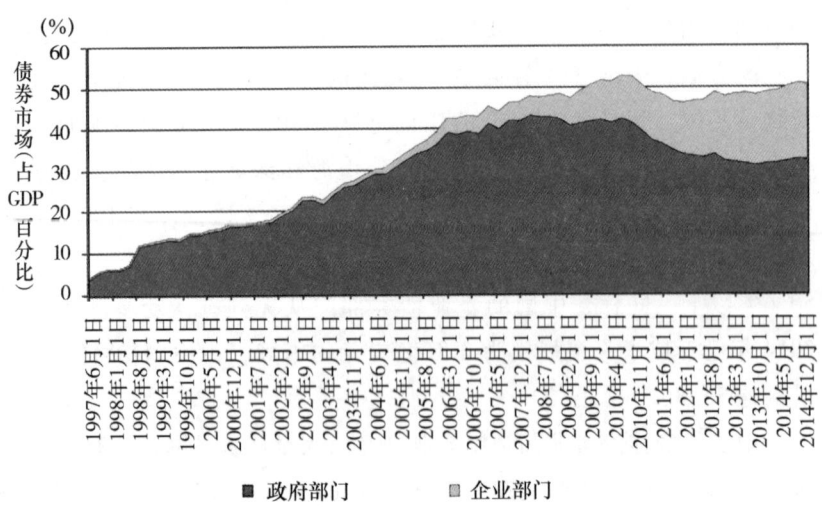

图2　1997—2014年中国本币债券市场

资料来源：ADB Asian Boods Online database.

|| 导　论 ||

　　得益于中国的经济规模、全球贸易网络以及资本账户自由化和金融发展的逐步推进，人民币的国际使用范围已明显扩大。目前，人民币已跃升为世界第五大最常用的支付货币，而2010年这一排名仅为第35位。① 与此同时，截至2014年，人民币跨境结算总额超过了8000亿美元，已涵盖中国所有的国际收支项目，包括资本账户，即便2014年资本账户仍处于限制状态。

　　为进一步促进人民币的国际化，中国人民银行（PBoC）迄今已建立了一系列的人民币离岸中心，并与一些国家和中央银行签署了双边货币互换协议。截至2015年5月，中国人民银行与30多个国家和地区签署了双边货币互换协议，其中14个为设有官方人民币清算银行的"人民币离岸中心"。② 基于这些最新的发展不难理解，人民币国际化以及中国在全球金融体系中所发挥的更大作用，已引起越来越多的关注。鉴于其经济的持续增长，中国将不可避免地希望对国际货币秩序的某些方面加以修正。与此同时，随着中国进一步融入国际金融体系以及人民币受全球市场起伏的影响加大，它会使自己置身于与全球互联相伴而生的一些新的风险之中，就如全球金融危机所展现出来的那样。

　　为了阐述这其中所涉及的一些重大问题，《走进巨龙：国际金融体系中的中国》一书汇聚了多名中外专家，共同探讨了有关人民币国际化以及中国融入全球金融和货币体系等方面的议题。

　　全书分为三个部分，分别对这一广泛议题的具体方面进行了集中讨论。第一部分探讨了有关人民币国际化方面的问题，例如中国推动货币国际化的动机、主要障碍以及可能的实现途径等。第二部分探讨有关中国崛起方面的更广泛的问题，特别是中国与世界其他国家的金融一体化以及潜藏其后的政治因素。第三部分讨论了关于中国在全球金融治理和对话中的作用等一些重要问题。

---

① 数据来自环球银行金融电信协会（the Society for Worldwide Interbank Financial Telecommunication，SWIFT），该机构提供全球金融机构的金融交易信息。
② 截至2015年5月，包括中国香港、中国澳门、中国台湾、新加坡、英国、德国、韩国、法国、卢森堡、卡塔尔、加拿大、马来西亚、澳大利亚和泰国。

人民币国际化

中国政府明确地推动人民币国际化，并且步伐很快，这在国际金融史上显得有些不同寻常。为什么中国如此急切地希望扩大其货币的国际使用？通过哪些途径来实现人民币国际化？中国推动人民币国际化的后果是什么？在国内外政治和经济条件的约束下，人民币国际化可能走多远？

围绕上述问题，本书第一部分的五章进行了探讨。胡安·卡洛斯·马丁内斯·奥利瓦（Juan Carlos Martinez Oliva）首先探讨了货币国际化的地缘政治考虑及其与人民币的关系。他所撰写的这一章论述了人民币在国际上日益提升的重要性以及中国在亚太地区的政治抱负，尤其是对美国的主导地位带来的潜在威胁。在此过程中，他考察了人民币国际化背景下中国参与地区经济和金融方面的倡议，以及中国在东亚地区的"软"权力和"硬"权力的现状。他认为，至少在中国政府和精英的眼中，人民币国际化是一个深思熟虑的政治战略，它聚焦于中国作为东亚地区的中心。马丁内斯·奥利瓦还指出，从长期来看，人民币与美元匹敌作为世界储备货币的可能性很大。但短期内，人民币要成为美元那样的世界储备货币，一个先决条件是要成为在东亚地区用于贸易和投资的主要区域性货币。

与这一地缘战略视角相辅相成，何兴强（Alex He）深刻分析了中国在推动全球使用人民币背后的国内因素。他认为，中国央行推动人民币国际化的主要动机是希望借此推进国内经济改革，例如放松资本账户、汇率和利率管制等。除了这一政治动力外，还存在一些其他方面的考虑，包括降低中国企业在国际市场上所面临的汇率风险，减少使用美元带来的风险，以及提升人民币的"信誉"和巩固上海的金融中心地位等。

巴里·艾肯格林（Barry Eichengreen）讨论并评估了货币国际化的"次序问题"。艾肯格林指出了人民币国际化的三种主要方案。首先是"渐进式"的方案，其特点是在完成金融自由化目标之前，需

导 论

要对中国国内金融市场进行渐进改革。相比之下,"大爆炸式"的方案倾向于以更快的步伐推动人民币国际化,并借此同时从多个方面寻求政策改革。最后一种方案可以称之为"阶段性"的战略,它寻求在维持资本账户管制的同时推进人民币的国际化,其途径包括:在兼顾金融稳定需要的条件下放松资本账户管制,创立人民币离岸中心以促进以人民币计价的交易的发展,在境内筹建独立的贸易和金融特区以促进与世界其他地区之间以人民币计价的交易。在艾肯格林看来,最后一种方案最好。他认为,目前来看,中国所做的选择正是如此。

徐奇渊在其撰写的第四章开篇中就提出,近年来使用人民币进行跨境贸易结算的规模快速扩大的主要动因源自人们对人民币升值预期的投机行为,进而评估了这一预期可能出现逆转的情况下使用人民币进行贸易结算的走势。他认为,中国巨大的国际贸易规模对使用人民币进行贸易结算来说有积极作用,但也存在其他一些制约因素,包括中国巨额的贸易顺差,加工贸易在外贸里的分量,对进口初级产品和对西方市场的严重依赖,以及中国企业在全球生产链中缺乏竞争力等。对于如何促进在跨境贸易结算中使用人民币,他还提出了一些政策建议。

在人民币国际化这一部分的最后一章中,兰德尔·日耳曼(Randall Germain)和赫尔曼·马克·施瓦茨(Herman Mark Schwartz)探讨了人民币国际化的政治约束。他们考察了与发行全球货币相关的许多政治条件和调整成本(adjustment costs),在把中国与英国、美国等传统的国际货币发行国进行历史比较的基础上,日耳曼和施瓦茨认为,中国不满足有效发行国际货币所需要的条件,而且中国的政治体制将无法通过彻底重组经济来支持人民币成为一种国际货币。这是因为,为了人民币在国际上的流通,中国需要通过增加净进口以及从投资和为出口而生产转向消费。因此,人民币成为与美元相匹敌的货币,并不那么容易。

中国的金融国际化

如前所述，中国的金融部门已经进行了朝着自由化、发展和"开放"的方向缓慢而稳定的变革。由此引发了一些新的问题：中国政府采取了什么样的金融政策来鼓励和适应中国金融部门的开放？中国的金融政策如何影响其经济？中国的对外金融政策背后存在哪些政治因素？中国的金融国际化怎样才可能超越其目前的范围？为了解决这些问题，本书的第二部分探讨了这一更为广泛的国际化进程及其对中国的金融政策和金融发展的影响。

金海龙、多梅尼科·隆巴迪（Domenico Lombardi）和考比·胡（Coby Hu）探究了与中国政府奉行的汇率管理相关的宏观经济政策的限制。他们首先分析了中国央行积累的大量外汇储备以及从1994年到2005年10余年间人民币兑美元的汇率保持相对稳定。这两个因素均指向有管理的汇率政策。但是，他们认为，这一政策的成本很高。除了丧失货币政策的独立性这一通常的成本之外，中国央行的外汇储备特别是美元资产的回报太低，因而没有理由通过发行人民币对冲美元来继续购买外国资产。此外，他们认为，中国央行的汇率政策还给中国宏观经济环境带来其他制约，即破坏实体经济活动的通货膨胀成本以及为达到高存款准备金率由银行承担的隐性税收成本等。

谈到政治分析，大卫·斯坦伯格（David A. Steinberg）专注于中国对外金融和货币政策的国内根源，尤其是关于资本管制、汇率和外汇储备方面的政策。第七章的中心论点是，对于任何一个国家来说，每项既定财政政策的总体成本和收益是不明确的，但对不同的社会经济群体来说，每项政策都会产生输者与赢家。与世界上的其他地方一样，在中国，政府采取的政策往往服务于政治权力集团的利益。长期的资本管制以及对外汇市场的持续干预，造成了大量外汇储备的积累。这些政策使一些群体受益，但以牺牲其他群体的利益为代价。在目前的政治体制下，权力的天平极度地向赢家倾斜。

斯图尔特·S. 布朗（Stuart S. Brown）和王红缨分析了中国作为

一个主要国际债权国的崛起。他们剖析了中国成为国际债权国的原因和后果，以及这一地位与中国经济发展模式之间的联系。第六章研究表明，中国的净债权国地位并未如人们所预料的那样，在经济上或政治上使中国获得益处。并且，他们认为，如果中国实现向内需导向型经济的转型，将会降低其净债权国的地位。这将使中国经济的基本面更加均衡，从而为其全球影响力奠定更好的基础。布朗和王红缨认为，美国的主导地位仍将持续，这主要得益于美国资本市场相对于中国的成熟度和流动性。他们的结论是，为了获得与美国相类似的地位，中国必须进行根本性的经济变革，但鉴于其政治体系，要实现这一点很难。

在第二部分的最后一章，刘东民探讨了中国地方政府债券弥补全球安全资产缺口的发展前景。他提出，评价人民币国际化潜力的关键指标是其在各国央行持有的储备货币中的地位。他认为，这一要求与债券市场的规模直接相关。债券，特别是那些由政府发行并由其本币计价的债券，必须被认为是具有高信用评级的全球安全资产，美国和英国的政府债务即是如此。他建议中国政府增加国债在在岸和离岸市场的供给，同时对债券尤其是地方政府债券的销售和监管进行必要的改革，注重市场的透明度和自由化。

国际金融治理中的中国

随着中国日益融入国际金融体系，中国对全球金融治理的参与也日益加深。一直以来，中国在国际金融制度中扮演了什么角色？未来它将扮演什么角色？是什么动力塑造了中国在全球金融治理中的偏好和能力？第三部分将对其中的一些问题予以解答。

贝丝玛·莫曼尼（Bessma Momani）探讨了中国日益增长的实力和影响力如何引发了 IMF 关于自身的机构治理、经济监督和特别提款权（SDRs）等问题的争议。关于第一个议题，莫曼尼引述了中国对于美国及其盟国主导 IMF 治理的担忧。在这种担忧的推动下，中国支持将 IMF 的投票权向发展中国家转移，但这一改革多次遭到美国国会的阻挠。关于第二个议题，莫曼尼认为，中国敦促IMF将更多的重点放在监督发达经济体上，并且最应该监督的是美国，因为美国是全球储备货币的发行者。最后，第九章论述了中国如何争取让IMF的SDR发挥更大的作用。中国将人民币加入SDR视为必要，这部分缘于贸易、金融甚至政治权力方面多极化深入发展的趋势。该章研究结论表明，由于中国的发展中国家身份与新兴大国身份之间存在矛盾，中国未来对IMF的态度很难预测。

何兴强对中国加深与二十国集团（G20）经济体之间的联系进行了详细分析。第十章探讨了中国的政策、议程和目标及其与中国参与G20之间的关联。他认为，中国将这一论坛视为一个促进全球经济治理的理想平台。他强调指出了中国的路径转变，尤其是从防御性的、孤立的姿态向积极的、开放的姿态转变。前者表现在中国对其汇率政策屡屡遭受批评的反应，后者表现为中国在应对欧洲债务危机和全球金融危机等全球问题中起到的作用。他认为，中国愿意参与G20，并非缘于它有兴趣成为一个议程设定者，而是希望从推动重要全球合作机制的发展中获得声望。

在接下来的一章中，大卫·肯普索恩（David Kempthorne）探讨了中国与巴塞尔银行监管委员会和金融稳定理事会（FSB）等国际金融标准制定机构之间的关系。他指出，尽管中国金融市场不断成长，但与美国和欧洲相比，中国在国际金融中发挥的作用仍微不足道。他认为，中国在管理经验上远远落后于发达国家，这使得中国难以影响国际金融监管规则。在国际合规性方面，肯普索恩认为，中国大体上已与《巴塞尔协议III》资本充足率标准以及金融稳定理事会的影子银行改革标准相符。尽管如此，他认为，中国与国际标准之间仍存在一些分歧，尤其是在产业部门内的金融交易上缺乏透明度。他的结论是，未来一段时间里，中国不太可能对这些金融标准制定机构的工作产生影响。

在第三部分的最后一章，王红缨探讨了中国加速参与小多边金融安排——与邻国和其他发展中国家签署的合作协议和成立的机构，如《清迈倡议》、亚洲基础设施投资银行（AIIB）、新开发银行（NDB）

和应急储备安排（CRA）等。这一章特别讨论了中国参与多边金融合作的潜在动机，以及这些机构对现有全球金融治理的影响。王红缨认为，AIIB、CRA 和 NDB 的建立是中国更加积极的对外经济政策的一部分，但这些中国支持的安排在短期内并不会给现有的国际金融秩序带来威胁。她认为，国际社会应该适应这些变化，并鼓励中国维持小多边主义的开放形式，就像西方国家应该使其小多边主义向中国开放一样。

结 论

中国的崛起以及伴随而来的挑战与风险导致了国际金融体系的转型。对于思考如何更好地应对这种转型的学者和政策制定者来说，人民币国际化、中国金融业的发展和融入全球体系，以及中国在国际金融机构和国际金融治理中的作用等都是很重要的问题。毫无疑问，这些议题将随着中国经济实力和政治影响力的日益提升而变得更加重要。本书认为，中国将继续寻求和推动在国际经济合作、国际财金对话和国际政治中发挥更大作用。

在此背景下，本书旨在引起人们对于中国上升为国际金融大国带来的诸多问题的深入辩论。本书不是简单地着眼于经济分析，书中的很多内容采用了属于经济学和政治学范畴的诸多领域的更为广泛的概念方法。事实上，本书的最终目标是说明中国的经济崛起是一个高度政治化的过程。只有结合政治和经济分析，才能理解中国在国际金融体系中崛起的原因和结果。我们希望，本书有助于人们能够持续关注和讨论中国的政治利益、中国的经济和金融合作议程，以及中国经济崛起的国内和国际影响等问题。

参考文献

Craig, Sean R., Changchun Hua, Philip Ng and Raymond Yuen. 2013. "Development of the Renminbi Market in Hong Kong SAR: Assessing Onshore-Offshore Market Integration." IMF Working Paper. www.imf.org/external/pubs/ft/wp/2013/wp 132

68. pdf.

Dobbs, Richard, Nick Leung and Susan Lund. 2013. "China's Rising Stature in Global Finance." *McKinsey Quarterly*. July. www. mckinsey. com/insights/winning_ in_ emerging_ markets/chinas_ rising_ stature_ in_ global_ finance.

Maziad, Samar and JoongShik Kang. 2012. "RMB Internationalization: Onshore/Offshore Links." IMF Working Paper.

Subacchi, Paola, Helena Huang, Alberta Molajoni and Richard Varghese. 2012. *Shifting Capital: The Rise of Financial Centres in Greater China*. A Chatham House Report. www. chathamhouse. org/sites/files/chathamhouse/public/Research/International%20Economics/r0512 shiftingcapital. pdf.

第一部分

人民币国际化

古事記

太安萬侶

第一章

中国的实力和人民币的国际使用

胡安·卡洛斯·马丁内斯·奥利瓦

> 中国人想和美国人平等地分享这个世纪。
>
> ——李光耀（Lee Kuan Yew 2013）

人民币在国际舞台上的快速崛起是一系列深思熟虑的、试图将中国货币扩展到世界各国的行动结果。中国政府一开始的推进行动很谨慎，但很快就加快了行动的步伐，以便让人民币在对外贸易和金融交易领域更多地使用；同时还鼓励人民币在各国中央银行的外汇储备中使用。这些行动显示了中国将人民币转变成一种国际范围内广泛使用的货币的坚强决心。面对这些不同寻常的发展态势，我们应该认真地思考中国政府的行动意图。

绝大部分的经济学文献在试图给货币国际化的净金融收益进行定量分析时，往往把分析限制在少数可以度量的因素上，例如交易成本的减少、因第三方国家货币波动而产生的不确定性的降低、从持有本国货币的外国人那里获得的零利息的铸币税收益。最近的研究探讨了上述效应并得出如下结论：类似美国这样的货币强国并没有从美元的国际地位中得到什么好处，甚至降低美元的国际地位会更有收益，因而也更为合理。[①]

[①] 关于这些研究的概述见 Cohen（2012）。最近，威廉姆森（Williamson 2013）确认了美国作为汇率管理的货币霸权受到的限制超过了其作为美元发行国的收益。

基于上述结论，人们倾向于不再认可货币国际化是一项理想的选择。但对于中国为何把人民币国际化列入其议事日程的问题仍然没有明确答案。

本杰明·科恩（Benjamin J. Cohen）的一篇论文对货币国际化的收益和成本进行了深入分析。文中指出，在由经济学家主导的讨论中，政治学家很容易注意到他们对地缘政治因素的明显忽略。① 本章基于科恩富有启发性的评论，将致力于通过把货币国际化内嵌于地缘政治和权力分析中，从而丰富传统的货币国际化分析。它将一些表面看来性质不一样的内容组合在一起进行分析，例如人民币的国际化进程、中国参与地区的经济和金融倡议以及中国在全球范围内尤其是东亚地区对软实力和硬实力的运用。

值得注意的是，国际货币一个富有吸引力的特征是，它是交易工具、价值储藏工具和计价单位，这涉及一种特别的身份而且是货币发行国某种权力的源泉，从而体现出一种"过度特权"（exorbitant privilege）。② 正如罗伯特·蒙代尔（Robert Mundell）所提醒我们的，权力与货币之间的联系非常紧密。③ 自罗马帝国崛起早期，第二次布匿战争（Punic war）结束时，一直到公元3世纪晚些时候，古罗马德纳累斯银币（denarius argenteus）一直标记着帝国的疆域而且展现了罗马帝国权力最有形的象征。④ 13世纪以后，西班牙银币"real de a ocho"同样在西班牙帝国的疆域里流通到19世纪——在西班牙帝国时期，它是西方世界中最稳定的、最保值的货币，而且是未来货币的

---

① "但在货币国际化的文献中，很少涉及地缘政治。这个庞然大物依然矗立在那儿，但好像几乎没有人愿意去讨论它。"（Cohen 2012, 27）

② 时任法国财政部长瓦勒里·季斯卡·德斯坦（Valéry Giscard d'Estaing）首先提出这一短语来定义美元的国际霸权。

③ "大国有强大的货币"（Mundell 1993）。探讨这一问题的国际政治学家有查尔斯·金德尔伯格（Charles Kindleberger）、苏珊·斯特兰奇（Susan Strange）和本杰明·科恩 [参见 Cohen（2010）]。

④ 然而罗马银币也在帝国之外流通，并达到世界上已知的最远地方 [参见 Martinez Oliva（2007）]。

基准。① 第二次世界大战结束时，美国从英国手中接过了全球领导权②，美元取代了作为金本位时期全球主导货币的英镑。③

地缘政治考量更深刻地解释了主导货币与货币发行国权力之间的互动关系以及货币国际化目标背后的意图。按照一种几个世纪都没有发生大的变化的行为模式来说，这种考量可能提供了一个令人信服的理由来解释为何一些国家用一种被普遍接纳的、价值稳定的主导货币来进行贸易支付会更便利。

国际货币和货币发行国的权力之间的互动对于当前的工作具有特别的意义，因为它对于分析中国人民币国际化的意图有启发性。从这个角度来看，人们认为，如果一种货币的国际使用被推进得足够远，它的使用就会触发一种基于交互共生效应（cross-feeding effect）的有效循环。一个强大的国家能够促进其贸易伙伴大量地使用它的货币；反过来，有影响力的货币的发行国可以从其他国家攫取经济和战略利益，从而增加一个国家的实力。总之，货币强国可以从其货币的广泛流通和使用中把收益内部化，同时它的流通网络的外部性也让人坚信其货币在影响范围内能够长期保持主导地位。④

货币国际化和国家实力可能存在互动关系。安全考量在经济学文献中也是一个较少提到的概念。按照科恩（Cohen 2012）的观点，选择一种货币用于国际交易的决定性因素中，人们很少考虑安全因素，普遍忽略了货币国际化可能带来巨大的、积极的安全效应这一可能性。这意味着从权力的角度看，发行国际货币，获得的收益不仅仅局限于经济领域。正如科恩指出的那样，"货币主权"也使货币发行国更容易抵御外部的政

---

① 西班牙银元甚至成为远东的贸易标准。后来，西方大国的"贸易银元"、香港银元以及中国最初的银元等当地货币也按照与西班牙银元同样的规格（重量、尺寸和纯度）铸造。

② 这一释义取自威尔·克莱顿（Will Clayton）1947年5月的历史备忘录："世界领袖的缰绳正从英国曾经强有力但现已无力的手中滑落，并将被美国或俄罗斯来捡起"。

③ 关于其中发生的一些事件的概述见 Gardner（1969）。

④ 关于国际货币权力自动供给机制（self-feeding mechanism）的深入讨论参见 Henning（2012）。

治或军事压力（Ibid., 16）。①

  与上面的考量一样，本章把人民币的国际化进程看做一种深思熟虑的、目标为建立以中国为核心的东亚经济共同体的战略的一部分。这样，人民币的崛起就代表了一种努力实现习近平主席提出的"亚洲人民的亚洲"这一亚洲梦的外交和战略工具。② 与其区域大战略相一致，中国希望赢得周边国家的支持和友谊，同时对领土主权、海洋权利和利益等战略性问题保持一种领导者的姿态。通过引入安全方面的影响，中国阐述的"妥善处理领土和岛屿争端"的意图为地缘政治视角的分析增加了现实意义。③ 人民币国际化不能看做是一个自发的过程，而是中国在东亚地区强化其地缘政治作用的战略的一部分。

  在世界各地建立人民币离岸中心，与很多个外国央行构建货币互换协议网络，开设以人民币为基础的新的区域金融机构，在强化战略、军事能力的同时提升国家形象和软实力可以被认为是中国发展蓝图中相互支撑的要素。

无法抵制的人民币征程

不错，金钱是个好兵士，有了它就可以使人勇敢百倍。
——威廉·莎士比亚，《温莎的风流娘儿们》

  中国正在快速获得人民币国际主要货币的地位。按照环球银行金融电信协会（SWIFT）数据，人民币在全球支付中的排名从 2013 年初的第 13 位跃居 2015 年 1 月的第 5 位。2014 年 11 月，人民币超过加元和澳元，成为全球支付货币，而如今仅次于日元、英镑、欧元和

---

  ① 根据这一观点，通过来自附庸国的积极支持，货币霸主能够增加其地缘政治实力。

  ② 习近平主席在亚洲相互协作与信任措施会议第四次峰会上明确提出这一概念："亚洲的事情，归根结底要靠亚洲人民办。亚洲的问题，归根结底要靠亚洲人民来处理。亚洲的安全，归根结底要靠亚洲人民来维护。"（Xi 2014）不久之后，习近平主席在韩国明确使用"亚洲人民的亚洲"一词（Harold 2015）。

  ③ 例如，参见 2014 年 11 月 28 日至 29 日习近平主席在中央外事工作会议上的讲话（http://news.xinhuanet.com/english/china/2014-11/30/c_133822694.htm）。

美元。① 不久之后，人民币将很可能会取得更大的成就。

相对于今天来说，在几年前，人民币获得完全国际地位的形势并不明朗。在2008年11月国际金融危机最危急时刻举行的G20峰会上，中国国家主席胡锦涛呼吁一种"公平、公正、包容、有序的"国际金融新秩序。在后来的一些场合，中国重述了其对以美元为基础的国际货币体系的关注。② 几个月后，2009年3月，中国人民银行行长周小川不仅重复了胡锦涛主席对于构建更好的全球金融体系的呼吁，还在一篇广为引用的文章——《国际货币体系的改革》中提出，危机的爆发及其对整个世界的溢出效应反映了"现存的国际货币体系的内在脆弱性和系统风险"（Zhou 2009）。

除了公开地挑战美元的作用，周小川还宣传需要创造一种国际储备货币，这种货币"与任何单一国家的经济状况和主权利益脱钩"，并且长期保持稳定，从而摒除因使用信贷为基础的国家货币而导致的内在缺陷（Ibid.）。③ 金融危机暴露了中国因庞大的美元储备而产生的脆弱性。中国的困境类似于20世纪70年代早期欧洲遇到的困境，那时欧洲未能对冲掉美国因越南战争庞大军费开支导致的通胀政策所产生的负面冲击效应，该种状况使当时大西洋两岸产生了严重的摩擦。④

2009年7月，中国宣布一项开创性的计划，目的在于在对外贸易中使用人民币而不是美元进行交易。那也是香港离岸市场（CNH）的开端，该市场为中国政府提供了一个全面控制的测试环境。这个环境

---

① 参见 SWIFT RMB Monthly Tracker 2015（www.swift.com/products_services/renminbi_reports）。

② 例如，2008年11月7—26日在秘鲁利马举行的亚太经济合作组织工商领导人峰会。

③ 周小川行长的话与1965年2月4日举行的一次新闻发布会上戴高乐将军对布雷顿森林体系下美元独特地位的攻击有惊人的相似之处："这种分配给美国的单方面利益，使如下观念变得模糊，即美元是一种公正的国际交易手段而不是一个支持单个国家的信用工具。"（http://fresques.ina.fr/de-gaulle/fiche-media/Gaulle00105/conference-de-presse-du-4-fevrier-1965.html）

④ 根据 James 和 Martinez Oliva（2007）的报告，"到1971年7月，美国和欧洲之间的外交关系恶化到连国务卿约翰·康纳利都感到，……欧洲经济的强大以及欧洲更加牢固的货币一体化目标可能会对美国构成威胁，在他与欧洲人的讨论中他可以感觉到欧洲人'对美国和美元的怨恨程度'"。

有助于评估新的政策选择在国际银行业和金融业的冲击力度。① 中国政府对外国投资者和境内投资者分别设定合格境外机构投资者（QFII）和合格境内机构投资者标准，从而放松对跨境资本流动的限制。②

此后，中国政府行动开始加速。按照香港货币管理部门的估计，2013 年 4 月到 2015 年 2 月期间，每日离岸人民币实时结算总量的均值从 60 增长到 112（Lee 2015）。香港在国际货币结算中的份额与其占世界 GDP 份额的比值（2.68%）表明香港金融专业化程度非常高，略微高于英国（2.55%），比欧元区（1.71%）、美国（1.9%）和日本（0.4%）高很多了。中国大陆的这一比值落后很远，只有 0.14%。③

快速发展的货币互换网络促进了人民币作为一种世界性的贸易结算货币的加速使用。按照一些观察家的说法，中国的货币互换可以看做"其地缘政治目标的横截面"；确实，这一目标包括了中国大陆的国家利益样本，从关键的亚洲伙伴（中国香港、新加坡、马来西亚、印度尼西亚和泰国）到石油出口国（阿拉伯联合酋长国、卡塔尔），还包括战略上重要的邻居，例如蒙古国和哈萨克斯坦（Lanman and Kennedy 2014）④。在世界范围扩展信贷额度同样可以看作中国通过发挥货币领导者作用来努力强化其货币地位和可信度的标志。

在 2008 年国际金融危机的最糟糕时刻，美国与其世界银行家的角色相一致，以最后提款人的身份采取行动。为了实现这一目的，纽约联邦储备银行和欧洲中央银行、日本央行、英格兰银行和瑞士国家银行签署货币互换协议向市场提供紧缺的流动性额度来安排紧急美元

---

① 离岸中心作为金融测试的试验环境在香港的创立，被认为与调适性威权主义（adaptive authoritarianism）模型完全一致，这一模型被用来描述过去几年中国政策的生成模式。对此，Heillman（2008）强调中国政府"鼓励和保护广泛的地方行动和过滤普遍的教训"的能力；这一模型在许多情况下成功证明了中央和地方行动之间产生的有效联系。Rodrik（2006）指出，"中国划出了外国投资者进入自由贸易体制的经济特区。"

② 参见 Martinez Oliva（2012）。

③ 作者根据国际清算银行数据计算（www.bis.org/publ/rpfx13fx.pdf）。

④ 特别是最近于 2014 年 11 月与哈萨克斯坦签署协议额达到 140 亿美元。值得回顾的是，哈萨克斯坦是世界主要的铀生产国，向中国出口铀是此前协议的一部分，而中国拥有 22 座核反应堆，并且有 26 座在建。

第一章 中国的实力和人民币的国际使用

信贷额度。与此同时,美国第一次和四个主要新兴市场经济体(巴西、墨西哥、韩国和新加坡)建立了货币互换机制。这一决定的政治经济学意义似乎是,在美国和欧洲对如何改革国际货币和金融体系出现分歧时,美国的目标是加强与有重要战略意义的新兴市场经济体之间的关系,从而强化它在新的世界体系中的影响力。①

中国学习得很快,知道使用货币和金融来追求自己的外交政策目标。2014年10月13日,中国和俄罗斯签署了一项额度为240亿美元的3年期货币互换协议(Xie 2014)。虽然并不清楚该行动是否能有效地帮助俄罗斯解决其1998年以来最严重的经济危机,但它是一种政治态度的范例,其目标是展现它能够在国际货币基金组织的行动和影响范围外强化其和战略上有用的国家的联系。可以说,这一挑战与其说是实实在在的,不如说只是表面上的,因为对俄罗斯的制裁可能导致国际货币基金组织拒绝任何来自俄罗斯的正式援助请求。当然,俄罗斯也几乎不可能提出这种的请求。类似的考量也促使中国对阿根廷和委内瑞拉进行援助,这些国家同样不能满足国际货币基金组织项目的要求。2015年3月,中国政府签署了一揽子贸易和投资协议,向阿根廷贷款75亿美元开发能源和交通基础设施项目。中国和阿根廷也就一项金额为47亿美元的贷款达成一致,并由中国国家开发银行主导的一批中国银行贷出,其目的是在巴塔哥尼亚建设两座水电站(Raszewski 2014)。自2007年起,中国已向委内瑞拉提供了500多亿美元的贷款。作为回报,委内瑞拉担保未来继续向中国出口石油。面对委内瑞拉的困境,2014年7月,中国同意继续援助40亿美元的现金换石油。委内瑞拉现在每天向中国出口石油60多万桶,其中的一大半是用来归还之前的贷款(Kaiman 2015)。在这种情况下,人们会认为中国正在使用它的实力来挫败美国的外交政策,同时在世界各地结交潜在的盟友和客户。

为了方便人民币的支付和清算,中国创建了越来越多的离岸中心。在中国香港成为第一个最重要的人民币离岸金融中心之后,中国

---

① 关于美联储这一前所未有的决定的展开分析参见 Chey(2012)。

澳门、中国台北和新加坡都建立了清算银行。在伦敦、法兰克福、巴黎、首尔、卢森堡和悉尼等地新设立的人民币金融中心再一次提高了人民币的地位和名气以及它的运营能力。正如可提出证据加以证明的那样，传统地理上与中国临近的地方部分解释了亚洲离岸中心的创建，地缘政治的考量——主要与在东亚建立根基牢靠的势力范围的目标相关——在北京的选择里面占据分量最大。方便快捷地在世界各地清算人民币交易显示出一些国家将人民币作为东亚贸易和金融货币的强大推动力，在绝大部分情况下，这些国家主要的贸易伙伴是中国，而且往往有大量的人民币盈余要在世界各地消费。

至于欧洲，起作用的还有其他的考量，包括较长历史的相互贸易关系、在条件成熟和高度发达的金融区域进行交易的收益、作为亚洲和北美的中间联系者在不同的时区能够清算交易的人民币金融中心提供的便利。因为欧洲是中国最大的贸易伙伴，创建一个鼓励和方便人民币清算的组织涉及更多的强化人民币作为清算货币角色的优势。[①]

最后，合格境外机构投资者配额已经批准给新加坡（人民币500亿元）、伦敦（人民币800亿元）和中国台湾（人民币1000亿元）。而且，最近法兰克福、巴黎和首尔获得了800亿元的人民币配额。

中国香港的2700亿人民币配额使它到现在为止仍然是规模最大的人民币金融中心。2014年12月底，全球所有合格境外投资者的配额达到7400亿元。[②]

总之，中国政府已经成功地启动了一个可能很快就为其货币争取完全的全球货币身份的高强度进程。但是，人民币成为有竞争力的储备货币本身并不意味着中国能够或者愿意替代美元的全球主导货币的地位。[③] 一些广泛的实证研究都发现，存在一种创建以人民币为主导

[①] 有趣的是，在最近的一项针对中国市场24家公司的调查中，有一半以上的访谈受访者表示相信欧洲作为一个整体将在人民币国际化过程中发挥关键作用。参见 Aite Group (2014)。

[②] 参见 www.ife.com.cn/content-32-305-1.html。

[③] 例如，参见 Prasad and Ye (2013)。

的东亚区域货币集团的明显趋势。① 事实上，中国的行动看起来与一个更具持续性的多步骤战略一致，该战略目标是创建金融网络从而使人民币在世界上易于交易，加强人民币在东亚贸易和投资中的使用，而且最终使它成为东亚主导货币以及中国经济实力战略在该区域具有先导性意义的组成部分。

中国的人民币政策选择似乎与成功的东亚区域性货币主导地位的成就相符，但是中国能够在全球范围超越美元几乎不可能，而且几乎可以肯定它不是中国政府当前的目标。② 接下来的部分将表明人民币的崛起可能被看作一个旨在支持创建地区金融和发展机制的显而易见的战略的组成部分，从而打造中国自己的势力范围。传统的观点认为，中国的目标是挑战美国作为全球霸主的地位，并最终替代它。与这一观点不同，更令人信服的是中国在寻求和美国平起平坐的地位，甚至寻求在新的全球货币秩序中做出贡献。

从全球治理改革的灰烬中走出来的亚洲版布雷顿森林体系

特别是强大的国家通常追求地区霸权。

——约翰·米尔斯海默（Mearsheimer2001）③

---

① 关于这些实证研究的综合考察见 Subramanian and Kessler（2013）。其中，Henning（2012）发现了中国与马来西亚、泰国、新加坡和菲律宾等国家形成的松散但有效的"人民币集团"的证据，全球金融危机后韩国也试探性地加入了。

② 关于人民币从（确定的）地区肯定到（不确定的）全球肯定这一顺序，艾肯格林（2011）指出，"另一方面，中国表明渴望凭借自身能力让人民币成为主要储备货币，并可能从亚洲开始。"四年后，Subramanian 和 Kessler（2013）在指出人民币已经成为东亚地区的主导货币时提出，"如果贸易是唯一的推动力，更多的全球人民币集团**可能会**在21世纪30年代中期出现，但金融和对外部门的相应改革**可能会**大大加快这一进程"（强调为作者所加）。

③ 在其他地方，作者解释说："虽然一个国家在主导整个世界时将追求安全的最大化，但全球霸权不是可行的，除了在一个国家获得相对于对手的核优势竞争这种不太可能的情况下。"

走进巨龙

2010年12月，国际货币基金组织理事会通过了一项关于对国际货币基金组织份额和治理结构进行重大改革的决议，并将考虑新兴经济体在规模和重要性方面的变化。但是，国际货币基金组织领导层并没有在2012年10月东京年会这一最终决定的截止时间前落实治理结构和份额改革，这引起了新兴市场和发展中国家的失望和不满。新的最终期限都一一错过了。①

从份额和经济规模之间大的差距来看，由于按照最近国际货币基金组织计算的结果中国的这一差距是世界上最大的，因此在所有的新兴经济体中，中国所受的打击最大。令人吃惊的是，中国是1870年以来历史上经济发展最快的国家。1982年，当时的中国领导人邓小平启动了全面的改革，中国占世界GDP的比例为2.2%。在30年内，这一数字翻了7倍，在2012年达到14.6%。而在德国、日本、苏联和美国等经济增速放缓的强国中，只有美国在它的经济发展的最初30年中差不多实现了GDP翻番。② 2014年末，按照实际购买力平价计算，中国在世界GDP中的份额达到16.5%，高于美国的16.3%；而中国在国际货币基金组织的份额为3.8%，与一些小得多的国家的份额接近，远远落后于美国的16.8%。③ 中国调整之后的份额将会达到6.1%，仅次于美国和日本，成为国际货币基金组织份额数量排名第三的国家。④ 治理改革的缺位也引发了巴西、印度和土耳其等其他国家的失望和不满，这些国家在调整之后扩大的份额将给予它们在国际货币基金组织事务中更大的发言权。

不足为奇的是，在2014年7月福塔莱萨和巴西利亚第六次领导

---

① 虽然奥巴马政府一开始就已批准了这一改革，但美国国会一再拒绝批准该协议。2014年9月，二十国集团财长和央行行长公报继续敦促美国在年底前批准2010年改革，但没有成功。

② 根据德国马歇尔基金会亚洲高级顾问丹尼尔·克利曼（Daniel Kliman）的最近分析。克利曼（Kliman 2014）将中国30年来（1982—2012）的崛起与美国（1870—1900）、德国（1870—1900）、苏联（1945—1975）和日本（1960—1990）的崛起进行了比较。

③ 通过拥有一个占绝对优势的份额，美国有权否决国际货币基金组织须得到85%的多数投票权同意的主要决策。

④ 参见 www.imf.org/external/np/sec/pr/2011/pdfs/quota_tbl.pdf。

人会晤上，金砖国家（巴西、俄罗斯、印度、中国和南非）元首和政府首脑通过《福塔莱萨宣言及行动计划》、《新开发银行（NDB）协定》、《关于建立金砖国家应急储备安排（CRA）的协议》以及《金砖国家开发银行和出口信用保险机构协议》。新开发银行旨在调动资金用于基础设施和可持续发展项目，应急储备安排将提供一个通过货币互换提供流动性的框架，以应对实际的或潜在的短期国际收支平衡危机。

在不久的将来，新的机构还不可能代替国际货币基金组织和世界银行。在此情况下，从长期来看，对于新、旧机构之间的竞争是否能带来碎片化和区域化以及未来的国际金融体系的形态是否会反映发展中国家和发达国家之间的权力平衡而不只是追求合作战略的意图，人们仍存疑虑。①

如果将东亚多边贸易协定领域的最新进展看作中美两国企图在该区域扮演领导者角色的相互冲突战略的一部分，这种考量就会变得尤为重要。

2010年开始启动谈判的一项多边自由贸易协定——《跨太平洋伙伴关系协定》（TPP）旨在将环太平洋地区国家组织起来，其进展自诞生以来一直是中国十分关注的对象。TPP显示出外交关系领域中一个非常敏感的区域，因为它被评价为美国更为广泛的"重返东亚"或者"再平衡"战略的经济核心。② 中国政策制定者和学术分析关注的主要内容是TPP的谈判日程表，现在参与TPP谈判的有12个国家。③ TPP可能呈现"一种撕裂东亚地区经济融合局面的离心力"

---

① 在历史经验的基础上，这可能不必然正确；例如，Henning（2002）指出，被视为直接冲击国际货币基金组织业务范围的欧洲支付联盟巧妙地处理了20世纪50年代欧洲内部的支付问题，并为欧洲范围内的经常项目可兑换铺平了道路。现在，关于区域安排的综合分析参见Lombardi（2010）和Kawai and Lombardi（2012）。

② 美国"重返东亚"战略是希拉里·克林顿（Hillary Clinton）于2011年10月11日发表在美国《外交政策》杂志上一篇题为"美国的太平洋世纪"的文章中首先提出的。希拉里·克林顿的基本理念是，拥有近一半世界人口的亚太地区的发展，对美国的经济和战略利益来说至关重要。

③ 即澳大利亚、文莱、加拿大、智利、日本、马来西亚、墨西哥、新西兰、秘鲁、新加坡、美国和越南。

(Yuan 2012)。从这个角度来看，中国认为美国在TPP谈判背后的动机主要是地缘政治上而不是经济上的。

按照中国人的分析，"TPP反映了美国在它的重返亚太战略上准备采取实质性的一步"（Fu引自Song and Yuan 2012）。通过降低亚太地区国家对中国这一强大邻居的依赖来遏制中国在东亚的崛起，TPP被认为是一种具有颠覆性潜力的战略。中国政府可能感到这是一种旨在诱导东盟（ASEAN）国家采取亲美政策的政策，并视美国为一种对其在东亚区域的地位带来不可接受的威胁。而且，一些中国学者把TPP看做潜在地创造有利于TPP成员国的"贸易转移"，从而损害中国的经济利益。

出于不同的原因，围绕TPP的争议在美国同样也很活跃。一方面，美国的政治学家拒绝了中国人的指责①：美国将TPP作为一种战略和政治—军事工具；另一方面，罗伯特·赖克（Robert Reich）、保罗·克鲁格曼（Paul Krugman）、杰弗里·萨克斯（Jeffrey Sachs）和约瑟夫·斯蒂格利茨（Joseph Stiglitz）等美国自由主义经济学家批评TPP过于强调保护投资者，忽视环境保护和收入不平等等重要问题，对就业、贸易和GDP增长、收入分配带来潜在负面影响，以及谈判进程缺乏透明性。②

在美国的进一步讨论是围绕TPP是否应该强调汇率操纵问题。一些国家通过人为地贬低货币以达到在国际贸易市场拥有不公平的竞争优势。彼得森国际经济研究所高级研究员和名誉所长弗雷德·伯格斯坦（Fred Bergsten）和美国副总统乔·拜登（Joe Biden）的前首席

---

① 例如，参见Frost（2013）。
② Stiglitz (2014) has pictured the TPP as one aspect of the larger problem represented by the USA "gross mismanagement of globalization." Krugman (2014) has claimed "the push for T. P. P. seems almost weirdly out of touch with both economic and political reality." Robert Reich, an academic scholar at Berkeley, and a former Secretary of Labor in the Clinton administration, has defined TPP as "the worst trade deal you never heard of" (see http://robertreich.org/). 斯蒂格利茨（Stiglitz 2014）将TPP描绘成"全球化的严重管理不善"这一展现美国更大问题的一个方面。克鲁格曼（Krugman 2014）声称，"推动TPP似乎很奇怪地脱离了经济和政治现实"。前克林顿政府劳工部长、美国加州大学伯克利分校学者罗伯特·赖克（Robert Reich）将TPP描述为"你们从未听说过的最糟的贸易协议"（参见http://robertreich.org/）。

经济学家贾里德·伯恩斯坦（Jared Bernstein）都强调货币操纵对美国经常项目平衡和就业带来的不利影响，而且坚持 TPP 需要包括限制这类行为的规则以及严格执行这些规则的制裁手段。[1]

遵循对抗美国未来在东亚与日俱增的存在这一明确目标，在过去的几年里，中国开始和东亚以及其他地区的一些国家签署双边和多边自由贸易协议。[2] 通过自由贸易协议，中国给予相邻国家经济上的好处，在这些区域加强软实力，以赢得这些曾与中国有过政治和军事对抗历史的国家的信任和友谊。

最近，中国的战略已经变得越来越相互配合，越来越有野心。为了反击 TPP，中国构想和推进自己打造的亚太自由贸易区概念和亚洲基础设施投资银行（AIIB，以下简称为"亚投行"）。华盛顿担心中国的行动可能会削弱 TPP、世界银行、国际货币基金组织和亚洲开发银行（ADB）而强化中国在该区域的商业实力，以及中国的军事存在从东海到整个南海会与日俱增。

中国关于亚投行的官方立场是，根据亚洲开发银行与亚洲开发银行研究所（ADBI 2009）的联合研究，亚洲有巨大的基础设施融资需求，2009—2020 年间资金缺口将达到 8 万亿美元。为这一巨大缺口融资是亚洲开发银行和世界银行力所不能及的。例如，仅印度尼西亚就需要 2300 亿美元来改善影响其经济发展的落后基础设施。[3] 据估计，连接越南、老挝、柬埔寨和泰国欠发达地区的大湄公河次区域需要 500 亿美元。

虽然亚投行的启动法定股本是 1000 亿美元，实缴资本是 500 亿美元，但它的资金主要集中在基础设施上，而亚洲开发银行和世界银行却把资金用于类似教育、性别平等、环境可持续和健康等发展领

---

[1] 参见 Bergsten（2015）和 Bernstein（2015）。
[2] 日本富士通研究所高级研究员明金坚敏认为，中国的自由贸易协定伙伴可以分为以下四类：大中华经济区域、邻近的国家和地区、资源生产者和发达国家。参见 Yuan（2012）。
[3] 根据世界银行（2014）的报告，如果没有实现更高的增长率，印度尼西亚将无法吸纳将于 2020 年加入该国劳动力大军的 1500 万名新员工。

域。而且，尽管美国、日本和中国存在政治分歧，指责中国在该区域收买政治影响力且对社会和环境问题置之不理，但中国在周边国家的基础设施工程上的存在已很重要。①

尽管所有各方的官方申明都表达了合作的意图和良好的意愿，但甚至在早期阶段，亚投行和亚洲开发银行、世界银行之间的关系并不像看起来的那么简单。②据报道，美国官方曾以出乎意料的坚决态度来游说反对亚投行，而且采取积极的行动来劝说盟友不要参与这一计划。③尽管韩国、印度尼西亚和澳大利亚开始都表达了它们的兴趣，但它们都被劝说不要作为创始成员签署文件。但在2015年1月，26个国家作为亚投行的创始成员在孟买聚到一起。④并且，2015年3月英国令人震惊地宣布它作为创始成员加入这个新银行的意愿，从而明确地在反对亚投行的阵线上撕开了一个裂口。英国的表态鼓励了这一令美国感到愤懑的行动，德国、法国和意大利随后也加入了这一行列；丹麦和澳大利亚很快也加入了。这标志着中国在国际可信度和影响力方面的绝对胜利。

根据新加坡学者和社会科学家戴尚志（Simon Tay 2014）的观点，自从华盛顿能够阻止1997—1998年亚洲金融危机期间日本和其他国家支持成立亚洲货币基金的倡议后，情况就发生了变化。戴尚志认为，一个更好的战略是，不仅美国的盟友，也包括美国自己也加入一个可能帮助加强基础设施建设的真正的亚洲银行，而且保障该区域的有效合作进程。⑤

亚洲和欧洲国家的反应被认为是通过与一个国际实力快速增长、

---

① 例如，由于持不同政见者施压，缅甸政府于2011年9月下令暂停了一项由一家中国国有公司出资并主导的有争议的水电项目。
② 关于"银行战"的深入评估参见Momani（2014）。
③ 参见Perlez（2014）。
④ 这些国家包括孟加拉国、文莱、柬埔寨、中国、印度、印度尼西亚、哈萨克斯坦、科威特、老挝、马来西亚、马尔代夫、蒙古国、缅甸、尼泊尔、新西兰、阿曼、巴基斯坦、菲律宾、卡塔尔、沙特阿拉伯、新加坡、斯里兰卡、塔吉克斯坦、泰国、乌兹别克斯坦和越南。
⑤ 也许值得记起的是，与2008年中国加入美洲开发银行并作为出资成员的情况相似，美国可能会请求加入亚洲基础设施投资银行并获得相似的地位。

货币迅速获得国际货币地位的国家进行合作而获取利益的共同目标导致的。实际上，人们会说参与亚投行的国家的态度受到人民币的快速崛起的影响，而它的崛起如本章前面的部分显示的那样已经提高了中国的名声，收获了普遍共识且聚焦了共同利益。与一个经济和地缘政治互相强化的模型相一致，人们也可以说除了如何应对全球经济治理变革问题的意见不一致外，中国选择建立亚投行的主要政治理由似乎就是为了强化中国在东亚地区的霸权。

亚投行一旦运行，它几乎肯定和人民币国际化进程关系紧密。亚投行的延伸活动将很快进入私人融资领域，这意味着在不久的将来，亚投行将通过金融市场工具汲取私人资本来为基础设施建设融资。该行动将使私人存款跨亚洲流动，推行市场规则，从而改善融资项目的质量。

中国大量的美元储备基本支撑了原始资金，但人们可以很容易预测到亚投行的融资行为会越来越依赖人民币业务。通过私人市场调动私人资金，在经北京总部的推动和审查后，很明显主要在亚洲金融中心中国香港和新加坡处理，结果将提高人民币的声望。世界银行的私人业务部门国际金融公司通过发行当地的货币债券帮助发展国内资本市场。与国际金融公司的模式一样，亚投行将会被证实为是一个推动在未来世界市场使用人民币的强有力的工具。人民币在国际金融市场地位的提高也将巩固和促进亚投行在世界范围内的活动和名声。区域贸易和投资布局与人民币作为东亚主要货币的地位两者相互促进，最终更为坚定地肯定了中国在该地区的实力。

中国的东亚区域政策中的硬实力和软实力

友谊是灵魂中的东西。它是一种感觉。
它不求回报。

——格雷安·葛林（Graham Greene），《事物的核心》

1971年中期，美国和欧洲产生了严重的关于所谓的"美元帝国主义"的分歧。当时的美国财政部长约翰·康纳利（John Connally）

令人遗憾地说,"关于美国外债清算货币的讨论和问题应该与贸易、经济和国防问题挂钩。货币问题不应该放在真空中考虑"(Connally 引自 James and Martinez Oliva 2007)。经济发展和政治决定不应该随随便便地被切割成一条条单一的条块,接受零碎的分析,这样会过于简化并判断失误。这一点同样可以应用于人民币的国际化。

之前的章节已经强调了人民币国际化如何与中国创建一个在其控制之下的亚洲基础设施银行的意愿齐头并进,该过程和美国创建世界银行很相似。本章将主要论证像中国这样的具有广泛范围和巨大雄心的区域战略要想取得成功,必须考虑从未来的伙伴、盟友和客户中取得共识和政治支持。这意味着在这一区域建立紧密和持久的友谊关系。

2014年7月8日,《华盛顿邮报》文章声称"中国没有朋友"(Wyne 2014)。按照这篇文章的说法,中国历史上对结盟的反感、权威主义、它与邻国在领土问题上的坚决态度以及关注社会稳定的政策是导致外交孤立的主要因素。

但是,最近的趋势表明事情并不像《华盛顿邮报》的分析文章暗示的那样简单。中国最近几年似乎已经学会了要在东亚构建领导者的地位必须克服邻国的恐惧和谨慎,这些国家担心受到强大邻国的过度干涉和控制。并且,中国还要承诺经济支持,向其他的国家保证在经济互利的共同特征下尊重它们的政治独立。与此同时,按照一些分析家的观点,中国正在调低与西方国家发展关系的战略优先地位。因此,中国似乎更不愿意接受别人关于它的敏感政策话题的批评和干预。[①]

中国政策分析人士描述了中国外交政策的立场在过去的几年中是如何变化的,如何随着与东亚邻国建立更亲密的联系的意愿而演进的。1949年中华人民共和国成立,经过一段混乱的岁月,中国和尼克松政府领导下的美国于1972年重新建交,共同合作对抗苏联。1982年中国共产党第十二届全国代表大会开启了以独立自主的和平外交政策为基础的新征程,中国的态度开始发生改变。在不结盟政策

---

① 这一被称为中国外交大转型的进程被视为一个与发达世界之间关系紧张的潜在原因。参见 Heath (2014)。

第一章 中国的实力和人民币的国际使用

的指引下，中国疏远了美国和苏联，同时在外交和经济领域采取了独立行动。随后，中国启动了更大的经济改革，为经济腾飞铺平了道路。中国对外交关系的看法的变化导致中国把结盟看做冷战时期过时的外交工具，并一再拒绝和任何国家结盟。

按照中国人民大学翟东升的观点，一些外交政策专家出于"强国强货币"的信念，看好人民币加速国际化的步伐（Di 2013）。在过去，一些国家对人民币崛起的战略后果一直忧心忡忡。例如，日本众议院议员兼前防卫大臣小池百合子（Yuriko Koike 2013）说道："目前尚不清楚中国希望如何利用人民币的崛起作为地缘政治的工具。这个国家行为的不透明要求我们谨慎一些。"很显然，与此相关的论调可能不适用于中国的其他邻国，它们觉得人民币的崛起作为国家实力和影响力上升的标志很有吸引力，而且中国也准备向它的朋友提供无条件的金融支持。

作为一位东亚地缘政治的资深分析家，方艾文（Evan Feigenbaum）认为，1997—1998年的金融危机促进人们形成一种印象，即美国不关注东南亚的经济问题，继而强化了区域内亚洲国家之间的联系。东南亚严重的经济困境可以看作东亚寻求当地解决方案以及发展泛亚洲观点的主要原因。[①] 他补充道，甚至作为美国亲密盟友的日本也拥有强烈的跨太平洋身份意识，"长期以来形成了一种泛亚洲思想和意识形态"，特别是关于货币一体化的问题（Feigenbaum 2015）。事实上，日本创建亚洲货币基金倡议的流产给《清迈倡议》创造了原型，该倡议建立了东南亚国家和东北亚国家之间的货币互换机制。[②]

作为亚洲最伟大的政治家之一，李光耀在最近的一本书中写到，

[①] "整个地区的精英都认为美国冷漠傲慢，将老套的解决方案强加给持怀疑态度的亚洲人……美国直到今天仍继续为这些观念付出代价"（Feigenbaum and Manning 2009）。

[②] 在阐述美国和其他地方关注这些地区金融倡议的影响时，兰德尔·亨宁（Randall Henning 2002）认为："接受这些区域倡议会对美国带来有用的外交利益。在过去阻碍东亚计划已经侵蚀了美国在这个地区的地位；接受其中的一些倡议使美国免受作为阻碍作用的批评。"

美国最终会和中国分享世界主导地位。[①] 将中国当作敌人将会导致削减美国在亚太地区影响力的对抗战略，并且这种战略可能已经推行了。2014年7月，中国国家主席习近平在与来自印度和缅甸的一批官员的谈话中指出，应该建设开放、透明、平等的亚太安全合作新架构，因为"垄断国际事务的想法是落后于时代的"（Xinhua 2014）。与此同时，中国并没有在中国南海显露它的海军力量，以展示其"对抗美国在该区域影响力的强烈意愿"（Ekman 引自美联社，2014）。为了强化其影响力，中国正在利用其日益提高的全球经济领先地位以及邻国对中国贸易的依赖，同时用大量的经济诱惑作为手段使权力平衡朝有利于中国的方向改变

作为一位亚洲政治、国防和安全事务的独立观察家，特雷弗·莫斯（Trevor Moss 2013）极力鼓吹中国正在建设"强大的软实力"，并阐述了中国模式如何在非洲产生深远的兴趣和号召力。自2000年起，中国已经承诺向当地的工程投入740亿美元而且已经拨付约500亿。在54个非洲国家中，有50个因此获益。拉丁美洲、东欧和部分亚洲地区同样如此，它们对中国的看法不同于西方人。在那些地区，人们感觉中国是一个可以信赖的长期盟友，这与西方评论家的感觉截然不同。这些评论家只盯着北美、西欧和那些恐惧中国的亚洲国家人眼里的中国形象。

李光耀认为，美国可以选择与中国合作或者孤立中国。当中国拥有足够的权力，它就会面临做一个好的国际公民还是成为霸权并建立自己的东亚势力范围的抉择。鼓励中国选择合作而不是对抗符合每个人的利益。如果没有给中国提供一条获得市场和资源的和平之路，世界就需要与一个一意孤行的中国相处。用李光耀的话来说，"美国能够通过与中国进行对话和合作制定一条路线来应对中国在未来20—30年间转变为一个大国"（引自 Allison and Blackwill 2013）。

[①] 参见 Yew（2013）。当代新加坡国父李光耀被誉为20世纪最有影响力的政治家之一。

: 第一章　中国的实力和人民币的国际使用 :

结　论

人民币国际化是过去 140 年间最有活力的经济体最有活力的进程之一。如自然演化进程一样，经济体上的能源消耗必须得到理性动机的保障。本章试图从政治经济考量，特别是在权力和地缘政治方面，来分析中国政府采取这个大动作背后的动机。

中国货币与日俱增的重要性与中国在东南亚建立自己的势力范围之间的关系表明，存在一个使两者相互协调和促进的深思熟虑的战略。美国明显不情愿拱手出让自己在这一地区的影响力，这种影响力既被视为巨大的经济机会，也被视为美国战略议程的中心内容。这意味着多种考量会影响未来中美关系的走向。

美国国家情报委员会[①]在最新的报告《2030 年全球趋势：可能的世界》中提到：美国倾向于系统性地低估过去多年中国的实力增长，并且强调最有可能的最好结局是中美在一系列问题上相互协调，从而导致全球更大范围的合作。[②] 美国前财政部长鲍尔森最近也表达了类似的观点，"美中关系是世界上最重要的双边关系……只有两国通力合作才能应对世界面临的最大挑战"（Paulson 引自 Paulson Institute 2015）。

与过去相比，包括美国的长期盟友在内的许多国家如今更难以坚持一种严格建立在美国霸权基础之上的模式，而倾向于通过多边途径应对更大的经济问题。向前迈进的第一步可能是加强两个大国在全球恐怖主义或气候变化等争议较少的领域的合作，作为一种有益的战略来促进相互信任和了解，并为未来更紧密的合作铺平道路。

人民币作为一种国际货币的快速崛起展现了全球经济舞台上全球经济关系如何快速变化。如果那种趋势持续的话，中国货币有朝一日

[①] 美国国家情报委员会是美国情报体系中长期战略思想的中心。约瑟夫·奈（Joseph Nye）和理查德·库珀（Richard Cooper）等著名学者都曾是其理事。
[②] "中国的实力持续增加的速度快于预期……全面阅读四份（过去的）报告给人这样一种强烈的印象，即（我们）倾向于低估变化的速度"（National Intelligence Council 2012）。

会傲立于国际货币之林。很可能在将来的某一天,可能几年也可能几十年后,人民币将会作为一种世界性的储备货币和美元平起平坐。但短期来说,最重要的是拥有这样一个绝好机会,它使人民币成为东亚主要区域性货币,并成为跨区域贸易和投资的有力工具。这样的结果不应该被视作威胁,而在区域范围内既有利又合适,并且也是整个国际货币体系稳定的来源。

作者感谢洛伦佐·本斯维力(Lorenzo Bencivelli)、庄太量(Terence Chong)、斯特凡诺·芬诺蒂(Stefano Fenoaltea)、兰德尔·亨宁(Randall Henning)、胡一帆、马西莫·罗卡斯(Massimo Roccas)、卢西奥·斯坎迪佐(Lucio Scandizzo)、张力平(音)以及一位匿名审稿人的有益评论。文中仅为本人观点,不代表意大利银行或欧元体系(Eurosystem)。

参考文献:

Aite Group. 2014. "Internationalizing the Renminbi: Weaving a Web for the Next World Currency." Research commissioned by Clearstream, May.

Allison, G. and R. Blackwill. "Interview: Lee Kwan Yew on the Future of U. S. -China Relations." *The Atlantic*, March 5.

Asian Development Bank and the Asian Development Bank Institute. 2009. *Infrastructure for a Seamless Asia*. http://adb.org/sites/default/files/pub/2009/2009.08.31.book.infrastructure.seamless.asia.pdf.

Associated Press. 2014. "China's Prospects for New Thinking on Asian Alliances Weaken as It Pursues Territorial Claims." Fox News, July 10. www.foxnews.com/world/2014/07/10/china-prospects-for-new-thinking-on-asian-alliances-weaken-as-it-pursues/.

Bergsten, C. F. 2015. "The Truth About Currency Manipulation — Congress and the Trans-Pacific Partnership." *Foreign Affairs*, January 18.

Bernstein, J. 2015. "How to Stop Currency Manipulation." *The New York Times*, January 9.

Capannelli, G. 2011. "Institutions for Economic and Financial Integration in Asia: Trends and Prospects." ADBI Working Paper Series No. 308, September.

Chey, H. 2012. "Why Did the US Federal Reserve Unprecedentedly Offer Swap Lines to Emerging Market Economies during the Global Financial Crisis? Can We Expect Them Again in the Future?" GRIPS Discussion Paper 11 – 18, National Graduate Institute for Policy Studies, Tokyo, Japan, January.

Cohen, B. J. 2010. "Currency and State Power." Paper presented at the conference Back to Basics: Power in the Contemporary World, Princeton University, October.

—— 2012. "The Benefits and Costs of an International Currency: Getting the Calculus Right." *Open Economies Review* 23: 13 – 31.

Di, D. 2013. "The Renminbi Rise and Chinese Politics." In *The Power of Currencies and Currencies of Power*, edited by A. Wheatley. London and New York, NY: The International Institute for Strategic Studies, Routledge.

Dai, Xu. 2014. "Vigorous Eurasian Community Needed to Counter US Hegemonic Ambition." *Global Times*, June 15.

Eichengreen, B. 2011. "What Kind of Economic and Financial Leadership Does the World Expect of China? Lessons from Two Historical Episodes." In *Medium-and Long-term Development and Transformation of the Chinese Economy*, Cairncross Economic Research Foundation.

Feigenbaum, E. A. 2015. "The New Asian Order." *Foreign Affairs*, February.

Feigenbaum, E. A. and R. A. Manning. 2009. *The United States in the New Asia*. Council on Foreign Relations, Council Special Report N. 50, November.

Fravel, M. T. (2012), "South China Sea: What Issues and Whose Core Interests?" Paper presented at the 6th Berlin Conference on Asian Security: The US and China in Regional Security, Berlin, June 18 – 19.

Frost, E. L. 2008. *Asia's New Regionalism*. Boulder, CO: Lynne Rienner.

—— 2013. "Strategic Implications of TPP: Answering the Critics." *Asia Pacific Bulletin*, No. 220, July.

Gardner R. N. 1969. *Sterling-dollar Diplomacy: The Origins and the Prospects of our International Economic Order*. New York, NY: McGraw-Hill.

Harold, S. 2015. "Asia for the Asians." www.afpc.org/publication_listings/viewPolicyPaper/2696.

Heath, T. 2014. "China's Big Diplomacy Shift." *The Diplomat*, December.

Heillman, S. 2008. "From Local Experiments to National Policy: The Origins of

China's Distinctive Policy Process." *The China Journal* 59: 1 – 30.

Henning, C. R. 2002. *East Asian Financial Cooperation*. Institute for International Economics, Policy Analyses in International Economics 68.

—— 2012. "Choice and Coercion in East Asian Exchange Rate Regimes." Peterson Institute for International Economics, Working Paper series, WP 12 – 15, September.

James, H. and J. C. Martinez Oliva. 2007. "Too Much for One Country: The United States and the Bretton Woods System, 1958 – 1971." In*International Monetary Cooperation Across the Atlantic*, edited by H. James and J. C. Martinez Oliva. Frankfurt am Main: C. Adelmann.

Kaiman, J. 2015. "China Agrees to Invest $20bn in Venezuela to Help Offset Effects of Oil Price Slump." *The Guardian*, January 8. www.theguardian.com/world/2015/jan/08/china-venezuela – 20bn-loans-financing-nicolas-maduro-beijing.

Kaplan, R. D. 2014. *Asia's Cauldron: The South China Sea and the End of a Stable Pacific*." New York, NY: Random House Publishing Group.

Kawai, M. and D. Lombardi. 2012, "Financial Regionalism." *Finance & Development* 49 (3), September.

Kliman, D. 2014. "Is China the Fastest-Rising Power in History?" *Foreign Policy*, May.

Koike, Y. 2013. "The New Shape of Asia." In*The Power of Currencies and Currencies of Power*, edited by A. Wheatley. London and New York: The International Institute for Strategic Studies, Routledge.

Krugman, P. 2014. "No Big Deal." *The New York Times*, February 27.

Lague, David. 2013. "Special Report: China's Military Hawks Take the Offensive." Reuters, January 17.

Lanman, S. and S. Kennedy. 2014. "Fed Crisis Program Becomes China's $500 Billion Influence Tool." Bloomberg. December 24.

Lee, E. 2015. "RMB: More Than Just Another Currency!" Presentation at the 5th Global Securities Financing Conference, Hong Kong, April 28. https://clearstream-events.com/userfiles/file/Esmond_ Lee_ -_ RMB_ -_ more_ than_ just_ another_ currency.pdf.

Lombardi, D. 2010. "Financial Regionalism: A Review of the Issues." Brookings Institution Issues Paper, November.

Martinez Oliva, J. C. 2007. "Monetary Integration in the Roman Empire." In *From the Athenian Tetradrachm to the Euro: Studies in European Monetary Integration*, edited by P. Cottrell, G. Notaras and G. Tortella. Aldershot, UK: Ashgate.

—— 2012. "The Challenges of Renminbi Internationalization." Peterson Institute for International Economic, *China Economic Watch* (blog), March 23. http://blogs.piie.com/china/?p=1180.

Mearsheimer, J. J. 2001. *The Tragedy of Great Power Politics*. New York, NY: W. W. Norton and Company Inc.

Momani, B. 2014. "The Battle of the Banks." CIGI Commentary, November. www.cigionline.org/sites/default/files/momani_1.pdf.

Moss, T. 2013. "Soft Power? China Has Plenty." *The Diplomat*, June.

Mundell, R. A. 1993. "EMU and the International Monetary System: A Transatlantic Perspective." Austrian National Bank Working Paper 13.

National Intelligence Council. 2012. "Global Trends 2030: Alternative Worlds." December. www.dni.gov/nic/globaltrends.

Paulson Institute. 2015. "Paulson Institute Co-hosts High-Level Panel at Council on Foreign Relations." January 29. www.paulsoninstitute.org/events/2015/01/29/paulson-institute-co-hosts-high-level-panel-at-council-on-foreign-relations/.

Perlez, J. 2014. "U.S. Opposing China's Answer to World Bank." *The New York Times*, October 9.

Prasad, E. and L. Ye. 2013. "The Renminbi's Prospects as a Global Reserve Currency." *Cato Journal* 33 (3): 563–70.

Raszewski, E. 2014. "UPDATE 1—China Lends Argentina $7.5 billion for Power, Rail Projects." Reuters, July 19. http://uk.reuters.com/article/2014/07/19/argentina-china-idUKL2N0PT2N220140719.

Rodrik, D. 2006. "Goodbye Washington Consensus, Hello Washington Confusion? A Review of the World Bank's Economic Growth in the 1990s: Learning from a Decade of Reform." *Journal of Economic Literature* 44 (4): 973–87.

Song, G. and W. J. Yuan. 2012. "China's Free Trade Agreement Strategies." *The Washington Quarterly* 35 (4): 107–119.

Stiglitz, J. E. 2014. "On the Wrong Side of Globalization." *The New York Times*, March 15.

Subramanian, A. and M. Kessler. 2013. "The Renminbi Bloc Is Here: Asia

Down, Rest of the World to Go?" Peterson Institute for International Economics, Working Paper Series, WP 12 – 19, August.

Tay, S. 2014. "Asian Bank Will Not Just Be China's Domain." *China Daily Europe*, October 31.

Williamson, J. 2013. "The Dollar and U. S. Power." In *The Power of Currencies and Currencies of Power*, edited by A. Wheatley. The International Institute for Strategic Studies. London and New York: Routledge.

World Bank. 2014. "Indonesia: More Infrastructure, Skills, Better Market Regulation Needed for Higher Growth." Press release, June 24.

Wyne, Ali. 2014. "5 Reasons China Has no Friends." *The Washington Post*, July 8.

Xi, Jingping. 2014. "Remarks by Chinese President Xi at the Fourth Summit of the Conference on Interaction and Confidence Building Measures in Asia." May 30. www. cfr. org/regional-security/remarks-chinese-president-xi-fourth-summit-conference-interaction-confidence-building-measures-asia/p33637.

Xie, Ye. 2014. "Ruble Swap Shows China Challenging IMF as Emergency Lender." Bloomberg, December 22. www. bloomberg. com/news/articles/2014 – 12 – 22/yuan-ruble-swap-shows-china-challenging-imf-as-emergency-lender.

Xinhua. 2014. "Chinese President Calls for Greater Democracy in Int'l Relations." Xinhua, June 28. http://news. xinhuanet. com/english/china/2014 – 06/28/c_ 133445551. htm.

Yew, L. K. 2013. *Lee Kuan Yew: The Grand Master's Insights on China, the United States and the World*. Interviews and selections by G. Allison and R. D. Blackwill, with A. Wyne. Cambridge, MA: MIT Press.

Yuan, W. J. 2012. "The Trans-Pacific Partnership and China's Corresponding Strategies — A Freeman Briefing Report." Center for Strategic and International Studies, Washington DC, September.

Zhang, F. 2012. "China's New Thinking on Alliances." *Survival: Global Politics and Strategy* 54 (5): 129 – 148.

Zhou, X. 2009. "Reform the International Monetary System: Essay by Dr Zhou Xiaochuan, Governor of the People's Bank of China." March 23. Bank for International Settlements. www. bis. org/review/r090402c. pdf.

第二章

人民币国际化的政治逻辑：
通往全球主要货币的独特路径

何兴强

人民币国际化不仅本身是一个目标，而且在实践上中国人民银行（PBoC）正逐渐将其变成推动实现资本账户、汇率和利率开放等国内金融改革终极目标的工具。在资本账户和汇率管制同时存在的情况下，人民币国际化的独特路径使之成了国内金融改革的推进器。自2009年7月人民币跨境贸易结算计划启动以来，一些人民币离岸金融市场和货币互换安排得以建立，并且这一进程可能还会持续下去。无论是中国还是其他国家的理论和实证研究，都强调了推动人民币国际化的经济和政治力量的联动性。这种相互结合的力量引发了以下几个问题：我们如何评估经济因素和政治因素各自的作用？这两个决定性因素的互动是如何影响政策结果的？市场还是政府战略发挥了主导作用？如果是政府战略起主导作用，那么政府已经或正在寻求什么样的政策次序或者改革路线图？它是依据经济学理论[1]还是在很大程度上受政治考虑[2]的影响？

---

[1] 通常来说，关于人民币国际化的经济学理论，首先是利率和汇率的自由化，允许资本账户开放，然后人民币国际化在自然而然中实现。

[2] 例如，有一种被称为"倒逼路径"（reversed coercing path）的人民币国际化理论在中国学术界颇为流行。这种人民币自由化开始于跨境贸易结算、建立离岸金融市场和货币互换机制，由此产生的国际化压力推动汇率、利率和资本账户的开放。

本章运用政治分析回答了包括国际化背后的动机以及实现国际化的路线图等方面的问题。它将讨论人民币国际化是怎样来源于一种认为中国在国际货币体系中崛起的观念，并进一步讨论了中国领导人在2008年全球金融危机后对中国过于依赖美元的担忧。实际上，这种担忧已演变成一种推进资本账户开放、利率和汇率自由化的国内金融改革进程。

本章首先回顾了有关国际货币的概念以及经济和政治因素的文献，并考察了人民币国际化的动机。接下来，探讨了人民币国际化与中国在国际金融市场中崛起的关联性。最后，集中关注人民币国际化实现过程中的政治考虑，包括在中国经济发展模式由出口和投资拉动向消费拉动的转型过程中国内金融改革所发挥的作用，以及改革反对者和支持者的诉求。

国际货币：国际化的决定因素

国际货币的概念

国际货币是指一国发行并在境外通用的货币。这种货币的全部或部分职能可转移到国际层面。从传统上看，货币拥有的计价单位、交易媒介和价值贮藏手段等三种职能。这种基于货币职能的概念最早由本杰明·科恩（Benjamin J. Cohen, 1971）提出，后被彼得·凯南（Peter Kenen, 1983）深化为国际货币在私人和公共交易中的六种职能组合（见表1）。在这三种职能中，价值储藏职能（储备货币）代表货币国际化的最高层次。

表1　　　　　　　　　国际货币的作用

货币职能	政府	私人行为体
计价单位	锚定本币	贸易和金融交易计价
交易媒介	外汇干预的媒介货币	贸易和金融交易结算
价值储藏	外汇储备	金融资产投资

资料来源：Kenen (1983) 和 Frankel (2011)。

第二章 人民币国际化的政治逻辑：通往全球主要货币的独特路径

苏珊·斯特兰奇（Susan Strange，1971）在其关于英镑的研究中，将国际货币演进的政治考虑分为四种类型：宗主货币（master currency）、顶层货币（top currency）、协商货币（negotiated currency）和中立货币（neutral currency）。埃里克·赫莱纳（Eric Helleiner，2008）更新了这种关于国际货币的政治经济类型，并加入政治经济学对货币的影响。他的研究更多地集中在顶级货币和协商货币的概念上。

宗主货币——属于霸权国或帝国强制其他国家使用的货币，例如英镑区的英镑和法郎区的法国法郎。中立货币——无意于国际使用，例如瑞士法郎和德国马克。两种类型都有其局限性，缺乏普遍意义，只在特定历史条件下被使用（Strange，1971）。相比之下，顶层货币和协商货币在当代世界均有案例。顶层货币是因其经济优势而在众多货币用途中最受世界市场青睐的一种货币，例如20世纪50年代的美元。协商货币是在发行国家通过提供军事和外交支持，或者利用经济利益等诱导与其他国家就使用本国货币的讨价还价或政治谈判中产生的，例如战后的英镑和20世纪60年代的美元。在某种程度上，今天的美元仍可被认为是一种顶层货币；而今天的人民币，根据中国政府推进的路径和方式来判断来看，可作为协商货币的合适案例。赫莱纳（Helleiner，2008）指出，协商货币也可以是一种崛起中的货币，而未必是已经或正在失去政治支配性的宗主货币或经济支配性的顶层货币。人民币的情况即是如此。

货币国际化的经济和政治因素

经济和政治因素共同界定了国际货币的概念。因此，研究国际货币问题应当聚焦于这两个不可或缺的方面。经济学家对货币国际化问题给予了广泛关注，相比而言，政治因素受到的关注较少，但两者值得同等对待。在这一问题上，政治经济学领域已经提供了一些进一步研究的分析框架，但仍有待展开更多讨论。学者们总结指出，国际货币的根本决定因素是经济规模、货币信心和金融市场深度（参见Frankel，1992，2011；Eichengreen and Frankel，1996；Chinn and Frankel，2008）。赫莱纳（Helleiner，2008）将货币国际化的众多经济因素中的决定因素分成三大特性——信心、流动性和交易网络。

最近的研究认为，经济规模和交易网络（网络外部性）对国际货币选择的影响事实上并不非常显著。保罗·克鲁格曼（Paul Krugman 1984）、陈庚辛和杰弗里·弗兰克尔（Menzie Chinn and Jeffrey Frankel 2007）指出，货币的国际使用与货币发行国经济规模不存在线性关系。巴里·艾肯格林（Barry Eichengreen 2005，2011）、艾肯格林和弗兰德鲁（Eichengreen and Marc Flandreau 2010）认为，网络外部性与货币作为价值储藏的使用存在的联系较弱，尽管可能与货币作为交易媒介的使用存在潜在的较强联系。他们还指出，信息技术优势已经充分地降低了多国货币使用的交易成本。

另外两个决定因素——流动性（也被称为金融市场深度）和信心，在影响货币国际化方面受到的质疑较少。经济上，能够影响货币信心的因素多种多样，既包括货币和财政政策，也包括发行国的经常性账户和净债务头寸状况（Tavlas and Ozeki 1992）。或如赫莱纳（Helleiner，2008）所言，支撑某种货币，特别是对作为价值储藏手段和计价单位的货币的海外信心，来自长期稳定性，该属性通常与发行国良好的宏观经济基本面联系在一起。但是，对于某种货币的信心既源于经济基本面，也源于发行国更广泛的国际安全权力（Strange 1971）。它还可能受到国内政治和机制的深刻影响。安德鲁·沃尔特（Andrew Walter 2006）提出英镑的稳定价值及其所支撑的类似的海外信心，与英国的有限政府、较小的选举特权以及由英格兰银行实施的保守的金融机构控制有关。沿着这一逻辑，一个相反的案例是，欧洲政治合作存在的较多不确定性，以及欧洲无法以一个整体在国际层面投放自身力量——不仅在货币事务方面，还在政治和安全事务方面——削弱了对欧元的信心（Cohen 2004，2007；Henning 1997，2000，McNamara 2008）。

经济学家认为，货币发行国拥有一个发育良好的开放的金融市场，将降低货币交易成本，这成为国际货币另一个显著的经济特征（Lim 2006）。弗兰克尔（Frankel 2011）总结了金融市场发展的经济因素，特别是市场深度、流动性、可靠性和开放度。例如，1913年美联储成立后美国金融市场的充分发展以及 19 世纪的伦敦金融市场分别为美元和英镑崛起为国际货币奠定了基础。相反，日本和德国严格的金融市场管制经常被作为日元和马克国际化的主要障碍（Aliber 1964，Tavlas 1991）。

政治学家认为，以下两个结构性因素能够解释货币国际地位的提升：以有限的宪政政府和保护借贷者的法律框架为特征的政治环境（Stasavage 2003；Walter 2006），以及在低收入群体眼中国内金融秩序的合法性（Seabrooke 2006）。赫莱纳（Helleiner 2008）重申，政治机构能够在支撑国际货币领导地位的金融体系建设中发挥作用。他强调美联储的创立在催生美元国际化方面所起的作用。这个由美国政策制定者创立的系统通过再贴现和公开市场回购，促进了以美元为基础的纽约金融市场的流动性。

中国为什么推动人民币国际化：文献综述

根据上述讨论，有理由认为人民币确实有潜力成为一种主要的国际储备货币。人民币的能力源于中国排名世界第二的经济体量、国际收支经常项目顺差以及与之相伴的人民币升值预期。然而，金融市场的全面发展（尤其以深度、流动性、可靠性和开放度为特征）构成国际货币不可缺少的先决条件，这正是中国所缺乏的。此外，根据流动性、浮动性和开放度标准，要赶上其他主要货币，中国金融市场还有很长一段路走（Frankel 2011）。人民币国际化的启动和推进基于这样一种观念，认为中国可以在无须开放资本账户，也无须完成汇率和利率市场化改革的条件下推动人民币国际化。这是一个不寻常的模式，因为它违背了古典经济学逻辑，该逻辑认为货币国际化需要资本项目开放、完全市场化的汇率管理和不受干预的利率制度。

人民币国际化采用了同时基于政治和经济考虑的独特路径，这种路径无法仅仅用经济或货币因素来得到完全解释。关于中国推进人民币国际化的考虑，弗兰克尔（Frankel 2011）提出了以下三种假设：第一种假设是中国追求国际货币地位的优势：铸币权、国内厂商的便利和国际声望；第二种假设是中国没有充分意识到同时追求国际化目标和维持有竞争力的货币之间的张力；第三种假设是中国的一小部分精英（政界和学界）推动经济从出口拉动向国内部门拉动转型升级，他们认为金融开放、放松金融抑制和人民币升值预期会有助于实现经济转型战略。Ulrich Volz（2013）认为，人民币国际化主要是由于中国国内金融改革的需要，以及中国对过度依赖美元的防御性反应。中国学者从政治经济学角度的研究已经取得了很多重要成果。基于他们的研究，关于2009年以来中国推进人民币国际化的兴趣不断提高的原因可概括为以下几个方面。

第一个原因是为了避免中国公司面临的外汇风险，降低贸易的交易成本（He 2009，Zhang Ming 2013，Gao and Yu 2011，Huang and Lynch 2013，Yu 2014）。人民币国际化会引导对外贸易和金融交易更多地采用人民币，从而使公司不必对冲汇率风险。特别是在全球金融危机中，美元作为全球贸易的主要结算货币出现了相当幅度的汇率波动，更显示出中国及其大部分邻国和地区所面临的巨大风险。正是全球金融危机最初促使中国政府推进跨境人民币交易安排以降低中国与其地区贸易伙伴的交易成本，从而使中国规避在美元主导多重跨境资本流动中的汇率风险。这样一来，中国与其地区伙伴的贸易关系的平稳发展也得到了保障和维持。

第二个动机也许是为了减轻全球金融危机以来发达经济体采取的量化宽松政策（QE）对中国经济的负面影响。美联储的量化宽松政策加上美国财政部的干预成功稳定了美国金融市场，但带来美联储资产负债表的急剧膨胀（Yu 2014）。美元贬值给中国外汇储备造成的巨额损失，在全球金融危机以后几年里变成中国领导人的最大担忧。量化宽松政策和随之而来的美元贬值给人民币和其他新兴市场国家货币带来了巨大压力。一些货币受此影响升值，引发了全球过剩的流动性，给包括中国在内的新兴市场国家带来短期的资本流入、通货膨胀和资产价格上涨。货币升值到一定程度会对中国和其他新兴市场国家的出口和经济增长造成负面影响。一些分析家因此认为，人民币国际化反映出在全球金融危机后发达国家实施宽松货币政策所带来的负面经济环境的背景下中国应对国际货币竞争的战略（例如可参见 Mao and Qin 2013）。从长远来看，在更广泛的贸易安排中使用人民币，或使之作为储备货币，将有助于避免因美联储"不负责任"的政策带来的负面效应，例如从近年来的三轮量化宽松政策所看到的那样。

第三，人民币国际化将增加中国的国际经济和政治影响。此外，人民币国际化将使中国货币当局可以从世界其他地区获取铸币税。随着人民币国际地位的拓展，国际贷款和投资将更经常地由中国金融机构实施，从而有效助推上海成为一个金融中心（Gao and Yu 2011）。简而言之，成功的人民币国际化将被中国领导人和精英视为中国崛起为全球金融领域崛起的标志。

第四，人民币国际化正在成为中国金融改革新的助推器（Huang 2009，Wang 2011，He and Ma 2011）。在国际货币状态下，以市场为基础的人民币汇率和利率改革将成为必须。这一不可避免的先决条件意味着汇率和利率的市场化将引发中国金融市场开放的一场变革，其深远程度将如同中国加入世界贸易组织（WTO）所带来的影响（Zhang Ming 2013）。离岸人民币市场的发展将给汇率和利率改革带来更大压力（He and Ma 2011，Wang 2011，Wu 2011）。强大的利益集团阻碍汇率和利率开放进程，构成中国金融系统改革最大的困难。这一困境迫使中国人民银行推进以贸易安排为形式的人民币国际化，以便创造允许人民币回流的渠道，增加在资本账户下可兑换需求的压力。这种模式在中国金融改革中称为"倒逼机制"。

在利用人民币国际化推动国内金融改革是否奏效的问题上，一些学者有不同的看法。张斌（Zhang Bin 2011）指出，截至2011年，香港离岸市场的发展仅仅迫使中国货币当局购买更多的外汇储备，并遭受由于人民币相对于美元升值造成的金融损失。未来的香港离岸市场的发展预计将对中国有管制的汇率和利率（存款利率）产生更大影响。维持现有的人民币汇率在固定区间内的浮动和有管制的利率政策将承受进一步压力。但是，目前仍不清楚这种压力将导致更多的管制还是导致市场导向的改革。余永定（Yu Yongding 2011，2012）也注意到，人民币离岸市场的发展带来了套汇机会，这对中国宏观经济施加了新的压力。这些压力能否转换成推动国内金融改革的动力尚不确定。

以上研究从政治经济学的角度提出了一些关于人民币国际化的见解。在这些见解中，两种动机得到中外学者的一致认同：为了增加中国经济和政治的国际声望；利用人民币国际化推动中国国内金融改革。中国学者特别强调另外两点直接诱因：为避免汇率风险和降低交易成本而设置的人民币跨境交易安排；为应对人民币升值压力，以及因金融危机后实施量化宽松政策和随之产生的美元贬值带来的中国外汇储备事实上的损失。[①]

这些看法显示人民币国际化的种种动机，既有政治的也有经济的。但是，现有研究没有从更广的政治和经济背景来探寻人民币国际化与中国关于美元主导地位的看法之间，或者说与中国领导人对金融权力的认识之间的关系。现有研究也没有给出政治诱因影响人民币国际化路线图的综合分析，也就是为什么利益集团和其他国内行为体会影响政策制定过程。本章探寻这两个问题的答案，借此更清晰和深入地理解人民币国际化所显示的政治逻辑。

中国对美元主导地位的看法

中国对其过度依赖美元的担忧

尽管中国作为美国最大债权国（美国民众称之为"美国的银行"）的形象深入人心，但与此形成鲜明对比的是中国社会精英对美元的高度关注：精英阶层对美元（包括债券和钞票等美元形式的资产）的过度依赖以及或由此带来的对中国政治经济稳定的严重影响。中国已跌入美元陷阱。[②] 全球金融危机将中国持有大量美国国债储备

[①] 实际上，这并没有起作用。相反，在跨境贸易结算中更多地使用人民币只会增加中国外汇储备的累积。以下章节将对此进行更为充分地解释。

[②] 2009年4月，《纽约时报》专栏作家、诺贝尔奖获得者保罗·克鲁格曼（Paul Krugman）称之为"中国的美元陷阱"。参见 www.nytimes.com/2009/04/03/opinion/03krugman.html。

的真正危险显露无遗。金融危机期间,中国被其外汇储备尤其是美国政府扶持的企业债券逼到了巨额亏损的悬崖边缘(Yu 2014)。全球金融危机后,持有大量美元的风险显而易见:面临美国经济的严重恶化,美联储的量化宽松政策同时致力于稳定美国金融市场,导致了美元的大幅贬值,这无疑将大大降低中国外汇储备的价值。

解决这一问题的最佳方案便是使外汇储量多元化,但是中国拥有的选择有限。中国的外汇储备以每年4000亿美元的速度不断累积——除美国国债市场外,世界上根本没有其他市场的组合能够承受如此庞大的数额(Kroeber 2011)。此外,中国将外汇储务的安全性与流动性置于盈利性之上(外汇储备管理的三大目标)。在中国看来,就安全性与盈利性来讲,美国国债在国际金融市场投资产品中仍然是最佳选择(Yu and Liu 2011)。进一步说,如果中国停止购买美国国债,那才是最大的风险(Yi 2010)。正如劳伦斯·萨默斯(Lawrence Summers2004)所言:"确定无疑并且不得不这么认为的是,考虑到抛售美国国债给本国经济带来的影响,日本或者中国迅速抛售美国国债的动机并不强。"萨默斯称之为"金融恐怖平衡",在这种平衡中,中国无法停止对美国提供资金支持。或者像克鲁格曼(Krugman2009)所说的:"中国现在所持的美元数额庞大,而这一情况使得中国没有办法在不造成美元贬值,并且不会引发中国领导人所担心的资产损失的情况下将其抛售。"

事实上中国从未战略削减其美国国债储备,反而持续增加持有份额,至2013年5月,持有量已达1.3万亿美元新高,2014年9月依然是美国国债的最大海外持有国(美国财政部,2014)。在全球金融危机爆发后的两年间,即使报纸上充斥着中国"抛售美元"的新闻,中国对美国国债的持有实际上仍有增无减:从2008年9月持有6.18亿美元(中国首次成为美国国债最大海外持有者)增至2010年9月的1.13万亿美元(数据来源同上)。纽约大学经济学家努里尔·鲁比尼(Nouriel Roubini)认为,如果美元兑人民币下跌三分之一,中国便将遭受相当于其国内生产总值十分之一的资本损失(引自Ferguson 2005)。仅因如此,中国人民银行就有无限动因继续购买美元。

尼尔·弗格森（Niall Ferguson 2005）认为，中国在相当长的一段时间里，会持续为美国的"双赤字"提供资金支持，并且时间将比唱衰美元的悲观者预计的长久得多。由于缺乏足够的国内支持，推动汇率形成机制完全市场化以避免美元陷阱这条路在中国也走不通。简而言之，可以认为，中国目前任凭美国左右，而不是相反。

避免美元依赖和美元陷阱的一个可行办法，便是提升人民币的国际地位。在中国，一些经济学家认为，作为一项长期战略，人民币的国际化算得上是摆脱美元依赖的一个正确方法（He 2009；Xiang 2011，2013；Cao Yuanzheng 2014）。尽管人民币国际化的过程可能需要数年甚至数十年，且会带来巨大的经济成本，比如出口产品竞争力的降低和损害货币政策独立性，但这仍然是走出美元陷阱的正确途径。长远来看，它所带来的经济和政治优势是非常巨大的。

然而，一些其他的中国经济学家并不这么认为。他们指出，当前人民币国际化的策略并未减少中国对美元的依赖，反而导致中国积累更多美元计价资产，从而增加了汇率风险。一方面，在市场对人民币升值的单方面预期的影响下，中外出口商都倾向于使用人民币为计价货币。另一方面，顾及升值可能带来的收益，中外进口商又不太愿意把人民币作为计价货币。实际上，由于中外企业各自议价能力的不同，用于进口交易的人民币数额远高于中国出口商收到的数额。在人民币单边升值途径下，海外投资者有持续增加人民币计价资产的动机。此外，为保持目前固定汇率浮动幅度的稳定性，中国货币当局必须持续买进增加的外汇储备（Zhang Ming 2011；Zhang and Xu 2012；Yu 2014）。假设后一种观点是正确的，那又如何解释央行不断沿当前路径推进人民币国际化？难道会有不仅仅是为摆脱美元依赖的其他诱因？要回答这个问题，需要对更多的因素加以探讨。寻求人民币国际化必定拥有比仅仅避免对美元过度依赖更大的目标。

中国对美元霸权的羡慕与疑虑

中国对过分依赖美元的担忧基于一个更为广泛的政治经济背景，涉及中国是如何看待美元霸权的。美元霸权在中国公众和精英中的一

第二章　人民币国际化的政治逻辑：通往全球主要货币的独特路径

个流行解释可归纳如下：美国霸权是一种美国可轻易从外部世界获得甚至"掠夺"（一些学者如此表述）物质和金融财富的国际秩序。1971年金本位制终结后，美元本位制形成，从而赋予了美国被其强大国力支撑起的金融垄断能力。作为这一体系中的国际货币，美元的独特地位使得美国能够以两种相互关联的方法从世界其他地方，特别是发展中国家掠夺财富。其一，美国维持经常账户和财政双赤字，这意味着它通过出口美元换取外国制造的商品来获得物质财富。其二，通过发行国债和金融衍生品的开发，流出的美元通过经常账户赤字又回流到美国。这样一来，美国既有效进口了产值，还支持了其金融系统。这种循环机制构成了美国印钞的内在动机。一旦这个机制面临崩溃的危险，美国也能够通过增印钞票来支付债务或削减债务。这样做的话，便避免了通过美元贬值来还债或降低债务数额的义务了。货币宽松政策，实质上就是使债务货币化，而货币宽松政策带来的美元贬值引起了外国所持有的美元计价外汇储备的大幅回落。这就是美国掠取财富而别国遭难的原因（Li and Li 2014，Wang and Cheng 2011，Zhang 2010）。

中国学者关于美元霸权的观点也正呼应了一些西方经济学家的想法，比如尼尔·弗格森。弗格森（Ferguson 2005）认为，与其称其为"财富掠夺"，不如叫"贡品"。他认为，如今的中美经贸关系具有帝国霸权属性：在传统上，帝国从其民众那里收取贡品。与过去上供给传统帝国的"血汗和财宝"不同，今天的中国和其他东亚经济体上供给美帝的贡品则是定价过低的出口贸易及低利率高风险的贷款。正如理查德·尼克松政府时期的美国财政部长约翰·康纳利（John Connally）对其欧洲同行所说的："美元是我们的货币，却是你们的问题"，弗格森认为，今天的美国同样可以此回复中国和其他亚洲国家。正因如此，中国学者经常引用这句名言来描述美元霸权，并阐述关于美国如何从中国和其他国家掠夺财富的分析。

一些中国学者关于美元霸权的看法则更为激进（参见 Ding and Niu 2014；Qiao 2007, 2014）。他们主张阴谋论，认为美国曾使用美元大棒敲击日本，从而使日本陷入了长达十年的经济衰退局面，成功地摧毁了日本在20世纪80年代赶超美国经济的可能性。[①] 这些经济学家认为中国必须对美国的阴谋保持高度警惕，阴谋体现在美国对中国施压的一系列举措，包括进一步开放金融市场，实现汇率自由化以及开放资本账户。同样，倡导在这些领域进行市场化改革的经济学家，甚至官员，也被批为美国跨国公司的代理商。他们还进一步提出"循环圈"的说法，即：美元霸权为美国提供了从世界别处得来的廉价资本，这些廉价资本又被用来投资美国军力，而正是军力保证了美元的霸权地位。

但是，一些备受推崇的中国经济学家则对美元霸权给出了十分中立的解释（He 2004, Zhang 2009, Yi 2011, Xiang and Wang 2014）。以张宇燕的说法为例：正因为大多国家使用并储备美元，美国的货币霸权才能准许其从世界各地获取铸币税。美国以外的美元流通和其他经济体持有的美元外汇储备只能用一个方法维持稳定，那就是不间断的大额的美国经常账赤字，以此美国才能坐享出口美元和美元计价资产带来的全球资源与服务。为保持稳定的美元流通，美国必须持续出口美元并为贸易需求和海外储备提供足够的金融产品。

在这些中国学者看来，国际货币体系的根本问题在于，美国货币当局只能根据他们对美国国内经济形势的判断来制定货币政策和宏观经济政策。换言之，美国没有考虑到其货币政策对其他经济体的负面溢出效应。这就解释了为什么中国会提议建立超主权储备货币并改革现行的国际货币体系。但是，如果没有美国的支持，国际货币体系的改革和国际货币基金组织的特殊提款权扩展都举步维艰。中国还有另一个选择，即推动人民币的国际化，完善其国际货币的功能（计价单位、交换媒介和价值储藏手段），同时坚持努力实现改革国际货币体系的目标。

这种对美元霸权的中立看法也引发了一些美国主流经济学家的共鸣。艾肯格林（Eichengreen 2011）在他的著作《过分的特权》中指

[①] 1985年的"广场协定"在中国广泛作为美国阴谋的"证据"以及随后日本经济衰退的触发因素。

出，美元国际货币的地位带来的最大益处就是其他国家需要用真正的资源来换取美元。大约 5000 亿美元在美国外部流通，外国人不得不为此向美国提供货真价实的货物和服务。由于美元证券的便利性，外资银行持有大量的美国债券和票据，并愿意为获取它们而支付更多。这让美国能够通过对外投资债务支出与对外投资收益之间的利差额来运行外部赤字，从而使其能够年复一年地进口多于出口、消费多于产出的情况下并没有欠其他国家更多债。

无论是基于阴谋论还是中立分析，中国始终认为美国能成为超级大国的秘密，一定藏在美元霸权中。美元作为国际货币的地位让美国能够借助外国的支援来维持美国的生活水平、贴补美国的跨国公司。进一步而言，没有证据表明左派阴谋论观点——正如系列畅销书《货币战争》[①] 中所反映的，对中国领导人的美元霸权观点造成什么影响。但是，可以公正地说，除了经济学家的中立观点以外，这种观点表明了货币权力对现代主权国家的经济力量和政治威望的重要性。人民币的国际化，是中国在通往成为全球货币体系的金融力量道路上必不可少的第一步。

中国领导人关于构建中国金融实力的立场

自从 1989 年之后启动新一轮经济改革，中国领导人就开始逐步认识到现代经济中金融的重要地位。早在 1991 年，邓小平就远见卓识地指出"金融是现代经济的核心"（Deng 1994），这表明中国领导人已经意识到中国经济现代化中金融的重要性。为了贯彻邓小平的最高指示精神，中国在 20 世纪 90 年代中期开始了以市场为基础的金融改革，并开始"与国际接轨"。为应对人民币贬值，1994 年国内引入有管理的浮动汇率制度，并在 1996 年接受了国际货币基金组织的第八项条款，为开放资本项目设计了发展蓝图（Yu 2014）。然而，原

[①] 《货币战争》是 2007 年由宋鸿兵主编的系列畅销书，该书基于阴谋论宣称西方国家完全由一群私人银行掌握。该书毁誉参半，被视为经济民族主义的突出代表。该书的续本和第三卷分别于 2009 年和 2011 年出版。据报道，2009 年末其续本《货币战争 2：金权天下》名列中国最受欢迎的书籍之一。

本一帆风顺的金融改革受到1997年突如其来的亚洲金融危机的影响,人民币重新盯住美元,资本项目开放被迫中止,资本控制加紧。

尽管自20世纪90年代就开始推行金融领域改革,中国在较大程度上成功抵御亚洲金融危机后,才对其严格管控下的金融系统信心倍增,从而阻碍了进一步的金融改革。但是,与全球金融市场接轨始终是中国政策制定者的终极目标。全球金融危机引发了新一轮的改革,中国担心美元陷阱将导致巨大的资本损失。2012年召开的中国共产党第十八次全国代表大会上提出了金融改革目标,要"深化金融体制改革,健全促进宏观经济稳定、支持实体经济发展的现代金融体系"[①]。换言之,中国金融业现代化进程,建设强势机构管理金融系统,是工作重点。报告还呼吁改革要"加快发展多层次资本市场,稳步推进利率和汇率市场化改革,逐步实现人民币资本项目可兑换"。[②]

2013年召开的中共十八届三中全会上发布的改革纲要突出了金融改革中的三个重点:降低准入门槛,促进金融市场竞争;促进利率和汇率形成的市场化,开放资本市场;政府和机构中潜在金融风险的管理,以及改善金融基础设施。总体而言,改革的关键是让市场发挥决定性作用。2013年8月,在全会之前,国务院总理李克强在中国大连举行的夏季达沃斯论坛上向国际社会也提出了相同的金融目标。[③] 李克强总理说,中国的金融改革是"盘活中国经济这盘大棋的关键一步"。[④]

学者们已开始认识到未来中国经济增长中发展成熟的金融市场的重要性。与领导者相比,学者更加关注中国金融领域与全球金融市场的融合,并言辞更为直接地倡导金融在全球经济中的重要作用。他们强调在全球经济的分工中金融的杠杆调节功能,并认为国家金融领域的竞争力很大程度上决定了其在全球经济中的地位(Zhang Yugui

---

① 胡锦涛报告全文参见 http://news.xinhuanet.com/english/special/18cpcnc/2012-11/17/c_131981259.htm。

② 同上。

③ 参见 http://topic.chinadaily.com.cn/index/special/sid/505。

④ 参见 http://usa.chinadaily.com.cn/epaper/2013-11/12/content_17097692.htm。

第二章 人民币国际化的政治逻辑：通往全球主要货币的独特路径

2013）。对国内市场而言，他们相信以市场为导向的金融改革是下一个经济结构转型的核心。以市场为基础的金融改革，将为满足国内需求增长再平衡提供支持。

金融改革的成功将决定中国经济转型的未来（Huang 2014, Zhang Yugui 2013, World Bank and Development Research Center of the State Council 2013）。出于中国对汇率和利率形成的市场化改革的担忧，人民币国际化已成为关注重点，并将在中国全面开展以市场为基础的金融改革中发挥关键作用。或者如一些学者所说，中国的经济和金融转型为人民币国际化创造了条件。在结构转型完成后，人民币国际化的条件就应该成熟了。国际化的成功实现是可期的，这意味着中国将最终实现其成为金融大国的战略（Xia 2011, Pan and Wu 2012）。

可以说，中国作为世界第二大经济体，值得拥有其自己的国际货币。自20世纪70年代改革开放政策（中国经济改革）实施以来，中国奇迹般的经济增长建立在融入全球经济的目标定位，以及采取市场导向的政策的基础上。中国加入WTO将其制造商融入国际分工，对经济增长贡献巨大。全面参与和融入全球金融市场，将不可逆转地将中国国内金融市场与全球市场连接，被视为自21世纪初以来，错综复杂的世界经济体系中中国经济进程的另一大关键维度。按照这个逻辑，在当前以信用为基础的全球货币体系中，国际货币是实力的象征。人民币国际化本身是金融领域"中国梦"[①]的核心体现，可以为全面实现中国梦提供必要的金融支持。

避免美元依赖、试图在全球货币体系中争取获得与美元的同等地位以及建立现代金融体系，构成了人民币国际化更广泛政治背景的长期目标。尽管中国对美元的依赖在开始几年中有所增加——这在中国看来是必要的代价，当前的国际化路线图是间接而渐进的，它打算通过国内金融改革来实现这些人民币国际化的长期目标。

---

① "中国梦"由中国国家主席习近平首先提出，用以描述民族复兴、人民生活水平提升、经济繁荣、和谐社会和军事强国的建立。由此，各政府部门和中国社会各行各业在实现中国梦中均发挥各自的作用。

人民币国际化之路的政治逻辑

一种迂回而温和的方式

尽管学界大力宣扬人民币国际化的美好前景,在基于市场的汇率和利率改革(及资本账户自由化)方面也达成了共识,中国政府仍需出台战略,甚至公开推进这一国际化进程。而目前看,政府采取的手段是迂回而温和的。

全球金融危机之后,人民币国际化作为抵御中国过度依赖美元风险的必要措施加以推进。中国政府并没有预料到学界对加速人民币国际化提出了更高要求,尤其在全球金融危机之后,学界声音愈发强烈。随着汇率和利率改革以及资本账户开放的缓慢推进,中国以市场为导向的金融改革还远未结束。

中央政府认识到,中国管制下的金融体系存在优势,对采取迂回温和手段逐步推行金融改革有信心。中国学者及领导人意识到向金融整合型经济体转变中存在的风险,尤其是资本账户自由化可能对中国经济带来的影响。迂回、温和的手段被认为是中国的正确选择。面对人民币国际化的美好前景,经济学家和央行官员一直在研究探索逐步推进方式或中庸之道,以在受资本账户管制和兑换力有限的条件下推进人民币国际化进程。从跨境贸易结算入手成为已达成的共识。

在全球金融危机前,人民币在中国周边国家地区就已广泛用作边境贸易结算货币,中国学者也对此进行了系列研究(Xu 2014)。2009年7月,国务院批准开展跨境贸易人民币结算试点(PBoC 2009)[①],正式启动了人民币跨境贸易结算,也预示了人民币国际化进程的加速。

近年来,人民币在贸易结算、海外居民的存款、人民币债券、人民币跨境贷款、人民币海外直接投资、人民币合格境外机构投资者的

---

① 该决定由中国人民银行、财政部、商务部、海关总署、税务总局和中国银行业监督管理委员会等国务院六部委联合发布。

第二章 人民币国际化的政治逻辑：通往全球主要货币的独特路径

引入以及与其他中央银行之间的人民币互换协议等方面的国际化进程发展迅速。尽管如此，在人民币国际化问题上，中国政府仍对外保持低调姿态。① 直到2011年初，即人民币国际化出现加速的一年半之后，中国政府首次在一向被忽略的文件中正式提出这一说法（Xu 2014）。中国政府将人民币国际化进程表述成"顺应市场发展规律"，时机成熟后国际化即会实现。② 但事实上，中国政府通过以上手段积极推进人民币国际化，似乎在人民币国际化问题上采取了一种"只做不说"的微妙策略。

对于人民币国际化采取这种渐进温和的策略，遵循了2005年以来实施的汇率改革路径，这项改革是中国基于市场的金融改革进程中迈出的重要第一步。中国并未立即实现汇率的完全自由化，而是通过参考一揽子货币政策，实行基于市场供求的有管理的浮动汇率制度，逐步实施自由化。在随后几年中，这一方案成功规避了风险，使政府考虑的对整个经济环境带来的负面影响得以控制。同样地，目前中国政府认为自身并没有能力全面推行基于市场的汇率和利率改革，而这两项任务是实现货币国际化的前提条件（根据货币国际化顺序的经典理论）。人民币国际化之路仍是渐进甚至迂回的，改革者的最优选择是推进跨境贸易结算和建立人民币离岸市场，以达到实现人民币国际化的两大前提条件。

决定人民币国际化迂回而温和推进战略的因素，还包括中国对其金融市场的外资管制以及随之而来的市场改革对金融主权侵蚀的考虑。加上中国领导人对金融问题的重视，中国对金融权力的严格掌控以及对外国控制其金融市场的担忧是可以理解的。中国或许永远不会放开其对金融市场的管控，也不愿让外国人在其国内金融市场扮演重要角色。根据克罗伯（Kroeber 2011）的研究，如果中国想使人民币

---

① 关于人民币国际化详细过程，参见 Yu（2014）。
② 2013年3月1日，中国人民银行副行长易纲在接受新华社记者采访时表达了这一观点。参见 http://rmb.xinhua08.com/a/20130301/1130481.shtml。2012年，财政部财政科学研究所所长贾康发文解释了这一观点，参见 http://paper.people.com.cn/rmlt/html/2012-02/22/content_ 1006917.htm? div = -1。

成为重要的储备货币,这一点十分重要。

综合考虑,当前对人民币国际化采取的战略极为特别。通常认为更为"正常"的路径是推行基于市场的汇率和利率改革,开放资本账户,从而自然实现人民币国际化。然而现实情况是尽管市场导向的汇率和利率改革尚未完成,资本账户仍受严格管制,中国政府仍在通过跨境贸易结算、建立人民币离岸市场、与其他央行签署货币互换协议的途径,低调推行人民币国际化[①]。

在人民币国际化迂回而温和的战略背后,更深层的原因有待进一步挖掘,比如所谓的倒逼机制,似乎是最为合理的解释。

以人民币国际化为名的资本账户自由化

根据余永定（Yu 2014）的研究,目前人民币国际化之路存在的最大问题是:由于中国经常账户盈余,如不能相应增加外债,将无法为世界其他国家提供货币流动性,中国目前的人民币国际化途径——即依赖人民币贸易结算提供离岸市场的人民币流动性——将导致中国持有更多美元计价资产,而这恰恰是推行人民币国际化所要避免的。其结果是,人民币国际化目标将无法实现。更糟糕的情况是,目前这种途径可能带来的最严重后果之一是,外汇和利率套利猖獗。套利获利是当前人民币国际化的主要推动力之一,将带来中国福利的严重损失。

这种失败可归咎于汇率管制机制。出于人民币升值的预期,在汇率和资本账户双重管制下,当前的国际化路径取得了一些进展。但是,这种进展是难以持续的。自 2011 年 9 月起,与人民币升值预期背道而驰的行情阻碍了这一进程。加之全球金融市场的不稳定因素同样导致大量以人民币计价的资产转为美元计价。无论如何,人民币资产持有和人民币跨境贸易结算的贸易量下降的后果证明:在汇率和资本账户管制的情况下,政府引导的货币国际化战略并不稳定。

这种不稳定性在 2014 年人民币国际化的表现中得到了进一步体

[①] 在货币互换协议中激活的人民币数量所占比例极小。例如,2013 年第三季度 2960 亿元人民币中仅有 41.69 亿元人民币（1.4%）被激活（中国人民银行,2013）。

第二章 人民币国际化的政治逻辑：通往全球主要货币的独特路径

现。2014年是5年来人民币对美元首次出现净贬值（按年度计算）。随着美元走强和中国经济减缓，市场对人民币的升值预期显著下降。人民币国际化进程因此放缓，尽管中国政府采取了积极推进方案：在加拿大和澳大利亚这两个发达经济体建立人民币离岸中心；为进一步开放资本账户引进其他措施，包括增加人民币合格境外机构投资者投资配额，开启"沪港通"股票市场交易互通机制。2014年香港人民币离岸存款的增长为21个月中最低的，曾一度打破年中均值。中国商品贸易中人民币结算份额在2014年7月降至13.2%，成为自2013年10月以来的最低点（Global Research of Standard Chartered 2014）。

即使考虑了这些对人民币国际化的约束条件和阻碍因素，仍然存在以下两个重要问题：选择当前路线图背后的依据是什么？为什么中国人民银行在明显缺乏稳定性和可持续性的情况下仍继续采取目前的人民币国际化方案？

答案就在资本账户的自由化。按当前的路径，中国人民银行实际上是以人民币国际化的名义推行资本账户自由化。首先，开放人民币贸易结算，发展人民币离岸市场可以放松资本账户管制（Yu 2011）。中国人民银行与他国央行间签署的货币互换协议是打破资本账户管制的另一途径，其做法是借人民币国际化之名，通过提供具有足够流动性的预支鼓励海外市场人民币的使用（Zhang and Xu 2012）。这就解释了为什么在2011年后，尽管有学者指出当前推行人民币国际化的路径存在的内在缺陷并因此呼吁停止施行，但国家仍大力推行人民币贸易结算、人民币离岸市场和货币互换协议（Yu 2011，Zhang and Xu 2012）。2014年11月，"沪港通"正式启动，允许中国大陆投资者购买香港股票，国际投资者也可通过香港经纪商进入中国两大股市之一，这一股市通道的开放在不必直接取消中国的资本管制的情况下进一步推动了资本账户开放。香港交易及结算所有限公司集团行政总裁李小加（Charles Li）认为，该计划的实施是中国大陆资本账户双向开放的转折点（Li 2014）。

资本账户开放是获得官方权威文件的支持的政策目标，也为中国人民银行目前实施的推进人民币国际化战略提供了保障。值得注意的是，尽管中国人民银行和其他任何部门均从未在其官方文件或声明中明确提出人民币国际化或人民币国际化与资本账户自由化之间的关系，作为人民币国际化的预期结果，即便可能不是最主要的结果，在"十二五"规划（中共十八届三中全会上的报告）等官方文件中资本账户自由化被明确作为优先议题。

因此，中国人民银行坚持其政策的同时，在2012年提出资本账户自由化的"战略机遇"期（Research Team of Statistics and Analysis Development of PBoc 2012b），并在此后继续推进资本账户自由化，尽管不少经济学家警示其可能对中国经济带来巨大危险。在实际操作中，中国人民银行并非打算一次到位推行资本账户自由化。其提出的战略机遇方案，更像是对资本账户自由化的重要性和紧迫性的公告。目前的人民币国际化路径实际上已经间接打破了资本账户管制。这样一来，资本账户自由化无须与强势利益集团正面交锋，但可以为当前政治经济背景下的国内金融改革提供一条合理可行的路径。

中国金融改革的协同可控路径

中国人民银行推行资本账户自由化的一个重要补充解释是，中国人民银行并未通过死板手段推行这一政策。根据中国人民银行副行长易纲与前货币政策委员会委员余永定最近的一次讨论，中国人民银行"以协同方式"同时推进利率、汇率及资本账户的自由化（Sina Finance 2014）。这也是2012年2月中国人民银行政策调研报告中所提出的（Research Team of Statistics and Analysis Development of PBoc 2012b）。其中提出经典经济学中的"不可能三角"（或称为"三角困境"）存在自身缺陷，不适用于中国当下国情。这一理论主要局限之一是未考虑到三角中每一组成部分的"中间状态"。例如，在固定和完全自由化的汇率体制之间，存在既不受完全管制，又非完全自由化的中间状态。而该观点成为推行中国金融改革协同方案的理论基础。

另一些具有影响力的中国经济学家，例如夏斌[①]，支持中国人民

[①] 夏斌为国务院发展研究中心金融研究所所长，曾担任中国人民银行货币政策委员会委员。

第二章 人民币国际化的政治逻辑：通往全球主要货币的独特路径

银行关于中国实现三大政策目标的协同改革的渐进模式（Xia 2014）。他认为对中国金融市场改革而言，改革的前后次序不再是问题的关键。因为汇率改革和资本账户自由化均已有所推进。当前着力推进人民币国际化使形势变得更为复杂，并成为中国金融市场改革新的重要变量。目前情况下的人民币国际化，在汇率管制和未完成的资本账户自由化的条件下推进，不应遵循抽象的理论。这个案例在西方经济学经典教科书里从未出现，中国也没有前人的经验可借鉴。

中国人民银行强调，当前加速资本账户自由化的条件已经成熟，正在协同推进市场导向的汇率和利率改革以及资本账户自由化。中国的选择是以一种替代的方式同时推进汇率、利率和资本账户的自由化，在任何一个改革时机成熟时采取相应行动。通过这种方式，不同措施可以相互组合，风险也会相应降低。

基于对目前渐进推行方案的内部评估和信心，中国人民银行并没有遵从理想的改革次序模式。从中国人民银行副行长易纲和前副行长吴晓灵等官员的评价看来，中国人民银行正在推进人民币作为结算和投资货币的使用，这将为资本账户自由化施加巨大外部压力。只要在资本账户自由化实现后，利率和汇率改革才能实现。这是余永定（Yu 2014）所称的中国人民银行在人民币国际化问题上的"功能视角"，或像其他学者所称的"倒逼路径"。与此同时，应其他国家要求[①]，与外国央行签署货币互换协议是对中国人民银行推行人民币国际化的基本政策的补充[②]。

就目前看，中国人民银行在利率和汇率改革方面的缓慢进度受到不少批评。一些分析家认为，目前缓慢的汇率改革与推行资本账户开放和人民币国际化的政策组合并不理想，因为它带来了猖獗的汇率和

[①] 2008年中国人民银行与韩国的货币互换协议，及2009年前几个月与其他国家央行的货币互换协议，均应他国要求签署（Ba 2009）。近年来，许多货币互换协议也在其他国家央行以不同理由提出要求下签署——如阿根廷、马来西亚和印度尼西亚的贸易结算货币，与俄罗斯、菲律宾、柬埔寨和白俄罗斯的储备货币（Yang 2014）。

[②] 中国人民银行并未积极推行与他国签署货币互换协议（源自与徐奇渊的个人交流）。

利率套利（Yu, Zhang and Zhang 2013）。中国人民银行应该认识到更为灵活的汇率政策将抵消资本账户进一步自由化带来的负面影响。近年来，中国人民银行放缓汇率改革，原因在于面临巨大困难。在一些有利条件成熟时，取得了一些进展，如2014年人民币贬值。2014年3月，中国人民银行将人民币汇率交易区间放宽到百分之二，并开始逐步减少对外汇市场的干预。易纲认为，到2014年末，人民币汇率的灵活度已提高了，也形成了人民币汇率双向浮动机制（Yi 2014）。

作为中国深化金融改革推进器和重要并行目标的人民币国际化

显然，中国人民银行官员认识到人民币国际化次序的重要性，并应遵从以下次序：基于市场的利率和汇率形成机制，资本账户下人民币的可兑换，最后完全实现人民币国际化。但是，汇率和利率改革面临的困难重重，很难打破国有企业——"四大"（四大国有商业银行）和当地政府中强大的利益集团，这些利益集团受到当下基于金融抑制的经济发展模型的支持和保护。正如全国人民代表大会财政经济委员会副主任委员吴晓灵在2011年所提出的，"在关于如何实行改革汇率问题上，各方很难达成共识"。中国人民银行只能改用另一种汇率改革方式：先推行人民币国际化，然后借助人民币国际化带来的压力提高资本账户中人民币的可兑换性，最终实现汇率改革。

这一方案的运行逻辑是：在当前人民币国际化的路径下，跨境贸易结算和人民币离岸市场的建立导致离岸人民币的规模大增。人民币离岸交易中心本身就会为海外人民币回流中国提供渠道，以此确保人民币国际化的推进。而资本流动规模转而会对仍处于管制状态的资本账户和汇率施加巨大压力。

事实上，一些学者提出（见 Zhang Bin 2011；Yu 2011, 2012）这一机制也许并不会奏效，却可能通过汇率和利率套利方式对中国经济造成损失。但是，这被视为实现人民币国际化和中国金融改革宏观目标所必须付出的代价。目前推行的人民币国际化是中国的次优选择。最佳选择

第二章　人民币国际化的政治逻辑：通往全球主要货币的独特路径

是首先实现汇率和利率的自由化，但这在目前情况下是行不通的。此外，随着对人民币升值到贬值的预期转变，以及2014年央行进一步放松汇率管制，套利活动的利润空间缩小，为此付出的代价也在减小。其面临的困境是，随着代价的下降，人民币国际化进程也随之放缓。

因此，可以说人民币国际化是国内金融改革的推进器，也是与金融改革相并行的目标。面对中国困难重重的金融改革，对中国人民银行及其支持者而言，倒逼机制似乎是一个可行的选择。

人民币国际化作为重要工具，可为中国经济发展实现以下两大关键目标：从全球层面看，人民币国际化将增强中国国际金融市场中的竞争力，摆脱当下发达国家主导的国际货币体系规制所带来的限制；从国内层面看，人民币国际化将推动金融改革，有效促进中国经济发展。从中国立场出发，美元霸权及其衍生的政策结果，如国际货币基金组织事实上的否决权、美国货币政策的负面外部效应以及持续巨额经常账户和财政赤字，会给中国经济发展带来不利影响。中国在金融方面的竞争力将不断增强，其国际地位也会随着人民币成为主要储备货币而提升。对国内市场而言，人民币国际化将推动一系列以市场为导向的金融改革，包括汇率、利率、银行部门及资本市场的改革。

中国最高领导层对人民币国际化在中国金融改革中的地位有明确的认识（Cheng 2014）[①]。事实上，中国金融改革的终极目标显然不在人民币国际化本身，而是到2020年建成现代化小康社会。吴晓灵强调，中国人民银行正将更多注意力集中在如何推进以市场为基础的国内金融改革，而不是如何推进人民币成为国际化的货币，因此人民币的时代尚未到来（Wu 2014）。周小川行长同样强调，在人民币国际化问题上，中国人民银行重点关注做好自己的"功课"，包括取消不必要的人民币使用限制，如法规和商业管制，逐步提高人民币资本账户的可兑换性。中国人民银行正在为推进人民币更广泛的使用创造条件，不会预先设定速度、节奏和时间节点（Zhou 2014）。

[①] 成思危，著名经济学家，曾担任全国人民代表大会常务委员会第九届和第十届副委员长。

与此同时，人民币国际化本身作为一个并行的目标，在其可能为中国带来的政治、经济利益方面看，意义也同样重大。在既定金融改革目标实现的情况下，这个目标也会实现。这为央行坚持以其独特方式推行人民币国际化进程提供了又一个解释，尽管没有国家先前尝试推行其货币的国际化，其中主要原因是潜在的巨大成本和责任。

人民币渐进国际化的逻辑：中国经济结构转型的关键

在金融改革中实行倒逼机制的根本原因在于，市场导向的汇率和利率改革面临重重困难。通常而言，汇率和利率改革是实现货币完全国际化的前提条件。这其中，以市场为基础的利率体系在中国现行金融改革中占据核心位置，是真正的市场导向的汇率改革和资本账户自由化的基本条件。

根据利率平价理论，国内利率受到管制时，汇率自由化将导致汇率大幅波动，利率差增大和大量的跨境资本流动，所有这些都会影响国内货币政策。当今中国，受管制的利率将导致汇率扭曲，在现行管制汇率体系中无法设定合理的浮动区间。此外，长期设置存款利率上限和维持低名义利率，将推动人民币汇率继续走高。简而言之，利率市场化是汇率自由化的前提。

在1996年启动利率市场化改革以来的18年中，其中最重要的存款利率仍未被触及，这是目前唯一的管制利率。[①] 国内外学者一致认为，金融抑制是中国金融体系的核心，而金融抑制的核心是利率管制（Huang 2014；Cao Tong 2014；Sender 2012；Lardy 2012；Ito and Volz 2013）。改革开放政策实施30多年来一直施行的金融抑制政策，促使家庭财富向政府和国有企业转移。这构成了中国目前经济增长模型最为重要的基础，以投资和出口为主要特征。这也同样构成了中国共产党对中国经济发挥影响力的关键。

利率市场化改革被认为是中国金融改革中难度最大的部分。这一

[①] 2015年8月25日，中国人民银行宣布将对一年期以上的存款开放存款利率，这是利率市场化改革又一重要一步，但中国人民银行仍将维持其对一年期存款基准利率的控制。

改革会改变金融抑制政策，推动中国从当前的经济增长模式——投资和出口驱动模式——向消费驱动增长模式转变。这意味着将告别过去30多年中最成功的经济增长模式，而在中国，这一转变如果没有顶层决策者的坚定决心支持，是无法实现的。

其中最大的困难来自强大既得利益集团的反抗，这些利益集团受惠于现行的金融抑制和增长模式。尽管他们并未直接反对人民币国际化本身，但反对诸如汇率和利率自由化改革等政策变化，而这些政策变化与人民币国际化密切相关。2013年3月，李克强总理在就职记者发布会上，表达了他对这些强大利益集团和推行改革中遇到困难的看法："触动利益往往比触及灵魂还难"（Zhang 2013）。

人民币国际化的主要制约和支持力量

主要制约力量

大型国有商业银行

尽管在人民币离岸清算银行中竞相争利，大型商业银行积极维护存款率管制，对人民币国际化而言无疑是一个重大的实际制约力量。

在中国，大型商业银行享受实际存款负利率带来的大幅补贴。2011年，平均利息收入占银行总收入的80%（China Banking Regulatory Committee 2012：8）。中国人民银行前副行长吴晓灵称银行的利润收入"不合理"。时任重庆市市长黄奇帆指出，在中国银行净利率差要比其他国家高出两个百分点（Su and Lou 2012）。北京大学著名经济学家张维迎（Zhang Weiying 2011）将国有银行凭借其垄断地位赚"快钱"的获利方式描述成强盗逻辑——1.2%的存款利率和5.6%的贷款利率形成的利率差使傻瓜都能赚钱。美国学者尼古拉斯·博斯特（Nicholas Borst）的研究回应了张维迎的批评。他描述了自中国人民银行规定存款利率上限和贷款利率下限起，中国的银行是如何舒适地保持3%左右的利润率的（Borst 2012）。

目前看来，存款利率管制是中国利率改革中唯一的保留项目。据官方观点，利率改革一向被视为最关键也是最具风险的一步，因而仍未涉及。作为人民币国际化的一大先决条件，利率改革遭到大型商业银行的强烈反对，因为这会导致存贷利率差显著缩减，从而严重影响银行的盈利能力。2011年，主宰中国银行系统的四大国有银行的平均股本回报率在25%左右（Orlik and Reilly 2012）。面对公众对其"暴利"产生的疑问，2012年中国大型银行的一些领导者迅速否认了"暴利"（Su and Lou 2012）。这是存款利率改革可能面临的潜在困难的写照，而银行领导不会轻易屈服。

国有企业

一些国有工业企业可能受益于人民币对外贸易和直接投资结算——人民币国际化的两大渠道——然而，作为中国当前金融体系中的主要借款人以及国有银行系统中廉价资金的接收者，国有工业企业强烈反对金融市场改革，尤其是改变存款利率。这使它们也成为人民币国际化的实际制约力量之一。2013年以来，即使贷款利率一直向市场化方向发展，不受管制的存款利率会相应地导致贷款利率的上升，并将削弱国有企业相对较高的盈利能力。在2012年浙江调查之行后，中华全国工商业联合会主席黄孟复指出，相当比例的国有企业利润来自利率的转移支付，因为它们可以从银行获得利率相当低的贷款。小额贷款的平均利率为20%，远高于大型民营企业满意的10%利率水平。但是，国有企业可以以5.3%的贷款利率从银行获得贷款（Liu 2013）。在银行贷款上与私营部门竞争，将提升整体福利，但需以损失国有企业利益为代价。根据天则经济研究所（2012）出版的《国有企业的性质、表现与改革》一书，2010年10万亿元贷款中的绝大部分流向国有企业。

出口企业

汇率自由化将导致人民币兑美元的大幅升值[①]。在国家发展和改

[①] 在现行资本账户管制之下，会有更多的资本设法流入中国，推动人民币升值。自2005年汇率改革起，人民币已连续升值八年。最近，由于中国经常账户盈余减少，跨境资本流动的不稳定波动，人民币单向升值的预期消失。此外，在2014年美联储正式停止量化宽松政策后，人民币兑美元可能向贬值方向发展，这将减小中国出口行业的压力，从而为汇率改革提供机遇。

第二章 人民币国际化的政治逻辑：通往全球主要货币的独特路径

革委员会（NDRC）和商务部的大力支持下，中国出口企业——沿海省份的出口企业为GDP和创造就业机会贡献巨大——形成了一个强大的利益集团，他们反对完全以市场为基础的汇率改革。自2005年汇率改革启动以来，改革者一直受到这一松散的利益集团联盟的影响。尽管2009年人民币贸易结算正式启动后，一些出口企业从中受益，但由于当前对外贸易结构①、中国出口企业议价能力缺乏等诸多制约因素，90%的中国外贸企业仍选择用美元结算（Wang 2014），并依然强烈反对汇率完全自由化带来的风险。

国家发展和改革委员会

俗称"小国务院"的国家发展和改革委员会——国务院下属的宏观经济管理机构——是中国金融抑制政策的主要制定者和实施者，在过去十年中确保了低成本的大量投资来维持中国的经济发展。这一政策以低利率为核心，抑制家庭收入，将大量投资分配引入房地产，导致中国房地产泡沫的积累。现行的利率机制同样严重扭曲了资本分配，加剧了中国经济中的宏观经济失衡（Lardy 2012）。

地方政府

根据中国社会科学院研究人员刘煜辉（Justina Lee 2013）的估算，中国地方政府背负的巨额债款高达20万亿元（根据中国银行业监督管理委员会2013年公布的数据是9.7万亿元），已成为利率自由化面临的主要障碍之一。利率自由化会拉升存贷款利率，将大幅增加政府的借贷成本和债务水平（Zhang Bin 2011）。地方政府背负的巨额债款将成为引发中国金融市场系统风险的一个因素，因而在开放其存款利率之前必须解决这一问题。这个问题也将地方政府变为反对利率改革，特别是放开存款利率管制的主要抵制力量之一（同上）。

房地产和建筑行业

自1998年中国市场化住房制度改革启动以来，中国的房地产及相关建筑行业已发展成为经济增长的一大支柱。这些产业的蓬勃发展

---

① 例如，中国主要贸易伙伴（即美国、欧洲国家等发达经济体）的公司在贸易结算中倾向于不使用人民币，而用美元来结算商品。

归功于国有银行的大量低息贷款（因其从实际存款负利率中获利）。2008年全球金融危机后4万亿元的经济刺激方案推出后，房地产行业重焕生机，并与大量投资于其中的银行紧密地捆绑在一起。实际存款负利率以及缺少其他投资机会促使大量资金涌入房地产市场，刺激了房地产市场发展进程中的房地产泡沫。由于自身的巨大规模以及对经济增长的支撑作用（加之与提供资金支持的银行和地方政府无论好坏地捆绑在一起），房地产市场的可持续发展使其成为倾向于维护当前有管制的利率体制的强大利益集团。

这些集团并没有公开反对人民币国际化，因为人民币国际化作为实现完全的经济民族主义目标的一部分，已被广泛理解和接受。这一目标意味着一旦人民币按照预期崛起成为国际货币，中国在全球经济体系中的地位将得以提升——或许可与美国相当。因此，这些集团不便和促进中国成为金融大国的政策唱反调。但是，人民币国际化势必带来以市场为导向的汇率和利率改革，并危及这些集团的根本利益。这些利益集团的反对，是人民币国际化进程与传统货币国际化方式相比具有独特性和不同寻常的主要原因。

主要支持力量

当前在资本账户和汇率双重管制之下的人民币国际化路径，凸显了中国人民银行在这一进程中的主导作用。中国人民银行明确了来自高层领导人的支持，这确保了财政部、中国银行业监督管理委员会等其他相关政府机构的合作，这些机构基本上处于一个辅助位置，但能够为这一进程提供技术支持。从另一角度来看，人民币国际化对经济民族主义的影响，为这一进程的推进营造了有利的舆论氛围。

中国人民银行

中国人民银行是与诸多人民币国际化利益集团相抗衡的为数不多的机构之一。中国人民银行推进人民币国际化及相关金融市场改革的能力，很大程度上依赖于其与西方国家央行相比的独立地位——而鉴于在中国人民银行缺少这种独立地位——或者其从高层领导人那里获得的支持。

第二章 人民币国际化的政治逻辑：通往全球主要货币的独特路径

中国人民银行虽然通过货币政策获得权力，却不像美联储和英格兰银行等西方国家央行那样独立。诸如汇率和利率市场改革、人民币国际化之类的重要政策则需要由高层领导人与相关机构和专家协商后，才能决定。这意味着中国人民银行必须与其他政府部门（及其背后强大的利益集团）竞争，获得更大影响力。

中国人民银行的最大优势在于其在金融领域的专业知识。人民币国际化似乎被包装成提升中国在国际金融市场地位的经济民族主义政策，这样一来，就将其置于便于实现的有利地位。实际上，恰当的说法是人民币国际化部分依赖于中国人民银行以其自身在金融领域的专业知识获得的相对优势，而其他部门和利益集团则缺乏足够的知识和经验。

中国人民银行至少在两方面拥有从高层领导人那里获得支持的优势。首先，与邻国地区的跨境贸易结算成为"一箭双雕"政策。这是现行人民币国际化的核心政策，将有助于增强与这些邻国之间的经济政治关系。香港的经济发展就得益于人民币离岸市场的建立，并由此带来日益稳定的政治环境。对中国领导人而言，稳定的政治环境是一个重要考量。香港作为国际金融中心，这也是人民币国际化进程中的重要一步。2014年秋，中国政府启动了"沪港通"——尽管在数月的街头抗议中，与预期相比延误了几天，但这一持续的政策支持证明香港在人民币国际化进程中的重要地位。

其次，中国人民银行政策的首要任务是开放资本账户。这一政策目标契合中共十八届三中全会中提出的金融改革计划。吴晓灵（2011）指出，五年内，中国将能够实现人民币在资本账户下的可兑换。2012年2月，中国人民银行发布报告称，中国正处于资本账户自由化的"战略机遇"期，应当加速这一进程（央行调查统计司调研组 2012a）。该报告还向持怀疑态度的学者证明，中国开放资本账户不会带来巨大风险。正如余永定（Yu 2014）所指出的，随着时间的推移，中国人民银行借人民币国际化之机，推进资本账户自由化的意图愈发显现出来。

积极的公众舆论

从历史来看，中国人民银行在汇率和利率改革政策方面的影响力往往不及国家发改委和商务部。而如今面对人民币国际化问题，中国人民银行显然面临着角色逆转。经济民族主义情结以及随之带来的人民币的国际地位不断增强，将强势助力人民币国际化进程的推进。在民众中形成了一种共识，即一旦人民币成为国际主要储备货币之一，中国将逼近美国在全球货币体系中的地位，并将在全球金融领域实现成功崛起。《华尔街日报》记者鲍勃·戴维斯（Bob Davis）认为，在有利环境中，中国人民银行必将充分发挥其金融领域内的专业优势，推进基于市场的金融改革（Wei and Davis 2014）。借助这些有利条件，中国人民银行在全球金融危机余波中开始启动国际化计划。据一些外国观察者称，中国金融改革将赋予中国人民银行对货币基础的无条件管控（Goodfriend and Prasad 2006）。这为当下宏观经济政策和改革计划定下了基调（Wei and Davis 2014）。

结　论

随着中国在伦敦、法兰克福、巴黎、卢森堡等欧洲城市以及多伦多等北美城市的人民币离岸市场的日益增多，人民币国际化进程将进一步推进。中国将继续与发展中和新兴经济体签订货币互换协定。这些举措背后的基本逻辑与上文提及的一致，即逐渐扩大人民币的国际化使用——从地理范围上看，其具体的路线图是，首先将目标定位在周边地区，通过货币互换协定逐步将人民币使用范围扩展至金砖国家（巴西、俄罗斯、印度、中国及南非）和其他新兴国家，最终实现完全国际化的目标。从功能上讲，人民币将首先作为一种结算货币，其后是作为投资货币，最终将成为储备货币。[①]

在这些人民币国际化的举措和发展趋势的背后，中国人民银行真

[①] 当然，在实践中，人民币国际化并没有严格遵照某一过程。在中方努力下，一些国家已将人民币纳入外汇储备的货币选择之中（Chatterjee and Armstrong 2014）。

第二章 人民币国际化的政治逻辑：通往全球主要货币的独特路径

正的目的在于在未来几年里促进国内的金融改革，即资本账户自由化、市场导向的汇率和利率改革。深化改革的最终目的是到2020年实现中国的完全现代化。届时，中国将拥有更多机会实现人民币国际化的长远目标——摆脱美元依赖，在全球货币体系中争取获得与美元同等的地位，并建立现代金融体制。

总体说来，人民币国际化的愿景及推进国内金融改革目标的实现取决于以下几个方面：高层领导人深化中国增长模式改革的决心；中国人民银行合理利用的专业知识与能力；为政策实施献计献策的领导者及学者的政治智慧；改革者面对强大且极为顽固的反抗力量的抵抗力。特别是，目前实施国际化的手段高度依赖人民币升值的预期，这并不具有可持续性。2014年，人民币相对于美元贬值后，其国际化竞争势头就有所减弱，这一事实就证明了其中的风险。

2014年美元走强，人民币的升值预期有所下降。这使中国政策制定者担心会出现大规模的资本外逃。其后果是，它将导致资本账户自由化政策更为谨慎，人民币离岸市场发展也受到了影响，最终使人民币国际化出现倒退。

另一方面，2014年出现的双向汇率浮动，除表明汇率形成机制更为灵活外，也有效消除了对人民币持续升值的强烈预期。此外，中国经济在未来几年中仍有望以可持续性的方式继续发展，其绝对经济规模和贸易总量显示出对人民币的巨大需求。尽管未来几年随着美元继续走强，人民币可能将经历双向汇率浮动，但长期看来会继续升值。对于中国人民银行而言，不加干预的双向汇率浮动是重要的政策目标，这一目标的实现将增强对人民币的信心，而不是增加潜在的套利机会，从而推动人民币国际化进程，服务于国内金融市场改革。

无论是政府官员还是学者，都注意到资本账户自由化可能带来的负面影响。尽管中国人民银行已决定并在2012年宣称中国正处于资本账户自由化的"战略机遇"期，这一进程仍十分复杂，其间会出现停滞甚至倒退。这些潜在的可能性可从中国人民银行近期在资本账户自由化方面的论调中窥见一二，在2014年其态度变为更加谨慎，并对其政策进行了相应调整。

就所需时间而言，中国人民银行官员和中国经济学家一致认为，人民币国际化是一个长期过程，需要数年甚至数十年时间才能完成。中国人民银行在推行利率和汇率改革方面的渐进措施和谨慎态度，以及高层决策者对资本账户自由化的犹豫不决，也增大了改革延续数十年的可能性。中国的改革者需要采取一切手段抵抗反对力量。这也正是渐进式改革的本质所在。

致 谢

感谢多梅尼科·隆巴迪、塞缪尔·霍沃斯（Samuel Howorth）、徐奇渊、张斌以及几位匿名评审专家对本文提出的宝贵意见和建议。

参考文献

Aliber, Robert Z. 1964. "The Costs and Benefits of the US Role as a Reserve Currency Country." *Quarterly Journal of Economics* 78: 442-56.

Ba, Shusong. 2009. "2009，人民币国际化的起步之年"[2009, the Beginning Year of the RMB Internationalization]. eeo.com.cn, May 19. www.eeo.com.cn/zt/50forum/bzgcj/2009/05/19/138003.shtml.

Borst, Nicholas. 2012. "Are Chinese Banks Too Profitable?" Peterson Institute of International Economics. *China Economic Watch* (blog), March 29. www.piie.com/blogs/china/? p=1191.

Cao, Tong. 2014. "存款利率放开面临两难选择"[Liberalization of Deposit Rate Facing Dilemma]. Finance.sina.com.cn, July 7. http://finance.sina.com.cn/money/bank/bank_hydt/20140707/081619625197.shtml.

Cao, Yuanzheng. 2014. "汇改和扩大使用减少人民币对美元依赖"[Exchange Rate Reform and Reducing the RMB Reliance on the US Dollar]. 中国金融信息网. http://rmb.xinhua08.com/a/20140331/1308879.shtml.

Chatterjee, Saikat and Rachel Armstrong. 2014. "REUTERS SUMMIT-China Currency Claims a Bigger Share of Reserve Manager Portfolios." Reuters, October 29. www.reuters.com/article/2014/10/29/china-summit-reserves-reuters-summit-idUSL4N0SO3VK20141029.

第二章 人民币国际化的政治逻辑：通往全球主要货币的独特路径

Cheng, Siwei. 2014. "十年左右基本实现人民币国际化" [Basically Achieving the RMB Internationalization in About a Decade]. 《上海商报》 [*Shanghai Business Daily*], February 28.

China Banking Regulatory Committee. 2012. 2011 *Annual Report*. Chinese Version.

Chinn, Menzie and Jeffrey Frankel. 2007. "Will the Euro Eventually Surpass the Dollar as Leading International Reserve Currency?" In *G7 Current Account Imbalances*: *Sustainability and Adjustment*, edited by Richard Clarida. 283–338. Chicago, IL: University of Chicago Press.

—— 2008. "Why the Euro Will Rival the Dollar." *International Finance* 11 (1): 49–73.

Cohen, Benjamin J. 1971. *The Future of Sterling as an International Currency*. London: Macmillan.

—— 2004. *The Future of Money*. Princeton, NJ: Princeton University Press.

—— 2007. "Toward a Leaderless Currency System." Paper presented at Wither the Key Currency? workshop, Cornell University, Ithaca, New York, October 12–14.

Davis, Bob and Lingling Wei. 2013. "Meet Liu He, Xi Jinping's Choice to Fix a Faltering Chinese Economy." *The Wall Street Journal*, October 6.

Deng, Xiaoping. 1994. *Selected Works of Deng Xiaoping*, 1982–1992. Beijing: Foreign Languages Press.

Department of the Treasury. 2014. "Major Foreign Holders of Treasury Securities." September 16. www.treasury.gov/ticdata/Publish/mfhhis01.txt.

Ding, Yifan and NiuWenxin. 2014. 《美元霸权》 [*The Dollar Hegemony*]. 成都：四川人民出版社。

Eichengreen, Barry. 2005. "Sterling's Past, Dollar's Future: Historical Perspectives on Reserve Currency Competition." NBER Working Paper No. 11336. May.

—— 2011. *Exorbitant Privilege*: *The Rise and Fall of the Dollar and the Future of the International Monetary System*. London: Oxford University Press.

Eichengreen, Barry and Marc Flandreau. 2010. "The Federal Reserve, the Bank of England and the Rise of the Dollar as an International Currency, 1914–39." Prepared for the BIS Annual Research Conference, Lucerne, June 24–25.

Eichengreen, Barry and Jeffrey Frankel. 1996. "The SDR, Reserve Currencies, and the Future of the International Monetary System." In *The Future of the SDR in Light of Changes in the International Financial System*, edited by Michael Mussa, James Boughton and Peter Isard. Washington, DC: IMF.

Ferguson, Niall. 2005. "Our Currency, Your Problem." *The New York Times*, March 13. www.nytimes.com/2005/03/13/magazine/13WWLN.html?_r=0.

Frankel, Jeffrey. 1992. "On the Dollar." In *The New Palgrave Dictionary of Money and Finance*. London: MacMillan Press Reference Books.

—— 2011. "Historical Precedents for the Internationalization of the RMB." Paper for the workshop organized by the Council on Foreign Relations and the China Development Research Foundation, Beijing, November 1.

Gao, Haihong and Yu Yongding. 2011. "Internationalization of the Renminbi." In *Currency Internationalization: Lessons from the Global Financial Crisis and Prospects for the Future in Asia and the Pacific*. 105-24. Bank for International Settlements.

Goodfriend, Marvin and Eswar Prasad. 2006 "Monetary Policy Implementation in China." BIS Papers No. 31. December.

Global Research of Standard Chartered. 2014. "Offshore Renminbi — Slow but Steady." September 8.

He, Dong and Ma Jun. 2011. "评对人民币国际化的几个误解" [Several Misunderstandings on Renminbi Internationalization]. 《中国经济观察》 [*China Economic Review*] 7.

He, Fan. 2004. "美元霸权对世界的影响" [The Dollar Hegemony's Influence on the World Economy]. 《学习时报》 [*Studies Times*], November 19.

—— 2009. "人民币国际化的现实选择 [The Pragmatic Choices of the RMB Internationalizaiton]." 《国际经济评论》 [*International Economic Review*] 7-8: 8-14.

Helleiner, Eric. 2008. "Political Determinations of International Currencies: What Future for the US Dollar?" *Review of International Political Economy* 15 (3): 354-78. August.

Henning, C. Randall. 1997. "Cooperating with Europe's Monetary Union." *Policy Analyses in International Economics* 49. Washington, DC: Institute for International Economics.

—— 2000. "US-EU Relations after the Inception of the Monetary Union: Cooperation or Rivalry?" In *Transatlantic Perspectives on the Euro*, edited by C. Randall Henning and Pier Carlo Padoan. Washington, DC: Brookings Institution Press.

Huang, Haizhou. 2009. "The RMB Internationalization: A New Propeller for Reform and Opening Up." *GuojiJingjiPinglun* [*International Economic Review*] 7 – 8: 5 – 7.

Huang, Yiping. 2014. "金融改革核心是利率市场化和人民币国际化"[The Core of Financial Reform Is Interest Rate Marketization and RMB Internationalization]. 《经济参考报》[*Economic Information Daily*], June 9.

Huang, Yukon and Clare Lynch. 2013. "Does Internationalizing the RMB Make Sense for China?" *Cato Journal* 3.

Ito, Hiro and Ulrich Volz. 2013. "China and Global Imbalances from a View of Sectorial Reforms." *Review of International Economics* 21 (1): 57 – 71.

Kenen, Peter. 1983. "The Role of the Dollar as an International Currency." Group of Thirty Occasional Papers No. 13.

Kroeber, Arthur. 2011. "The Renminbi: The Political Economy of a Currency." Shaping the Emerging Global Order Paper Series. Brookings Institution. www.brookings.edu/research/papers/2011/09/07-renminbi-kroeber.

Krugman, Paul. 1984. "The International Role of the Dollar: Theory and Prospect." In*Exchange Rate Theory and Practice*, edited by John Bilson and Richard Marston. 261 – 78. Chicago: University of Chicago Press.

—— 2009. "China's Dollar Trap." *The New York Times*, April 3. www.nytimes.com/2009/04/03/opinion/03krugman.html?_r=0.

Lardy, Nicholas. 2012. "Sustaining Economic Growth in China." East Asia Forum, February 5. www.eastasiaforum.org/2012/02/05/sustaining-economic-growth-in-china/.

Lee, Justina. 2013. "Local $1.6 Trillion Debt Pile Impedes Rate Freedom: China Credit." *Bloomberg*, November 14. www.bloomberg.com/news/2013-11-14/local-1-6-trillion-debt-pile-impedes-rate-freedom-china-credit.html.

Li, Charles. 2014. "深港通仍在讨论阶段"[Shenzhen-Hong Kong Stock Connect Is Still in Discussion]. 中国证券网 [Cnstock.com], December 2. http://news.cnstock.com/news/sns_yw/201412/3262534.htm.

Li, Xiao and Li Junjiu. 2014. "美国的霸权地位评估与新兴大国的应对"[Assessing Current US Hegemonic Position and Strategic Measures of Newly Emerging Great Powers]. 《世界经济与政治》[*World Economics and Politics*] 1: 114 – 41.

Lian, Zhong. 2013. "刘鹤：你对中国究竟有多重要？"［Liu He：How Much Important to China？］.《廉政瞭望》 ［*Honesty Outlook*］11. http：//news. sina. com. cn/m/rectitude/.

Lim, Ewe-Ghee. 2006. "The Euro's Challenge to the Dollar." IMF Working Paper 06/153.

Liu, Wei. 2013. "国企为王"［SOE Is the King］.《南方周末》 ［*Southern Weekly*］, January 3.

Mao, Changqing and Qin Peijing. 2013. "人民币国际化：步骤与时机"［RMB Internationalization：Steps and Opportunities］. Project Entrusted by Sino-US Financial Seminar at Harvard University. Research Department of CITIC Securities.

McNamara, K. 2008. "A Rivalry in the Making？ The Euro and International Monetary Power." *Review of International Political Economy* 15（3）：439 – 59.

Orlik, Tom and David Reilly. 2012. "China's Dinosaur Banks Must Evolve." *The Wall Street Journal*, April 5. http：//online. wsj. com/news/articles/SB10001424052 702304072004577323642405367110.

Pan, Liying and Wu Jun. 2012. "体现国家核心利益的人民币国际化推进路径"［The Roadmap for RMB Internationalization That Embodies China's Core Interests］.《国际经济评论》［*International Economic Review*］3：99 – 109.

PBoC. 2009. "Administration Rules on Pilot Program of Renminbi Settlement of Cross-border Trade Transactions." www. pbc. gov. cn/publish/english /964/2009/ 20091229135722061684633/20091229135722061684633｝ _ . html.

—— 2013. *China Monetary Policy Report*, Quarter Three, 2013. November 5.

Qiao, Liang. 2007. "美元霸权与另外一种战争"［The Dollar Hegemony and Another Type of War］.《中山日报》［*Zhongshan Daily*］, October 10.

—— 2014. "敲开金融霸权的内核"［Crack the Kernel of Financial Hegemony］. Preface for *Pricing Power* by Zhang Jie. http：//blog. sina. com. cn/s/blog_ 5d98f6 740102uz9e. html.

Research Team of Statistics and Analysis Department of PBoC. 2012a. "我国加快资本账户开放的条件基本成熟"［Conditions for Accelerating the Liberalization of Capital Account in China are Basically Ripe］. PBoC. February 23.

—— 2012b. "协调推进利率改革和资本账户开放"［Promote the Interest Rate and Exchange Rate Reform, as well as the Liberalization of Capital Account in a Coordinated Way］. PBoC. April 17.

Seabrooke, Leonard. 2006. *The Social Sources of International Financial Power.* Ithaca, NY: Cornell University Press.

Sender, Henny. 2012. "China Should Give Its People Greater Freedom on Investment." *Financial Times*, March 30.

Sina Finance. 2014. "余永定易纲激辩人民币汇率市场化：央行太小心了" [Yu Yongding and Yi Gang Debate on the Marketization of RMB Exchange Rate: The PBoC Is Overcautious]. finance.sina.com.cn, http://finance.sina.com.cn/hy/20140419/131918853420.shtml.

Stasavage, David. 2003. *Political Economy of a Common Currency — The CFA Franc Zone since 1945.* Aldershot: Ashgate Publishers.

Strange, Susan. 1971. *Sterling and British Policy: A Political Study of an International Currency in Decline.* Oxford: Oxford University Press.

Su, Manli and Lou Sailing. 2012. "银行行长否认'银行暴利'说" [Governors of Banks Denied Extravagant Profits].《新京报》[*The Beijing News*], March 12.

Summers, Lawrence. 2004. "The United States and the Global Adjustment Process." Speech at the third annual Stavros S. Niarchos Lecture Institute for International Economics, Washington, DC, March 23.

Tavlas, George S. 1991. "On the International Use of Currencies: The Case of the Deutsche Mark." *Essays in International Finance* 181. Princeton, NJ: Princeton University. March.

Tavlas, George S. and YuzuruOzeki. 1992. "The Internationalization of Currencies: An Appraisal of the Japanese Yen." IMF Occasional Paper No. 90.

Unirule Institute of Economics. 2012. *The Nature, Performance and Reform of the State-owned Enterprises.* World Scientific Publishing Company.

Volz, Ulrich. 2013. "All Politics Is Local: The Renminbi's Prospects as a Future Global Currency." In*Financial Statecraft of Emerging Market Economies*: "*The New Kids on the Block*" *and Global Rebalancing*, edited by Leslie Armijo and SaoriKatada. London: Palgrave Macmillan.

Walter, Andrew. 2006. "Domestic Sources of International Monetary Leadership." In*International Monetary Power*, edited by David M. Andrews. Ithaca, NY: Cornell University Press.

Wang, Xi and Cheng Zongfei. 2011. "'美元危机'到来还有多远" [How Far

Is It from the Dollar Crisis?].《人民论坛》[People's Tribune] 21.

Wang, Xin. 2011. "如何看人民币国际化进程中的问题与收益"[How to Evaluate the Problems and Benefits in the Process of the RMB Internationalization].《中国金融四十人论坛》, July 26.

Wang, Ying. 2014. "九成外贸企业仍无缘人民币结算专家称配套政策有待完善"[90 Percent of Foreign Trade Enterprises Still Miss RMB Settlement. Experts Say Supporting Policies Needed to Be Prompted]. China Enterprise News, July 28.

Wang, Zhiyue. 2013. "智囊刘鹤"[The Brain Truster Liu He].《第一财经日报》[China Business News], October 11.

Wei, Lingling and Bob Davis. 2014. "China's Central Bank Prevails in Policy Battles over Economic Future." The Wall Street Journal, June 8.

World Bank and Development Research Center of the State Council. 2013. China 2030: Building a Modern, Harmonious and Creative Society. Washington, DC: World Bank. doi: 10.1596/978-0-8213-9545-5.

Wu, Xiaoling. 2011. "顶层设计和金融体制改革"[Top Layer Design and the Reform of Financial System]. Shanghai Security, August 27.

——2014. "'人民币的时代'还没有到来"[The Era of RMB Is Yet to Come]. Chinanews.com, March 22. www.chinanews.com/gn/2014/03-22/5982181.shtml.

Xia, Bin. 2011. "人民币国际化是中国金融战略布局的重要一着棋"[RMB Internationalization Is an Important Stunt in the Layout of China's Financial Strategy].《经济参考报》[Economic Information Daily], October 24.

——2014. "中国金融改革的逻辑"[The Logic of China's Financial Reform].《上海证券报》[Shanghai Securities News], May 23.

Xiang, Songzuo. 2011. "推进人民币国际化走出美债陷阱"[Promote RMB Internationalization to Get Rid of the Trap of Dollar Debts].《证券日报》[Securities Daily], August 22. http://zqrb.ccstock.cn/html/2011-08/22/content_257435.htm.

——2013. "推进人民币国际化减少对美元依赖"[Promote RMB Internationalization to Lessen China's Dollar Exposure]. 中国证券网[Cnstock.com], October 10. www.cnstock.com/v_news/sns_jrgc/201310/2777903.htm.

Xiang, Weixing and Wang Guannan. 2014. "'金融恐怖平衡'视角下的中美金融相互依赖关系分析"[China-US Financial Interdependence Relationship: An Analysis Based on the Perspective of 'Balance of Financial Terror'].《国际金融研究》[Studies of International Finance] 1.

Xu, Qiyuan. 2014. "人民币国际化：概念、争论与展望"［RMB Internationalalization: Concept, Discussion and Outlook］. Research Center of International Finance Working Paper No. 2014 - 09. Institute of World Economics and Politics, Chinese Academy of Social Sciences.

Yang, Tao. 2014. "货币互换新举措的多重意义"［Multiple Significances of the New Measures of Currency Swap］.《中国金融》［*China Finance*］12.

Yi, Gang. 2014. "央行逐步退出常态式外汇市场干预"［PBoC Is Gradually Withdrawing Its Regular Intervention on the Foreign Exchange Markets］. Xinhuanet. com, December 22. http：//news. xinhuanet. com/fortune/2014 - 12/22/c_ 1273 23232. htm.

Yi, Xianrong. 2010. "外汇储备不持美国国债持什么？"［Foreign Reserves: No US Treasuries?, Then What?］. 中国日报网［Chinadaily. com. cn］, February 22. www. chinadaily. com. cn/zgrbjx/2010 - 02/22/content_ 9481244. htm.

——2011. "中国为何还不断增持美债"［Why China Still Increase Its Holding of US Treasuries］.《京华时报》［*Beijing Times*］, August 18. http：// news. xinhuanet. com/fortune/2011 - 08/18/c_ 121876597. htm.

Yu, Ying and Liu Dong. 2011. "郭树清谈结构僵局"［GuoShuqing on Problems of China's Economic Structure］.《证券市场周刊》［*Securities Markets Weekly*］30.

Yu, Yongding. 2011. "应暂停出台人民币国际化新政策"［Suspend Introducing New Policy on the RMB Internationalization］.《第一财经日报》［*China Business News*］, December 15.

——2012. "从当前的人民币汇率波动看人民币国际化"［The Current RMB Exchange Rate Volatility and RMB Internationalization］.《国际经济评论》［*International Economic Review*］1: 18 - 26.

——2014. "How Far Can Renminbi Internationalization Go?" ADBI Working Paper Series No. 461. February.

Yu, Yongding, Zhang Bin and Zhang Ming. 2013. "中国应慎对资本账户开放"［China Must Act with Caution on Liberalization of Capital Account］. *Financial Times*［Chinese Version, ftchinese. com］, June 4.

Zhang, Bin. 2011. "香港离岸人民币市场发展的困惑"［Problems on the Development of Hong Kong's Offshore Renminbi Market］. Research Center for International Finance Policy Review No. 2011 - 069. Institute of World Economics and Politics, Chinese Academy of Social Sciences.

Zhang, Bin and Xu Qiyuan. 2012. "汇率与资本管制下的人民币国际化 [RMB Internationalization in the Context of Exchange Rate and Capital Account Control]." 《国际经济评论》 [*International Economic Review*] 4: 63–73.

Zhang, Ming. 2011. "人民币国际化：基于在岸和离岸的两种视角" [The RMB Internationalization: Two Perspectives Based on Onshore and Offshore]. 《金融与经济》 [*Journal of Finance and Economics*] 8: 4–10.

——2013. "人民币国际化：政策、进展、问题与前景 [The RMB Internationalization: Policy, Progress, Problem and Prospect]." 《金融评论》 [*Chinese Review of Financial Studies*] 2.

Zhang, Monan. 2010. "美元滥发等于财富掠夺" [Overissue of US Dollar Equal to Wealth Plundering]. 《人民日报》 [*People's Daily*], November 11.

Zhang, Weiying. 2011. "市场制度最道德" [Market System is the Most Moral]. 《南方周末》 [*Southern Weekly*], July 16.

Zhang, Xudong. 2013. "李克强谈改革挑战：触动利益比触及灵魂还难" [Li Keqiang on the Challenges Facing Reform: Stirring Vested Interests More Difficult Than to Stir the Soul]. *China Business News*, March 18. http://finance.sina.com.cn/china/20130318/012514859895.shtml.

Zhang, Yugui. 2013. "金融改革决定经济转型成败" [Financial Reform Determines Whether the Economic Transformation Can Succeed]. 《经济参考报》 [*Economic Information Daily*], September 24.

Zhang, Yuyan. 2009. "全球化时代的世界格局现状与展望" [The World Order in the Era of Globalization: Status Quo and Prospect]. 《文汇报》, August 29.

Zhou, Xiaochuan. 2014. "人民币国际化要做好'家庭作业'汇率变化关注中期趋势" [RMB Internationalization Requires Finishing Its 'Homework' and Pay Attention to Mid-term Trend in Exchange Rate Changes]. Xinhuanet.com, March 11. http://news.xinhuanet.com/politics/2014-03/11/c_119712241.htm.

第三章

人民币国际化的顺序

巴里·艾肯格林

人民币国际化既是一个过程,也是中国政策的一种状态和目标。人民币是否广泛地在国际交易中被个人或者公共机构用作一种计价单位、支付手段或者价值储藏——这些是国际货币的核心功能——不是一个简单地回答是或否的问题。人民币国际化有不同的程度,而且国际化的程度是随着时间的推移已经发生变化且将继续发生变化。人民币国际化将引发中国政策制定者采取一系列先后必须予以执行的步骤。不是同时采取这些步骤,而是如希望的那样按照先后顺序推行。

本章将主要讲述关于人民币国际化进程的顺序问题。本章不讨论人民币国际化是否是中国政策的一个合适目标的问题,也不评估它对世界其他地区的影响。[①] 本章将探讨人民币国际化进程的发展,试图明确关键的步骤,然后分析该按什么顺序采取这些步骤,以及各步骤之间的相互关系。

在相关经济学文献中讨论了类似的问题。最明显的是,有大量关于资本账户自由化顺序的文献。在这些文献中,涵盖了资本账户的哪些部分应该先自由化、哪些部分应该随后自由化的问题,以及解除对资本账户交易的限制与其他的经济和金融改革相互关系的问题。因为

---

① 我曾在很多地方讨论过这些问题。例如,参见 Eichengreen(2013a, 2013b)和 Eichengreen and Kawai(2014)。

资本账户自由化是中国这样一个国家的货币国际化的必要条件，所以关于前者的文献与后者直接相关。

关于从管制经济或者计划经济到市场经济转型的经济自由化的顺序的文献更为普遍。① 讨论的问题包括国际交易的自由化应该如何与国有企业（包括银行）私有化以及废除价格管制（不只是银行贷款、存款价格）的顺序问题。从传统意义上来说，中国不再是一个计划经济国家，但是中央计划的一些重要部分仍然存在。也可以说，它也不是一个完全市场化的经济。它的银行主要还是国家控制，这影响了它的借贷以及国际投资者对它的看法。虽然中国的政策制定者已经采取一些步骤来放开利率，但一些重要的利率管制仍然存在，这将给人民币国际化产生影响。

还有些文献是关于金融发展的，这些文献探讨应该采取哪些步骤来推动深层次的、流动的金融市场的发展，以什么顺序来采取这些步骤？这些文献和关于人民币国际化的文献之间的联系部分上是通过资本账户自由化建立起来的。因为人们有时候认为，通过让国内金融机构经受国际竞争的严厉考验以及通过创建一个更为多样化的投资者群体使市场的流动性更强一些，资本账户自由化刺激了金融发展。但是，关于促进金融发展的措施实施顺序的文献一般来说关联性更强，因为发展深层次的、流动的金融市场是货币国际化另外一个必要但不充分的条件。

最后，还有一些关于经济自由化和政治自由化之间关系的文献。② 问题包括主要的经济和政治体制是否能够共存？或者，为了使经济改革能够得到完全接受且不发生逆转，是否必须伴随政治改革？反过来说，以更开放、更能经受考验为方向的政治改革是否增加了同方向的经济改革成功的可能性？在人民币国际化的背景下，有以下两个隐含的问题：中国必须对它的政治体制以更开放、更能经受考验为

---

① 例如，参见 McKinnon（1991）和 Lavigne（1995）。
② 例如，参见 Haggard and Webb（1994），Giuliano, Mishra and Spilimbergo（2010）和 Mo 和 Weingast（2013）。

方向进行改革以便中国和外国投资者把人民币看作为一种有吸引力的国际货币？① 作为人民币国际化进程中一部分，经济和金融改革是否会对中国政治体制的开放性、竞争性甚至可能还包括稳定性带来影响？

本章的第二部分试图理清国际货币的概念。第三部分将详细考察关于排序的相关文献，试图勾画它们对人民币国际化的影响。然后，描述几种可能的排序策略，最后以笔者赞成的一种策略结尾。

什么是国际货币？

首先，一种具有吸引力的国际货币拥有以下三个基本属性：规模、稳定性和流动性。② 规模是指货币发行国必须具有能够参与大量国际交易的规模。这将赋予这种货币成为参与国际交易的本国居民以及与其做生意的外国人一种天然的环境，因为上述情况中使用的货币能够以最小的代价在很多其他的交易中得到使用。在其他条件都相同的情况下，网络报酬递增在货币和金融领域的重要程度，即倾向于使用那种货币的代理商进行的大量跨境交易，将吸引他人追随这种货币，从而进一步扩大和加快货币国际化进程。③ 货币发行国国内生产总值及其海外贸易和金融交易量与以其货币计价的储备资产和外国私人投资资产的使用之间的关联，在关于国际货币需求的文献中，是更稳固的规律之一，这与上述观点相符。④

其次，所讨论的货币以及货币发行国的金融市场必须拥适当高水平的稳定性，以便吸引国际上的使用者。这种货币的货值必须保持稳定，并且为了让持有者相信在未来它的价值同样保持不变，发行国的金融市场必须是稳定的。实体经济的不稳定，例如严重的经济衰退或

---

① 当人民币完全实现国际化时，居民以及外国居民将可选择持有何种货币。
② 正如艾肯格林（Eichengreen 2014）中的更多论述。
③ 关于国际货币的地位，所谓的"新观点"对网络报酬递增的力量提出了质疑，并暗示存在不止一种重要国际货币的空间，但它完全回避它们的存在。参见 Chitu, Eichengreen and Mehl (2013) 和 Eichengreen, Chitu and Mehl (2014)。
④ Chinn 和 Frankel (2005) 提供了相关文献评论，并以非线性的方式构建了一种货币作为国际储备货币的需求严重依赖于国家规模的模型。

增长大幅放缓，可能同样削弱本国居民和外国人的信任，因为它会成为产生金融问题的先兆，并引起政策反应的不确定性。

历史经验支持了这种对稳定的强调。虽然很多的事实能很明白地帮助我们解释为什么 1913 年前美元不能在国际上扮演重要角色，但一个因素是美国金融市场的不稳定，尽管存在美国在 19 世纪 70 年代已经是世界上最大的经济体这个事实。[1] 英国货币和美元都发现它们的国际货币地位都因为 20 世纪 30 年代的经济、金融和货币危机受到冲击。第二次世界大战之后，英国经历的反反复复的货币和国际收支危机已经充分解释了对英国货币的国际地位所受到的侵蚀。很明显，稳定对于货币的国际价值储备功能是很重要的，稳定对于中央银行将外汇以某个特别单位储备的意愿和个人投资者把这种货币纳入他们的多样化的国际资产组合中的意愿同样重要。但是，更宽泛地来说，对于国际货币的其他功能，稳定也很重要。

最后，流动性是国际货币的一个重要属性。私人和官方投资者想知道的是，不仅这种货币能保值，而且他们能够以较低的成本（较低的出价－询价差额）调整资产组合去买卖以该种货币计价的债券，并且价格不会偏离其价值。历史经验也支持了这一点。据估算，美国政府债券市场——主要的储备和国际资产——远远超过其他世界上最具有流动性的市场。1914 年前，伦敦以英镑计价的资产市场的流动性也是不可超越的，而美国金融市场的不流动性是限制美元使用的主要因素。

相反，国债市场相对有限的流动性能够解释为何日元在 20 世纪八九十年代没有更快地取得作为国际储备货币的市场份额（Fukuda and Cong 1994）。Marc Flandreau 和 Clemens Jobst（2009）的研究显示，更普遍的情况是根据不同的代理人估计的报价－询价差额，市场流动性上的差异能够帮助我们解释历史上使用和交易不同国家货币的国际市场的数量。

---

[1] 艾肯格林（Eichengreen 2011）详细论述了"多种因素"。

关于排序的文献

在计划经济向市场经济转型时期，关于改革排序的文献聚焦于开放商品市场和开放金融市场以及开放经常账户和开放资本账户的先后顺序等问题。虽然 Ronald McKinnon（1991）等人对此持不同意见，但绝大多数的分析认为先开放商品市场和经常账户。从直观上看，如果商品市场严重混乱，金融自由化可能导致资源流到不合适的部门，而在这些错配的领域，投资的生产力是很低的（Brecher and Diaz-Alejandro 1977）。在中国的情景下，这些文献主要是学术性的，因为中国一直倾向于首先开启贸易自由化。

这类文献关注的另一个焦点是放开利率管制的顺序。一旦经济完全开放，并且商品化和国企私有化基本完成，利率需要转变为由市场来决定，这几乎没有争议。但是，一些人认为说，在自由化和开放过程的早期阶段，废除最高和最低利率的限制很重要；另一些人认为，更高的借贷成本会给产品价格仍受到管制的企业陷入过于严厉的困境，可能导致不必要的倒闭。与中国的情况相关，他们认为放开最高存款利率的限制可能会挤压银行利润，导致银行为生存而下赌注，发放风险更大的、利率更高的贷款。[1] 这些警告指出了在废除利率管制之前，需要加强审慎监管、内部管控和巩固银行自身的资产负债表。[2]

在这些文献中，资本账户自由化的排序与人民币国际化的排序密切相关，因为开放的资本账户是货币完全国际化的前提条件。除了最基本的与贸易相关的国际交易外，封闭的资本账户是一个明显的障碍。这是因为在这种情况下，只有在某种货币能够用来从同一个国家的供应商那里购买进口商品的时候，出口商才接受用该货币的付款。这就是人民币国际化早期阶段的情况。大约在 2009 年，在中国特定

---

[1] 关于这一争论的介绍，参见 Calvo and Coricelli (1995)。
[2] 例如，Feyzioglu, Porter and Takas (2009) 即持这种观点。

地区的特定企业才被允许用人民币结算它们的与贸易相关的交易，而且绝大多数跨境金融交易还禁止以人民币结算。大约2009—2010年，单日人民币外汇交易量和单日中国商品、服务进出口总值之间的比值差不多为1。而对于其他金融上更发达、开放的经济体来说，该比值相对要高得多（McCauley and Scatigna 2011，69）。

如果资本账户部分开放，如本文写作时中国的情况，那么货币也能用于特定领域的国际金融交易。但是，只有在某种货币自由地用于金融交易的时候，即只有货币发行国的资本账户相当或者完全开放的时候，它才能够和主导性的国际货币在公平的赛场上进行竞争。从这一点来看，对于货币国际化来说，资本账户自由化不是充分的条件，但是必须的条件。

因此，要想把人民币提升到一流的国际货币，中国必须开放资本账户。关于开放资本账户的最优和理想排序，我们了解多少呢？第二次世界大战后数十年来，理论家和实践者认为，只有对于拥有无懈可击的强大经济和金融背景的国家（这实际上指的是美国），资本账户开放才是合适的。而对于其他国家来说，他们认为，应该等到它们的国内金融市场和国际收支非常强大稳健的时候才行。不愿调整汇率，导致持续的竞争性失衡，以及像英国这样拥有巨额外债的国家等事实解释了不愿意加快行动的原因。

但是，由于开放的资本账户是一个遥远的前景，还没有人特别关注实现开放资本账户的政策排序。在接下来的时间里，这种情况发生了变化，并在20世纪90年代中期达到了它的顶峰。在这一时期，人们迅速转向接受这种主流观点，即应该在改革进程的早期开放资本账户。20世纪90年代，在为拉美债务危机画上句号的布雷迪计划之后，人们见证了国际资本流动的增长，这促成了一种观念：能够吸引充足的廉价外国资金的国家能够获益。日益增长的资本流动规模也鼓励了一种信念——管制是徒劳无益的，国家管制资本账户的企图也是没有出路的。由此可得到如下结论：政府最好遵循市场规律，开放资本账户。市场规律既有活力又有效率，人们相信政策制定者在此信念的支配下才能做出正确决策。对此持怀疑态度的人，也在很大程度上支持了上述观点。①

回顾历史,那也是国内金融自由化和放松金融管制的时期,对美国来说更是如此。支持放松国内金融放松管制和自由化的观念也鼓励对外金融放松管制和自由化,对此,美国是主要支持者之一。20世纪90年代是欧洲国家取消本国居民资本账户限制的时期。日本取消了对货币交易和外资银行进入日本的余下限制。韩国和墨西哥等加入了经合组织的新兴市场国家也按照该组织的自由化条例向这一方向迈进。国际货币基金组织(IMF)关于资本账户可兑换是否是成员国的义务的讨论鼓励人们推测国家应该朝着资本账户开放的方向发展,并且宜早不宜迟。这样,在国家内部和国际层面上鼓励"轻触式管制"(light touch regulation)的信念也鼓励了支持尽早开放资本账户的设想。

这一尝试并没有迎来完美的结局。1994—1995年的墨西哥"龙舌兰酒危机"(tequila crisis),1997—1998年的亚洲危机和2008—2009年的全球信贷危机受到忽进忽出的资本流动的推动,而没有必要的支持性政策的资本账户自由化使这种流动成为可能。这个经历使新兴市场、然后是国际政策共同体(international policy community),最后是IMF都接受一种对资本账户自由化更加微妙的立场。

国际货币基金组织(IMF 2012)对这一新的传统观点进行了概括。国际货币基金组织描述了两条轨道——资本流动自由化及其配套改革——必须同步进行。配套改革包括修改国内法律框架,加强债权人的权利以及支持国内资本市场的发展和运行;完善会计和统计标准以便投资人做出明智的决策;创建最后贷款人,确保通过建立一家独立的中央银行和缔结国际货币互换和信贷协议向市场提供应急的流动性支持;加强审慎监管、金融监管和私人风险管理。由于所有这些程序都在推行,外商直接投资流入的自由化才能得以稳健启动。只有当配套改革取得较大进展时,才适合启动放开FDI的流出、其他长期资本流动和选择性短期流动(由合格的外国投资者启动的贸易融资和

---

① Dornbusch(1998)是其中一个生动的例子。

境内股票市场投资)。在这些措施和配套改革的作用下,资本市场得以广泛和深入发展,然后才是时候放松剩余的资本流动限制,特别是短期资本流动。

因此,这一新的传统观点并没有向各国推荐首先完成金融发展改革进程,然后开放资本账户,而这差不多是20世纪五六十年代的观点。它也不建议各国应该在改革和发展的早期开放资本账户,而这是20世纪90年代华盛顿共识的基本特征。但它建议一种"综合性的方法,这种方法通过连续的且通常重叠的阶段来设想政策程序"(IMF 2012,24)。

现有大量文献讨论了金融发展及其决定因素,以及金融发展和经济发展关系方面的问题,而聚焦于促进金融深入发展的政策排序的研究相对有限。这些文献的一部分聚焦于市场和机构发展的排序问题。人们认为倾向于首先促进银行发展,因为它们最有能力通过和中小企业客户发展长期关系,来处理信息和签约环境不完善的情况,而这种不完善会阻碍资金流入中小企业;然后发展债券市场,因为债务优先于股票,所以它对不确定环境中的投资者具有吸引力。最后发展股票市场,它让投资者分享超额利润且对竞争性的技术下赌注。从这个观点来看,试图促进发展更深层并具流动性的金融市场的政策制定者应该首先推动金融业的发展,然后是债券市场,最后是股票市场,同时认识到一个相对成熟的金融体系对三者都有作用。中国的经验与这种看法是一致的,它首先建立了一个以银行为中心的金融体系,然后建立有效的债券和股票市场。[①]

这些文献另外一部分聚焦于金融发展是否应该从法律改革或者政治改革开始。[②] 关于法律和金融的文献已经有很久的历史了,但拉菲尔·拉波塔等人(Rafael LaPorta et al. 1998)的研究带来了新的生机,他提供了跨国家的证据证明那些建立了能够有效地保护企业股东

[①] 在其他各种历史实例中,同样的模式也是显而易见的。但是也有例外,如 Rajan and Zingales (2003),作者举了日本的例子,19世纪晚期和20世纪初期,日本的金融体系在转型以银行业为基础之前对证券市场严重依赖。

[②] 事实上,关于中国的问题一直以来都有激烈的争论,参见 Zhao (2006)。

和债权人的法律规范的国家（特别是具有普通法传统的国家）倾向于拥有最积极的、发展最好的金融市场。相反，一些国家的法律体系对投资人不太友好，企业不常上市，相对于债券市场银行扮演更为重要的角色，企业所有权比较集中以及投票溢价（拥有较高投票权的股票的价格，它相对于较低投票权的股票的价格而言）相对较大。换言之，在这些国家金融市场的流动性要低一些。这表明中国在试图以与人民币国际化目标相一致的方式深入发展其金融市场时，应该启动司法改革来强化债权人的权利。

关于金融发展促进措施的排序，一种具有挑战性的解释质疑了法律规则的外生性，认为政治改革是金融发展的前提条件。道格拉斯·诺斯（North 1990），曼瑟尔·奥尔森（Olson 1993）以及拉格拉迈·拉詹和路易吉·津加莱斯（Rajan andZingales 2003）强调了政治制度的改革，以给予债权人在政策选择时的发言。诺斯和巴里·温加斯特（North and Weingast 1989）总结了英格兰光荣革命的例子，强调限制包括随意行使没收权在内的行政权力的政治制衡和平衡的重要性。查尔斯·卡洛米利斯和斯蒂芬·哈伯（Calomiris and Haber 2014）指出鼓励不同政治实体之间相互竞争的政治制度的作用。这一看法表明，为了发展金融市场以使人民币国际化变得可行，中国首先需要改革它的政治体制。

最后，金融发展和资本账户开放之间存在一些联系。人们一直认为，通过让国内金融机构经受外国竞争和促进投资者群体的多样化，资本账户自由化在金融发展过程中扮演积极角色。或者至少在一系列危机出现以前人们认为，这些危机与不成熟的资本账户自由化相关，它使金融发展偏离轨道。关于这些联系的实证研究文献很多，但未达成共识。[1] 如果说存在一个共识的话，当前的综合看法是，只有在合同执行、信息传播和审慎监管的制度达到了某种最低的门槛时，资本账户自由化对金融发展产生积极的影响。[2] 此外，这也表明，中国还

---

[1] 我的评论和总结见 Eichengreen（2003）。
[2] 例如，参见 Ito（2005）和 Eichengreen, Gullipalli and Panizza（2011）。

需要过相当长的时间才能有效地完全开放资本账户，并实现促进金融发展的目标，在此期间一些讨论中的制度将得以巩固。

渐进主义的路径

在之前部分回顾的关于排序的文献与中国的"摸石头过河"的偏好相一致。它指出了在废除掣肘人民币的国际使用的国际金融交易的余下限制之前，在改革国内金融市场和制度方面需要取得相当大的进展。此外，关于中国需要如何成功巩固、改革和发展金融部门的简单回顾强调了需要相当长的时间来实施成功实现人民币国际化的金融改革措施。

由于中国金融体系仍然主要以银行为基础（与其他国家的经历类似），改革必须从银行系统开始。虽然五大国有银行已经实现了商业化，它们在借贷和投资决策时以盈利和利润最大化为基础，但它们仍然是国有控股，而且包括董事长和行长在内的银行高级管理人员仍然由中国共产党任命。这样，商业决策是由党委会而不是董事会决定。银行借贷仍然偏向广义上的国有企业。更普遍的是，这种状况令人怀疑银行高级行政人员和管理者的决定是否受到非商业动机的影响。[1]

关于其他中等收入国家的政策性借贷的情况也不甚积极。有记录显示，在银行按照政府的命令行事的时候，它们的管理层倾向于接受更大的风险，采取一些影响利润，甚至银行的未来存活机率的措施。其结果是，外国人特别不愿在中国银行里存入大笔资金，除非银行私有化或者不受政府政策制定过程的影响。[2]

稳健的银行都是资本充足的银行。一些标题数字显示，中国银行资本充足，存贷比健康。[3] 但是，很多银行有很多通过销售理财产品

---

[1] 参见 Huang, Li and Wang（2013）的讨论。
[2] 关于正在讨论中的世界银行报告的分析见 Davis（2013）。
[3] 根据世界银行最新的数据（2012），银行资本（三大支柱之一）占资产的比例为 6.3%。

获得的表外资产,而标题数字并未反映这些理财产品。很多理财产品的提供者向购买者保证高额利息。如果某个时候,银行财富管理部门实施的贷款和投资不足以覆盖担保的利息支付的话,银行届时一定会被要求将那些债务反映资产负债表上,从而恶化资本状况。① 这反过来提出了一个问题,在金融改革进程的早期,银行是否需要更好地实现资本化(或者先行实施再资本化)。

为银行打造牢靠的商业基础更是以拥有解决机制为前提条件,这样一来,允许资不抵债的银行倒闭,而不会破坏整个体系。2014年年末,中国人民银行发布了存款保险条例的征求意见稿,这是金融机构破产计划的一个前提。但是,一个全面的解决机制还有待发展。

另外一个前提是扩大监管范围,把理财产品和影子银行体系的其他部分也纳入正式监督,更广泛地加强监管。2013年,中国银行业监督管理委员会(CBRC)沿着这一方向向前迈出了一大步,要求商业银行在向公众销售之前登记理财产品。但是,登记离要求银行把这些资产计入资产负债表并用资本来弥补还很远。由于得到担保的高利率前景和人民币的升值预期,那些受此诱惑的外国投资者可能认为理财产品很有吸引力。这样,继续开放资本账户并允许财富管理公司为争取外国客户而进行竞争会是一个致命的错误,如果在有效监督扩大之前这样操作的话。

中国银监会和中国人民银行共同承担金融监管的责任,而适当的监管尤其需要提高中国银监会监督的质量。中国银监会一直饱受指责,在遏制国有控股银行的表外业务以及处理不太健康的小银行上行动迟缓。在存款利率自由化方面,中国银监会也被批评行动迟缓,人们认为它和国有银行关系紧密,而这些银行反对放开利率,那样会需要它们为吸引存款而竞争。最后,中国银监会还要承担未与中国人民银行紧密协调的责任。这些指责都表明了需要提升监督质量,随着国内和国际金融交易的进一步自由化,提升监督质量变

---

① 问题正如金融危机前美国和欧洲银行采用特殊目的投资工具所产生的一样。例如在美国,建筑业部门的弱点可以引起突发事件,中国的财富管理工具也投资在这一部门。

得更加紧急。

2013年7月，中国取消了银行贷款利率的最后限制。但是，银行存款利率控制仍然是一个问题，因为国有银行反对放松控制，并且约束性控制促进了财富管理产业成长。中国人民银行行长周小川曾表达过2016年前实现存款和银行间拆借利率完全自由化的"个人偏好"。但是，如前所述，政府的其他部门还不愿意朝着这一方向迈进。其他一些观察家强调，必须审慎实施完全的利率自由化，只有在强化监管保证银行不采取过高风险的行为来补偿更窄的利润空间，并且银行的管理制度和内部控制得到加强以能够处理利率和利润的剧烈波动的情况下才能放开利率。这些挑战尤其对于小城市银行和农村商业银行来说还是一个问题。很多观察家希望在放松利率管制完成之前再有一个5—10年的间隔期，这个间隔期可能暗示着他们预计监管者和管理层需要很长一段时间来充分准备。[①]

金融改革和发展的努力早就延伸到了发展以人民币计价的债券市场的深度和流动性上了。债券市场的发展对于货币国际化尤为重要，因为很多投资者更喜欢持有这种形式的外国货币资产。中国债券市场资本化规模很大，超过了5万亿美元。但也意味着中国在债券市场的深度和流动性要赶上美国，还有很长的路要走。美国债券市场的资本化规模差不多是中国的10倍。中国市场由政府主导发行。虽然企业债券市场在发展，但目前它的规模还相对较小。根据市场规模大小调整后的数据，总量只占美国市场总量的十分之一。中国很多的债券由银行和其他机构投资者一直持有到债券到期日。95%的交易发生在场外（OTC）交易市场中，在那里银行和其他机构买卖债券。缺少外汇交易限制了价格的透明度和价格的自我发现，因为第三方对交易并不知情，这样就创造了额外的交易对手风险。

中国政府已经采取了很多方法来加速债券市场的发展。2012年，

---

① 2012年，Deloitte对中国金融机构超过一半的高级管理人员进行了调查，结果显示将要再用5—10年时间完成利率自由化［参见Federal Reserve Bank of San Francisco（2014）］。

它们作为增加投资者多样性的方式，扩大了合格境外机构投资者（QFII）和人民币合格境外机构投资者（RQFII）计划。通过这些计划，外国投资者可以进入中国的银行间债券市场。但是，外国投资者进入银行间债券市场的通道仍然受限，因为在金融改革还未完善的情况下，政府还控制着银行间市场的借贷总额。2013年，中国国务院要求所有银行间市场的交易必须通过全国银行间同业拆借中心登记，而且要求附加所有权转移证明。为了鼓励市场流动性和参与积极性，国务院批准了作为一种风险管理工具的国债期货市场交易。2014年，中国政府第一次批准10个省市以自己的名义发行债券并且承担支付本金和利息的义务，这是地方政府债券市场发展的重要步骤。[①]

最后，管理非上市公司发行债券的国家发展和改革委员会试图通过给予更多的发行商地位来推动企业债券市场的发展，这些发行商只需登记发行债券，而不需要经过长时间的行政审批程序。那时，2014年年初上海超日太阳能科技股份有限公司发生了第一个债券违约事件，这导致国家发展和改革委员会在这一政策上往回退了一步。这种反复反映了在债券市场的规模与债券市场的稳定性和流动性之间存在权衡，至少短期来说如此。

尽管超日太阳能事件标志着企业债不再享受政府隐性担保且突出了投资者和发行者需要做尽职调查，但截至目前它还是被看做积极的信号。不过，它指出了在牢靠的管理实践和强化对可靠的企业借贷的刺激到位之前开放企业债券市场的危险性，它也突出了提升作为金融发展推动力的企业治理的重要性。根据类似毕马威会计事务所（KPMG）的标准企业治理评级，中国的排名相对于其他中等收入国家还比较低。

中国采用了类似于美国的企业治理管理办法，但执行相对滞后。[②] 金融报告标准不严格。董事会对私人股东的责任还很有限。2013年，根据世界经济论坛的《全球竞争力报告》，中国在审计和会

[①] 过去，地方政府只能间接地通过地方政府融资工具发行债券。
[②] 参见 Morck and Yeung（2014）和 Piotroski（2014）。

计指标上排名第 8 位。中国远远落后于美国、英国、欧元区和日本，而中国的人民币还期望和这些国家的货币竞争。这些企业的治理和控制问题导致集中的企业所有权和有限的外部私人融资。这些企业的特征与深度和流动的债券和股票市场的发展明显不兼容。

通过这些分析，我们可以得出一个简单的结论：中国需要时间来发展规模更大的、更稳定的以及流动性更强的能够吸引国际投资者的金融市场。它需要时间来促进金融市场的发展，直到在完全向国际投资者开放这些市场带来的风险和回报之间的平衡决定性地偏向于回报为止。

大爆炸式的路径

渐进路径的问题是它太慢了。进步如此缓慢以致目标永远都无法达到。反对存款利率自由化的国有银行和怀疑更灵活的汇率——那必然伴随更大的国际金融流动——的优点的出口商，都是拒绝改革的根深蒂固的利益团体的代表，他们有更多的时间去发动反对力量。如果政策制定者在几条战线同时行动，那么改革就能存活下来，但这些改革之间不会进行有效配合。

一些观点支持更快的流动。在极端情况下，货币国际化可以作为一种逼迫国内改革的推动力。黄益平、李冉和王碧珺（Huang, Li and Wang 2013）称，"很多官员"这样看待人民币国际化：通过迅速取消资本项目下使用人民币的交易的现有限制，中国的政策制定者就只能在现在而不是以后走向更灵活的汇率机制，以适应更大规模的资本流动。不管银行的偏好是什么，存款利率将不得不在现在而不是以后放开管制，因为对低存款利率不满的存款人会不受限制地把资金转移到境外。

同样地，政府不得不加倍努力，加强对银行业和金融体系的监管，因为银行会拥有更多通过海外融资为风险投资提供资本来增加杠杆的机会。监管者也不得不迅速转向加强企业治理和增强金融透明度要求，并且中国的企业也被迫遵守规则，因为对治理和透明度标准不满意的投资者会自由选择去国外投资。这一论点认为，在此背景下中国的改革会提速，因为它别无选择。

对于一种强迫其他实体，不管是银行、企业还是监管者，做正确事情的战略，明显的反对是这些实体可能会采取不合作的行动。如果他们不像期望的那样做出反应，结果就会很不幸，或者更糟。历史充斥着国家的尸体，这些国家提前开放了金融市场，开放了国际收支上的资本账户，结果是金融危机而不是改革和金融发展。

中国的政策制定者见过很多周围国家发生的危机，他们知道风险。而且，激进的大爆炸式的改革不是中国的行事风格。1979年之后的改革史主要是先在有限范围内进行试验然后逐步推广直至成功的历史。[1] 中国的双轨制改革集中体现了这一点，它意味着只有某些部门或者活动是自由放开的，其他的出于社会、经济和政治稳定的考虑仍然受到控制。可以推测，中国在双轨制上的成功经验使中国的官员怀疑那些突出政策互补性的观点的实践意义。

还存在一种可能，假定国内金融改革和发展的状况不变，热衷人民币国际化的政府在资本账户自由化上道路上快速前进，超过了必要的速度。谨慎的中国政策批评人士提出了本末倒置的警告。相关的危险是资本账户自由化可能正在靠近政府失去控制的那个位置——那里有很多的渠道，通过这些渠道资本流进和流出以致不再得到有效管控。在那个位置，资本账户将不由自主地开放，不管政府喜欢还是不喜欢。

阶段性策略

另外一种方式是阶段性策略，政府试图积极推进人民币国际化，同时也保持对资本账户的有效管制。这可以通过以某种方式放松资本账户的限制来实现，这种方式旨在服从继续管制以维持金融

---

[1] 1979年之前，从大跃进到"文化大革命"的政策转变是另外一回事，但是它们的后遗症只能强化这一问题。

稳定的需要，推动以人民币为基础的国际金融业务，促进培育人民币计价交易的离岸金融中心的发展，并创建孤立于其他区域的在岸特别贸易和金融区，但是它不存在和世界其他地区进行人民币计价交易的障碍。①

选择性地开放资本账户

2002年，中国开放资本账户的阶段性策略正式启动，合格的境外机构投资者（首先是香港有总部的大陆资产管理公司的海外分支）被允许在中国大陆买卖范围受限的以人民币计价的外汇交易债券。2004年，中国香港和澳门居民被准许可以在上面两个离岸金融中心开设人民币存款账户。2006年，草拟《合格境内机构投资者境外证券投资管理试行办法》，授权中国的资产管理公司向境内投资者销售海外股票债券等共同基金。2007年，第一支以人民币计价的债券（点心债）开始流通，这是几家国际公司在香港发行的、为大陆投资融资的债券。

2009年，政府授权一些指定的中国公司用人民币结算与中国香港、澳门和东盟国家的贸易相关的交易。2010年，这种授权扩大到世界其他地区。参与人民币跨境贸易结算的海外银行被允许投资其储存在中国银行间债券市场的人民币基金。2011年，授权以人民币结算商业交易从指定的公司扩展到中国其他的所有企业。

中国政府集中在推进被期望采用"长期买入持有策略的""合格"境外机构投资者进入中国市场（Zhao and Liu n. d.）。发放许可证似乎是一个定位的功能（最初，只有总部在香港的机构投资者才被认为是值得信任的，才能得到许可证），积累商业经验、管理的资产规模以及普遍的商业信誉，优先考虑共同基金、养老金基金、保险公司和主权财富基金等"长期投资者"。RQFII配额不断增加，能够被合格的境外投资者购买的资产范围也一直稳步扩大。以买入持有的投资者为中心可以被看作一种策略，在资本账户自由化的同时避免中

---

① 我曾探讨过这些选择，参见 Eichengreen（2014）。这部分内容是其更新版。

国金融市场经受资本流动逆转以及受新闻诱导的资本逃离的影响。至于所谓的买入持有的投资者实际上是否买入并持有，时间会说明一切。

2014年11月，中国建立了香港和上海的股票市场之间的联系，它给中国储户可以在境外股票市场投资部分储蓄的一个通道，而香港居民在上海市场投资的范围更大。在早期阶段，"沪港通"只向合格的中国香港和内地投资者开放，并只允许交易符合条件的股票。中国香港居民购买的总配额被限制在480亿美元，而大陆投资者的配额开始定在400亿美元。① 如果试验阶段进展顺利，可以推测这些配额将会增加。此外，这一方案只局限于合格的投资者和指定的股票被看作一种策略，避免因资本流动暴涨或逆转而造成股票价格泡沫或崩溃的风险。

这些措施综合到一起的结果是推动了资本流动的极好方式，实际上是让流入大于流出。在流出一边，合格境内机构投资者方案并没有达到它的配额；据报道，认购不到40%（ANZ Research 2014，3）。2014年末，通过港股通实现的南向资本流动平均来说也不到每日配额的4%。所有这些都表明，按照阶段性策略继续推进人民币国际化还需要其他的措施。

离岸金融中心

发展离岸人民币金融中心是人民币国际化的另外一个阶段性策略。鼓励人民币计价的资产交易，拓展人民币计价的贷款和贸易授信到海外使外资银行熟悉业务，加大人民币的国际使用。直到中国的实体在国外也得到积极发展，它们同样也得到与国外同行进行业务往来以及管理相关风险的经验。一旦中国大陆的银行被允许与外国同行进行更大范围的人民币交易，中国机构在国外获得的专业知识就可以移植到国内了。

由于地理上临近、金融发达、相当大规模的中国出口商品的流经

---

① 这些配额仅仅对购买订单产生约束，而对销售订单没有限制。

地以及北京对该地区的政治控制（从1997年开始），香港首先成为主要的离岸人民币中心。香港仍然远超其他地区，是最大的单一离岸人民币储存库、最重要的点心债发行市场以及主要的人民币贸易信贷离岸来源。但是，中国做了大量的工作来激发外国金融市场之间的竞争，现在很多金融中心希望发展离岸人民币中心，以便获得推测规模日益增长的人民币业务。

在离岸金融中心，银行的发展受到以下三个因素的限制：只有非常有限的以人民币计价的离岸金融工具、缺少和中资银行的业务关系——可以通过中资银行结算以人民币为基础的交易，以及保证人民币计价的流动性足以覆盖敞口头寸。第一个局限对于部分离岸金融中心约束性更大。中国台湾最近能够超越香港成为最重要的离岸人民币存款中心是因为它与中国大陆贸易存在巨大的经常账户顺差，台湾的出口商在结算中能够接受用人民币付款的要求。但是没有通过经常账户或者资本账户流入的人民币，在其他离岸中心的金融机构的资源就比较有限，它们可以使用这些资源进行人民币计价的贷款和投资。[①]

为了解决第二个问题，关于清算与结算，中国政府已经为每个授权的离岸人民币中心指定了一家大的国内银行作为官方清算银行。为不同的离岸金融中心指定的清算银行见表1所示。

表1　　　　　　　　离岸人民币清算银行

国家/地区	城市	银行	日期	资料来源
中国香港	香港	中国银行	2003.12	中国人民银行
中国澳门	澳门	中国银行	2004.08	中国人民银行
中国台湾	台北	中国银行	2012.12	中国银行

---

① 有时会有这种观点，即中国经常账户必须从盈余转向赤字，从而其他国家可以实现经常账户盈余，并积累以人民币计价的离岸债权。由于资本账户逐渐开放（参见上文）并且离岸债权的积累也可以通过资本流动，这一观点并不正确。但是，考虑到我在其他场合谈到的资本账户的渐进式开放是合适的，应当继续采取这一政策，普遍采取的经常账户平衡模式对一些离岸金融中心更加有利是显而易见的。

续表

国家/地区	城市	银行	日期	资料来源
新加坡	新加坡	中国工商银行	2013.04	新加坡金融管理局
英国	伦敦	中国建设银行	2014.06	英国政府
德国	法兰克福	中国银行	2014.06	彭博社
韩国	首尔	中国交通银行	2014.07	彭博社
法国	巴黎	中国银行	2014.09	华尔街日报
卢森堡	卢森堡	中国工商银行	2014.09	中国工商银行
卡塔尔	多哈	中国工商银行	2014.11	路透社
加拿大	多伦多	中国工商银行	2014.11	华尔街日报
马来西亚	吉隆坡	中国银行	2014.11	路透社
澳大利亚	悉尼	中国银行	2014.11	彭博社

来源：作者自制。

为了解决第三个问题，关于流动性，中国人民银行和外国金融中心的中央银行协商了人民币互换业务，使这些中央银行能够得到其国内金融机构所需要的人民币，然后在需要时交付给它们。确保人民币的流动性供应应该相应地使外国货币当局授权受其监管的银行承担人民币风险，至少允许这些外国中央银行在这么做的时候感到放心。人民币互换安排的数量和协商日期如表2所示。

表2　　　　　　　　　人民币互换安排

国家/地区	日期	人民币规模（亿元）	外币规模	资料来源
韩国	2008.12	1800	38万亿韩元	Garcia-Herrero and Xia (2014)
中国香港	2009.01	2000	2270亿港元	Garcia-Herrero and Xia (2014)
马来西亚	2009.02	800	400亿林吉特	Garcia-Herrero and Xia (2014)
白俄罗斯	2009.03	200	8万亿白俄罗斯卢布	Garcia-Herrero and Xia (2014)
印度尼西亚	2009.03	1000	175万亿印尼盾	Garcia-Herrero and Xia (2014)

续表

国家/地区	日期	人民币规模（亿元）	外币规模	资料来源
阿根廷	2009.03	700	700亿比索	Garcia-Herrero and Xia (2014)
冰岛	2010.06	35	660亿冰岛克朗	Garcia-Herrero and Xia (2014)
新加坡	2010.07	1500	300亿新加坡元	Garcia-Herrero and Xia (2014)
新西兰	2011.04	250	N/A	Garcia-Herrero and Xia (2014)
乌兹别克斯坦	2011.04	7	N/A	Garcia-Herrero and Xia (2014)
蒙古国	2011.05	50	N/A	Garcia-Herrero and Xia (2014)
哈萨克斯坦	2011.06	70	N/A	中国人民银行
俄罗斯	2011.06	N/A	N/A	中国人民银行
韩国	2011.10	3600	64万亿韩元	中国人民银行
中国香港	2011.11	4000	4900亿港元	Garcia-Herrero and Xia (2014)
泰国	2011.12	700	3200亿泰铢	中国人民银行
巴基斯坦	2011.12	100	1400亿巴基斯坦卢比	中国人民银行
阿拉伯联合酋长国	2012.01	350	200亿迪拉姆	中国人民银行
马来西亚	2012.02	1800	900亿林吉特	中国人民银行
土耳其	2012.02	100	30亿土耳其里拉	中国人民银行
蒙古国	2012.03	100	2万亿图格	中国人民银行
澳大利亚	2012.03	2000	300亿澳元	中国人民银行
乌克兰	2012.06	150	190亿格里夫尼亚	中国人民银行
新加坡	2013.03	3000	600亿新加坡元	彭博社
巴西	2013.03	1900	600亿雷亚尔	中国人民银行
英国	2013.06	2000	200亿英镑	中国人民银行
冰岛	2013.09	35	660亿冰岛克朗	中国人民银行
匈牙利	2013.09	100	3750亿匈牙利福林	中国人民银行
阿尔巴尼亚	2013.09	20	358亿列克	中国人民银行
印度尼西亚	2013.10	1000	175万亿印尼盾	中国人民银行
欧盟	2013.10	3500	450亿欧元	中国人民银行

续表

国家/地区	日期	人民币规模（亿元）	外币规模	资料来源
瑞士	2014.07	1500	210亿瑞士法郎	中国人民银行
阿根廷	2014.07	700	900亿比索	中国人民银行
蒙古国	2014.08	150	4.5万亿图格	中国人民银行
斯里兰卡	2014.09	100	2250亿斯里兰卡卢比	中国人民银行
俄罗斯	2014.10	1500	8150亿卢布	中国人民银行
韩国	2014.10	3600	64万亿韩元	中国人民银行
卡塔尔	2014.11	350	N/A	路透社
中国香港	2014.11	4000	5050亿港元	中国人民银行
加拿大	2014.11	2000	300亿加元	中国人民银行

来源：作者自制。

作为这些行动的结果，争取离岸人民币中心地位的竞争变得激烈。伦敦已经作为一个发行点心债的中心出现了，而且英国政府是中国政府以外的第一个人民币计价的主权债务的发行者。[①] 法兰克福希望利用德国大银行以及欧洲央行所在地等优势，欧洲央行与中国人民银行签有货币互换协定。中国台北、首尔和新加坡都试图和中国香港竞争，获得亚洲主要离岸金融中心的地位。美国在竞争中罕见的缺席可能反映了美元在美国和国际市场的贸易信贷和国际债券发行方面的主导地位或者与中国谈判人民币互换的政治微妙性。如果美联储和中国谈判货币互换，国会中的议员很可能会严厉地批评和指责央行实际上在参与外交政策制定，尤其考虑到中国传统的作为美国的地缘政治竞争者的身份以及现在的全球第二大国的身份。尽管如此，旧金山的一些人想利用来自它们时区和相邻时区的离岸人民币中心缺失的机会。

离岸人民币存款的规模、点心债的发行以及其他涉及货币的国际行动正在稳步发展，从这个意义上来说，依靠离岸金融中心的战略正

[①] 英国计划用这些主权债务的收入使其国际储备的货币组成扩大和多样化。

在起作用。中国和外国银行越来越习惯于和对方以人民币打交道，虽然他们学习的步伐和程度很难去评估。中国银行正在把它们学到的新知识带回家，外国银行更愿意参与中国的人民币业务。不满的主要来源是发展的速度，这种不满反过来激发了替代方式的探索，包括本章即将介绍的方式。

在岸自由贸易与金融区

离岸中心是一个金融市场和资本流动自由化的试验场。依赖离岸中心的另一个方式是创建一块类似的在岸区域，进入世界其他地区没有障碍但与中国的其他地区相分离。这就是中国政府在2013年试图做的事情，它宣布创建一个上海自由贸易和金融区（SFTZ）。[①]

2013年12月，中国人民银行发布了一个关于上海自贸区的工作蓝图。[②] 它描述了下列计划：

・上海自贸区和世界其他地区之间的商品贸易大部分免除关税和行政许可手续。

・允许在上海自贸区经营的实体开设自由贸易账户（FTAs），用于国内和外国货币交易。允许非居民开设非居民自由贸易账户（FTNs），只要和他们居住国家确立了国民待遇原则。允许自由贸易账户和非居民自由贸易账户的持有人在离岸账户和在岸非居民账户之间自由转移资金。资金同样可以在自由贸易账户和非居民自由贸易账户之间自由地转移。

・授权的商业银行可以建立一个独立于其在岸清算系统的FTA清算单位，独立指防止逃避仍然应用于中国其他地区的资本管制。然后，例如还贷和FDI这些资本账户交易可以使用这些账户拨款。

・在上海自贸区开设账户的公司可以无须预先批准直接在海

[①] 早前尝试在深圳的商业区前海创建一个自由金融区，但受到的关注和采取的行动较少。

[②] 意图描述的其余部分来自Eichengreen（2014）的观点。

外投资。持有自由贸易账户的居民可以投资于国外债券市场且可以不受限制地将自贸区获得的收入转移到离岸账户。

• 允许非居民使用非居民自由贸易账户中的资金无限制地投资于在岸债券市场,居民的法人公司也一样,而允许自贸区的公司在在岸市场发行人民币计价的债券。

• 在自贸区登记的公司、非银行金融机构和其他机构实体可以从离岸市场接收资金并把资金转回在岸。允许它们进入离岸衍生品市场,对冲外汇借贷风险。①

目标是取消所有的针对上海自贸区和世界其他地区之间的实质性限制,从而使自贸区作为一个资本账户可兑换的在岸试验场以及一个吸引外国金融中间商的磁场。相应的危险是在自贸区内开展业务的中国银行和企业可能犯错。而且,在上海自贸区和中国其他地区之间可能存在漏洞,影响中国资本管制机制的有效性以及带来其他地区的金融脆弱性。之前的经验表明,"防火墙"保留的时间越长,金融市场更容易找到规避它的办法。还不清楚上海自贸区为何应该不同。

中国的官员很清楚这些风险。他们在执行蓝图的时候行动很谨慎,这使一些天真的、过度乐观的观察家感到失望,政府最初的告示使这些人相信自由贸易和金融区在一年之内就可以建成。② 实际上,到2014年9月的一年中取得的进步普遍都认为比较有限。2014年前九个月,自贸区的跨境资金流动总额为250亿美元,只占上海的实体跨境资金流入和流出总额的15%。③ 至少到现在为止,自贸区在促进货物进出口方面比金融服务方面做得更多。④

---

① 这样,外汇头寸会在自由贸易区和离岸市场范围内轧平或者抵补(中国其他地方的外汇头寸不能用于自由贸易区中外汇头寸轧平,这也反映出自由贸易区和其他地区之间资本管制的设想)。
② 参见 Palmioli and Heal (2014)。
③ 参见 Du (2014)。
④ Shen (2014) 将区域中最明显的变化描述为从越南和莫桑比克直接进口价格低的贝类动物。

可以确定的是，上海自贸区还是取得了一些成就。[①] 上海自贸区内的银行已经被允许开设一些特别自贸区账户，这使得与海外账户之间的转账更容易，虽然这些向国外转账的账户此时仍然严格控制。跨国公司被允许通过其在上海自贸区的特别人民币现金库，更自由地在其海外账户和自贸区账户之间转移资本。2014年3月，中央银行取消了自贸区中外币存款利率的上限（而国内其他地区的限制尚未取消——见前述）。

最后，为了促进对外贸易和投资，报告程序得以简化，并且2014年3月自贸区的公司只需要发布一份作为公示的年度报告而不需要接受年检。银行和其他机构还通过简化批准程序、取消公章等方式，努力推动上海自贸区的对外直接投资。政府特别推行"负面清单"制度，自贸区中没有公开禁止的对外直接投资形式现在都被认为是允许的。[②]

允许授权的中国银行和公司以及总部在国外的银行和公司在上海开展人民币业务，参与不受限制的跨境金融交易，相对于让中国银行和公司依赖与离岸金融中心的银行和公司之间有限的接触，这是一种更快、更有力的鼓励它们获取这些业务知识的方式。它带来的风险也更大。上海自贸区和中国其他地区之间的漏洞将会破坏通行的资本管制机制的有效性，带来意料之外的金融后果。从这个角度来看，考虑到政府倾向于谨慎，它们在发展自贸区上的迟缓行动也就没什么好奇怪的。但是，它们多半可能会继续发展自贸区。

结论和建议

中国很快就是世界上最大的经济体了，如果说它现在还不是的

[①] 更为充分的论述见 Palmioli and Heal (2014)。
[②] 例如，Jane Jiang (2014) 认为，"负面清单由明确的表述组成，即经营者除了受到特殊限制或者禁止，否则可以采取任何行动。这一方法从根本上与中国的其他地区不同，在其他地区，经营者被告知可以采取的行动。"

话。[1] 由于中国不只是最大的经济体，而且是单一的最重要的贸易国家，其货币应该拥有相应的国际地位合情合理。但是，一个国家的贸易规模本身并不必然提升国际货币地位，如同19世纪晚期和20世纪早期的美国历史所同样地强调的那样。[2]

从提高人民币作为国际计价单位、支付方式和价值储存手段的吸引力的意义上来说，为了成功地国际化人民币，中国必须提升向世界开放的金融市场的深度和流动性。实践中，这些市场的发展，就像罗马一样，并非一日之功。它们的发展也并不是没有风险。金融自由化和金融开放充满困难。欧元区的经验表明，在审慎监管充分合理化和强化之前取消资本管制可能带来一些问题。这不是中国想效仿的经验。

所以，中国很可能采取一种谨慎的、渐进的方式来推动金融发展、资本账户自由化和人民币国际化。但是，渐进方式的问题是改革的火车可能永远达到不了终点。这相应地指出了能够加速货币国际化进程、同时不让金融体系和经济经受不必要的风险的策略的有利条件。聚焦于买入持有的投资者和资本流入而不是流出的选择性的资本账户开放，与外国中央银行谈判货币互换协议以及推动离岸金融中心是实现这些目标的三种显而易见的方式。这是截至目前中国政府重点关注的选择，也是中国政府应该继续追求的选择。

参考文献

ANZ Research. 2014. "CNY: Breaking Down the Depreciation Talk." FX Insight, *ANZ Research*. December 11.

Brecher, Richard and Carlos Diaz-Alejandro. 1977. "Tariffs, Foreign Capital and Immiserizing Growth." *Journal of International Economics* 7 (4): 317–22.

Calomiris, Charles and Stephen Haber. 2014. *Fragile by Design: The Political Origins of Banking Crises and Scarce Credit*. Princeton, NJ: Princeton University Press.

Calvo, Guillermo and Fabrizio Coricelli. 1995. "Output Collapse in Eastern Europe: The Role of Credit." In *Eastern Europe in Transition: From Recession to Growth?*

---

[1] 不同的衡量标准和转换因素产生不同的结果。
[2] 这同样是 Eichengreen (2011) 的中心论点。

edited by Mario Blejer, Guillermo Calvo, Fabrizio Coricelli and Alan Gelb, 92 – 105. Washington, DC: The World Bank.

Chinn, Menzie and Jeffrey Frankel. 2005. "Will the Euro Eventually Surpass the Dollar as Leading International Reserve Currency?" In *G7 Current Account Imbalances: Sustainability and Adjustment*, edited by Richard Clarida, 283 – 335. Chicago, IL: University of Chicago Press.

Chitu, Livia, Barry Eichengreen and Arnaud Mehl. 2013. "When Did the Dollar Overtake Sterling as the Leading International Currency: Evidence from the Bond Markets." *Journal of Development Economics* 111: 225 – 45.

Davis, Bob. 2013. "World Bank Mulling Sweeping Proposals for China Reform." *The Wall Street Journal*, August 1.

Dornbusch, Rudiger. 1998. "Capital Controls: An Idea Whose Time is Past." In *Should the IMF Pursue Capital-Account Convertibility?* edited by Stanley Fischer, Richard Cooper, Rudiger Dornbusch, Peter Garber, Carlos Massad, Jacques Polak, Dani Rodrik and Savak Tarapore, 20 – 27. Essays in International Finance No. 207, International Finance Section, Department of Economics, Princeton University.

Du, Roger Yu. 2014. "Shanghai Free Trade Zone Takes It Slow." *Global Risk Insights*, November 9.

Eichengreen, Barry. 2003. "Capital Account Liberalization: What Do the Cross-Country Studies Tell Us?" *World Bank Economic Review* 15: 341 – 65.

—— 2011. *Exorbitant Privilege: The Rise and Fall of the Dollar and the Future of the International Monetary System*. New York, NY: Oxford University Press.

—— 2013a. "Renminbi Internationalization: Tempest in a Teapot?" *Asian Development Review* 30: 148 – 64.

—— 2013b. "Number One Country, Number One Currency?" *World Economy* 36: 363 – 74.

—— 2014. "Pathways to Renminbi Internationalization." In *Internationalisation of the Renminbi: Pathways, Implications and Opportunities*, edited by Barry Eichengreen, Kathleen Walsh and Geoff Weir, 5 – 50. Sydney: Centre for International Finance and Regulation.

Eichengreen, Barry, Livia Chitu and Arnaud Mehl. 2014. "Network Effects, Homogenous Goods and International Currency Choice: New Evidence from an Older Era." ECB Working Paper No. 1651. March.

Eichengreen, Barry, Rachita Gullipalli and Ugo Panizza. 2011. "Capital Account Liberalization, Financial Development and Industry Growth: A Synthetic View." *Journal of International Money and Finance* 60: 1090–106.

Eichengreen, Barry and Masahiro Kawai. 2014. "Issues for Renminbi Internationalization: An Overview." ADBI Working Paper No. 454. January.

Federal Reserve Bank of San Francisco. 2014. "China's Interest Rate Liberalization Reform" *Asia Focus.* May.

Feyzioglu, Tarhan, Nathan Porter and Elod Takas. 2009. "Interest Rate Liberalization in China." IMF Working Paper WP09/171. August.

Flandreau, Marc and Clemens Jobst. 2009. "The Empirics of International Currencies: Network Externalities, History and Persistence." *Economic Journal* 119: 643–64.

Fukuda, Shin-Ichi and Ji Cong. 1994. "On the Choice of Invoice Currency by Japanese Exporters: The PTM Approach." *Journal of the Japanese and International Economies* 8: 511–29.

Garcia-Herrero, Alicia and Le Xia. 2014. "China's Financial Liberalization: New Challenges and Opportunities." BBVA Banking Watch, May 27.

Giuliano, Paola, Prachi Mishra and Antonio Spilimbergo. 2010. "Democracy and Reforms: Evidence from a New Dataset." IMF Working Paper WP/10/173. July.

Haggard, Stephan and Steven Webb. 1994. *Voting for Reform: Democracy, Political Liberalization and Economic Adjustment.* New York: Oxford University Press for the World Bank.

Huang, Yiping, Ran Li and Bijun Wang. 2013. "The Last Battles of China's Financial Reform." Unpublished manuscript, Crawford School of Management, Australian National University.

IMF. 2012. "The Liberalization and Management of Capital Flows: An Institutional View." November 14. Washington, DC: IMF.

Ito, Hiro. 2005. "Financial Development in Asia: Thresholds, Institutions and the Sequence of Liberalization." Unpublished manuscript, Portland State University. April.

Jiang, Jane. 2014. "Reconsidering Shanghai's Free Trade Zone." *Nikkei Asian Review*, November 26.

La Porta, Rafael, Florencio Lopez-de-Silanes, Andrei Shleifer and Robert Vishny.

1998. "Law and Finance." *Journal of Political Economy* 106: 1113 – 55.

Lavigne, Marie. 1995. *The Economics of Transition from Socialist Economy to Market Economy.* New York, NY: St. Martin's Press.

McCauley, Robert and Michela Scatigna. 2011. "Foreign Exchange Trading in Emerging Currencies: More Financial, More Offshore." *BIS Quarterly Review* (March): 67 – 75.

McKinnon, Ronald. 1991. *The Order of Economic Liberalization: Financial Control in the Transition to a Market Economy.* Baltimore, MD: Johns Hopkins University Press.

Mo, Jongryn and Barry Weingast. 2013. *Korean Political and Economic Development: Crisis, Security and Institutional Rebalancing.* Cambridge, MA: Harvard University Press for the Harvard University Asia Center.

Morck, Randall and Bernard Yeung. 2014. "Corporate Governance in China." *Journal of Applied Corporate Finance* 26 (3): 20 – 41.

North, Douglass. 1990. *Institutions, Institutional Change and Economic Performance.* Cambridge: Cambridge University Press.

North, Douglass and Barry Weingast. 1989. "Constitutions and Commitment: The Evolution of Institutions Governing Public Choice in Seventeenth-Century England." *Journal of Economic History* 49 (4): 803 – 32.

Olson, Mancur. 1993. "Dictatorship, Democracy and Development." *American Political Science Review* 87 (3): 567 – 76.

Palmioli, Giovanni and Adam Heal. 2014. "Structural Economic Reform in China: The Role of the Shanghai Free Trade Zone." *ESCAP Trade Insights* 3, November. UN Economic and Social Commission for Asia and the Pacific.

Piotroski, Joseph. 2014. "Financial Reporting Practices of China's Listed Firms." *Journal of Applied Corporate Finance* 26 (3): 53 – 60.

Rajan, Raghuram and Luigi Zingales. 2003. "The Great Reversals: The Politics of Financial Development in the Twentieth Century." *Journal of Financial Economics* 69: 5 – 50.

Shen, Hong. 2014. "One Year On, Shanghai Free Trade Zone Disappoints." *The Wall Street Journal.* September 28. http://online.wsj.com/articles/one-year-on-shanghai-free-trade-zone-disappoints – 1411928668.

World Economic Forum (various years). *Global Competitiveness Report.* Zurich:

World Economic Forum.

Zhao, Samuel and Sheldon Liu. n. d. "A Guide to the Qualified Foreign Institutional Investors Scheme for Navigating Investment into China." New York and Hong Kong: Brown Brothers Harriman.

Zhao, Suiseng. 2006. *Debating Political Reform in China: Rule of Law vs. Democratization*. London: Routledge.

第四章

人民币贸易结算潜力评估

徐奇渊

自从 2009 年 7 月中国开始试行人民币贸易结算，人民币国际化进程不断加速。

首先，人民币实现跨境结算。除了贸易和直接投资人民币结算试点项目，中国还实施了一系列金融账户下的支持性措施，比如人民币合格境内投资者，人民币合格境外机构投资者以及人民币跨境贷款。从 2009 年第二季度到 2014 年第四季度，人民币跨境贸易结算累计达 16.6 万亿元。同时，人民币结算的外商直接投资和海外直接投资超过 1 万亿元。截至 2014 年 4 月底，人民币合格境外机构投资达到 2156 亿元。深圳前海新区、上海自贸区和天津生态城已经开始人民币跨境贷款试点。

其次，在中国香港和其他金融中心建设人民币离岸市场。人民币离岸市场现在亚太地区分布广泛（包括中国澳门、中国台湾、澳大利亚、韩国、日本和东盟国家），一直延伸到欧洲市场。与此同时，为了培育人民币离岸市场，越来越多的经济体与中国人民银行签订了货币互换协议，从而可以建设人民币清算平台。至此，一个人民币全球网络已初步形成，包括三部分：人民币在岸市场；人民币离岸中心；与上海、香港和其他离岸市场相对应的人民币离岸中心（Subbacchi 和 Huang 2012），如伦敦、新加坡、中国台湾、法兰克福、巴黎和卢森堡。

人民币国际化在跨境结算和离岸市场发展方面已取得长足进展，大大提升了人民币作为交易中介的国际功能。据环球银行金融电信协会统计，2014 年 12 月人民币已取代澳元成为第五大支付货币。同时人民币地位还在不断上升，因为中国与其他经济体签署承诺的双边货币互换额度到 2015 年 1 月已达到 3.1 万亿元。此外，人民币与其他主要货币如日元、澳元、新西兰元和英镑的交易网络也已形成。一些国家开始考虑或已经把人民币资产当成官方储备。

过去五年里，中国的人民币国际化取得巨大进展。但也有人怀疑，担心国际化进程能否持续。如果人民币升值不再可持续，"热钱"主导的人民币跨境结算可能突然终止，破坏离岸人民币市场的稳定性。何帆（Fan He 2011）等的调查把离岸人民币存款视为热钱，具有潜在风险。Eichengreen 也指出如果公众认为人民币会持续升值，那么只有接受人民币支付的机构会有动力参与人民币国际化（Wei and Davis 2011）。这种情况下，结算必然不能平衡。

Garber（2011）的分析认为由于人民币升值预期的存在，即使基于真实贸易的人民币结算也看起来像是投机，从而对中国经济造成影响。同样，李等（Li et al. 2013）分析了人民币升值预期在人民币跨境结算中所起的作用。结论是尽管升值预期对人民币结算具有统计学意义上的重要影响，升值预期效应并不显著。[①]

2013 年初，大量热钱利用人民币贸易结算以虚假贸易发票的方式涌入中国，试图通过息差和在岸市场与离岸市场汇差盈利（Wu and Xu 2014）。这意味着至少在 2013 年初投机行为是人民币跨境结算的一个重要推动力。

现在美联储开始退出量化宽松政策，人民币汇率有贬值预期。这会引起问题。Xiao Lisheng（2015）指出 2014 年以来人民币国际化遭遇发展瓶颈，因为人民币汇率波动加剧且单边升值预期消退。

---

① 在岸市场体现的是有限监管的人民币汇率，而离岸市场体现的市场化的人民币汇率。因此在岸市场和离岸市场的差价体现了人民币汇率预期。如果离岸市场的人民币兑美元汇率比在岸市场的高，就说明升值预期的存在。在此背景下，为了套利，进口商会通过关联方交易把人民币支付转移到离岸市场，用同样多的人民币换更多美元，在向外国出口商支付美元。人民币升值预期就是通过这种方式增加了人民币跨境结算，尤其是在进口业务中。从 2009 年开始，人民币支付占到了人民币结算总额 60% 以上。参见 Zhang 和 Xu（2012）以及 Xu and He（2015）。没有了离岸市场和在岸市场差价，这种套利驱动的人民币结算将消失。

正如我们所见，人民币国际化在迅猛发展的同时面临深刻质疑。到目前为止，人民币国际化受益于在岸市场和离岸市场之间的汇差和息差。如果升值预期反转，人民币国际化前景又会如何呢？本章将评估人民币贸易结算潜力。

评估框架

基于货币功能的评估

在 Benjamin J. Cohen（1971）研究基础上，Peter B. Kenen（1983）提出国际货币三个最重要的职能：计价单位、交易媒介和价值储藏。如表1所示，这三种职能在官方和私人用途中有六种组合。这种框架已被广泛采用来衡量和预测一种国际货币潜力（Chinn and Frankel 2007, Gao and Yu 2011, Frankel 2012）。

表1　　　　　　　　货币职能的官方和私人用途

货币职能	官方用途	私人用途
计价单位	钉住货币之锚	为贸易和金融产品计价
交换媒介	干预外汇市场用的国际支付货币	为贸易和金融交易结算
价值储藏	外汇储备	金融投资

资料来源：Kenen（1988）。

关于储备货币地位是由什么决定的研究文献数量众多。如 Jeffrey Frankel（2012）总结的，关键有三点：第一是基本面决定因素，特别是该国家或地区的规模。第二是该国金融市场的开放和发展程度。第三是对该货币价值的信心。

这三个因素同时对应着三项职能。由于一个大的经济体享有交易网络外部性优势，其货币因此能承担记账单位和交换媒介的功能。一个开放的发达金融市场将满足金融流动性要求，对该货币的信心能提供安全和稳定收益的预期，而这两者又都有助于该货币发挥价值储藏的职能。

尽管这三种因素听起来很合理，它们也可被质疑。拿第一种因素来说，就全球价值链而言，经济规模本身并不一定有意义。中国是世界工厂也是世界装配线，在全球价值链中处于一个低附加值的位置。2014年，加工贸易占中国外贸36%的份额。例如，中国向美国出口苹果手机（iPhones）赚了几十亿美元的贸易顺差。但以较粗的附加值统计而言，中国只给iPhone增加了很小份额，约3.95%的国内附加值，也就是与装配工作对应的量（经合组织—世贸组织2012）。在这种情况下，由于在全球价值链中处于低附加值位置，加工企业将被迫使用对外方有利的货币进行贸易结算。相反情况下，如果像iPhone这样的加工贸易用人民币结算，那么iPhone的大部分附加值都将面临汇率风险。因此，考虑到加工贸易的特性和它占中国外贸的比重，对人民币作为结算货币潜力的预期应该下调。该预期并不像中国经济规模所显示的那样乐观。另外还需考虑更多其他因素以解释中国经济规模与其在全球生产网络中所处位置的不一致性。所以中国经济规模的数据可能夸大了人民币贸易结算的潜力。

对第二种因素而言，开放的发达金融市场离不开运行良好的自由市场和有效的体制安排。对第三种因素而言，一种货币要想在全球市场获得信任，中短期内必须维持汇率稳定和较低通胀，而该目标得由一家具有独立性的央行通过审慎的货币政策来支持实现。但长期而言，巴拉萨—萨缪尔森效应（Balassa-Samuelson effect）将决定汇率水平和引领市场预期。[①]

基于交易网络和专业化分工网络的评估

杨氏定理（Young's theorem）指出不仅劳动分工取决于市场规模，而且市场规模也取决于劳动分工，因此它们就像一枚硬币的两面（Young 1928）。杨小凯（1990）通过超边际分析进一步论证了这个观点。[②] 从超

---

① 生产力增长较快国家的工资增长也快，从而导致实际汇率升高。经济学家贝拉·巴拉萨和保罗·萨缪尔森（1964）提出这种效应。

② 超边际经济学应用超边际分析研究劳动分工的网络效应以及与劳动分工网络模式特征相关的各种经济问题。超边际经济学使人们能够把劳动分工网络变为内生性的。参见杨（Yang 1990）。

出国内市场之外的角度看，市场规模从国内市场向国际市场的扩张源于国内劳动分工的发展水平。与此同时，更大的国内市场和更高的国内交易网络效率又推动了国内劳动分工的发展（Yang 1999）。

科恩（Cohen 1998）指出货币的流通范围包括国家指定的法定流通地域（看得见的手）和市场产生的交易网络影响区域（看不见的手）。一方面政府通过货币发行和垄断货币管理来施加影响，另一方面看不见的手（市场）通过交易网络发挥作用。一般来说，政府这只看得见的手在政治辖区内更为有效，而市场这只看不见的手则在货币去地域化方面发挥更重要的作用。

因此，国际货币背后是交易网络效率和专业化分工程度的相互推进。这种相互推进使得该经济体在全球价值链中的重要性不断上升，且增长稳定。一国货币的国际化实际上就是该国专业化分工网络的扩张（Xu and Li 2008）。

国际贸易充分体现了跨境交易网络和专业化分工网络的主要特征。因此研究国际贸易的基本要素对评估货币国际化至关重要。

对日元国际化的历史回顾于我们很有启发。20世纪80年代和90年代讨论的重点是金融市场自由化。日本首相桥本龙太郎1996年11月宣布通过"自由、公平和全球性"市场加速推进金融改革的计划（Osaki 2005）。由于与1986年英国大爆炸改革的相似性，他把这些改革称为"日本的大爆炸"。日本的大爆炸计划涵盖所有金融部门。但日元的国际化并没有因为这个大爆炸而进展顺利。例如，作为日元国际化的一个指标，日元占各国官方外汇储备中的货币比重在十年内从大爆炸前1995年的百分之七降到了大爆炸后的百分之三（IMF 2009）。金融市场自由化后，日元国际化的研究重点越来越集中在贸易部门。2007年前日本首相经济顾问伊藤隆敏（Takatoshi Ito）调查日本跨国公司的国际贸易结算（Ito et al. 2011）。这种基于实体经济的传统评估方法在研究日元国际化中一直处于领先地位。

本章首先提供一个现有文献的概述，并介绍评估用的框架。在第二部分，我们会分析中国的国际贸易，特别是那些能反映中国在全球交易网络和专业分工网络中位置的结构性信息。第三部分聚焦中国出口企业的定价能力并评估人民币作为出口结算用结算货币的潜力。最后一部分将提供结论和一些政策建议。

中国国际贸易结构

中国外贸结构的最显著特征是贸易量大和顺差高。另有四个特点不能忽略：外资企业在2014年贡献了46%的进口和出口（过去十年该数据围绕50%上下波动）；加工贸易占进出口总额的36%；初级产品占2014年进口总额的33%，尽管同时绝大部分初级产品的价格都下降了；中国高度依赖对欧盟国家和美国的出口，占其出口总额的35%（National Bureau of Statistics of China 2015）。

上面提到的六个特点中除第一个是有利于人民币国际化的，其他几个都是限制性因素。

首先，由于贸易总量达到近3万亿美元，中国从2010年起成了世界最大出口国和第二大进口国，进口量仅次于美国（IMF 2015）。这显然是一个有利因素，能推进人民币成为一种国际货币。

另一方面，中国的贸易顺差在2010年和2014年分别为1820亿美元和3830亿美元（出处同前）。没有迹象显示如此庞大的贸易顺差将逐渐缩小。因此中国将很难通过贸易账户输出人民币，而这正是一种国际货币为离岸市场提供流动性所必须做的。

到目前为止，人民币进口结算比例远比人民币出口结算高。这使得人民币能通过贸易账户净流出。但是在人民币升值预期背景下中国进口商并不能从人民币结算中获利，除非他们能够通过在岸市场和离岸市场套利获益。当然，这种套利要在有人民币升值预期的情况下才能成功运行。然而长期而言，通过套利输出人民币流动性显然是不可持续的。

殷剑锋（Yin Jianfeng 2011）介绍了货币国际化历史中的两种模式。一种是"贸易结算加离岸市场"，另一种是"资本账户加跨国公司"。从长远的角度看，后一种模式更加可持续，前一种更加脆弱，或者说危险，就像日元在20世纪80年代和90年代所经历的那样。

综上所述，人民币国际化到目前为止还遵循的是贸易结算加离岸市场的模式。巨额贸易顺差已对人民币国际化形成制约。

如上所述，几十年来外资企业一直占据着中国外贸的半壁江山。在全球生产网络中，外资企业的商业决策通常是由母公司作出。因此，在中国的下属企业不是完全独立的。对中国公司而言，用人民币结算有利于消除汇率风险。但对跨国公司在中国的子公司来说，人民币结算并不一定是有利的。对于一家设在中国的外资企业来说，如果它母公司的资产负债表是以日元、欧元或美元计账的，那么人民币结算对它不一定有吸引力。所以要在中国的外资公司接受人民币结算总是很困难。当然，当人民币升值是可预期的时候，外资企业会有兴趣用人民币结算。但必须注意，它们的兴趣仅仅存在于人民币升值预期的背景之下。所以投机性人民币结算的可持续性是可疑的。

加工贸易占中国2014年外贸的36%。加工贸易主要包括两类贸易：进料加工和来料加工。举一个来料加工的例子，中国A公司从日本B公司进口料件，花费人民币9500元。A公司组装完料件又出口给B，收到人民币10500元。在这个案例中，总贸易量是人民币20000元。但为了节约汇款成本，B公司只支付1000元差价给A公司。这意味着即使所有跨境交易1000元都是用人民币结算的，它也只占到总贸易量的百分之五。

对于进料加工的情况而言，A公司将从外国公司C进口然后出口给另一家外国公司D。但中国的加工贸易公司处在全球价值链的低附加值位置。在前面提过的iPhone例子里，由于它们在全球价值链中低附加值的定位，加工企业通常不得不选择对外方有利的结算货币。考虑到加工贸易在中国外贸中的比重，应当下调对人民币作为结算货币潜力的预期。

此外，初级产品在中国进口中比重想当高——2014年是33%，尽管当年它们的价格下跌了。这意味着两点：第一，人民币将被排除在进口结算之外，因为初级产品一直是用美元定价和结算。第二，对一些中国出口商而言，进口是主要成本。但至少有相当一部分的进口成本，比如初级商品，是用美元定价和结算的。这种情况下，如果出口用人民币结算，中国出口商将面临较大的汇率风险或较高的风险管理成本。以上两方面限制了人民币在跨境结算中的使用。由于日本也相当依赖资源进口，日元国际化也因同样原因受阻。（Ito et al. 2011）。

最后，中国仍高度依赖发达经济的进口，近年来尤为如此。1997年中国对亚洲经济体的出口占其出口总额的60%，而到2014年该比例下降为51%。欧洲和北美占中国出口额的35%，该比例在2014年增加到40%。在发达国家和发展中国家的国际贸易中，通常是发达国家的货币被选作结算货币（Grassman 1973）。因此，人民币国际化的潜力要受这类贸易的限制。

值得注意的是即使是日元也未能在日本的亚洲出口中发挥主导作用。在这一区域，大部分日本出口都不是用日元定价和结算的，而是用美元。Ito等（Ito et al. 2011）的调查发现日本跨国公司在其他亚洲经济体如马来西亚的子公司加工从日本进口的中间产品然后出口到美国。在这种情况下，日本、马来西亚和美国形成三角贸易。因为马来西亚子公司最终要出口到美国市场，美元就主导了马来西亚和美国间的贸易结算。

再者，由马来西亚子公司管理汇率风险有困难或者成本更高。所以在东京的母公司会和在马来西亚的子公司用美元结算从而把风险转移到更善于处理此类风险的母公司。因此在日本的母公司向马来西亚子公司出口也用美元结算。结果就是美元定价的贸易比重在东亚仍居高不下。

亚洲内部贸易比例看起来很高，但一大部分都是中间贸易。亚洲仍旧非常依赖对欧洲和美国市场的出口。亚洲开发银行的一份报告（Asian Development Bank 2008）指出，就传统贸易数据而言，亚洲经济体51.8%的出口是在区域内，48.2的出口是在区域外。但如果不计中间产品，最终产品贸易的结果就不同了。上面两个比率分别倒转为32.5%和67.5%。

中国公司近年来增加了对新兴经济体和发展中国家的投资。相应地，中国和这些经济体之间的国际贸易也迅猛增加。在对外投资增多以前，中国对像美国这样的发达国家直接出口。可以预期的是中国将通过第三国向美国进行更多出口。但这些变化并不会根本地改变全球生产网络模式。沿着这条路走下去，人民币也同样会遇到日元在三边贸易中经历过的问题。

如上所述，贸易量大对人民币国际化有促进作用，但中国的巨额贸易顺差和对欧美市场的严重依赖限制了人民币国际化的可选路径。外资企业占据中国2014年46%的外贸额。外贸企业整体上缺乏定价权。加工贸易占2014年外贸额的36%，而且严重依赖进口初级产品。所以这些因素都会制约人民币国际化的长期潜力。（参见表2）

最后，所有不利因素都与企业的国际竞争力紧密相连。从微观经济的角度看，国际贸易中的结算货币绝对是由享有全球市场定价权的跨国公司来选择。所有主要国际货币都有大量极富竞争力跨国公司的支持。与此形成鲜明对比的是，大部分进入《财富》500强的中国跨国公司都高度依赖国内垄断优势和保护政策。很难想象这些公司能在全球市场展现竞争力。从这个角度说，人民币国际化的潜力相当有限，且还有很长的路要走。

表2　　　　　　　贸易结构对人民币结算潜力的影响

中国贸易结构	对人民币结算的影响
贸易量大	有利
高额顺差，对发达市场的依赖	路径限制
外资企业（46%） 加工贸易（36%） 对进口大宗商品的依赖（33%）	不利

中国企业定价权评估

在国际市场谈判时，公司定价权是关键因素，对计价和结算货币的选择也是必然包括在国际贸易合同中的。一般而言，公司总是倾向于选择本国货币来结算，这样可以减少汇兑成本和避免汇率风险。因此对结算货币的选择实质就是交易双方对定价权的争夺。最终的选择肯定是对拥有较强定价能力一方有利的，而定价能力较弱的对手方将承担更多成本或汇率风险。

如果一家公司没有定价权或定价能力很弱，在国际谈判中选择结算货币时它就很难有发言权。在国内企业缺乏定价权的案例中，只有如下两种情况下本国货币会被选作结算货币：第一种是外国公司要求更改合同，比如改变价格，从而转移汇率风险对冲的成本。第二种是在人民币升值预期情况下，对中国出口的外商可能倾向于接受人民币作为结算货币。但这种情况对国内进口商不利。Eichengreeen（2011）还指出如果公众相信人民币将继续升值，那么只有接受人民币支付的机构有动力参与人民币国际化。而这种情况下结算必然是失衡的。此外，这种失衡是建立在人民币升值预期基础之上的。

由于中国企业在全球生产网络处于附加值较低的位置，他们在国际贸易中定价能力都比较弱。2008年，中国人民银行对贸易量最大的18个省份进行了调查。调查发现在所有1121家外贸企业中，10%的完全没有定价权，47.4%定价权较弱，42.6%有很强的定价权（Xu 2010）。而在这些拥有很强定价权的企业中，相当一部分是外资企业。如前面说过的，外资企业不能成为人民币国际化的微观基础。

在一个一般模型中，Engel（2006）发现如果价格能表现较高的汇率传递（ERPT），公司就会用它们自己国家的货币如生产商方货币来定价；而如果价格表现出的汇率传递较低，他们就会选择用目的地市场的货币如当地货币来定价。① 在 Engel（2006）研究的基础上，Li Cui、Chang shu 和 Jian Chang（2009）得出结论，认为如果生产商有足够的市场定价权，它可以决定以它本国的货币为出口结算，使自己的利润水平不受影响，这种情况就是零值市场定价（price-to-mar-

---

① 汇率传递（ERPT）是衡量国际价格对汇率变化敏感度的一种方法。汇率传递越高，生产商将把更多的汇率变化转移到对目的地市场的出口价格中去。汇率传递越低，生产商将承担更多的汇率变化，把较少的汇率变化转移到对目的地市场的出口价格中去。

ket，PMT），也意味着以买方货币计价出口价格的完全汇率传递。①尽管这个理论分析是建立在对各个出口商研究之上的，在整体水平上也可以预期获得相似结果。也就是说，对目的地市场的汇率传递越高，出口商越可能用己方货币来定价和结算。

Cui、Shu 和 Chang（2009）发现，即使考虑到中国企业较弱的定价能力，如果人民币实现完全可兑换，中国出口中用人民币结算的潜力会增加到 20%—30%。这比日元过去的表现要差，后者是 40%。但考虑到中国的贸易数额，这仍是一个较高的水平。

但加工贸易占据了中国外贸的一大块，而正是它摧毁了定价权和汇率传递效应之间的这种理论联系。

Mordechai Kreinin（2004）研究了全球生产网络并指出生产共享改变了传递的功能，使一国的出口进入到它的进口中，而进口又成为其出口一部分。

比如，假设人民币升值在进口渠道中被完全传递。这就会导致进口到中国的零部件人民币价格下跌。假设该变化随后又被完全传递到组装后车辆的人民币价格上。因此，美元价格的上涨只会体现为该车辆在中国产生的附加值那部分。也就是说，用一种货币定出口的汇率传递效应将会被用另一种货币定价进口的汇率效应所抵消。

现实世界要更为复杂。生产共享在东亚很普遍。韩国、日本、中国和东盟国家都深度参与到该生产网络中，在其中中国主要发挥的功能是一条国际组装线。例如，日本向中国出口中间产品，然后中国把零部件组装成终端产品最终出口给美国。与此同时，人民币是假定挂钩于美元的，而日元浮动相对自由。

假设日元升值完全传递到对中国出口零部件的人民币价格上。那么在中国的日本汽车公司人民币成本将相应上升。但是由于它们的市场影响力，日本汽车企业在全球市场有较强的定价权。日元升值将最

---

① 当汇率变化时，一些出口商将稳定住对目的地市场的外汇价格以保持市场份额。这种行为称为市场定价（price-to-market，PMT）。零值市场定价意味着不存在汇率传递效应。而一值市场定价则意味着完全的汇率传递效应。

终传递到美国市场的美元价格上。同时，人民币仍对美元挂钩。

在上面这个例子中，在中国的公司看起来享受了极高的传递效应。即使人民币汇率保持稳定，他们也可以提高出口商品的美元价格。但有两个原因使这种高传递效应并不会自动导致人民币结算。第一，在中国的出口公司是日本跨国公司而不是中国跨国公司。第二，为了避免汇率风险，日本公司将倾向于用日元或美元结算国际贸易，而不是用人民币。日元是他们的母国货币——这也与资产更相匹配，因为他们的资产要么是在东京股票市场以日元计价要么是在纽约股票市场以美元计价。

因此这种情况可以看作是日本公司通过中国装配线出口到美国。这种三国模式使中国出口具有两个重要特点。第一，中国出口总额的38%是由像韩国和日本公司之类的外企间接贡献的，该比例通常比其他国家要高得多。第二，中国出口总额中的46%都被归为《商品名称及编码协调制度》的第16类和第17类产品。[①] 一般而言，这两个类别都是资本和技术密集型产业，这两个类别下的出口商有相对较强的定价权。但就中国的情况而言，这两个类别一般都是加工贸易部门的出口（Chen，Li 和 Lu 2007；Yang 2012），也就意味着它们并不利于人民币贸易结算的可持续发展，尽管这种出口看起来享有定价权。

Cui、Shu 和 Chang（2009）研究中国出口的传递效应时没有考虑全球生产网络和加工贸易，因此他们高估了人民币在跨境贸易中作为结算货币的潜力，从而也高估了人民币国际化的潜力。

由于加工贸易占到出口的38%，Cui、Shu 和 Chang（2009）的估算只能用于中国2014年62%的出口结算中。Cui、Shu 和 Chang（2009）根据对市场定价（PTM）系数的面板回归（panel regression）得出结论，认为出口人民币结算潜力为20%—30%。正如上面所解

[①] 《商品名称及编码协调制度》，一般被称为"协调制度"或简称为"HS"，是由世界海关组织编订的多用途国际产品命名体系。它包括大约5000类商品，每种都用一个六位编码来标识，编码是按法律和逻辑结构安排的，并由详细制定的规则来支持统一分类。第16类——机器和机械设备、电子设备和零件；声音录制和复制设备、电视画面和声音录制和复制设备，以及相关零部件。第17类——汽车、飞机、轮船和相关运输设备。

释的，我们知道占出口总额38%的加工出口贸易很难用人民币作结算货币；Cui、Shu 和 Chang（2009）得出的20%—30%的比例因此应该被相应折为12.4%—18.6%。

如图1所示，截至2014年12月，人民币作为出口计价货币的比例达到20.3%。同时，本文作者估算的潜力比例为12.4%—18.6%，该结果告诉我们在2014年人民币作为结算货币的比例似乎超过了潜力水平的上限。

图1 跨境贸易人民币结算比例

资料来源：PBoC, CEIC data (www.ceicdata.com/en/countries/china).

需要强调的是两种货币功能的区别：人民币作为计价货币和作为结算货币。Cui、Shu 和 Chang（2009）回归分析中得到的市场定价（PTM）系数体现了中国出口的定价权。一家拥有强大定价权的公司会倾向于用国内货币为交易定价从而避免汇率风险。与此同时，如果一笔交易只是用人民币结算但用美元计价，那它对想减少汇率风险的中国出口商来说是没有意义的。所以对中国出口商来说，人民币作为计价货币的功能比它作为结算货币的功能更为重要。还有我们已经讨论过定价权，市场定价系数和人民币作为计价货币可能性之间的联系。不幸的是我们没有获得关于人民币如何行使计价货币职能的数据。因此必须用人民币结算数据作为替代。

但是由于两种职能的区别,在理解人民币作为计价货币的情况时,人民币结算可能有错误性。事实上,相比其作为结算货币的功能,人民币作为计价货币的职能某种程度上是落后了。在一些贸易结算中,人民币是结算货币但合同却是用美元计价的。据中国人民银行2012年和2013年的数据,人民币贸易结算中只有50%是以人民币为计价货币的(Li 2013)。如果2014年该比例还是50%,则出口中人民币结算份额应被减少50%。据此估算,人民币作为计价货币的份额只占出口总额的10.15%。这意味着中国出口只有10.15%是既用人民币结算也用人民币计价的。还有10.15%的出口是只用人民币结算而不用人民币计价。

显然人民币作为计价货币职能的潜力还有待发掘。把加工贸易考虑在内,该潜力水平估算为12.4%,但2014年该比例却只有10.15%。但整个贸易中还有另外10.15%是用人民币结算但不用人民币计价的。这第二个10.5%的人民币结算并不是由出口商的定价权支持的。相反,它可能是一种结算套利或套利交易,利用了在岸市场和离岸市场的人民币汇差和息差。因此对于出口中人民币结算而言,第二个10.15%人民币结算的可持续性是值得怀疑的。

结　论

人民币国际化既进步显著也令人怀疑。为了解人民币的前景,我们试图基于交易网络和专业化分工网络来评估人民币结算潜力。如本章第一部分所讲,一个国际货币的诞生和崛起源于交易网络效率和专业化分工程度之间的良性循环发展。[①]

因为国际贸易集中体现了跨境交易网络和专业化分工网络的特征,我们研究了中国国际贸易中表现的基本情况以评估人民币国际化的潜力。

---

① 参见基于交易网络和专业化分工网络评估一节。

评估结果因受各种正面和负面因素影响变得复杂。由于网络效应，巨大的贸易额有利于人民币国际化，但巨额贸易顺差和对发达市场需求的严重依赖又对人民币国际化形成限制。外企占中国2014年外贸的46%，加工贸易占当年外贸的36%。同时还有对进口初级产品的高度依赖（中国经济数据库2015）。所有这些因素都会限制人民币国际化的长期潜力。

所有不利因素都与企业的国际竞争力紧密相关。在本章第三部分，我们讨论了定价权，市场定价系数和人民币作为计价货币可能性之间的关联。据估计，人民币作为出口计价货币的潜力在12.4%—18.6%。但2014年12月人民币的真实表现却达到20.3%。这两个数据之间的差别可以由计价货币和结算货币的不同含义来解释。最后，文章指出2014年出口中一半的人民币结算不是由于出口商定价权支持实现的，因此这一半的可持续性是值得怀疑的。由出口商定价权根本性支持的一半出口人民币结算可以被视为是人民币结算的坚实部分。与此同时，另一半主要是由在岸与离岸人民币市场间的套利交易和套汇驱动的，可被视为人民币结算中脆弱的部分。坚实部分还有扩大的空间；同时随着全球市场情况的改变，脆弱部分至少会部分垮掉。人民币作为一种国际货币的演进将取决于这两者之间的权衡。

到目前为止，中国公司的定价权相当弱，国际贸易结构在许多方面对人民币跨境结算形成障碍。但是随着那些追逐利润的公司在国际市场变得越来越有竞争力，它们会成为支持人民币国际化的微观基础。在目前情况下，可以从全国层面采取两项重要政策来推动人民币在跨境贸易中发挥记账单位（计价货币）和结算货币（结算货币）的功能。

第一，从政府层面推进人民币在跨境贸易结算中的作用。具体的说就是应该通过国际经济援助和贷款来推动人民币国际化；应该在上海建立初级产品期货交易平台从而发挥中国作为国际市场主要买家的优势地位和提升人民币定价期货的国际影响力。只有这样才可能把不利因素，如中国对初级产品的严重依赖，变为有利因素。应该探索在与其他资源出口国的初级产品贸易中使用双方国内货币的可能性。

第二，应在国家层面实施其他结构性改革以提升人民币国际化潜力：减少政策扭曲，改善国内市场竞争环境，培养中国企业的竞争力使其成为国际市场上富有竞争力的跨国公司；改进中国贸易结构，减轻对加工贸易的依赖和推动贸易结构升级；开发新能源和新技术，减轻对进口初级产品的依赖；推进生产性服务业，提高企业自主创新的能力。

参考文献：

Balassa, Bela. 1964. "The Purchasing Power Parity Doctrine: A Reappraisal." *Journal of Political Economy* 72 (6): 584 – 96.

CEIC. 2015. www.ceicdata.com.

Chen, Xuebin, Li Shigang and Lu Dong. 2007. "Exchange Rate Pass-through to Chinese Export Prices and Exporters' Capability of Pricing to Market." [In Chinese.] *Economic Research Journal* 12: 106 – 17.

Chinn, Menzie and Frankel Jeffrey A. 2007. "Will the Euro Eventually Surpass the Dollar as Leading International Reserve Currency?" In *G7 Current Account Imbalances: Sustainability and Adjustment*, edited by Richard H. Clarida, 283 – 38. Chicago, IL: University of Chicago Press.

Cohen, Benjamin J. 1988. *The Geography of Money*. Ithaca, NY: Cornell University Press.

Cui, Li, Shu Chang and Chang Jian. 2009. "Exchange Rate Pass-through and Currency Invoicing in China's Exports." *China Economic Issues*, Number 2/09. Hong Kong Monetary Authority. July.

Engel, Charles. 2006. "Equivalence Results for Optimal Pass-through, Optimal Indexing to Exchange Rates, and Optimal Choice of Currency for Export Pricing." *Journal of the European Economic Association* 4 (6): 1249 – 60.

Frankel, Jeffrey A. 2012. "Internationalization of the RMB and Historical Precedents." *Journal of Economic Integration* 27 (3): 329 – 65.

Gao, Haihong and Yongding Yu. 2011. "Internationalisation of the Renminbi." In *Currency Internationalisation: Lessons from the Global Financial Crisis and Prospects for the Future in Asia and the Pacific*, 105 – 24. Bank for International Settlements.

Garber, Peter. "What Currently Drives CNH Market Equilibrium?" For the Council on Foreign Relations/China Development Research Foundation Workshop on the Internationalization of the Renminbi, October 31 – November 1, Beijing.

Grassman, Sven. 1973. "A Fundamental Symmetry in International Payment Patterns." *Journal of International Economics* 3: 105 – 16.

He, Fan, Zhang Bin, Zhang Ming, Xu Qiyuan and Zheng Liansheng. 2011. "Hong Kong RMB Offshore Market: Current Situations, Perspectives, Problems and Risks." [In Chinese.] *International Economic Review* 3.

IMF. 2009. "Currency Composition of Official Foreign Exchange Reserves." June 30.

—— 2015. International Financial Statistics (CD – ROM).

Ito, Takatoshi, Koibuchi Satoshi, Sato Kiyotaka and Shimizu Junko. 2011. "Currency Invoicing Decision: New Evidence from a Questionnaire Survey of Japanese Export Firms." Center on Japanese Economy and Business, Working Paper Series, No. 293, March.

Kenen, Peter B. 1988. "International Money and Macroeconomics." In *World Economics Problems*, edited by K. A. Elliott and J. Williamson. Washington, DC: Institute for International Economics.

Kreinin, Mordechai. 2004. "Global Production Networks and Regional Integration." In *Empirical Methods in International Trade: Essays in Honor of Mordechai Kreinin*, edited by Michael G. Plummer. Northampton, MA: Edward Elgar Publishing, Inc. 136 – 38.

Li, Bo. 2013. "The Perspective for RMB Cross-border Settlement." [In Chinese.] China Finance.

National Bureau of Statistics of China. 2015. www.stats.gov.cn/english/.

Organisation for Economic Co-operation and Development-World Trade Organization. 2013. "Trade in Value-Added: Concepts, Methodologies and Challenges." Joint Organisation for Economic Co-operation and Development-World Trade Organization Note.

Osaki, Sadakazu. 2005. "Reforming Japan's Capital Markets." *Public Policy Review* 1 (1): 3 – 18.

Samuelson, Paul A. 1964. "Theoretical Notes on Trade Problems." *Review of Economics and Statistics* 46 (2): 145 – 54.

Subacchi, Paola and Helena Huang. 2012. "The Connecting Dots of China's

Renminbi Strategy: London and Hong Kong." *International Economics Briefing Paper* No. 2012/02, Chatham House.

Wei, Lingling and Bob Davis. 2011. "China Stumbles in Yuan Grand Plan." *The Wall Street Journal*, July 15.

Wu Haiying and Xu Qiyuan. 2014. "An Estimation of China's Real Export Amount." [In Chinese.] *China's External Economic Environment Monitor*. Chinese Academy of Social Sciences Working Paper No. 1, April 25. www.iwep.org.cn/news/730753.htm.

Xiao Lisheng. 2015. "RMB Internationalization in Hong Kong: Current Situations, Problems and Perspectives." [In Chinese.] RCIF Policy Brief No. 0072015, Chinese Academy of Social Sciences.

Xu, Qiyuan and Li Jing. 2008. "Currency Internationalization from the Perspective of International Specialization." [In Chinese.] *Journal of World Economy* 2: 30 – 39.

Xu, Qiyuan. 2010. "Yen's Internationalization: Lessons for China Yuan." [In Chinese.] *Chinese Review of Financial Studies* 2: 114 – 21.

Xu, Qiyuan, and He Fan. 2015. *The Influence of RMB Internationalization on the Chinese Economy: Theory and Policy*. CIGI Paper No. 58.

Yang, Biyun. 2012. "Estimation and Comparative Analysis on the Exchange Rate Pass-through into Price of Processing Trade and General Trade." [In Chinese.] *World Economy Study* 10: 35 – 47.

Yang, Xiaokai. 1990. "Development, Structural Changes, and Urbanization." *Journal of Development Economics* 34 (1 – 2): 199 – 222.

—— 1999. "Division of Labor and Specialization: A Literature Review." [In Chinese.] In *The Frontier of Contemporary Economics*, edited by Min Tang and Yushi Mao, vol. 3. Beijing: The Commercial Press.

Yin, Jianfeng. 2011. "RMB Internationalization Trade Settlement Plus Offshore Market or Capital Account Opening-up Plus Multinationals? — Lessons from Japan's Yen Internationalization." [In Chinese.] *International Economic Review* 4.

Young, Allyn. 1928. "Increasing Returns and Economic Progress." *The Economic Journal* 152: 527 – 42.

Zhang, Bin and Xu Qiyuan. 2012. "RMB Internationalization with the Limited Control of Exchange Rate System and Capital Account." [In Chinese.] *International Economic Review* 4: 63 – 73.

第五章

人民币国际化的政治局限

兰德尔·日耳曼 赫尔曼·马克·施瓦茨

人民币要想成为一个真正的"国际"货币需要具备怎样的国内政治条件？[①] 我们在讨论人民币国际化的前景时，甚至是讨论人民币发展为美元的竞争对手这一程度时，目光主要聚焦在中国的国际经济政策和全球的经济环境方面。而本章则集焦于人民币国际化所必需的国内要求，这不是因为它们更为重要，而是因为国际货币的研究要以国内和国际两个因素为依据，不能将它们孤立。我们将构建一个理论框架来强调在货币行使国际职能之前国家必须有能力满足其国内调整的成本。国家用来调节社会持续平衡成本的制度和政策，是国际货币政治经济的一个至关重要的部分。从历史上看，产生于运行国际货币的国内调整成本，民主体制是能够平衡它的政治体制类型。这些成本源于在全球需求扩展的过程中，国际货币产生的就业和资本损失。资本主义市场的正常运行会产生通缩倾向（Veblen 1978；Schumpeter 1978）。此时，一个国家可以通过发行国际货币产生贸易逆差来抵消

[①] 在这里，我们区分一下国际货币和国际储备货币。国际储备货币包括政府拥有的官方外汇储备。例如，目前主要的国际储备货币是美元和欧元（根据国际货币基金组织的官方外汇储备的货币构成数据，在报告的官方外汇储备中分别占 62% 和 23% 的份额），紧随其后的是英镑、日元、瑞士法郎、加元和澳元。出于研究目的，国际货币不仅仅是一种储备货币，也可以是一种重要的国际交易计价的工具，更重要的是，作为一种全球范围流通的手段。因此可以设想，国际货币是组织和运行全球政治经济不可或缺的政治基础。对这一问题的扩展论述参见 Germainand Schwatz（2014）。

第五章 人民币国际化的政治局限

这种通货紧缩,但这种做法一定会伤害一些国内团体。民主国家似乎更善于调节产生于政治和经济领域的社会冲突,特别是像它们这种争夺有限的资源用来改善持久的贸易赤字成本的精英国家。这可能是为何纵观全球历史,能够真正推行国际货币的国家却很少的原因。虽然迄今为止都是民主国家的例子,但我们仍然对这个小样本的概括和推广持谨慎态度。

本章共包含四个部分。首先,通过选择性地借鉴文献,我们将构建运行国际货币的国内政治需求这一理论框架。这个框架强调了国际货币的推进如何通过国内外接受的政治、金融和经济安排的连锁体系来生成新的全球需求。我们接下来会探讨在全球经济中国际货币出现的两个历史案例——英镑和美元,它们反映了我们所强调的在国内政治制度内的成功妥协。在英国金本位制的条件下,新的需求源于工人阶级实际消费的增长。在美国法定货币的条件下,新的需求源于产生新的可供出售的国际资产的政治经济,其中大量是以房贷有关的证券形式。第三部分将中国和人民币放在这个框架中进行考察,并概述了关于人民币国际化的大部分文献中都忽视了人民币国际化成功中应该具备的国内力量这一关键要素。最后,我们评估了中国政府对于人民币国际化将产生的国内调整成本会进行多大程度上的协商,以及为了应付这些成本会作如何的改变。

我们认为中国目前是疲于满足国际货币所带来的贸易成本,而且为了这么做,它必须通过促进民主化的方式来将其经济进行重组。国际货币的推进通过参与到全球流通中增加全球需求。由此而产生的国际收支赤字必然会强加给某些国内组织。如同我们将要论证的,在英镑时代英国的农业利益受到了损害,但是通过能够移民对地主和农村劳动力进行了补偿(Offer 1991a,Schwartz 2010)。在美元时代,非熟练劳动力和其他低收入群体失去了土地,但是通过房屋净值的上升和便宜的消费者耐用消费品得到了补偿(Schwartz 2009)。对比英国和美国的情况,虽然出口导向型企业主导中国的政治经济,但在更大程度上,国有企业在中国金融体系中享有特权,例如使国内储户处于不利地位和抑制国内消费增长。这有助于产生非常大的贸易顺差,从而拖累全球需求。我们同意佩蒂斯（Pettis 2014）指出的，中国目前通过运行有效的贸易顺差是减少而不是增加全球需求。允许大量人民币在国际上流通，就要求将需求从投资出口产品转移到国内消费上来。这将通过中国消费者产品和服务的净进口的充分增长来大幅度增加全球需求。然而，这种转变意味着国家精英的影响力及其相关国有企业和地方政府投资机构的影响力减少（Hung 2013）。这种发展将威胁到中国的政治现状，从而遭到来自中国共产党甚至中国政府更普遍的抵抗。借此，我们不希望人民币国际化进入到与世界一流的国际货币——美元作为竞争对手的阶段。

货币国际化：国内和国际因素

最近有关国际货币的讨论都集中在对美元霸权存在的潜在挑战以及2008—2009年的金融危机对美元造成的影响上（参见 Helleiner and Kirshner2009, Cohen and Benney 2014, Drezner 2014, Kirshner 2014）。也有一些例外（例如，参见 Wang, Huang and Fan 2015），尽管他们期待国际货币体系可以从美元独霸转化为多极或无领导的货币体系，但是讨论的焦点几乎完全集中在货币国际化的国际条件和基础上。国际条件涉及了包括金融市场的深度（Drezner 2014）、多维的权力来源（Kirshner 2014, Norloff 2014, Stokes 2014）以及印钞和通过中央银行网络使其他官方当局接受的基本能力（Helleiner 2014）等各个方面。但这种关注忽略了国内因素在货币国际化进程中的作用。为了强调这些建立并维持国际货币所需的国内基础，我们需要回顾罗伯特·特里芬（Robert Triffin）、查尔斯·金德尔伯格（Charles Kindleberger）和苏珊·斯特兰奇（Susan Strange）这三个理论家的理论。他们认为，国际货币需要一个更加综合的政治经济分析框架。从他们的理论思考中，我们探讨了成功的货币国际化需要怎样的国内协商体制。

罗伯特·特里芬（Triffin 1960）是最早注意到美元在布雷顿森林体系早期世界经济体系中所扮演的角色与其与黄金固定挂钩之间存在

第五章 人民币国际化的政治局限

越来越多的矛盾。特里芬分析的重要观点是，他认识到不管是谁提供国际货币，全球货币储备将不得不扩大以避免全球通货紧缩。即使随着时间的推移，国际货币促进需求的方式已经改变了，但是自1945年之后总需求增长乏力一直是全球政治经济的一个持久特性。虽然这样的增长对全球经济扩张是必要的，但这种扩张的形式也需要政治上的全面启动和运行。特里芬从而阐述了何为"特里芬难题"，即全球货币供应量的扩张通过海外美元余额的积累促进了其他国家外汇储备的增长（进而提升他们支撑经济增长的能力），但这是以削弱未来美元相对黄金的价值的信心为代价的。特里芬认为（Triffin 1960, 63），在固定汇率制度中，"不能依赖进一步增加美元余额为解决全球流动性不足问题提供永久性的充分方案"。特里芬认为，全球流动性以及整个可兑换货币的国际体系依靠一种占主导地位的货币外流不仅不符合逻辑，而且还存在问题。他更倾向于全球流动资产供给的国际化。①

对于这一重要见解，查尔斯·金德尔伯格（Kindleberger 1981）通过描述纽约作为全球金融中心的国际角色进行了进一步阐述。在布雷顿森林体系时期，纽约金融机构提供了短期国内借款和全球长期贷款的中介。换句话说，全球需求不只是一个进口总量引导经济消费的功能，也可能通过创造和配置金融资产来进行调配（参见 Schwartz 2009）。当时（20世纪60年代晚期）金德尔伯格写道，美国经济的国际收支平衡是由贸易和经常账户顺差以及资本账户巨额赤字构成的；美国的对外直接投资（FDI）和证券投资资本（伴随海外军费支出）的流出导致了全球货币存量的增长。这需要通过一个面向全球的美国金融机构的网络作为中介（Germain 1997）。在特里芬强调如何满足额外需求的全球流动性的问题时，金德尔伯格则强调这一需求的流动渠道。

最后，苏珊·斯特兰奇（Strange 1971）把美元的外部需求同全

---

① 在这里，特里芬赞同约翰·梅纳德·凯恩斯（John Maynard Keynes）建立银行联盟的必要性，但对其方案持有异议（Triffin 1960, 90-93）。

球货币存量或流动性增加以及国内政治联系了起来。在黄金和美元脱钩前不久,她指出美国经济特别容易受到国际货币危机的冲击,因为美国资本市场的中心地位使得引发的动荡在全球经济中被放大。自相矛盾的是,顶层货币国家(在我们的术语中,是指发行世界主要国际货币的国家)更容易受到全球需求波动的冲击(Strange 1971,226-227)①。她认识到20世纪20年代和30年代的主要货币问题源于法国和美国的贸易顺差导致的全球需求减少(参见 Falkus 1971)。这反映了19世纪农业和工业制成品价格持续向下的压力。提高全球经济中的流动性和需求唯一的方法就是,使一个占主导地位的经济体去管理贸易赤字。然而,斯特兰奇还认识到,一个国家发行世界顶层货币需要对冲由于发行货币所产生的国内成本压力。②这些成本主要包括向由于进口比重日益上升而丢失饭碗的低中等技术劳动力工人提供福利(Strange 1971,227)。她还指出,美国的利益集团比经济合作和发展组织(OECD)其他成员国里的团体更为糟糕。她认为,就像英国的英镑一样,只有缓和边缘化的国内团体由于他们面临错位而带来的冲击,美国才能成功地运行全球顶层货币。这是运行一种国际货币所需要的关键政治成本。

特里芬、金德尔伯格和斯特兰奇让我们认识到国际货币和全球需求之间的联系,将需求供给的方式扩展到金融中介,并且将全球需求(及其波动)的供给与发行国际货币所需的国内成本以及减少这些成本的需求联系起来。我们认为,这些成本会维持或增加购买力。通过维持或增加民众的购买力,一国运行国际货币有助于提升全球贸易总需求,并促进国内稳定。在众多可以同时影响民众购买力和增加全球需求的政策当中,我们强调两个最为重要的政策:食品政策和土地或

---

① 斯特兰奇将国际货币分为顶层货币、宗主货币、协商货币和中立货币四种类型,这取决于创造和使用货币的政治控制程度(Strange 1971,217)。

② 斯特兰奇反对现行一般的关于美国金融市场对国际干扰的敏感性的说法。因为这些市场引导大量的海外投资,无论在国内还是国外,他们敏锐地响应了和他们相关联的成本和福利的分配变化。

房产所有权政策①。在这点上，我们要超越早期的理论家，探索一些对国家运行国际货币来说非常重要的国内政治安排。在 19 世纪，英国获取廉价食物的自由贸易政策是历史上一个降低低收入群体的耐用消费品成本的实例，这种政策因而会增加低收入群体的购买力。同样地，在 20 世纪，美国住房金融政策对低收入和中等收入群体增加信贷，进而提升了购买力。

我们的分析框架认为，货币的国际使用的国际基础包括可自由兑换、金融市场能够进行复杂的金融交易、有足够数量的货币在全球流通以及谈判历史上已构成一种国际货币的国际基础设施的复杂的货币和政治安排的能力（参见 Cohen1971）。但是，我们的分析框架进一步认识到，一国要发行真正的国际货币，还必须有能力协商与之相关联的国内调整成本。主要成本源于在发行国际货币的国家中要维持或扩大民众购买力这一难题。它与管理贸易或经常账户赤字密切相关，赤字会通过损失生产机会或给企业施加压力提升生产效率来降少就业。虽然我们的食品以及土地和房产所有权政策以不同的方式施行，但是它们都试图站在由于运行国际货币所需要的赤字而产生的国内经济问题的对立面。

19 世纪，英国自由贸易的扩张同时伴随着城市中产阶级特权的扩张。后来，捍卫自由贸易（包括英镑的国际地位）部分依赖于不断增长的城市工人阶级的投票份额，它们占进口食品消费的数量接近一半。同样，在冷战的背景下，美国的房产政策，而不是其他政策，旨在让动员起来的中产阶级塑造和参与政治进程。后来，房产政策更为积极地响应新获得选举权的少数民族团体的经济要求（Prasad 2012）。我们认为，这其中暗含但不能确定的是，增加购买力与大量政治支持之间存在联系，前者需要扩大全球需求，后者针对的是支持增加购买力的政策。

---

① 有一系列这样的政策需要检验，包括教育政策（对技能和社会流动有影响）、养老金（维护最贫困的人口之一老年人的需求）、收入支持政策（当人们失去工作时减少需求的下降）和劳动力市场政策（通过人们找到工作与行业经济增长来支持需求）。由于篇幅有限，我们将会控制关于历史上重要的食物和住房政策的讨论。

| 走进巨龙 |

历史记录：英镑、美元及其教训

本部分考察了英镑和美元的历史记录，以确定它们作为国际货币的地位与国内基础是如何相互交织在一起的。从外部来看，高度竞争的经济如果希望自己的货币可以扩大全球需求而不是收缩需求的话，必须实行足够大到可以扩张全球流动性的贸易或国际收支赤字（Triffin 1960）。从内部来看，这意味着国家必须调解或修复这些赤字造成的各经济部门和行为者之间的分配矛盾。从外部来看，一个市场的深度和流动性足以使全球贸易和投资交易通畅的话，那意味着部分国外行为者对这些交易产生的金融资产拥有相当大的信心。就我们而言，这一"信心"会确认这些资产的未来价值的有效性。这种对有效性的确认还包括一个内部因素，它是国内立法中产权的力量和安全保障。因此，一个国际货币取决于两个特定的国内基础结构，它们可以同时解决国内和国外的担忧。第一基础包含国家制度，它可以减轻贸易赤字对脆弱的国内团体造成的伤害。这些赤字源于顶层货币的国际使用回收海外购买力的方式。第二个基础包含安全的产权，它可以使回收的购买力的海外持有者的风险最小化。那么英国和美国是如何构建这两个制度基础的？

19世纪，世界最大帝国的地位以及英国出口商品、服务和资本的优势地位使英镑成为世界的主要国际货币（Hobsbawm 1975，Schwartz 1989，Langley 2002）。在名义上的金本位制下，英国制成品价格的下降带来持续近一个世纪的通货紧缩。英国怎样才可以维持稳定的全球货币秩序和保证全球经济增长？全球流动性以及因此而带来的需求的增加是通过在伦敦给国外发行公共和私人英镑证券，而不是通过名义上支持各种货币的黄金储备的增长（de Cecco 1974，Schwartz 2010）。英国作为供应商为生产资料出口到能够满足其原原料需求的国家融资来回收其早期的贸易顺差。例如，英国向阿根廷出借现金来建设铁路系统，这可以通过将阿根廷的食品运到英国而产生利息支付。英国的巨额贸易赤字因此需要支付同样庞大的经常项目顺差，以

第五章 人民币国际化的政治局限

确定其永恒资产的有效性。

1846年废除了《谷物法》后，食品进口迅速增长，这不仅是资产验证的物理表现，也是连接国内外政治妥协维持英镑的关键点。工业巨头的上升和强大显然是受益于进入外国市场。李嘉图（Ricardo 1817）很早就认为，工业巨头已经意识到为不断增长的无产阶级人口提供的便宜的食物中可以产生利益，并意识到实际工资，需求和通货紧缩之间的联系（1999）。但是其他人呢？由于19世纪经济扩张创造了一个更加激进的工人阶级，这成为英国精英需要面对的社会不确定因素（Carr 1946；Cox 1946；Eichengreen 2008）。然而初期的工人运动并没有争夺到自由贸易和英镑的中心地位，因为进口食品——"廉价面包"——价格下降，在19世纪工人的实际工资翻了一番。在19世纪末，英国人民60%的卡路里是由进口食品提供，并且当时英国进口的50%是由食物构成（Offer 1991，82，219）。在残酷的进口压力下，英国的小麦价格从1820年的每蒲式耳8.26先令，在1913年已经降到3.84先令（Clark 2004）。但是现实与之相反，农业进口与食品价格下跌损害了农村土地所有者和工人的利益，整个19世纪土地价格不断下跌（Offer 1991b）。但是，逐渐衰弱的土地贵族出口人力到殖民地作为管理精英（同时管理以移民身份进入殖民的工人们），并且通过经济出口他们的资本流入到城市不动产变得越来越有价值。英镑的全球地位促进了以上这些现象的产生。

食品进口的日益增长，带来了国内社会和平也带来了对外界的依附性。出口到英国和欧洲的原材料不断上涨，为那些可以进入到全球资本流动和劳力流动的，并且有政治影响力的土地所有者带来了资本收益。这些周边土地所有者和他们的银行家将收入短期存储在伦敦，这使他们成为英国的短期债权人，并因此双倍受制于英镑。为了使英镑在19世纪稳固国际地位，这些环环相扣的国内外妥协对于宏观经济是一个至关重要的政治对应（参见 Ingham 1984）。

英国的物权法对英镑的地位确保也有作用。韦伯（1978，890—892）摒弃了英国不成文法，因其缺乏系统化和可计算性，但正如他自己所说，英国资本主义所具有的活力意味着英国普通法具有可取之处。肯定的是普通法传播到英殖民地，批判的是传播到美国。大约70%的英国投资，以及英镑流通——发生在大英帝国或美国，并且英帝国投资者有向枢密院上诉的权利。其他的帝国，在19世纪货币和法律秩序处于较低程度的制度化。在大多数情况下最重要的国际货币网络受制于欧洲金融家和中央银行（参见Flandreau 1997，van der Pijl 1998）。然而英国和当地帝国以外的投资者对租用公司以及债务清单表现出强烈的倾向，但这些都会受制于英国法律（Guy 1984）。如果我们采用斯特兰奇的构想，相对来说保护财产权保证了英镑依然是一个货币选择，而不是必需品，或tops，也不是master（Strange 1971）。

  美国的政治、经济与社会安排组成为美元在1945年后的全球政治经济中发挥作用提供了基础，它们与英国类似但又不尽相同。相比美国在国内对美元进行干预以支持美元的全球地位，英国在19世纪国家才予以同意干涉，这一点上英国未免相形见绌（Cox 1987）。美国版的廉价面包是新政和"伟大社会"的福利国家项目。通过扩展福利和赋予边缘化群体以及被剥夺权力的群体以公民权这种方式，响应并且强化了在选举政治联盟中的重大转变。和英国一样，美国通过几个联系国内外的关键程序（项目）保持国内经济稳定增长。其中重要的是军费赤字开支和用来支持广泛的房屋所有权进行重组的金融体系。这两种生成了美国国际收支赤字的倾向（Houthakker and Magee 1969，Block 1977，Helleiner 1994）。

  对英国而言，在过去的一百年当中住房政策扮演着和农产品自由贸易相同的角色。19世纪80年代全球通胀使美国住房债务缩水。80年代后全球通货紧缩，美国通过住房金融系统进行债务再融资（Seabrooke 2006，Schwartz 2009）。两个过程都释放了中产阶级的购买力。这个现金流动也支持美国进口，由生成和出口以美元计价的资产来支付，包括房屋按揭贷款（MBS）。在2008年，美国MBS在全球公共和私人债券市场占到9%，这就是为什么国内市场导向的非贸易部门也会影响全球金融体系，同样也解释了为什么这些MBS的"出口"可以支付规模越来越大的美国贸易赤字（IMF 2009）。这些资产对于美国"二战"盟国,如日本和德国,是推动出口增长的关键,还有像中国和石油输出国组织的敌友。在21世纪,美国占全球贸易赤字的50%—80%(IMF 2009)。

美国在布雷顿森林体系中,通过两个正式的国际组织,以及大量的由美国管控的官方数组网络将地缘政治妥协制度化。这个网络运行是通过经合组织(OECD),国际清算银行(BIS)和各种被美国允许的"Gs"组成的政治联盟代表来管理全球经济问题。这些组织,特别是世界贸易组织,帮助美国法律在世界其他地区外部化。但即使没有正式的条约,基于机构的国内力量,例如,信用评级机构(Sinclair 2005),在过去的世纪给美国的影响超过了对运往英国在伦敦享有特权的外国公司同样的影响。尽管美国享有"会计丑闻",但包括中国在内的少数股东的权益相比其他国家仍被很好地保护。(Gourevitch and Shinn 2005)(见第三章)。

通过审视英国和美国运行国际货币的案例,阐释了在国际和国内基础之间存在的关键连锁关系。在19世纪,英国决定开放农产品进口市场损害了农业利益,但是它提升了被迫在新兴的纺织工厂和制造厂中工作的工人的购买力。这一项政策刺激了在全球外围的总需求,像加拿大和阿根廷这些国家扩大对英国和欧洲市场的农业生产,而同时英国工人阶级通过食物费用的急剧减少而大大提高了手中的购买力。同样地,在"二战"后,美国通过刺激全球总需求来促进国际收支平衡,从公共援助和军事开支(对朝鲜和越南战争的马歇尔计划和支出)转换资本外流,1980年之后,创建和使用一系列国外的国内产生金融资产。在20世纪90年代,这些资产的很大一部分由Fannie Mae和Freddie Mac相关的抵押贷款产品构成,由政府主导的实体规定使美国人能够尽可能广泛地享受所有权。这些政策减少了住房成本,因此对美国中低产阶级购买力的增加有很大影响。与其他社会不一样的是,美国的住房成本主要是由于价格上涨。而在1970年后由于来自亚洲劳动力的持续进口而导致美国劳动力实际工资停滞不前,换句话说,提供国际货币的成本——那些进口也降低了非耐用消费品的成本。美国消费者非耐用消费品包括食品和饮料的价格从1990年到2014年上涨

12%，速度远远慢于其他物品价格，服装的价格——几乎所有来自进口，并构成了低收入群体消费的很大一部分——超过25年几乎没有上涨过（US Bureau of Labor Statistics 2015）。

综合美国和英国的情况来看，运行一个国际货币的代价被用于补偿国内弱势群体的交易所抵消。在英国的情况下，粮食政策和英镑密切交织在一起，在美国的情况下，住房政策显然根源在国内，所以很难相信美联储将在2000年日益增长对外国人持有的抵押贷款支持证券。正如我们将看到的，在下面章节中对于国内政治交易（bargains）的关心已经浮现在越来越多有关人民币国际化的文献中。

中国与人民币：国内因素和国际因素的交汇点

有关人民币国际化的文献虽然规模小但仍在不断增长中，与此平行的是对待货币国际化更加普遍化。但是主要关注点是希望实行货币国际化的国家同外部经济约束与功能的绑定，而不是我们所强调的国内因素。典型的是Jenkins和Zelenbaba（2012）的理论。他们对中国为促进人民币国际化所采取的经济政策的研究遵循了科恩（Cohen's 1971）早期的功能主义分类法，即认为任何国际货币都有其作用。[①]Bowles和Wang（2013）提出了彻底但同样的分类评估政策，他们发现源自于中国对出口脆弱性的反应是受美元价值波动的影响。对他们来说，人民币国际化在某种程度上是一个保护政策，一个可持续的、长期的达到资本账户自由化的路径。在他们的分析当中，国内因素只是存在于分析和国内资本市场挂钩的表面，还不够足以深刻到支持货币自由化的程度（Bowles and Wang 2013，1375；Hung 2013）。

在分析人民币国际化上，从两个方面强调国内政治考虑。一方

---

① 这种分类法（Cohen，1971）是一个"two by three"矩阵，说明了国际货币的传统功能（作为交换媒介、价值储存手段和记账单位），因为它们是由私人和官方代理来进行国际货币和金融的交易。这种分类法在文献中广泛应用（参见 Bowles and Wang 2013，Cohen 2012，Helleiner 2008），并且成为Eichengreen的分析基础（参见第三章）。

第五章　人民币国际化的政治局限

面，有关经济增长的问题可以预示着分配类型问题的突出，因为中国经济的大小和人民币成为国际货币的前景直接相关。例如，伊藤（Ito 2010）认为中国未来经济增长的人口因素，会反过来影响人民币的国际化。然而，在伊藤的分析中，没有提到任何有关人口趋势如何影响中国增进全球总需求的能力（或继续减）。在另一方面，政权稳定的问题经常被讨论，实际上，大多数关于人民币国际化的文献类似于分析欧元的文献（例如，Thimann 2008），重点还是关于实现货币国际化的国际协约。

相比之下，我们上面的讨论表明，把国内货币发行到全球经济并且拥有成为一个真正的国际货币的能力，主要依赖于稳定的国内政治机构。可以通过贸易赤字在全球产生新的需求市场，改善来自于慢性贸易逆差的成本，为国内投资者和国外投资者提供了相比其他地方而言更安全的产权。中国目前在所有账户面临着重大的制度缺陷。有三个事实对于理解中国的结构性问题以及中国官方应对经济增长对美国市场依赖的弱点至关重要。首先，从1999年到2008年中国的平均贸易顺差占GDP的4.7%；这些盈余虽然在萎缩，但从2009年到2013年仍为平均百分之三（国际货币基金组织的世界经济展望数据库）。第二，尽管工资占GDP的份额难以精确计算，世界银行（2014）估计中国家庭最终消费从2000年的占GDP的46%下降到2008年的35%——这一水平低于其他亚洲发展中国家经济（除新加坡外，新加坡通过中央公积金进行强制储蓄）。到2013年家庭消费的份额持续下降到了34.1%。当然，从绝对意义上讲，真正的家庭消费从1999年到2013年翻了三倍，人均实际GDP从1999年到2008年翻了一番。但大部分涨幅是由于基础设施投资、房地产和出口能力的创建。第三，从1998年到2008年，出口增长占国内生产总值份额从大约20%增长到39%，远远超过之前进口的增长，并且在2008年经济危机前净出口直接占到三分之一。对我们而言，中国还没有达到将国内经济增长同全球总需求联系起来的地步。

这三个事实反映了中国政治经济的核心机构特征。中国的金融系统在很大程度上是被约束的，仅有的投资渠道使家庭储蓄只能流向大型国有或准国有公司（Bowles and Wang 2013，Gruin 2013）。直到最近，储户几乎别无选择，只能简单地将钱存入在本质上为负利率的国有银行体系。好一些的储户可以投机房地产，尽管这会导致加强经济建设对投资增长的过分依赖。国有企业和地方政府以低的利率或实际上就是负利率从储户手里借到这些资金，使得他们可以投资生产和基础设施以推动中国经济增长。

这些国有企业拥有不同程度的垄断权力，使得他们可以系统地获取利润。中国惊人的增长储蓄（国际收支经常项目顺差）从2000年占GDP的37%到2007年增长到超过50%，主要归功于国有控股的储蓄从1999年的占GDP的2.6%增加到1999年的21%（Yu 2015，46-47）。这其中大部分是由国有企业留存收益的运行，而不是有助于扩大国内消费，这种运行使国有企业的利润远离了大众消费，对扩大国内消费没有起任何作用（Hung 2013，1355）。国有企业将贷款和再投资利润用于扩大生产能力或房地产投资以及最近的兑美元套利交易，并没有用于增加工资或红利。据估计显示，内部人士自2009年以来瞒报所得收入约1万亿美元（Anderlini 2014）。

中国被约束的金融体系减少了进口以及家庭的消费能力。大致说来在2000年，储户面临每年百分之三的负利率（Pettis 2014）。与此同时，拆除"铁饭碗"——以社会福利为基础的旧的就业系统，"户口"的管制和当地福利挂钩，这些变化给中国家庭施以压力，使得他们把大部分的收入用来投入保险。"户口"系统意味着在中国数亿的暂住人口，在他们目前的工作的地方享受不到福利。中国家庭因此成为"目标储户"，以增加储蓄应对低回报，而不是当利率下降时减少储蓄。一方面，目标储蓄意味着中国的银行系统有充足的资金借贷给上面提到的国有企业。这是中国一直能够调动如此多的储蓄投资的原因之一，从而达到历史上前所未有的利率的增长。另一方面，目标储蓄大大降低了中国家庭消费的能力，并且暗中影响了他们的进口能力。

地方政府的行为促进了这种储蓄有余而消费不足的趋势。地方政府支出占到国家支出的大约80%，独立收益只占到税收的30%。因

第五章 人民币国际化的政治局限

此依赖于集中提高和重新分配税收。政府总收入的一半以上来自对当地企业的税收,另一个部分来自政府25%份额的国家增值税(Huang 2000;Hequn Wang 2000)。这种对当地企业盈利的依赖能够促使地方政府热心于企业的盈利能力。

和20世纪的美国或19世纪的英国不一样的是,中国还缺乏一个相对强劲的系统保证产权(Cohen 2014)。事实上,整个"布雷顿森林体系 II"观点是以中国持有美国国债作为抵押品的一种形式作为前提,以保证发达国家在华投资不会被征用(Dooley Folkerts-Landau and Carber 2004)。许多中国公司被西方交易所退市,美国证券交易委员会(SEC)惩罚中国的大型会计公司审计标准不严格(Scannell and Bond 2012)。中国的司法系统受到某些因素的干扰。这些情况也出现在许多新兴市场经济体中,但关键是这些国家并没有试图将货币国际化。当然我们在这里不是说美国法律和会计准则是没有瑕疵的,Enron,WorldCom 公司和麦道夫丑闻也是存在的。

中国的政治经济结构偏向创建产能过剩和过度出口。这使得中国很难将人民币改变成为国际货币,因为中国无法提供给世界足够的人民币来促使全球需求增长。此外,中国限制外国资本流入,这样可以积累以人民币计价的资产。所有其他条件在相同的情况下,中国的贸易顺差和英镑和美元系统在各自的时代是完全相反的,中国是缩减全球需求而不是扩大(Pettis 2014)。中国的经济增长必定增加了对稀有原材料和零部件的进口需求,另一方面,大量廉价商品的出口降低了对于发达国家和新兴市场的生产。贸易顺差反映了国内需求的缺乏会产生吸纳本地生产。[①] 如果中国消费者的购买力高,这些消费者会进口旅游、医疗保健、教育、环境保护之类的从而使贸易顺差降低。表面上,竞争使中国制造业的工资比服务行业更高(Autor, Dorn and Hanson 2013)。这样会降低购买力和全球需求。与20世纪20年代美国的贸易顺差相比(Falkus 1971),中国致力于需求循环——循环其

---

① 这种可能只会出现在原材料出口盈余这一例外中,在本质上,这是将非流动性资产转换为流动资产,因此,为了完成这一转型需要顺差。

贸易顺差——通过购买美国国债和机构债券的形式借债给美国。这种贷款只是强化了美元的领先地位，并不能使人民币国际化。H. F. Hung（2013）认为，美元价值下降，中国持有的大量以美元计价的资产会使中国陷入某种美元陷阱账户。[①]

中国的政治经济和相对较弱的产权相交叉，使得持久的国内妥协支持国际货币难以实现。如果我们把这种情况具体化一点，目前中国政治经济的正常运转是这样的：高生产率的中小企业和国外大型跨国公司利用劳动密集型产业生产出口的耐用消费品。出口收入会存放在通过发行人民币债券吸收人民币再来购买美元的中央银行。家庭储蓄涌入金融系统，国有银行系统将这些资金以鼓励国企的利率再借给国有企业，间接的地方政府过度投资基础设施不能恢复其资本成本，同样投机房地产不能产生足够的现金流用来偿还建设的债务。重工业的产能过剩和闲置公寓是家庭消费减少的物理表现。截至2014年，中国研究人员估计，五分之一的城市住房空置，然而房地产建设占到国内生产总值GDP的六分之一（Fung 2014）。就像美国在早期的20世纪20年代和20世纪初，中国经济的行动者正在为那些依靠收入根本无法负担住房价格以及施工成本的人建造住房。

在这种背景下，伴随着将人民币作为储备货币来进行国际化的努力，这会导致国内相当大的金融危机，也会遭遇到相当大的政治反对。一方面，将资源转移到消费将减少信贷负债过高公司的信用可用度和重工业建设投入的需求。将资源转移到家庭也意味着国有企业收益的减少。需求和收益的减少将会给公司偿还现有贷款施加更多压力。同时，国有企业是从事大型跨境套利贸易，这表明他们缺乏盈利的投资机会和寻求更大的收益（Yu 2013，Schwartz 2013）。另一方面Michael Pettis（2014）长期以来一直认为，在中国要改变低收入阶层的收入必然涉及将精英和企业控制的收入转移。甚至仅仅是提高特权公司资本成本减少他们收入补贴目前的贷款和存款利率的改革。在美

[①] 中国回收美元也把中国放在了这样一个位置——以非常低的利率借钱给美国，通过购买全球高回报的投资来获取回报（Schwartz 2009）。

国，精英通过民主制度只有对再分配的行动让步，承认公共养老金、健康、住房政策，来支持萧条时期的美元的国际角色，以及热战和冷战。中国还没有遇到过这种规模的危机。而1945年之后再分配在美国没有使美元国际化，但是它使国内团体对美元的新国际角色造成的失败开始有经验。

结 论

国际货币的政治经济的一个关键部分，是由围绕着提供国际需求的成本而进行社会可持续交易协商的国内政策和机构所组成的。一个国际货币发射器通过将其货币流通到全世界增加全球需求。由此产生的国际收支赤字必然会把成本强加给国内某些团体。这些成本来自于经常账户赤字需要供应全球经济需求和增加货币供应量带来的国内就业和收入的损失。在仅有的两种国际货币的历史情况中，高程度的民主政治和权衡的细化以及制度化相关联。我们认识到将货币国际化与民主化的联系是有争议的，我们不能说民主是货币国际化的必要条件。然而，考虑到推行货币国际化产生的成本与国际货币和政治权衡需要满足这些成本之间显著的联系，民主与货币国际化之间的关系仍然是未来研究的一个合适的课题。当然，无论是在19世纪英国还是20世纪的美国都享有充分的选举权。然而很大一部分的人口虽然可以投票，但却被精英们对于贸易和货币政策的竞争而鼓动。两国精英都对本国的低收入群体和一些失去业务的部门做出了让步。这些让步有两种用途——他们获得了民众的顺从，为运行国际货币提供了良好的国内基础。英国的情况是，围绕着食品进口的自由贸易给部分被雇佣的工人阶级带来了实际工资上升的同时，允许英国债务人用英镑偿还贷款。在美国，郊区化帮助扩大了国内经济，产生的金融资产（MBS）也可以离岸出售。这使美国中产阶级的生活水平得到提高，美元支付得以平衡并帮助全球经济得到增长。（Seabrooke 2006，Schwartz 2015）

今天对中国以及中国的精英们的挑战是，如何对付这些成本问题。国内需求的缺口，来自于巨额贸易顺差，虽然这种顺差帮助中国提升了国际竞争力，但也意味着中国相对富裕了美国人。而要扭转这些反常的补贴，需要激活和动员公众的政治基础。

然而，我们应该注意到，其他的亚洲发展中国家有着历史的相似之处。韩国是国有银行部门负利率贷款给工业企业，同时支付储户更低的利率。像中国一样，这些国家也面临着需求不足的问题，尽管韩国在高速发展期间有周期性的贸易赤字。同时，在戒严令或独裁政府的末期他们从完全外向型经济转向高消费型经济。随后19世纪90年代的民主政治政权加强了这些趋势，在21世纪韩国经历了信用驱动型消费经济而不是投资经济。外部压力和内部压力的结合——在韩国工会集合工人——克服了补贴信贷大公司的利益。中国国内消费不足的情况比韩国更严重，所以改革压力将会伴随着人民币国际化大大增强。

人民币国际化的乐观前景是它变成欧元一样的"计价货币"，在中国的后院也一样流通。然而，尽管中国庞大的经济实力——购买力平价决定了中国和美国经济几乎一样强大，但是人民币并没有获得一个区域性货币的地位。尽管人民币对于全球银行间金融电信（SWIFT）网络命名的信用证交易来说已经成为第二大货币，但是相对美元90%的份额人民币只占到9%。此外，这些交易中有80%发生在中国内地和中国香港。所以人民币仅仅只具有中国周边的区域性货币的功能（Cohen and Benney 2014，SWIFT 2015）。这与Wang，Huang和Fan（2015）的研究结果一致，他们将国内组织的力量对给定货币的国际化应用的影响进行了模型化。乐观的前景可能会描述到中国精英们所想要的。但这离人民币取代美元的场景还很远。

作者感谢多梅尼科·隆巴迪和王红缨对本章做出的贡献，感谢考特尼·洛克哈特（Courtney Lockhart）为研究提供的有益帮助，并感谢三位审稿人的有益评论。但所有错误疏漏均由作者负责。

参考文献：
　　Anderlini, J. 2014. "China Has 'Wasted' $6.8tn in Investment, Warn Beijing

Researchers." *Financial Times*, November 27. www.ft.com/intl/cms/s/0/002a1978-7629-11e4-9761-00144feabdc0.html.

Autor, D. H., D. Dorn and G. H. Hanson. 2013. "The China Syndrome: Local Labor Market Effects of Import Competition in the United States." *The American Economic Review* 103 (6): 2121-68.

Barboza, D. and S. LaFraniere. 2012. "'Princelings' in China Use Family Ties to Gain Riches." *New York Times*, May 17. www.nytimes.com/2012/05/18/world/asia/china-princelings-using-family-ties-to-gain-riches.html.

Block, F. 1977. *The Origins of International Economic Disorder*. Berkeley, CA: University of California Press.

Bowles, P. and B. Wang. 2013. "Renminbi Internationalization: A Journey to Where?" *Development and Change* 44 (6): 1365-85.

Carr, E. H. 1946. *The Twenty Years Crisis*. London: Macmillan.

Chen, K. and Y. Wen. 2014. "The Great Housing Boom of China." Federal Reserve Bank of St. Louis Working Paper 2014-022A, August. http://research.stlouisfed.org/wp/2014/2014-022.pdf.

Clark, G. 2004. "The Price History of English Agriculture, 1209-1914." *Research in Economic History* 22: 41-124.

Cohen, B. 1971. *The Future of Sterling as an International Currency*. London: Macmillan.

—— 2012. "The Yuan Tomorrow? Evaluating China's Currency Internationalisation Strategy." *New Political Economy* 17 (3): 361-71.

—— 2014. "Will History Repeat Itself? Lessons for the Yuan." Asian Development Bank Institute Working Paper No. 453.

Cohen, B. and T. Benney. 2014. "What Does the International Currency System Really Look Like?" *Review of International Political Economy* 21 (5): 1017-41.

Cox, R. W. 1987. *Production, Power and World Order*. New York, NY: Columbia University Press.

De Cecco, M. 1974. *Money and Empire*. Oxford: Blackwell.

Deer, L. and L. Song. 2012. "China's Approach to Rebalancing: A Conceptual and Policy Framework." *China & World Economy* 20 (1): 1-26.

Dooley, M. P., D. Folkerts-Landau and P. Garber. 2004. "The Revived Bretton Woods System." *International Journal of Finance & Economics* 9 (4):

307 – 13.

Drezner, D. 2014. "The System Worked: Global Economic Governance during the Great Recession." *World Politics* 66 (1): 123 – 64.

Eichengreen, B. 2008. *Globalizing Capital*, 2nd ed. Princeton, NJ: Princeton University Press.

Falkus, M. E. 1971. "United States Economic Policy and the 'Dollar Gap' of the 1920s." *The Economic History Review* 24 (4): 599 – 623.

Flandreau, M. 1997. "Central Bank Cooperation in Historical Perspective: A Sceptical View." *Economic History Review* 50 (4): 736 – 63.

Fung, E. 2014. "More Than 1 in 5 Homes in Chinese Cities Are Empty, Survey Says." *The Wall Street Journal*, June 11. www.wsj.com/articles/more-than – 1 – in – 5 – homes-in-chinese-cities-are-empty-survey-says – 1402484499.

Gambles, A. 1999. *Protection and Politics: Conservative Economic Discourse*, 1815 – 852. London: Boydell& Brewer Ltd.

Germain, R. 1997. *The International Organization of Credit*. Cambridge, UK: Cambridge University Press.

Germain, R. and H. Schwartz. 2014. "The Political Economy of Failure: The Euro as an International Currency." *Review of International Political Economy* 21 (5): 1095 – 122.

Gourevitch, P. A. and J. Shinn. 2005. *Political Power and Corporate Control: The New Global Politics of Corporate Governance*. Princeton, NJ: Princeton University Press.

Gruin, J. 2013. "Asset or Liability? The Role of the Financial System in the Political Economy of China's Rebalancing." *Journal of Current Chinese Affairs* 42 (4): 73 – 104.

Guevara, M., G. Ryle, A. Olesen, M. Cabra, M. Hudson, and C. Giesen. 2014. "Leaked Records Reveal Offshore Holdings of China's Elite." *International Consortium of Investigative Journalists*, January 21. www.icij.org/offshore/leaked-records-reveal-offshore-holdings-chinas-elite.

Guy, D. J. 1984. "Dependency, the Credit Market, and Argentine Industrialization, 1860 – 1940." *Business History Review* 58 (4): 532 – 61.

Helleiner, E. 1994. *States and the Re-emergence of Global Finance*. Ithaca, NY: Cornell University Press.

―― 2014. *The Status Quo Crisis*. Oxford, UK：Oxford University Press.

Helleiner, E. and J. Kirshner, eds. 2009. *The Future of the Dollar*. Ithaca, NY：Cornell University Press.

Hobsbawm, E. 1975. *The Age of Capital*. London：Weidenfeld and Nicolson.

Houthakker, H. S. and S. P. Magee. 1969. "Income and Price Elasticities in World Trade." *The Review of Economics and Statistics* 51（2）：111 – 125.

Hung, H. F. 2013. "China：Saviour or Challenger of the Dollar Hegemony?" *Development and Change* 44（6）：1341 – 61.

IMF. 2009. *Global Financial Stability Report*. October 2009. Washington, DC：IMF.

Ingham, G. K. 1984. *Capitalism Divided? The City and Industry in British Social Development*. London, UK：Macmillan.

Ito, T. 2010. "China as Number One. How about the Renminbi?" *Asian Economic Policy Review* 5（2）：249 – 76.

Jenkins, P. and J. Zelenbaba. 2012 "Internationalization of the Renminbi：What It Means for the Stability and Flexibility of the International Monetary System." *Oxford Review of Economic Policy* 28（3）：512 – 31.

Kindleberger, C. 1981. *International Money：A Collection of Essays*. Boston, MA：George Allen & Unwin.

Kirshner, J. 2014. *American Power after the Financial Crisis*. Ithaca, NY：Cornell University Press.

Langley, P. 2002. *World Financial Orders*. London：Routledge.

Norloff, C. 2014. "Dollar Hegemony：A Power Analysis." *Review of International Political Economy* 21（5）：1042 – 70.

Offer, A. 1991a. *The First World War：An Agrarian Interpretation*. Oxford：Oxford University Press.

―― 1991b. "Farm Tenure and Land Values in England, c. 1750 – 1950." *Economic History Review* 44（1）：1 – 20.

Pettis, M. 2014. *The Great Rebalancing：Trade, Conflict, and the Perilous Road Ahead for the World Economy*. Princeton, NJ：Princeton University Press.

Prasad, M. 2012. *The Land of too Much：American Abundance and the Paradox of Poverty*. Cambridge, MA：Harvard University Press.

Ricardo, D. 1817. *On The Principles of Political Economy and Taxation*. London,

UK: John Murray.

Scannell, K. and S. Bond. 2012. "Audit Firms Face SEC China Crackdown." *Financial Times*, December 3, www.ft.com/cms/s/0/6ee44ace-3d6d-11e2-9f35-00144feabdc0.html.

Schumpeter, J. A. 1939. *Business Cycles*. 2 vols. New York, NY: McGraw-Hill.

Schwartz, H. 1989. *In the Dominions of Debt: Historical Perspectives on Dependent Development*. Ithaca, NY: Cornell University Press.

—— 2009. *Subprime Nation: American Power, Global Finance and the Housing Bubble*. Ithaca, NY: Cornell University Press.

—— 2010. *States versus Markets*, 3rd ed. New York, NY: St. Martin's Press.

Schwartz, H. 2015 (forthcoming). "Banking on the FED: QE123 and the Rebalancing of the World Economy." *New Political Economy*.

Seabrooke, Leonard. 2006. *The Social Sources of Financial Power*. Ithaca, NY: Cornell University Press.

Shambaugh, D. 2015. "The Coming Chinese Crack-up." *The Wall Street Journal*, March 6, www.wsj.com/articles/the-coming-chinese-crack-up-1425659198.

Sinclair, T. J. 2005. *The New Masters of Capital: American Bond Rating Agencies and the Politics of Creditworthiness*. Ithaca, NY: Cornell University Press.

Stokes, D. 2014. "Achilles' Deal: Dollar Decline and US Grand Strategy after the Crisis." *Review of International Political Economy* 21 (5): 1071-94.

Strange, S. 1971. "The Politics of International Currencies." *World Politics* 23 (2): 215-31.

SWIFT. 2015. "RMB Strengthens Its Position as the Second Most Used Currency for Documentary Credit Transactions." www.swift.com/about_swift/shownews?param_dcr=news.data/en/swift_com/2015/PR_RMB_second_most_used_currency.xml.

Thimann, C. 2008. "Global Roles of Currencies." *International Finance* 11 (3): 211-45.

Triffin, R. 1960. *Gold and the Dollar Crisis: The Future of Convertibility*. New Haven, CT: Yale University Press.

US Bureau of Labor Statistics. 2015. Consumer Price Index for All Urban Consumers: All Items [CPIAUCSL], Consumer Price Index for All Urban Consumers: Apparel [CPIAPPSL], and Consumer Price Index for All Urban Consumers: Nondurables Less

Food and Beverages [CUSR0000SANL11]. FRED, Federal Reserve Bank of St. Louis. https: //research. stlouisfed. org/fred2. March 5.

Van der Pijl, K. 1998. *Transnational Classes and International Relations*. London, UK: Routledge.

Wang, D. , Y. Huang and G. Fan. 2015. "Will the Renminbi Become a Reserve Currency?" *China Economic Journal* 8 (1): 55 – 73.

Wang, X. and R. Herd. 2013. "The System of Revenue Sharing and Fiscal Transfers in China." OECD Economics Department Working Papers No. 1030. Paris: OECD.

Weber, M. 1978. *Economy and Society: An Outline of Interpretive Sociology*, 2 vols. , edited by G. Roth and C. Wittich. Berkeley, CA: University of California Press.

World Bank. 2014. World DataBank. Washington, DC: World Bank Group. http: //databank. worldbank. org/data/home. aspx.

Wong, C. P. 2000. "Central-local Relations Revisited: The 1994 Tax-sharing Reform and Public Expenditure Management in China." *China Perspectives* 31: 52 – 63.

Veblen, T. 1978. *The Theory of Business Enterprise*. Rutgers, NJ: Transaction Publishers.

Yu, Y. 2013. "China's Capital Account Liberalization." Australian National University, Pacific Trade and Development Working Paper Series, Paper No. 36 – 07, Canberra.

—— 2015. "Understanding China's External Imbalances." *China Economic Journal* 8 (1): 40 – 54.

第二部分

中国的金融国际化

第六章

中国崛起为国际债权国：
实力的象征？

斯图尔特·布朗　王红缨

中国经过30多年年均10%的经济增长，于2012年成为世界第二大经济体。国际货币基金组织（IMF）则声称按购买力平价计算，中国的国内生产总值已超过美国。与此同时，中国的国际金融影响力似乎也与日俱增。中国官方外汇储备2014年达到将近4万亿美元，为世界最高。它的国外净资产达到2万亿美元，超过除日本外的其他国家。与此形成鲜明对比的是美国的净外部债务不断上升。后者经常被视为美国国力衰落的前兆，同时很多人认为中国净债权国地位体现了其在世界经济中不断升高的地位。[①]

这种观点有历史先例可循。例如，人们常常通过对比英国和美国各自在20世纪的发展路径，看到一个国家的净债权国地位与其全球经济及地缘政治权力之间的正相关性。在英国由国际债权国变为债务国的同时，美国逐渐成为净债权国，很多人认为这一变化正体现了国际霸权从一方向另一方的转移。比如，在阿文德·萨博拉曼尼亚（Arvind Subramanian2011）写的《失色》（*Eclipse*）一书中，作者通

[①] 并不是每个人都认为不断增长的（净）外部债务就一定预示着美国的衰落。Setser 和 Roubini（2005a），Setser 和 Roubini（2005b）以及 Setser（2008）等早期研究试图将美国下降的全球影响力归咎于其国际投资头寸。但是 Levey 和 Brown（2005a 和 2005b）认为美国外部头寸其实显示了其经济实力。参见 Brown（2013，第4章）和 Drezner（2009）。

过回顾1956年苏伊士运河危机中美国对英国施压的事实来体现这种权力转移。萨博拉曼尼亚估计中国可能在不远的将来获得对美国（和其他国家）类似的优势。他设计了一个国家经济力量指数，其中就包括净债务国（债权国）地位，并把它确定为可以量化的弱势（优势）。[①]

在本章我们将提供另一种视角。中国的净国际债权头寸既没有产生切实的金融回报也没有转化为相应的政治影响力。无论如何，中国的债权国地位反映的是一种不可持续的发展模式。如果中国能实现经济结构成功转型——不再那么压制居民收入和消费增长——它的国际债权国地位可能会变弱甚至全部消失。正如我们将要论证的，这种变化，即中国的国外净资产的逐步下降，也许对中国经济的长期稳定更为有利，能帮助提高中国普通家庭的生活水平，使中国政府在国际舞台上获得更大的地缘政治影响力。更加宽泛地说，本章提出警告，认为不能仅凭一国的净债权国（或债务国）地位来推断该国的优势地位或影响力。我们认为有必要研究净债权国（债务国）头衔下主要资产和负债的具体构成情况。还有，评估一国的外部资产头寸，必须结合全球治理和权力结构的大背景。

本章第一部分将分析中国国际债权国地位的成因，并解释为什么它并没有为中国带来像人们通常想象的那么多的金融回报和政治影响力。第二部分将描述中国的净债权国地位是如何体现其基本经济发展模式的，讨论中国向消费型经济转型的有限成果，并展望这种结构性变化对其国际影响力可能造成的影响。结论部分将总结我们的发现，强调一国债权国地位对改变其国际影响力的效用和局限。

国际债权国的有限影响力

在评估一国外部金融健康状况时，我们要仔细研究其净国际投资

[①] 值得注意的是作为Subramanian衡量国家经济力量仅有的三个变量之一，净国际投资头寸（NIIP）只获得5%的权重。在其他国家经济力量的衡量体系中权重最大的是开放性（体现为进出口总量），其次是国内生产总值。

第六章 中国崛起为国际债权国：实力的象征？

头寸。这就要把一国持有的对世界其他国家居民的金融债权与其他国家持有的对本国居民的金融债权进行比较。自从2004年这类数据被首次公布以来，中国的净国际投资头寸一直为正。中国国际净投资头寸占国内生产总值的比例于2007年达到最高，仅低于35%，而近几年则稳定在略超20%的水平（参见图1）。这与美国的情况形成鲜明对比，后者的净国际投资头寸从20世纪90年代末期以来一直为负，其从2007年后加速下降（参见图2）。是什么导致了中国的正净国际投资头寸（净债权国地位）？它给中国带来了相应的经济收益和政治影响力吗？

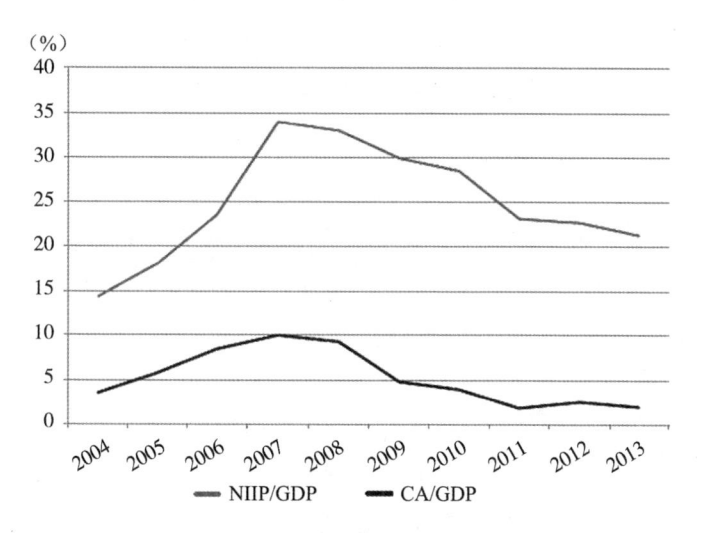

图1 中国经常账户与净国际投资头寸

资料来源：SAFE（2015a）；SAFE（2015b）；World Bank（2015）.

1994年以来中国一直保持经常账户顺差。经常账户顺差就意味着成为一个净资本出口国（"贷方"）。①这很大程度解释了这期间中国净国际投资头寸（绝对额）的增长，因为中国的总外部金融债权

---

① 因为国际收支平衡表必须总和为零，经常账户顺差就要求有资本账户逆差对应，后者把多余的国内储蓄（资本）出口到世界其他地方。"贷方"一词在这儿是特殊使用的，因为它并不要求牵涉到债权债务的增加。它也可以指外商直接投资或获得国外股权头寸。

· 151 ·

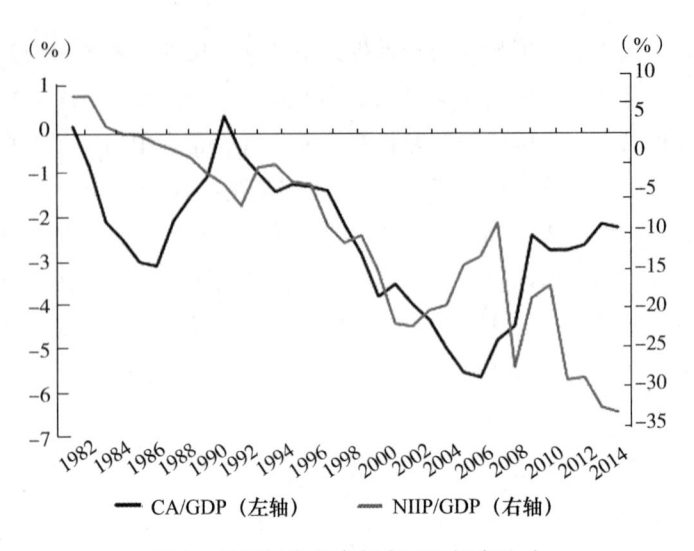

图 2　美国经常账户与净国际投资头寸

数据来源：US Bureau of Economic Analysis（2015）.

增速超过了外国对中国拥有总金融债权的增速（图1）。此外，在此期间，中国还不断获得（非官方）资本账户顺差。[①] 中国官方外汇储备的积累体现的正是其经常账户顺差与（非官方）资本账户顺差之和。[②]

在本节剩余部分我们将来考察中国的净债权国地位是否给它带来了经济和政治利益。我们将展示和解释中国正净国际投资头寸带来的有限的金融收益，然后讨论中国从中获得的有限的政治影响力。

中国的有限金融收益

为了评估与中国债权国地位相关的经济回报有必要研究中国从海

---

① 非官方资本账户平衡指资本流入减去资本流出再除去官方资本（央行的净外汇买入）。

② 中国的非官方资本账户顺差反映的是持续地高额外商直接投资净流入和不时由人民币升值预期推动的高额投机性资本流入。为了管理汇率（主要针对美元），经常账户和资本账户的外汇流入使得政府必须经常进行外汇干预，使官方外汇储备飞速上涨。

第六章　中国崛起为国际债权国：实力的象征？

外获得的净投资收入（Net Investment Income，NII）。从直觉上说，净国际投资头寸和被称为净要素支付平衡（net factor services balance）的净投资收入应该是相关联的。特别是当某个国家是一个大型国际债权国时，即相比其对外负债它拥有更多的国外资产，（所有其他条件相等时）人们可以先验地认为该国居民从国外以利润、分红和利息等形式获得的年度收入流要比他们总共支付出去的大得多。对净国际投资收入产生这种预期是因为外国资产和债务必将产生利息；相比较少总量债务产生的利息支付，人们自然认为资产越多，它们带来的与资本利息有关的收入流就越高。与此对应，一个大型净债务国很可能面临相反的情况：在其他条件都不变的情况下，它的净投资收入将预期为负，这是因为它需要为大得多的外部债务支付利息。

鉴于那种认为中国正在（经济和地缘政治上）崛起而同时美国正在衰落的流行观点，比较一下两国的净国际投资头寸（NIIP）和净投资收入（NII）是很有益的。如图3所示，尽管中国拥有领先的净债权国地位，但它近年的净投资收入流为负。其国际投资收入在20世纪90年代早期处于平衡状态，但在1995年有些下降，反映了其当时中等净债务国地位。然而到1997年，随着其净国际投资头寸稳步上升，它的国际投资收入直到2005年却都一直为负。在2006—2008年，中国的国际投资收入大幅改善，在全球金融危机发生前已刚刚转为正，但在随后的2008—2011年又下跌了近1000亿美元。到2013年，中国的净投资收入已有所反弹，但还在负600亿美元的水平，这与其近乎两万亿美元的正净国际投资头寸形成巨大反差。

中国净投资收入的急剧下降和经济大衰退（the Great Recession）之间的关系绝非偶然。实际上两者间的关系恰恰突出体现了美国持久的结构性金融权力，尽管后者的净债务国地位在不断恶化。[①] 这种结构性权力的根源在于美元是全球主要储备货币，美国有能力持续吸引净资本流入，并且有长期保持经常账户赤字的意愿和需要。这也源于

[①] "结构性权力"（Strange 1987；Helleiner 2006）指通过制定或操控游戏规则或改变其他人赖以运营的环境获得的一种间接形式的权力。

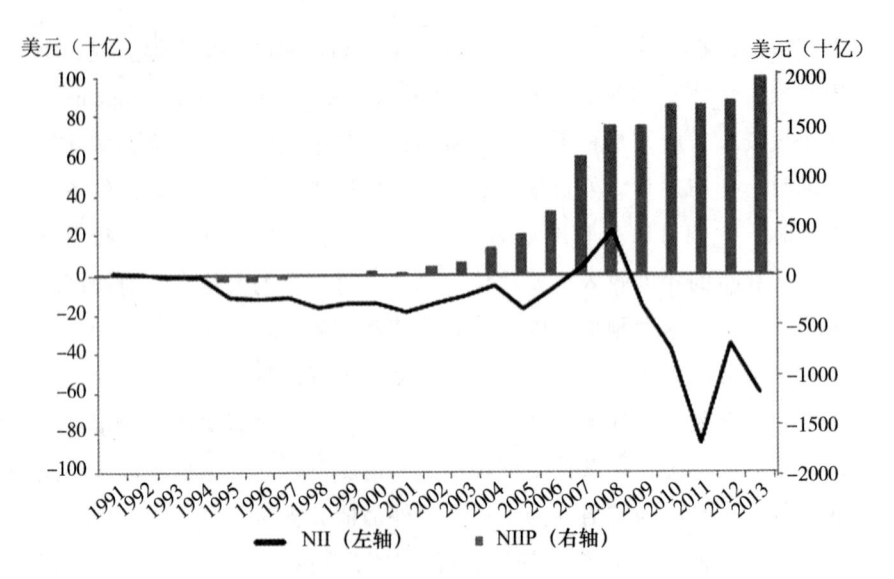

图3　中国的净外国资产和净投资收入流（1991—2012）

资料来源：中国人民银行（PBoC），国家外汇管理局和荣鼎（Rhodium）集团；2004年之前的历史数据是基于 Lane 和 Milesi-Ferretti 制作的全球财富数据组（the Global Wealth dataset）得出的。Rhodium 集团提供的数据；数据来源于 Hanemann（2014）的研究。

美国有能力通过扩大货币发行来为超过收入部分的国民支出（或超过储蓄的投资）融资。后者同样意味着世界其他国家愿意持有更多数量的美元计价金融债权。这种意愿反过来又反映了美国金融市场的深度和流动性、产权保护、高端产品和流程创新、甚至还有美国的军事力量（Norloff 2010）。

美国是引发世界经济大衰退的震源——这一糟糕成绩无疑会削弱它作为全球资本主义大本营和全球结构性改革鼓吹者的声誉，但它随后吸引来了巨量的全球资本。也就是说外国（官方和私人）资本并没有抛弃危机的首要肇事者而是成群结队地涌向美国，把美国政府债券当作最安全的资产持有，特别是在困难和不稳定的时候。即使作为全球金融危机的策源地，美国也能够以低利率用本国货币借款，这种现象当然比其他绝大多数统计数据能更好地展现美国在全球经济中的持久影响力。像许多其他新兴市场国家一样，中国政府也不断买入低利率美国债券，这也成为导致中国净投资收入减少的一个主要因素。

第六章 中国崛起为国际债权国：实力的象征？

（参见下面进一步的讨论。）

美国的经验与中国的形成鲜明对比（参见图2）。除了1991年唯一一次出现过小额顺差外，美国从20世纪80年代早期就开始持续出现经常账户逆差，因此美国的净国际投资头寸不断下降，越来越进入负的区域，也就是说美国从一个大型净债权国转变成一个大型净债务国，这些都在里根任总统期间开始发生。但这种转变也不完全是线性发展的。尽管经常账户逆差持续发生，美国的净国际投资头寸从2002年占国内生产总值-22%大幅度地改善为2007年的-8.8%，但随后又急剧退步。在经历了金融危机期间的另一次反弹后，美国的国际投资头寸于2013年底下降到国内生产总值的-32%。

某些净国际投资头寸波动是估值效应造成的。特别是因为美国的债务几乎都是用美元计价的，美元对外币的贬值会同等比例地提高净国际投资头寸。之所以这样是因为美国的债务并不因美元贬值而发生变动——外国债权人还是会得到同样多美元的支付——但此时美国的外国资产按美元计算则增加了。另外，如果（外国持有的）美国资产表现不如（美国持有的）外国资产，美国的净国际投资头寸也会改善。（当然，当美元升值和美国资产表现比外国资产好时，相反的情况也会发生，近来就是如此。）这些说明除了每年的经常账户平衡，由于货币汇率变动和不同资产表现差异造成的估值效应也会（有时从相反方向）影响一国的净国际投资头寸。[①]

最令人惊讶的是虽然美国的净国际投资头寸持续为负，在整个这段时期，它竟然维持住了正的净投资收入（图4）。到2013年底，美国的净投资收入达到国内生产总值的1.2%。要想解释这一显然的谜团，特别是考虑到中国的相反境况（如图3所示），我们需要探究一下在净国际投资头寸总数据下每个国家的资产和负债总额是如何构成的。

图5是中国主要外部资产和债务的统计分析。中国外部平衡表资

[①] 特别是当其他条件不变，当美元贬值且美国资产比外国资产表现差的时候，这种估值效应会减慢美国修正经常账户逆差的速度以及减小真实美元汇率贬值的幅度。

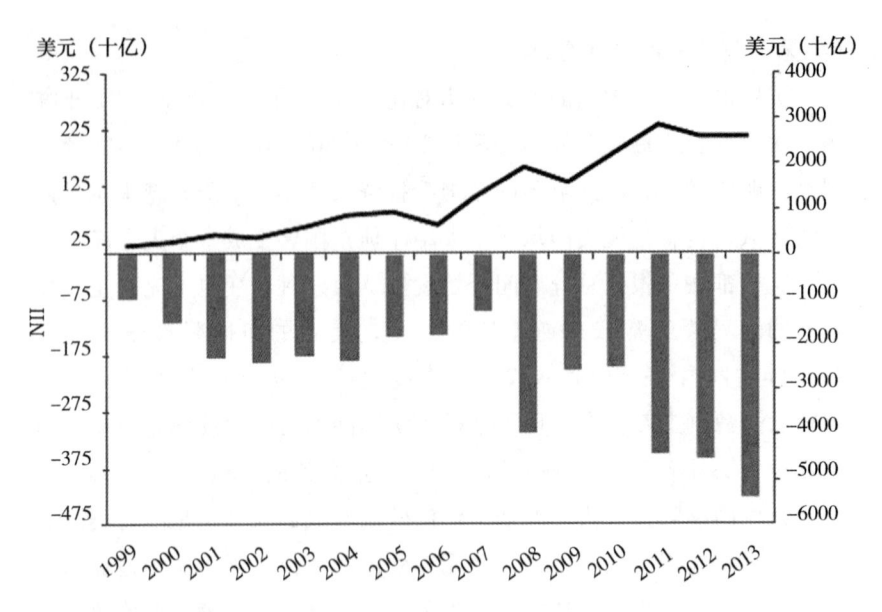

图 4　美国净外国资产和净投资收入流动（1999—2013）

数据来源：US Bureau of Economic Analysis (2015).

产侧的主体是官方外汇储备。到 2013 年底，这些外汇储备总额约 3.9 万亿美元，占中国全部外部资产的比例高达 65%。中国持有的外汇储备超过全球官方储备的 30%，远超任何国家按传统外汇充足率标准所需的外汇量。[①]

中国另一大类资产是其他投资，主要指其提供的短期贷款和贸易信贷以及外汇存款。这个类别总额接近 1.2 万亿美元，约占外部资产总量的 20%。中国还有略超 6000 亿美元的中国企业在海外拥有的外国直接投资和 2560 亿美元的（股权和债务）间接投资。所有这类资产在过去十年都增幅不小。

[①] 通常地，外汇储备充足率由覆盖的进口月数、短期外债支付以及对货币供应量的（部分）支持来衡量。进口覆盖的标准建议维持在三至六个月之间。根据所谓的格林斯潘—圭多惕规则（Greenspan-Guidotti rule），一国应有足够的储备来支付其短期外债（一年期以下）的 100%，有时甚至包括一定年限到期的债务总额。最后一个并不明确的标准可以粗略表述为一个国家通过出售足够的外汇储备以应对资本外逃（从银行取款并换成外汇）的能力。

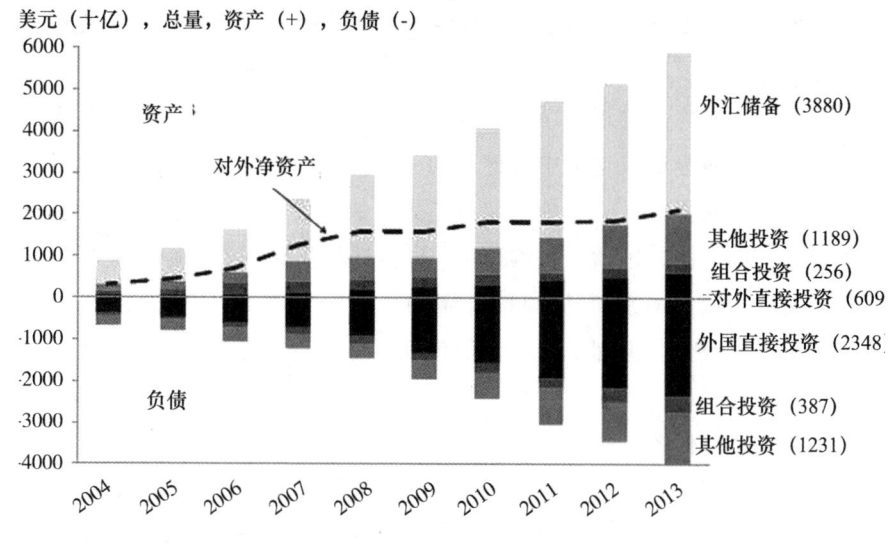

第六章 中国崛起为国际债权国：实力的象征？

美元（十亿），总量，资产（+），负债（-）

图5 中国国际投资头寸（2004—2013）

资料来源：中国人民银行、国家外汇管理局和 Rhodium 集团。Rhodium 集团提供的数据；数据来源于 Hanemann（2014）的研究。

注：其他投资主要包括金融机构的贸易信用、贷款、现金和存款。

在中国国际总收支的债务到目前为止最大的一项是流入国内的约2.3万亿美元的外国直接投资，约占中国总外部债务的60%。与处于不同发展水平的其他国家相比，中国的外国直接投资占国内生产总值的比重不仅超过其他发展中国家而且甚至超过像韩国和日本这样的发达国家，大约可以与德国和美国比肩（Rosen 和 Hanemann 2014）。这种流向国内的外国直接投资无疑为相关外国跨国公司（Multinational Corporations，MCNs）提供了源源不断的丰厚利润，但同时也降低了中国的净投资收入。[①]中国外部债务的剩余部分还包括投在该国的外国间接投资，约占中国海外债务总额的10%，以及在

---

① 需要注意的是，流向中国的相当一部分外国直接投资是所谓的"返程"外国直接投资，也就是中国的资本通过不同资本外逃渠道离开中国后又以外国资本的形式返回中国，这样既躲避了外汇管制又可享受税率优惠和更好的产权保护，从而分散了国内风险（Huang 2003）。十年前的一份详细研究报告估计返程外国直接投资约占流入中国外国直接投资的40%（Xiao 2014）。

·157·

中国的其他外国投资，这部分与中国在国外的其他投资数额大约相抵。

尽管拥有庞大的正的净国际投资头寸，但中国的年度净投资收入却为负。很明显造成这个中国谜团的一个关键因素就是中国外汇储备相对较低的回报率。这些外汇储备绝大多数都投在发达国家发行的官方资产，如美国的国债、机构债券，也包括非政府证券。除了危机风险大的欧洲边缘国家如意大利和西班牙，整个发达工业国家世界的利率都被压得很低。但即使是欧洲货币联盟边缘国家的债券利率近年来也大幅下降了。

除了官方储备，造成（负）净投资收入的主要原因看来是流向国内的净外国直接投资，它们通常为外国投资者带来的收益要远远高于中国从官方外汇储备获得的回报。但是我们也有必要认识到，由于许多这些外国直接投资项目带来的高科技、管理技能和公司治理，中国实现了更快的全要素生产力增长，从而提高了人均国民收入。[①]另外，中国出口中相当一部分是外资跨国公司的产品。因此流向国内的外国直接投资显著地增加了中国进出口部门的就业和工资。与用外币计价的银行贷款和（政府和企业）债券形式的短期债务相比，这种（长期股权）债务要令人放心得多。从更积极的角度说，虽然流向国内的外国直接投资对中国家净投资收入造成（暂时的）压制，从长期而言，它们对中国经济做出的直接贡献和积极的外溢效应对此会加倍弥补。

同时，很多研究都试图找出美国在负的净国际投资头寸条件下实现正的净投资收入的原因。尽管有些争议，一些人认为美国由于某种原因在它所有的资产上都获得了比它在债务上付出要高的回报率。也就是说美国政府传统上比其他发达国家借款成本低[②]，而它的外国股

---

① 一个有趣的研究是看中国是会遵循像澳大利亚和加拿大这样国家的模式还是韩国、日本和德国的经验。前者经济发展水平提高的同时，外国直接投资发挥的作用也在扩大。后者在经济发展的同时外国直接投资占国内生产总值的比重在较早阶段就停止了增长。

② 近年来是一个特别的时期，某些欧洲国家政府竟然能比美国政府以更低的利率借款。但这些较低利率更多反映的是今天欧洲经济的不景气状况。

权间接投资和外国直接投资产生的回报要比其他国家在美国持有的股权间接投资和外国直接投资获得的回报高，等等（参见福布斯，2008）。一个较少争议的结论是造成美国正的净投资收入的原因在于美国资产和负债的构成各不相同。特别是与美国的资本输入相比，美国的总资本输出相对要更加集中于高风险资产，这种资产会带来更高的预期年均回报。而输入到美国的资本则是相对集中于低回报的固定收入资产，特别是美国政府短期、中期和长期债券以及机构（政府支持的企业）债券。

造成美国国家资产负债平衡表负债侧现状的根本原因是美元的主要国际储备货币地位和人们长久以来持有的观念，认为美国政府债券是世界上主要的"安全资产"。与此形成对比的是，在资产侧，美国资本市场的深度和发源于美国的跨国公司促进了对包括新型经济体在内的世界其他国家的大规模间接投资（债权和股权）和直接投资，而这些国家则高比例地投资于美国和其他发达国家的官方（低利率）资产。

中国有限的政治影响力

要明白中国债权国地位可能或不可能带来的政治影响力，要求我们像了解它的金融结果一样，去研究大标题后面的具体情况。作为一个大型净债权国，中国积累了可观的外国资产，数额远超它的外国债务。原则上，中国可以买不同类型和发行人发的债。然而，中国外汇资产中持有相当高比例的美国资产，特别是美国政府和政府支持型机构的资产，考虑到美国在国际金融体系中的主导地位，这种情况不足为怪。因此中国的净债权国地位很大程度上反映的是它对美国持有的债权，特别是它给美国政府的借款。做一个美国的债权国与做一个其他国家的债权国是不同的。例如，人们已经对中国给予亚洲、非洲和拉美的贷款和援助进行了很多讨论（Bräutigam 2009；Gallagher, Koleski and Irwin 2012）。某些观察人士认为这些贷款为中国在这些借款国家提供了强大的政治影响力，并确保了中国获得他们资源的特殊途径。关于中国对发展中国家提供借款的政治含义是一个重要而富有争议的话题，但不在本章讨论之内。[①]我们关注的重点是中国的债权国地位是否能对全球性大国美国发挥影响力。

中国持有大量美国债务让有些人觉得这会增强中国对美国的优势地位。[②] 有些证据显示中国也许确实想利用这种假想的金融优势。例如，根据 WikiLeaks 公布的外交电文，在全球金融危机爆发后，中国曾敦促美国监管机构加快批准其对摩根斯坦利 12 亿美元的股权投资。尽管美国官员没有对该要求作出公开回应，但中国购买摩根斯坦利股份的计划很快被宣布做成了，这显示中国可能利用了其优势地位（Flitter 2011）。但是，中国利用其优势地位在美国推进其商业利益到底多有效并不太清楚。2012 年美国总统奥巴马否决了一家中国公司在俄勒冈一处海军设施附近修建风力发电机的计划。随后，国会公布了一份报告，声称要禁止中国主要设备制造商华为和中兴在美国投资，因为它们对美国国家安全形成威胁（Roberts 2012）。这些事件展现了中国企业在美国投资目前面临的障碍。不足为奇，中国近年在欧洲的投资比在美国的要多（Hanemann and Lysenko 2013）。

在这些单个交易之外，中国也许还试图利用债权国地位获得政治影响力。比如，全球金融危机之后，主管中国外汇储备的官员就提出美国对台军售可能削弱公众对中国继续购买美国债务的支持。实际上在 2009 年双边关系变得紧张的时候，中国的美国国债持有量曾短暂下跌（Flitter 2011）。另外，中国政府官员加大了他们对美国扩张性货币政策的批评力度，指责这会导致中国持有的美元计价资产的人民币价值贬值（Drezner 2009，Wang 2014b）。

但是没有多少证据可以证明来自中国的压力确实改变了美国政策。例如，在全球金融危机最紧要关头，中国政府表达了对它所持

[①] 关于中国对发展中国贷款的动机，最近一篇研究中国政策性银行对拉美国家贷款的报告（Gallagher and Irwin 2015）指出中国在该区域的贷款既不是为了软实力也不是"资源外交"，而主要是由商业利益驱动的。近来还有迹象表明中国对其他发展中国家贷款正变得越来越谨慎（参见 Arnold and Hinshaw 2014）。

[②] 支持这种假设的证据参见 Thompson（2007），相反观点参见 Drezner（2009）。

第六章 中国崛起为国际债权国：实力的象征？

有房利美和房地美债券安全性的严重关切。中国（和俄罗斯）试图对美国政府施压，使后者同意用美国政府的全部声誉和信用来为这些机构债提供担保。而美国选择只是进行接管，即使那些债权人不提任何要求，美国照样也要采取该措施（Drezner 2009，Flitter 2011）。

由于经济复苏美国的短期财务状况已经改善，但长期福利支出方面并没有什么改进，其未来债务仍是不可持续的。尽管时不时有些迹象或传言说中国将大幅减少其外汇资产中持有的美国国债和更广泛意义上美元资产的比重，看起来到目前为止这类举动并没有对美国政策造成任何实质影响。到头来，美元真实汇率贬值的反转和美国财政赤字近来的周期性缩小，都不是因为中国的规劝和警告。很大程度上因为美国逆周期政策的作用，美国相比欧洲和日本复苏更快，这才使美元汇率攀上了多年的高位。

就长期而言，人们普遍认为全球资本市场迟早会相信美国政治体制在采取行动避免财政赤字末日方面终将失败。这种认知将导致所有投资者——包括国内和国外居民——持有美国国债和机构债券的意愿大幅下降。一些人猜测如果不是因为政治原因中国也会因为经济考虑最终决定打破这种平衡（参见 Roach 2014）。这样做中国将超越仅仅是口头上反对美国的肆意挥霍，而以"用脚投票"的方式反对明显是不顾后果的美国宏观经济政策。

但大多数观察人士认为"抛售"美国国债的威胁在可预见的未来并不是一个可信的威胁，因为这会锁定中国自己的财务损失。到目前为止中国政府没有显示任何准备打破 Lawrence Summers（2004）所说的"金融恐怖均势"的意图。尽管越来越多的中国分析人士表达了对在美国的中国资产安全性的担忧，并建议政府减持美国政府债券，到2014年底中国并没有减少它持有的美国债券总量（参见图6）。[①]

[①] 这些数据极可能低估了中国的实际持有量，因为据说他们通过第三方购买美国国债。

图 6 中国持有的美国政府债券

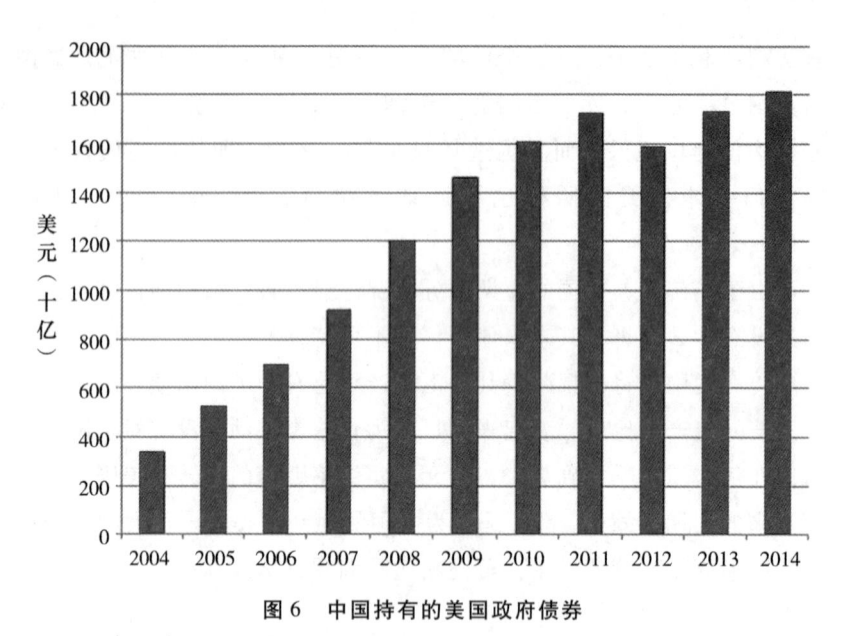

资料来源：US Department of Treasury. www.treasury.gov/resource-center/data-chart-center/tic/Pages/ticpress.aspx#2.

中国不仅不能够迫使美国改变其宏观经济政策框架，它的净债权国地位实际上使得它不得不受制于美国在全球资本市场上的结构性权力。虽然中国没有透露其外汇储备的资产和货币构成，美国数据显示中国持有的美国国债一项就超过 1.2 万亿美元。这还不包括对美国机构债和长期股权的投资。据保守的估计，中国官方储备的大约 60% 为美元资产。①

这种情况下，回顾一下中国官方关于其国际投资头寸观点的演变过程是很有益的。从 2001 年到 2012 年，中国的官方储备从大约 2000 亿美元快速增长到超过 3 万亿美元。这种增长一度备受欢迎。到 2006 年底，中国外汇储备突破了具有象征意义的 1 万美元大关。对政府内外的许多人来说，这代表一种历史性成就。他们说"外汇储备是一国财富的积累和综合国力提高的表现。超过 1 万亿美元巨额储

---

① 很可能相似的情况是中国主权财富基金和银行系统的外国资产中很大一部分也是美元资产。

第六章 中国崛起为国际债权国：实力的象征？

备，意味着我国有着充裕的国际支付能力，在一定程度上也彰显了我国足以影响世界的经济实力"（Xinhua 2007）。

经历了几十年长期的外汇短缺后，中国急于增加它的外汇储备是完全可以理解的。中国政策制定者在 20 世纪 90 年代末的亚洲金融危机后进一步加深了他们原有的看法，即巨额外汇储备在保卫国家实力和国家安全方面关系重大。但并不是中国经济决策圈中的每个人都这么看。例如，国家外汇管理局局长胡晓炼 2007 年指出，"国际收支大额顺差持续存在，加大了宏观调控的复杂性和难度，增加人民币升值压力和贸易摩擦，不利于经济增长方式转变和加快结构调整进程。促进国际收支基本平衡，已经成为统筹国内发展和对外开放，实现经济又好又快发展的关键环节"（Hu 2007）。事实上，几乎是当中国一开始公布其净国际投资头寸，国家外汇管理局的官员们就承认国外净资产不能准确反映一国的金融实力。相反，一国的金融力量更多取决于其金融市场的成熟程度，金融机构的国际竞争力和货币国际化程度。一些官员指出尽管美国是世界上最大的国际"债务国"，它整体的全球金融影响力仍是首屈一指的（Xinhua 2006）。

随后几年里，对中国国外净资产头寸质量的担忧之声变得越来越响。一些分析人士抱怨说中国持有的美国国债成本太高昂了，因为它们的回报率与前面提到过的中国吸收的外商直接投资产生的对外收入支出相比要低得多（参见 Wang 2007）。一些人把中国（令人失望）的净投资收入归因于美国的结构性权力，包括美国在国际金融系统的主导地位（Ba 2010）。他们建议中国要多元化其外汇储备的货币构成并通过逐步开放资本账户提高私人资产相对于官方资产的比例（参见 Zhang 2012）。

随着美国和其他发达国家实行量化宽松政策，这种担忧看起来变得越来越紧迫。中国分析人士认为这种通胀性复苏政策会威胁到中国作为国际债权国的利益和权利（Wang 2014b）。比如一位中国官员曾作出如下非常坦率的评论："我们恨你们这些人。当你们一开始发行 1 万亿 2 万亿美元……我们就知道美元要贬值，所以我们恨你们但我

· 163 ·

们却什么也做不了"（引自 Prasad 2014）①。事实上，对美国通胀性财政的担忧并未成为现实。量化宽松政策反而通过刺激美国经济复苏，对全球经济包括中国在内带来了有利的后果。

中国官员批评说是美国造成了他们的外汇储备名义损失，这看来是言不由衷。中国的出口型增长战略要求它必须控制人民币的外部价值。中国外汇储备史无前例的增长反映的就是这种严格管理的汇率机制。在美国占主导地位的一个金融体系背景下，这种政策选择使得中国不得不接受人民币（相对美元和其他货币）升值预期带来的最终损失。②但对这种成本的计算，必须考虑到由于压制（名义）货币升值而促成更高就业和经济增长所带来的经济和社会收益。

总之，中国的净债权国地位并没有带来预期的金融收益或可见的政治影响力。至少就它持有的美国政府资产而言，中国未能利用其债权国地位迫使美国作出任何重要的政治或经济让步。这样一个可能的让步应该是一种美国宏观经济政策立场去促使美元实质升值（而不同于周期性反弹）。实际上中国政策制定者和分析人士已开始把中国大量持有的美国债券看成一种负担，因为后者有效地把中国变成了美国政策指令的囚徒。但造成中国这种弱点的根本原因还是中国在美国主导全球经济的背景下所选择的发展模式（包括汇率机制）。③

债权国地位与发展模式

正如前面提到的，中国正的净国际投资头寸主要是多年持续的经

---

① 当然，美国目前的经济周期使得这种担心变得不那么迫切了，因为预期美国货币政策要收紧，美元的实际汇率在 2014 年和 2015 年初升到多年的高位水平。

② 未来人民币的实际升值将验证那个有名的对快速增长发展中国家而言的巴拉萨—萨缪尔森效应（Balassa-Samuelson Effect）。我们还同意迈克尔·佩蒂斯（Michael Pettis 2014）特别阐述的观点，即中国很早所担心的在其官方储备上的损失已经在外汇干预时发生了。

③ Chin 和 Helleiner（2008）把中国受制于美国结构性权力的情况与日本在 20 世纪 80 年代的情况进行了比较，认为中国受制程度较小，因为中国公共部门（而不是私人部门）控制着大部分的外部资产，而且中国在国家安全上并不依赖于美国。但是他们认为中国还是被美国结构性权力所支配，从而限制了其自身的金融权力。

第六章　中国崛起为国际债权国：实力的象征？

常账户顺差造就的。该顺差的最大组成部分是贸易顺差，而后者要来源于中国的出口导向型发展战略。在本节我们将深入研究中国净债权国地位与其发展模式之间的关系。我们还要讨论为什么尽管已经清楚认识到这种发展模式的成本，包括"美元陷阱"这种困境（Prasad 2014），中国仍迟迟不愿抛弃这种模式。但在这些研究之前，我们有必要先把中国的净资本出口作一个比较的观察。

中国拥有近4万亿美元官方储备，且主要投在发达国家政府资产。作为这样的净资本出口国，它是一个资本"往高处"流的典型范例。这种情况有违传统的经济逻辑，即资本应该从富裕国家"往低处"流到贫穷国家。人们假设投资在发展中国家的资本边际生产率通常要比在美国、欧洲和其他发达国家的资本项目回报率要高。由于中国还是一个相对贫穷的国家——2013年人均收入（经购买力平价调整后）仍不足12000美元，世界排名第九十位——中国本应该是一个净资本进口国，也就是一个经常账户逆差国。

但中国并非发展中国家里独一无二的大型净债权国，而美国作为一个富裕的大型净债务国也不是孤例。经济学家们已经发现人力资本的不同以及政治和信用市场风险（Lucas 1990；Reinhart和Rogoff 2004）等原因可以解释为什么发达国家会有净资本流入。另外，一些实验性研究工作也证明了经常账户顺差与新兴经济体的高速经济增长之间有统计学意义上的相关性。对此现象的一种解释是新兴市场国家并不缺少国内储蓄，缺少的是高回报的投资项目（Prasad, Rajan and Subramanian 2007）。但就资本出口的程度而言，中国看起来仍然是一个名副其实的特例。没有哪个其他大型新兴经济体能像中国在过去十年那样保持如此之高的经常账户顺差。即使在一个以快速积累美国国债作为央行储备著称的区域，中国在这方面做得也是力压群雄，唯一的例外是日本（参见图7）。而（富得多的）日本也是世界上唯一能够与中国的净债权国地位一较高下的国家。

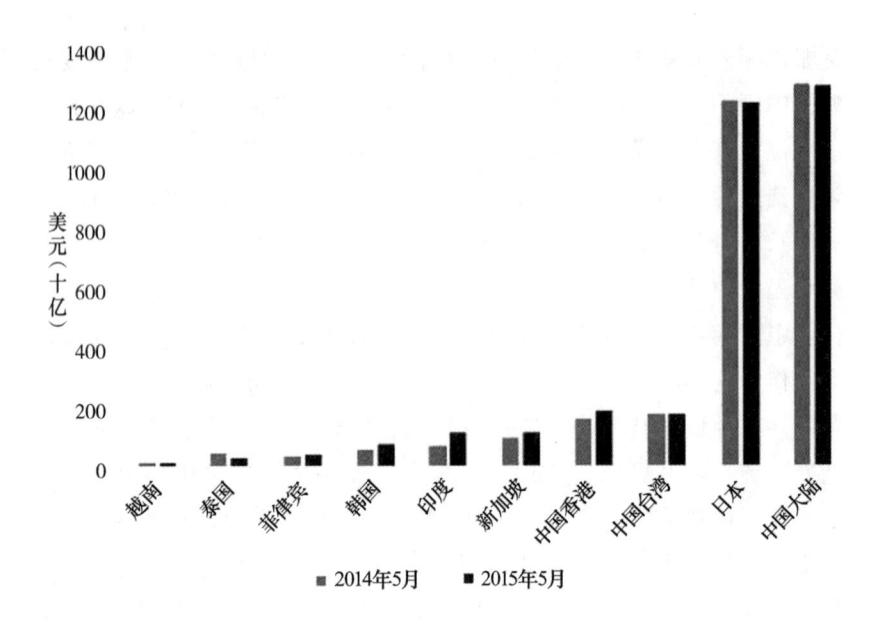

图 7　亚洲经济体持有的美国国债

资料来源：US Department of Treasury（www.treasury.gov/ticdata/Publish/mfh.txt）。

推动中国资本逆向流出的一个重要原因是其受压制的金融体系。正如我们上一节看到的，中国的国际资产和负债总额的具体构成是很说明问题的。特别是在中国作为一个净金融资本（包括外汇储备）出口国的同时，它实际上又是一个固定资本——也就是直接投资——的净进口国。这种特性体现了中国（相对较低）金融资产回报与资本尤其是那些吸引到外资的投资项目的较高边际产出之间的巨大差异。中国对进口外国直接投资（包括管理技能、先进技术和相关的无形资本）的依赖和它金融资本的大量净出口都是其（欠发达且被政策抑制的）国内金融体系造成的。这种金融（以及政治）体系缺陷的典型后果就是居民和私人企业部门都严重借贷不足。由于他们没有便捷的信贷途径，并且缺乏能带来合理回报的储蓄工具，居民为了满足某些核心需求会有强烈的储蓄愿望，即使银行储蓄利息非常低。另一方面，尽管有能够带来高回报的新增投资项目，私人企业却不能获得便捷通道去使用中国居民的充裕的储蓄。当过剩的居民储蓄没有被用来为（常常生产力水平较低的）国家企业投资提供资金时，它们实际上就以外汇储备的形式被输出到国外使用了。[①]

一条不言而喻的会计准则就是一国的经常账户平衡与它的国民储蓄——投资平衡相等。因此，一个经常账户顺差国家的国民储蓄自然就会超过国内投资。如图 8 所示，中国的国民储蓄率在过去四分之一个世纪里都比美国（和大多数其他国家）的要高得多。尽管中国的投资也很高，但它的储蓄率一直都更高。中国的消费即使和其他高储蓄东亚国家在相似发展阶段相比都要低得多（参见图 9）。[②]这种模式支持了中国的出口导向战略，同时推动其经常账户顺差和净债权国地位不断升高。

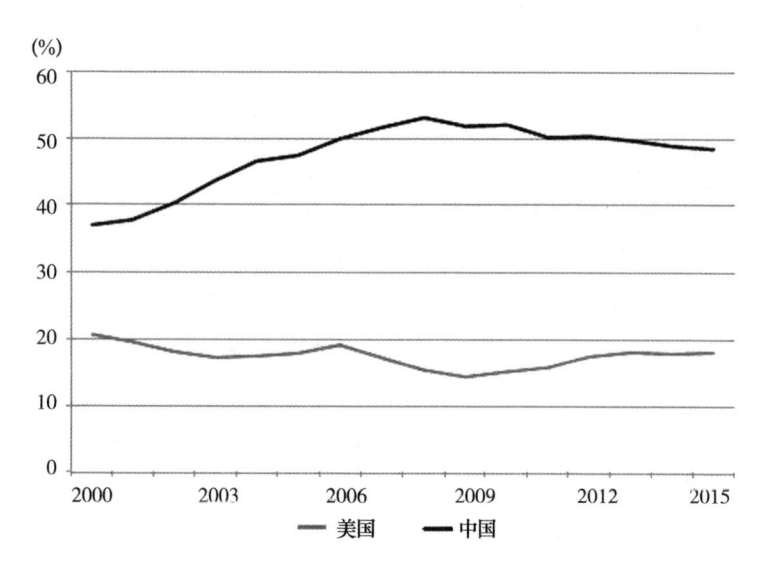

图 8　国民储蓄总额占 GDP 比重——中美比较

资料来源：IMF（2015）。

---

① 中国经济体制特征的数学模型，参见 Wang，Wen 和 Xu（2015）。
② 几乎没有观察人士会对中国国内生产总值中相对较低的消费份额提出异议。但有必要指出在消费占国内生产总值比例降到 40% 以下的同时，中国的实际年均消费增长仍表现强劲。这无疑反映了中国高速经济增长的正外溢效应。对这个问题的深刻评论参见 Subramanian（2011）。

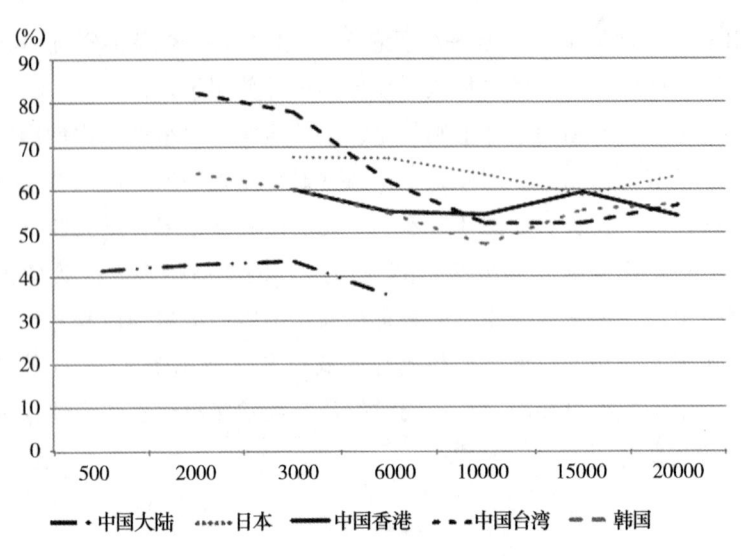

图 9 相关东亚经济体消费占国内生产总值的比重

资料来源：基于 Heston，Summers 和 Aten（2012）的数据。

  这种高储蓄模式对促进经济增长非常有效，但它却会造成其他问题。特别是持续的贸易顺差使发达国家和许多新兴国家之间经济摩擦不断。中国经济规模不断增大，使世界各国越来越难以承受它持续的出口顺差。从 2003 年胡锦涛、温家宝执政开始，中国领导人已经呼吁"改变发展模式"，推动国内消费引导的增长。2007—2008 年全球金融危机后，中国政府更加清楚地认识到中国经济增长对国际外部条件的依赖性。

  过去十年里中国政府已经采取各种政策来刺激国内消费。比如，它取消农业税并增加城市工人的工资以此提高居民收入。它还提高了社保覆盖率，减少人们对预防性储蓄的需求。因此居民储蓄率在近几年停止了增长。但居民消费占国内生产总值的比例却在 2013 年实际降到了 34% 的低位。

  中国的高储蓄率反映的不仅是居民储蓄还包括企业储蓄（主要是企业利润）和政府储蓄（预算平衡）。中国在三个储蓄分类，即居民、企业和政府的储蓄，全球排名都名列前茅。这种组合使得中国的

第六章 中国崛起为国际债权国：实力的象征？

总体储蓄远高于绝大多数国家。近年来，企业和政府储蓄的增长成为国民储蓄快速增长的主要动力（Ma 和 Wang 2010；Prasad 2011）。亚洲金融危机后许多亚洲国家的企业储蓄都上升了，但似乎只有在中国政府储蓄的增长特别突出。据中国国际金融公司的一份报告，截至2014年9月，政府机构和事业单位的银行存款达到国内生产总值的30%（Li 2014）。毫无疑问，为减少居民储蓄出台的政策在减少整个国民储蓄时收效甚微。

为什么改革中国经济增长模式的努力进展如此缓慢？可以肯定地说，答案只有部分是经济因素。[①] 最关键的还是政治因素，就像后面要讨论的，这其中包括体制结构和既得利益的影响。

改革的政治障碍

中国的现行发展模式被证明是坚韧的，因为它的许多核心元素都已经制度化了。三十多年的经济改革造就了一种可以被称为国家资本主义的混合经济。它的特点包括有限的市场机制、大型企业的国有制以及国家对整个经济中最具战略性或营利性部门的控制（Pearson 2005）。中国国家资本主义的一个重要特征就是政府和企业在各个层面上紧密的共生关系。"企业家国度"、"地方国家社团主义"和"有中国特色的资本主义"是一些学者用来描述这个体制政治精髓的标签（Duckett 1998, Oi 1999, Huang 2008）。

中国国家资本主义的一个重要制度特征就是由国家控制且表现出系统性金融压制的金融体系。尽管中国政府采取某些改革措施使银行所有权变得多元化，比如，把大型国有商业银行公开上市，设立股份制银行和地方政府支持的银行，并允许外资银行以有限方式进入中国市场，但整个金融系统仍然是高度国有的。截至2010年，

[①] Paul Bowles (2012) 认为，中国的经济结构使其成为一种利润导向而不是工资导向的增长机制。在利润导向的增长机制下引入工资导向的增长政策不可能成功实现促进经济增长。

国有银行和中央政府控股的银行占整个银行资产的57%（Martin 2012）。实际上政府对所有银行的运营，无论其所有制如何，都拥有强大的影响力。从2012年开始政府开始逐步放开利率和汇率（参见第三章），但银行贷款继续向国有企业倾斜，对其他企业造成不公。而且通过操控存款和贷款利息，中国的银行事实上把大量的财富从居民转移到了大型国企（Lardy 2012）。有人估计每年这种财富转移的规模可能接近国内生产总值的5—7个百分点（Pettis 2011）。这使得许多大型国企能实现丰厚利润，从而大幅增加企业储蓄。

金融自由化还可以大大帮助提高负得很厉害的实际利率，这种利率以牺牲消费者为代价来为国有企业服务。原则上，这么做将帮助减少过剩（居民和企业）储蓄，然后又同比例地减少中国的经常账户顺差。此外，利率自由化将直接提高外汇对冲的成本，减缓官方储备的积累速度（进一步的讨论参见下文）。

中国国家资本主义的另一个制度特征是政府部门主导的公共财政体制，它从国民财富中抽取的越来越多但分配给居民以支持消费的却越来越少。从1999年到2011年中国的政府收入从1万亿元增长到10万亿元，年均增长约20%，远高于国内生产总值和居民收入的增长水平。不同的评论员都批评了这种情况及其背后更普遍的*国进民退现象*（国家前进，社会退缩）（参见Tang 2011）。官员们声称政府有必要获得足够的财政灵活性来实施逆周期政策，重新分配财富和加强国防建设（Xiang 2011）。

原则上，国民财富集中到政府手中能够通过再分配和福利支出来刺激消费。但是中国的财政体系对这类政策有一种固有的偏见。在国家层面，尽管全国人大（NPC）被授权负责批准政府预算，但它实际功能不比橡皮图章强多少。实际上主要负责方是国家发改委（NDRC）和财政部（MoF）。地方政府的支出比中央政府的更加不透明，包含大量的"预算外"项目（Wong 2007）。各个层级的政府管理部门都有投资基础设施和制造业的冲动，因为它们能带来经济增长，而后者是衡量政绩的首要标准。与此形成对比的是，社会福利项

第六章 中国崛起为国际债权国：实力的象征？

目就不可能在短期内产生同样多的政治和经济利益。①

改革公共财政体系是实现储蓄与消费再平衡的重要一步。随着公共参与和监督的增加，政府在收税方面将变得更加谨慎和负责。另外，一个能更快回应公众需求的财政体系将更加重视社会福利支出而不是传统意义上国内生产总值的增长。因此，政府储蓄可能要下降。政府在社会项目上支出的增加将减少居民的预防性储蓄。这些因素能够帮助减少整个国民储蓄，而且同比例地缩小中国的经常账户顺差。

到目前为止金融自由化和公共财政民主化的进度仍非常缓慢。尽管政府呼吁要改变发展模式并且明白要进行哪些改革才能促成发展转型，但具体的政策一直受制于现有模式的为维护者和改革受益者之间的权力斗争。

为现存发展模式进行辩护的人包括许多强力政府部门和企业，如国家发改委、财政部、国家资产监督与管理委员会（SASAC）、大型国企和沿海省份的地方政府。发改委和财政部的权力源自它们能通过计划、指导和预算来分配国家控制的资源。国资委和大型国企则通过国有部门在中国经济中的主导地位而获取它们的影响力。对沿海的地方政府来说，出口导向的发展战略不仅创造了就业和收入还为当地官员带来政治资本。它们有很强的动机去保持这种以出口为导向的发展战略。所有这些现存体制的赢家都有强大的政治影响力，它们的既得利益就是要保持目前的发展模式，也就是造成中国净债权国地位的这种模式。

体制改革将对许多群体有利，包括私人企业家、工人及普通大众。金融改革将使私人企业家和居民更容易获得贷款，普通民众也能获得更高的储蓄回报。一个对公众更加负责的公共财政系统将督促国家兑现增加社会支出的承诺，提高平均生活水平并控制储蓄总量。

---

① 2008年全球金融危机后中国政府4万亿刺激政策的分配很好说明了公共资金在中国如何花的。根据国家发改委制订的计划，这笔钱的绝大部分投到了基础设施上。与此形成鲜明对比的是，社会福利支出只占到这个一揽子计划的8%。

改革获得了一些来自政府内部的支持，这类支持既有对管理部门的利益也有对国家整体利益的考虑。比如，在2010年制定和颁布社会保障法时，全国人大面临来自大企业主的强大阻力。但作为立法者，它仍然努力为工人争取更为优厚的福利条例。如一位主要参与者所言，"我们和财政部社保部的官员不停地争吵。我们告诉他们说他们对工人太吝啬了。他们没有争辩，因为他们知道我们是对的。"[①]

另一支推动改革的体制内力量是中国人民银行。如大卫·斯坦伯格和何兴强在本卷中所指出的，中国人民银行主要关注的是通胀。要防止人民币过快升值就必须进行系统的外汇干预。同时为了避免由于其持有外汇资产越来越多而导致出现过度宽松的货币供应，央行必须进行对冲干预。但对冲成本越来越高，因为国内债券和（作为外汇储备持有的）外国债券之间的利率不一样。尽管设有利率上限来限制对冲成本，此种政策却对国内银行造成了额外的负担，因为后者的资产中包括大量的国内债券。所以中国人民银行并不欢迎人民币低估。而且它越来越认识到一个更为市场化汇率机制使它能更好地控制通胀（并维持银行系统的稳定性）。

中国人民银行已采取措施来逐渐实现金融系统自由化，包括允许市场力量在更大程度上来决定利率和汇率。一些观察人士认为中国人民银行近来推动人民币国际化是一种"特洛伊木马改革"，旨在推进中国金融体系的自由化。毕竟，为了让人民币成为一种可信的国际货币，中国必须推进国内金融改革，扩大资本账户开放度并允许汇率有更大的波动。[②]

总之，中国的利益和权力布局严重阻碍了发展战略的根本转变。比如，政府在2004年就开始考虑一项改革收入分配的计划，但直到2013年国务院都未能对此出台一份指导意见。2014年10月，总理在他主持的一次国务院会议上要求相关政府部门制定出改革收入分配的切实计划。

---

① 根据作者采访，2012。
② 一个可供参考的例子是中国政府改革派早期的努力，即他们利用中国加入世界贸易组织的机会大大加快了国内经济改革（Kim 2002）。

第六章 中国崛起为国际债权国：实力的象征？

展望未来

在从美国资产负债表衰退中恢复的过程中，美国人减少了负债——家庭债务占实际可支配收入的比重大幅下降——并且美国经常账户逆差占国内生产总值的比例也缩减到两个百分点之内。对应地，中国也把它的经常账户顺差减少到两个百分点之内。国际货币基金组织预计中国和美国的经常账户平衡都不会在回到2005—2008年那种超高水平。但国际货币基金组织还预测即使全球经常账户失衡缩小并基本稳定了下来，（存量）净国际投资头寸的不平衡仍会继续扩大。这是有道理的，因为即使小小的（正的和负的）经常账户平衡都会继续推动净国际投资头寸各自沿着原来的方向发展。

只要还有经常账户顺差，中国的净国际投资头寸就会继续增加。在这种情况下，只要其他资产缺乏，只要美国没有采取什么举动过多地自毁信誉，那么可以推测中国将继续购买美国资产。这么做中国会扩大由于系统性外汇干预而必然要承受的最终损失。如果中国领导人下决心转型，可以预期，由于居民收入相对国民生产的增长，国民福利也会增长。① 同时，居民收入和消费的增加以及更广泛意义上内需驱动的经济增长将减慢中国净外部资产的积累，并且长期而言还可能造成一个适度的净债务国地位。

这样一种结果——从净债权国向（最终的）净债务国的逐步转变——会实质性地削弱中国在国际事务中影响力吗？并不一定。更关键的因素是中国经济改革的步伐和深度。在积极改革的战略下，伴随中国净国际投资头寸的稳定和最终反转（反映了更多内需引导的增长）的将是更高效的资本配置和更可持续的经济增长。② 最终，一国在国

---

① 一国的经常账户除了与储蓄—投资平衡相等还等同于国民产出与对国内资源的吸收（消费）之差。因此经常账户平衡的下降意味着产出的增长必须慢于收入（和消费）的增长。

② 重要的是不能夸大中国对粗放型增长的依赖。特别是除了较高的投资率，中国的劳动力产出增长已大幅超越发达国家，这种情况在一个运行良好的新型市场经济体中是可以预期的，因为它可以摘取"挂在低处的果实"，即在较低发展水平上增长劳动力产出。即使今天，中国的劳动力产出增长尽管已减速不少，但仍比发达国家高。

际事务中的影响力与其各项实际能力和总体经济表现是正相关的。

本章重点研究了中国的净债权国地位——它对美国政府的借款是造成该地位的最主要原因。它的净债权国地位尽管重要但只是代表了中国在国际金融体系职能的一个方面。此外，中国近年来也快速增加提供给发展中国家的双边贷款，引起人们对这类贷款可能带来越来越多影响力的警觉。此外，基于其雄厚的金融资源，中国准备在不同的小多边金融机构如金砖银行和亚洲基础设施银行发挥主导作用。但中国发现许多向它借钱的国家也许会不能还款（*Economist* 2015；Kyngeand Wildau 2015）。中国的小多边计划是否会对国际金融机构形成严重挑战甚至颠覆，还是个未知数（Wang，Wen and Xu 2015）。最后，随着今后几年中国逐步取消对资本仍有的控制，它将面临更多国际资本流动的变化无常。国际金融的进一步一体化将带来很多经济和政治后果。对中国债权国地位更深入的讨论应该对这些议题进行更全面的研究，但那是本章之外的内容了。

结　论

在评估全球经济影响力的时候应该给一国的净国际投资头寸多少权重？国际债权国地位一定等同于经济收益与地缘政治影响力吗？本章认为净国际投资头寸是一个噪音非常大的指标。未得到充分证明的结论很多，特别是关于净债权国（债务国）地位对中美两国全球影响力可能的含义。

首先，我们需要把中国的国际金融头寸分解到具体构成分类项下。在本章完成此项工作后，原先想象的净债权国地位对中国国际影响力和优势地位的正面贡献显得不那么明显了。特别是中国正超大比例地积累美元计价的外汇储备，这么做的经济成本越来越高。没有什么证据表明这种越来越昂贵的政策使中国获得了对美国经济和/或地缘政治政策更大的影响。相反，中国最大的外国债务——外国直接投资——可能比任何其他单一因素对中国经济实力增长做出了更多的贡献。

其次，中国国际资产头寸必须放在该国经济发展所面临挑战的大局下来评估。如果中国向内需驱动经济转型成功，并且其他关键结构性改革进展顺利，那么中国净债权国地位的上升会减缓并最终缩小。在此过程中，中国的经济体系将变得更加平衡，更有利于增强国力，为提升其全球影响力提供坚实的物质基础。

最后，债权国与债务国地位的含义应在现有国际货币体系权力结构的背景下加以分析。这个体系今天的典型特征包括：美国通过其资本市场无与伦比的深度和流动性继续占主导地位，美联储仍有效发挥着全球最后借款人的职能，美元的储备货币地位无人能比。与此形成对比的是中国的金融体系显得很不发达，重要资本控制仍未放开，本国货币国际化还有很长的路要走。在这几个方面要想取得进展，中国必须彻底转变发展模式。只有考虑到这些问题，我们才能正确评估中国当前的债权国地位。

参考文献：

Arnold, W. and D. Hinshaw. 2014. "China Takes Wary Steps Into New Africa Deals." *The Wall Street Journal*, June 6. www.wsj.com/articles/SB10001424052702303647204579545813194873656.

Ba, S. 2010. "如何看待中国当前的债权国地位." ["How to View China's Current Creditor Nation Status."] http://finance.sina.com.cn/review/20100906/14488609766.shtml.

Bowles, P. 2012. "Rebalancing China's Growth: Some Unsettled Questions." *Canadian Journal of Development Studies/Revue canadienne d'études du développement* 33 (1): 1–13.

Bräutigam, D. 2009. *The Dragon's Gift: The Real Story of China in Africa*. New York, NY: Oxford University Press.

Brown, S. 2013. *The Future of US Global Power: Delusions of Decline*. Basingstoke, UK: Palgrave Macmillan.

Chin, G. and E. Helleiner. 2008. "China as a Creditor: A Rising Financial Power?" *Journal of International Affairs* 62 (1): 87–102.

Drezner, D. 2009. "Bad Debts: Assessing China's Financial Influence in Great

Power Politics." *International Security* 34 (2): 7-45.

Duckett, J. 1998. *The Entrepreneurial State in China.* London: Routledge.

Flitter, E. 2011. "Special Report: China Flexed Its Muscles Using US Treasuries." www.reuters.com/article/2011/02/17/us-wiki-china-treasury-idUSTRE71G47920110217.

Forbes, K. 2008. "Why Do Foreigners Invest in the United States?" NBER Working Paper 13908. Cambridge, MA: National Bureau of Economics Research. www.nber.org/papers/w13908.

Gallagher, Kevin P. and Amos Irwin. 2015. "China's Economic Statecraft in Latin America: Evidence from China's Policy Banks." *Pacific Affairs* 88 (1): 99-121.

Gallagher, K. P., K. Koleski, and A. Irwin. 2012. *The New Banks in Town: Chinese Finance in Latin America.* Washington, DC: Inter-American Dialogue.

Hanemann, T. 2014. "China's International Investment Position: 2014 Update." http://rhg.com/notes/chinas-international-investment-position-2014-update.

Hanemann, T. and A. Lysenko. 2013. "Chinese Investment: Europe vs. the United States." http://rhg.com/notes/chinese-investment-europe-vs-the-united-states.

Helleiner, E. 2006. "Below the State: Micro-Level Power." In *International Monetary Power*, edited by D. Andrews. Ithaca, NY: Cornell University Press.

Heston, Alan, Robert Summers and Bettina Aten. 2012. "Penn World Table Version 7.1, Center for International Comparisons of Production, Income and Prices at the University of Pennsylvania, July.

Hu, X. 2007. "促进国际收支基本平衡，实现国民经济又好又快发展." ["Promote a Basic Balance in the International Balance of Payments, Achieve Good and Rapid Development of the National Economy."] Speech at the national conference on foreign exchange management in Beijing, January 21. http://news.xinhuanet.com/politics/2007-01/21/content_5633601.htm.

Huang, Y. 2003. *Selling China: Foreign Direct Investment during the Reform Era.* New York, NY: Cambridge University Press.

—— 2008. *Capitalism with Chinese Characteristics.* Cambridge: Cambridge University Press.

IMF. 2015. World Economic Outlook database. www.imf.org/external/pubs/ft/weo/2015/01/weodata/index.aspx.

第六章 中国崛起为国际债权国：实力的象征？

Kim, I. 2002. "Accession into the WTO: External Pressure for Internal Reforms in China." *Journal of Contemporary China* 11 (32): 433 – 58.

Kynge, J. and G. Wildau. 2015. "China: With Friends Like These." *Financial Times*, March 17. www.ft.com/intl/cms/s/0/2bb4028a-cbf0-11e4-aeb5-00144feab7de.html#axzz3W5SIvxAr.

Lane, P. and G. M. Milesi-Ferretti. 2014. "Global Imbalances and External Adjustment after the Crisis." Washington, DC: IMF.

Lardy, N. 2012. *Sustaining China's Economic Growth after the Global Financial Crisis*. Washington, DC: Peterson Institute for International Economics.

Levey, D. and S. Brown. 2005a. "The Overstretch Myth: Can the Indispensable Nation Be a Debtor Nation?" *Foreign Affairs* (March April): 2 – 7.

—— 2005b. "'Levey and Brown Reply,' A Rejoinder to Brad Setser and Nouriel Roubini, 'How Scary Is the Deficit': American Power and American Borrowing." *Foreign Affairs*, July/August: 198 – 200.

Li, X. 2014. "Surge in Govt Savings to Weigh on Growth." *China Daily USA*, November 6. http://usa.chinadaily.com.cn/epaper/2014-11/06/content_18879855.htm.

Lucas, R. 1990. "Why Does Capital Flow from Rich to Poor Countries?" *American Economic Review* 80: 92 – 96.

Ma, G. and Wang Y. 2010. "China's High Saving Rate: Myth and Reality." *International Economics* 122: 5 – 39.

Martin, M. 2012. *China's Banking System: Issues for Congress*. Washington, DC: Congressional Research Service.

Norloff, C. 2010. *America's Global Advantage: US Hegemony and International Cooperation*. New York, NY: Cambridge University Press.

O'Brien, K. J. 2008. *Reform without Liberalization: China's National People's Congress and the Politics of Institutional Change*. New York, NY: Cambridge University Press.

Oi, J. 1999. *Rural China Takes Off*. Berkeley, CA: University of California Press.

Pearson, M. M. 2005. "The Business of Governing Business in China: Institutions and Norms of the Emerging Regulatory State." *World Politics* 57 (2): 296 – 322.

Pettis, M. 2011. "The Contentious Debate over China's Economic Transition."

Carnegie Endowment for International Peace. http：//carnegieendowment. org/2011/03/25/contentious-debate-over-china-s-economic-transition/37hy.

——2014. *The Great Rebalancing*：*Trade*, *Conflict*, *and the Perilous Road ahead for the World Economy*. Princeton, NJ：Princeton University Press.

Prasad, E. 2011. "Rebalancing Growth in Asia." *International Finance* 14（1）：27 – 66.

——2014. *The Dollar Trap*：*How the US Dollar Tightened its Grip on Global Finance*. Princeton, NJ：Princeton University Press.

Prasad, E. , R. Rajan, and A. Subramanian 2007. "Foreign Capital and Economic Growth." *Brookings Papers on Economic Activity*, spring：153 – 230.

Reinhart, C. and K. Rogoff. 2004. "Serial Default and the 'Paradox' of Rich to Poor Capital Flows." *American Economic Review Papers and Proceedings* 94（2）：53 – 58.

Roach, S. 2014. *Unbalanced*：*The Codependency of America and China*. New Haven, CT：Yale University Press.

Roberts, D. 2012. "Huawei, ZTE, and Chinese Investment in the U. S." *Bloomberg Business*. www. bloomberg. com/bw/articles/2012 – 10 – 08/huawei-zte-and-chinese-investment-in-the-u-dot-s-dot.

Rosen, D. and T. Hanemann. 2014. "New Realities in the US-China Investment Relationship." http：//rhg. com/notes/new-realities-in-the-us-china-investment-relationship.

Setser, B. 2008. "Sovereign Wealth and Sovereign Power." *Council Special Reports*. No. 37, September, Washington, DC：Greenberg Center for Geoeconomic Studies at the Council for Foreign Relations.

Setser, B. and N. Roubini. 2005a. "How Scary Is the Deficit? American Power and American Borrowing." *Foreign Affairs*, July/August, 194 – 98.

——2005b. "The Kindness of Strangers, A Reply toLevey, David and Stuart Brown, 'How Scary is the Deficit：American Power and American Borrowing." *Foreign Affairs*, December, Special Edition for the Ministerial Meeting of the World Trade Organization's Doha Round, Hong Kong.

SAFE. 2015a. "中国国际收支平衡表时间序列数据［Chinese Balance of Payment Time Series Data］." www. safe. gov. cn.

——2015b. "中国国际投资头寸表时间序列数据［Chinese International Investment Position Time Series Data]." www. safe. gov. cn.

Strange, S. 1987. "The Persistent Myth of Lost Hegemony." *International Organization* 41: 551 – 74.

Subramanian, A. 2011. *Eclipse: Living in the Shadow of China's Economic Dominance*. Washington, DC: Peterson Institute for International Economics.

Summers, L. H. 2004. "The United States and the Global Adjustment Process." Speech at the Institute for International Economics, March 23, 2004. www. iie. com/publications/papers/paper. cfm? researchid = 200.

Tang, Y. 2011. "政府收入过度扩张的负面效应与'自身利益约束'机制的构建" [The Negative Effect of the Excessive Expansion of Government Revenues and the Construction of Self-interest Curtailing Mechanisms]. 《世界经济情况》[*World Economic Situation*] (10): 61 – 65.

The Economist. 2015. "China's Financial Diplomacy: Rich but Rash." *The Economist*, January 31.

Thompson, H. 2007. "Debt and Power: The United States' Debt in Historical Perspective." *International Relations* 21 (3): 305 – 23.

US Bureau of Economic Analysis. 2015. "Table 1. 2. U. S. Net International Investment Position at the End of the Period, Expanded Detail." www. bea. gov/iTable/iTable. cfm? ReqID = 62&step = 1#reqid = 62&step = 6& isuri = 1&6210 = 5&6200 = 144.

Wang, X. 2007. "China as a Net Creditor: An Indication of Strength or Weakness." *China & World Economy* 15 (6): 22 – 36.

Wang, H. 2014a. "Global Imbalances and the Limits of the Exchange Rate Weapon." In *The Great Wall of Money: Power and Politics in China's International Monetary Relations*, edited by Eric Helleiner and Jonathan Kirshner, 99 – 126. Ithaca, NY: Cornell University Press.

—— 2014b. *China and Sovereign Debt Restructuring*. CIGI Papers No. 45. www. cigionline. org/publications/china-and-sovereign-debt-restructuring.

Wang, P., Y. Wen and Z. Xu. 2015. "Two-Way Capital Flows and Global Imbalances." Working Paper 2012 – 016B. Research Division. Federal Reserve Bank of St. Louis. February http://research. stlouisfed. org/wp/2012/2012 – 016. pdf.

Wong, C. 2007. "Budget Reform in China." *OECD Journal on Budgeting* 7 (1): 1 – 24.

World Bank. 2015. http://data. worldbank. org/indicator/NY. GDP. MKTP. CD.

Xiang H. 2011. "中国财政体制改革六十年"[Sixty Years of Reform of the Chinese Fiscal System]. www.chinareform.org.cn/economy/tax/practice/201112/t20111202_129043.htm.

Xiao, G. 2004. "People's Republic of China's Round-tripping FDI: Scale, Causes and Implications." Asia Development Bank Institute Discussion Paper 7. https://openaccess.adb.org/bitstream/handle/11540/3595/2004.06.dp7.foreign.direct.investment.people.rep.china.implications.pdf?sequence=1.

Xinhua. 2006. "外汇管理局: 如何看待中国国际投资头寸状况"["SAFE: How to view China's NIIP"]? http://news.com/fortune/2006-05/25/content_4600146.htm.

——2007. "中国外汇储备余额突破万亿美元."["China's Foreign Reserves Surpass One Trillion Dollars."] http://news.xinhuanet.com/fortune/2007-01/15/content_5609476.htm.

Zhang, C. 2012. "中国外汇储备多元化管理研究[A Study of the Diversification of the Management of China's Foreign Reserves]." Ph.D. dissertation, Wuhan University. http://cdmd.cnki.com.cn/Article/CDMD-10486-1013029251.htm.

第七章

中国国际金融政策的国内政治根源

大卫·A. 斯坦伯格

在全球货币金融系统中,很少有国家像中国那么重要。作为世界第二大经济体和最大的货物出口国,中国的货币和金融政策不可避免地对整个世界会产生深远的影响。[①] 并且,中国的国际金融政策也远非寻常。尽管大多数的国家在最近几十年里都减少了对跨境资本流动的限制,然而中国则继续保持对国际资本流动的严格管控。同时,中国持有的外汇储备规模远远超过其他任何国家。这些对于外汇市场的介入是一种抑制人民币价值的"汇率保护主义"形式。美国财政部负责国际事务的前副部长弗雷德·伯格斯坦(Bergsten 2010)认为,中国货币政策是"自第二次世界大战以来相比任何主要经济体而言实施的最大的保护主义措施。"

本章考察了中国的国际货币金融政策为何与其他大多数国家的政策明显不同。换句话说,我们的目的是要阐明中国国际货币金融政策的政治根源。埃里克·赫莱纳和乔纳森·科什纳(Helleiner and Kirshner 2014b,2)最近指出,有关中国在国际货币体系中的重要地位的研究,大部分主要集中于经济问题与技术问题,而对中国的国际货

[①] 按照世界银行(World Bank 2014)的报告,2013年中国的GDP总量仅次于美国位列第二。并且,根据WTO(2014,32)报告,2013年中国出口的总量超过世界上其他国家。

币关系中的政治因素关注甚少。本章将追随赫莱纳和科什纳（Helleiner and Kirshner 2014a）的思路，探讨政治因素如何对中国的国际货币政策的决策产生影响。

我的中心观点是，中国的国际货币金融政策强烈反映了中国独特的国内政治经济结构。中国的政治精英们会倾向采用可以使中国大型国有企业和出口导向型的制造业受益的国际金融政策。这在很大程度上解释了为何中国会保留资本管制并使其汇率相对固定和低估，并以前所未有的速度积累外汇储备。可以肯定的是，还存在其他各种各样的因素也影响着中国的国际货币金融政策。我并不试图提供对这个问题的全方位考虑，这一章的主要目的是阐明在中国的国际货币金融政策的背后，利益是一个重要的，而且常常受到低估的力量。

我对国内政治因素的论证可以分为两个主要步骤。第一部分是理论。在理论方面，我解释了为什么国内政治可能会影响国际金融政策的各个方面。第二部分总结了中国的国际金融政策的几个关键方面，最后一部分总结了我的研究结论，并讨论了这些结论对未来产生的影响。

国内政治为何能影响国际金融政策

各国政府到底如何选择其国际货币金融政策？毫无疑问，经济因素十分重要。然而，这些经济因素本身往往并不充分。从整个国家的立场出发，往往看不清楚哪个是最优的国际金融政策。乔纳森·柯什纳（Kirshner 2003，4）提醒我们，对于大多数金融政策而言，"各种决策的总效益是模糊而受到限制的，而且与它们的政治和其他方面的影响比起来相形见绌。"简单地说，国际金融政策会产生明显的赢家和输家。本节主要介绍国际金融政策分配效应的各个方面，并解释赢家和输家之间的政治斗争是如何塑造政策选择的。

为了论证这一观点，我将对国际金融政策的四个方面加以探讨：资本账户政策、汇率稳定程度、汇率水平和外汇储备持有规模。对任何国家来说，这四个方面中的任意单一选择总体上都不是最好的。但是，每种政策都有强大的分配效应。表1列出了这四种政策中产生的赢家和输家。

在继续讨论之前，有以下几点需要注意。首先，与国际金融政策相关的当然不仅仅是这些因素，但是它们可以表现出国家在面对全球金融体系时所做的几个最重要的决定因素。其次，虽然我分开讨论这四种政策，但是它们之间并不是完全相互独立的，这些政策的选择至少是部分相关的。由于这个原因，当我在后面的部分讨论中国的情况时，我会结合这几个政策问题进行讨论。然而，出于分析的目的，将这些政策分开讨论是很有益处的。如表1所示，每种政策都会产生出不同的赢家和输家。

表1　　　　　　　　　国际金融政策的分配效应

政策	赢家	输家
资本管制	政治关联性公司	非政治关联性公司，储户
固定汇率	国际市场导向型行业	国内市场导向型行业
汇率低估	出口导向型公司，进口竞争型公司	负有外币债务的公司，非贸易公司，劳工
外汇积累	出口导向型公司，进口竞争型公司	金融部门

资料来源：作者自制。

资本管制

国家必须选择是保持资本管制——包括运用法规、税收和其他对跨境投资流动设置的障碍，还是破除国际资本流动存在的障碍。对于所有个人或国家来说，两种政策选项都不是最优的。相反，资本账户的分配效应经常压缩总的福利效应。因此，政府在决定资本管制方面，同时考虑政治与经济因素。

从理论上讲，开放资本市场应该能够提高福利，因为开放后允许资本流向将获得最高回报率的领域。因此，资本账户开放应该能够带来更高效的资本分配。然而，在现实中，尚不清楚这些效率总的提高幅度是否非常大。以前的研究并未发现强力而持续支持资本账户开放的政策会带来经济增长（参见 Eichengreen 2001；Kose et al. 2009）。

此外，从宏观经济的角度来看，资本账户开放绝非是免费的午餐。蒙代尔（Mundell 1963）和弗莱明（Fleming 1962）关于"开放的经济三难选择"（不可能三角）的理论解释了其中的原因。根据这一原理，国家只能够取得以下三个结果中的两个：资本跨境自由流动、固定汇率和独立的货币政策。因此，资本管制能够帮助国家维持一个稳定的汇率，增强本国运用货币政策服务国内的能力，比如解决经济周期问题。相反，当国家将自己完全开放于国际资本流动中，那么将提高央行为了纯粹的国内目的去调整利率的难度。这是开放资本市场的一个重要成本：失去货币政策的独立性并使政府更难应对经济衰退。因此，开放资本市场会增加宏观经济的波动（Tornell, Westermann and Martinez 2004）。三难困境的存在表明，当涉及宏观经济的结果时，任何单一的资本控制水平都不是最理想的。

资本账户开放加剧经济的不稳定的另一个原因是，国际资本流动往往是顺周期性的。开放资本市场的国家更容易受到资本急速流入的冲击，而伴随资本急速流入而来的是同样快速的资本流出（Ahmed and Zlate 2014；Ghosh et al. 2012；Rey 2013）。资本管制是种潜在的有价值的政策手段，因为它可以降低国家在资本市场急剧波动中的脆弱性。

总体来说，要做出推行或放弃资本控制的决定，就需要在包括效率和波动之间的各种目标之间做出艰难的权衡。从国家福利的角度来看，目前尚不清楚应该实行何种宽松和严格程度的资本管制（还可参见 Kirshner 2003，4-6）。没有适合所有个人或国家的最佳单一选择。

资本账户政策的分配效应通常会影响到总的福利效应。资本账户政策产生了明显的赢家和输家。[①] 政治关联型公司经常受益于强制施行的资本管制政策——至少在某种政治和经济背景下，统治者会有意迎合这些公司的需求。许多发展中国家将资本管制作为"金融抑制"总体策略的一部分（Giovannini and De Melo 1993；Leblang 1997）。发

---

① 关于资本管制政策的分配效应的讨论借鉴了尼尔森、斯坦伯格和阮（Nelson, Steinberg and Nguyen 2014）的研究成果。

第七章 中国国际金融政策的国内政治根源

展中国家经常实行资本控制以保持国内利率低于国际利率或低于市场水平。反过来,过低的利率水平会造成对信贷的过度需求以及需要实行信贷分配。在这种情况下,信贷分配通常会变得政治化,政府为政治关联型公司输送信贷补贴。由于政府经常使用资本控制和金融抑制将廉价信贷输送给政治关联型公司,这些公司在实施和维持资本管制政策中获益匪浅。来自马来西亚的证据支持了这一直观判断:约翰逊和米顿(Johnson and Mitton 2003)的研究表明,20 世纪 90 年代资本管制的实施,使得与总理有紧密联系的公司的股票价格一路上扬。

另一方面,资本管制对于某些利益集团则是一种诅咒。缺乏政治关系的公司——通常为小型私营公司,往往难以从当地银行获得信贷支持,并最终受损于资本管制政策。资本账户开放之所以有益于这些公司,是因为它能够削减政府在信贷分配中所占的角色分量——政府的这种角色通常使它们难以获得信贷。此外,资本账户开放可以使这些公司更容易从国外借贷,从而开辟了获取资金的新途径。

储户也受益于资本账户开放。资本管制损害储户利益也是出于同样的原因,因为政府帮助了关联性公司:这项政策允许政府抑制利率。因此,当政府限制资本流动时,储户所能得到的储蓄回报率通常也极低,甚至为负。低于市场利率对于储户来说是一种隐性税收。资本管制助长了这种类型的金融抑制,因为它使储户无法通过将资金转移到海外来躲避这种类型的税收并获得更高的回报率。这样,开放资本市场便有益于储户,因为它使政府对储蓄征税的这种方式更难实行。它还使个人能够将资金存在海外,在此过程中储户有可能获取更高的回报。此外,资本账户开放允许储户创建多元化的国际投资组合,这就降低了因本地金融市场低迷带来的风险。简而言之,一些国内公司受益于资本管制,而对另一些公司来说,没有这样的管制更好。①

---

① 应该注意的是,一些利益集团的利益已经变得复杂和模糊,当地银行业就是一个例子。一方面,资本账户开放给当地银行带来好处,因为可以使他们扩大海外业务,并且从国外获得更便宜的资本;另一方面,因为资本账户开放会加剧竞争,因为外国金融机构更可能进入本国金融市场(Pepinsky 2013)。

资本管制清晰表明了国内政治问题影响国际金融政策的原因。从国家福利的角度来看，政府应该选择保留资本管制还是开放资本账户，还不能下结论。因此，在这一领域的政策选择完全受控于经济因素是不可能的。由于资本管制对分配有较大影响，所以，有可能政治考虑支配着资本账户政策，比如社会利益竞争团体之间政治力量的平衡。

固定汇率

汇率机制，是指决定货币外汇价值的安排，这是国际金融政策的第二个重要方面。从本质上说，关于汇率机制的决定是关于汇率稳定性或灵活性的决定（Frieden 1991）。这其中有两种极端情况，一种是国家可能保持汇率相对外国货币完全固定，另一种是国家可能采取浮动汇率制度，也就是当局允许汇率根据市场情况经常性浮动。许多国家还坚持中间汇率安排，比如"有管理的浮动汇率"机制，中央银行允许市场的力量影响货币价值的同时也会适时干预汇率市场以防止汇率过度波动。

国内政治因素对于政府选择实行固定汇率机制还是弹性浮动汇率机制有着重大的影响。每种政策的选择都涉及成本和收益，在没有强有力的事实依据的情况下，难以断定固定汇率和灵活汇率哪一个有明显优势。与资本管制的情况相同，调查研究总是无法找出汇率制度和经济增长率之间的系统关系（Ghosh et al. 1997；Rose2011）。正如杰弗里·弗兰克尔（Jeffrey Frankel 1998）所言："不存在一种适合所有国家或所有时期的汇率机制。"

固定或灵活的汇率机制是否合适取决于国家的不同属性，通常称之为"最优货币区"标准（Mundell 1961；McKinnon 1963）。例如，固定汇率机制更利于与锚货币国家经济紧密联系的经济体。因此，当国家需要解决其汇率问题时，诸如最优货币区理论等经济理论可能会提供有用的建议。另一方面，最优货币区理论在解释实际政策选择上的经验匮乏。政策制定者经常会忽视这一理论提出的解决方法。欧洲货币联盟是一个明显的例子：尽管大多数学院派经济学家认为欧元货币区并不是最优货币区，欧盟国家仍选择采用欧元。结果，产生了"对欧洲货币联盟可取性的普遍怀疑"（De Grauwe 2006，712）。

关于国家是否保持固定或灵活的汇率机制，汇率机制的分配效应对此具有重大影响，而不是国家福利。杰弗里·弗里登（Jeffry Frieden 1991）指出，国际导向型行业受益于固定汇率机制。固定汇率机制减少了国际经济交易的风险和成本，也相应地增加了国际贸易量（Klein and Shambaugh 2006, Lee and Shin 2010, López-Córdova and Meissner 2003, Rose 2000）。因此，主要从事国际贸易和投资的企业与个人应该会支持固定汇率。

固定汇率也会带来输家。面向国内市场的产业就是输家之一（Frieden 1991）。对于任何给定水平的资本管制来说，固定汇率削弱了货币政策的独立性。因为固定汇率使政府更难使用利率调整来克服经济周期，并且往往会加剧经济波动（di Giovanni and Shambaugh 2008, Levy-Yeyati and Sturzenegger 2003）。对于财富与国民经济效益紧密连接的个人——即那些在面向国内市场的经济领域中工作的群体来说，经济波动的代价相当之高。政府要采取保持固定汇率还是浮动汇率机制，在很大程度上应取决于国内市场导向型和国际市场导向型产业的相关政治影响。[①]

汇率低估

汇率水平是受国内政治因素影响的国际金融政策的第三个方面。这一问题的关键在于，政府是否愿意将其汇率保持在"均衡价值"左右，即国内和国外价值保持相等的水平。[②] 许多国家的政府会干预外汇市场来推动汇率偏离其均衡价值。有些政府保持其汇率远低于均衡价值，即我们所说的汇率"低估"。反之，其他政府保持汇率升

[①] Bearce and Hallerberg (2010), Blomberg, Frieden and Stein (2005), Frieden (2002) 和 Steinberg 以及 Malhotra (2014) 提出，跨国证据显示固定汇率机制更多地出现在那些国际出口产业强大的国家。

[②] 这种情况被称为"购买力平价"。对于均衡实际汇率有很多种可供选择的定义，但我关注购买力平价是因为它是简单、也是使用最广泛的基准。

值,也叫汇率"高估"。

仅仅依据经济标准是难以解释政府关于汇率水平的决定的。大多数经济学家认为,汇率高估存在严重的问题。其一,这增加了爆发金融危机的风险。汇率高估使出口相较于进口减少,国家最终会将外汇耗尽于进口支出,引发货币和主权债务问题。前人研究表明,实际汇率被高估是金融危机爆发最为重要的影响因素之一(参见 Kaminsky, Lizondo and Reinhart 1998;Frankel and Saravelos 2012)。然而,尽管人们普遍认同汇率高估会造成经济不景气,很多政府仍高估本币汇率。非洲和拉丁美洲的许多国家自 1960 年以来便高估本币汇率,一些东欧国家在摒弃社会主义的转型时期也是这么做的。频繁出现的汇率高估并非出于总体经济福利的考量。如赫伊津哈(Huizinga 1997,273)所指出的:"实际汇率高估令人费解,因为发展中国家的决策者不可能不知道如何逆转高估,更不可能以为实际汇率高估能提高经济效率和社会福利。"

在保持低估汇率还是均衡汇率的选择上,经济学家也未能为决策者提供明确的指导。在经济学家当中,关于低估的汇率与由市场确定价值的汇率(market-valued one)哪个更有利于经济效益,仍未达成共识。正统经济学坚持汇率最好保持市场价值,因为任何畸变都是有问题的。[①] 另一方面,最近大量研究发现,汇率低估的国家经济增长速度远高于那些汇率高估和接近均衡汇率值的国家(Béreau, Villavicencio and Mignon 2012;Berg and Miao 2010;Levy-Yeyati, Sturzenegger and Gluzmann 2013;Gluzmann, Levy-Yeyati and Sturzenegger 2012;Mbaye 2013;Rodrik 2008)[②]。然而,一些其他的最近研究对这个结论

---

① 根据威廉姆森(1990)的研究,"有竞争力的"或未高估的汇率是"华盛顿共识"的十大原则之一。他将这一共识总结如下:"实际汇率需要拥有足够的竞争力以提升出口增长率,从而促进经济增长",但汇率"不应该超出这个界限,因为这也会产造成不必要的通胀压力以及制约资金用于国内投资"。

② 这一发现存在多种解释。一些经济学家认为,汇率低估可以促进经济增长,因为它降低了实际工资,增加了总投资率(Levy-Yeyati, Sturzenegger and Gluzmann 2013)。另一些人认为低估是有益的,因为它促进了比其他行业生产率更高的贸易行业的生产(Rodrik 2008)。

第七章　中国国际金融政策的国内政治根源

的证据以及实行汇率低估是否明智提出质疑。Haddad 和 Pancaro (2010) 发现汇率低估在经济增长方面有积极的短期效应,但长期效应是消极的。Nouira 和 Sekkat (2012) 认为,找不到任何证据证明低估和增长之间的积极联系,而 Schröder (2013) 提出的证据则表明,经济快速增长时期的汇率接近均衡汇率。简而言之,经济领域的研究目前尚未提供明确的证据支持汇率低估策略。

与国际金融政策的其他方面相同,汇率水平的决定也会受到分配因素的影响。虽然目前尚不清楚汇率低估是促进还是阻碍经济增长,但非常清楚哪些团体会从汇率低估中获得经济利益。出口产品的公司和那些与外国生产商竞争的公司是汇率低估的最大受益者（Frieden 1991）。保持汇率低估会降低国内商品在国际市场上的成本。因此,汇率低估是与"出口激增"（Freund and Pierola 2012）紧密联系在一起的。汇率低估使进口商品更加昂贵,这就鼓励了当地消费者的支出方向从外国商品转到本地生产的商品。因此,农业及工业产品等用于国际交易的商品生产企业,会从汇率低估中受益。

但同时,汇率低估会对其他团体造成极大损害。汇率低估提高了进口商品的成本,这对于依赖进口的生产者和消费者来说是个问题（Frieden 1991）。那些非贸易型商品公司,比如服务业和建筑业,就是很好的例子。非贸易型公司,顾名思义,并不会与外国制造商形成竞争,所以汇率低估不会给它们带来什么好处。然而,许多非贸易型公司依赖于进口中间投入品。[①] 因此,汇率低估对建筑和服务部门来说是个问题,因为它并没有提高它们的竞争力,反而增加了运行成本。

汇率低估往往还会伤害到另外一个群体——工人阶层。汇率低估使得进口消费品,如食物和衣服,变得更加昂贵。因此,汇率低估降低了工人的实际工资率和购买力（Broz and Frieden 2001；Huizinga 1997；Levy-Yeyati, Sturzenegger and Gluzmann 2013）。

[①] 斯坦伯格（2015, 39）利用世界银行的企业调查数据研究指出,发展中国家的服务业和建筑业部门的平均出口仅占其产出的 5%,但从国外的进口占其投入的 29%。

汇率低估还会对金融机构、金融公司以及拥有外币计价债务的个人造成损害。在发展中国家，公司和个人拥有非对冲外币债务是非常普遍的，这意味着他们必须以外币，一般是美元，偿还他们的债务，但其收入或利润是以当地货币计价的（Eichengreen and Hausmann 2005）。汇率低估对于非对冲外币债务的持有者来说代价非常大：货币贬值会使相对收入而言的外债价值增加（Pepinsky 2009；Walter 2013；Woodruff 2005）。因为汇率低估会明确产生赢家和输家，所以这些对立的政治力量之间的权力平衡很可能会影响政府是否实行低估本币汇率的货币政策。

外汇储备积累

中央银行必须选择积累多大规模的外汇储备[①]。自20世纪90年代末亚洲金融危机以来，许多发展中国家已购买了大量的外汇储备。然而到如今，各国外汇储备的规模有了戏剧性的变化。在这里，我会解释为什么一个国家的外汇储备规模会与国内政治而不是经济有更多的联系（参见 Steinberg 2014）。

经济学家对于发展中国家外汇储备的快速积累，给出了两种主要解释。第一种解释认为，国家积累外汇储是因为它们要加强金融稳定，即所谓的"预防理论"。持有大量的外汇储备会减少国家在金融危机面前的脆弱性（参见 Frankel and Saravelos 2012）。由于金融危机的后果非常严重，这一观点认为福利最大化的政府积累大量外汇储备是理性的行为，尤其是当国家将自己完全开放并置于国际资本流动的情况下（Aizenman and Lee 2007，Aizenman and Marion 2003，Obstfeld, Shambaugh and Taylor 2010，Steiner 2013）。

另一种比较普遍的解释认为，国家积累外汇储备是作为促进出口的一种手段，这通常被称为"重商主义理论"（Dooley, Folkerts-Lan-

---

[①] 除了确定外汇储备的规模，各国政府也必须选择如何以不同的货币分配它们的外汇储备。在本章我不解决这个问题，关于这个问题的政治经济分析，可以参考 Bowles and Wang（2008）、Helleiner and Kirshner（2009）以及 Shih and Steinberg（2012）。

第七章 中国国际金融政策的国内政治根源

dau and Garber 2003；2004）。根据这一观点，中央银行购买外汇储备以防止汇率升值，从而促进出口。迈克尔·杜利、大卫·福克兹－兰道和彼得·盖伯尔（Michael Dooley, David Folkerts-Landau and Peter Garber 2004，2）认为，外汇储备是一个"明智的"发展战略，因为它鼓励对出口导向的行业投资，从而具备"优等的"国内资本存量。

有关外汇储备的两个重要的经济理论突出了外汇储备的好处——金融稳定和拉动出口型增长，但对所有国家来说，持有大量的外汇储备是否是最优选择，答案还甚不明确。外汇储备的成本也相当巨大。首先，外汇储备是央行持有的无收益资产。大部分外汇储备都以美国国债的形式持有，利率很低。根据丹尼·洛迪克（Dani Rodrik 2006）的估计，外汇储备的低回报会使许多国家的收入减少高达 GDP 的 1%。其次，大规模的外汇储备积累所付出的第二个代价，就是会增加国内通货膨胀压力（Pineau et al. 2006, Roubini and Setser 2005）。外汇储备积累会增加通货膨胀，因为它会增加经济中的流动资产量。① 外汇储备积累无疑带来了一些整体经济利益，但同时也带来了负面影响。虽然还远不清楚什么是最优的外汇储备水平，但是许多学者认为中国和其他国家积累的外汇储备已经超量（Calvo，Izquierdo and Loo-Kung 2012；Green and Torgerson 2007；Jeanne 2007；Rodrik 2006；Summers 2006）。

国家在制定外汇储备政策时，确实会考虑到这些宏观经济效应，但是具体选择持有何种水平的外汇储备却至少可能与外汇储备积累对特殊利益集团是有害还是有利密切相关。与前面论述的三个政策问题一样，快速积累的外汇储备也会产生赢家和输家。由于增加外汇储备会造成汇率低估，并造福外向型与进口竞争型产业，这些群体应该支持外汇储备积累。

金融部门是外汇储备积累的受害者。如前所述，外汇储备往往

---

① 尽管中央银行可以通过冲销干预（sterilized interventions）——出售债券来抵消流动性的增加——减少外汇储备积累带来的通胀效应，但是它们有效干预外汇流入的能力往往是有限的（Calvo1991）。

会增加通货膨胀压力,但金融部门通常非常不喜欢通货膨胀压力(Kirshner 2003,19-20;Posen 1995)。另一个问题是,大规模的外汇储备通常需要强化国内金融监控,这直接降低了金融机构的盈利能力(Cruz and Walters 2008,671)。政府是否选择迅速积累外汇储备,很大程度上取决于那些获益及受损于此政策的利益集团的政治影响。

总结和启示

总之,国内政治是国际金融政策的一个重要推动因素。与国际金融体系相关的政策——比如是否实施资本管制、维持固定汇率、低估汇率和外汇储备积累——并不完全出于经济方面的考虑。这些政策每种选项都会产生赢家和输家。因此总地来说,国际金融政策的制定很大程度上会受到分配因素的影响。国际金融政策很可能反映了实力强大的国内利益集团的偏好。

国内政治对中国金融政策的影响

当涉及国际金融政策时,中国采取的政策与大多数其他国家有本质上的不同。本节主要有两个目标:一是描述中国的国际金融政策;二是探讨中国的国内政治安排是否以及如何影响这些政策。与这章前面几节相同,这一节也分别重点探讨了中国国际金融政策的四个方面:资本管制、汇率稳定程度、汇率低估和外汇储备积累。

为了有助于将中国的国际金融政策放在大背景中加以考量,表2显示了2010年中国国际金融政策的一些量化指标。表中还将中国与一些对照群组进行了对比:其他所有国家;东亚国家;社会主义国家或前社会主义国家;中高收入国家。这些定量数据以及我接下来要给出的更多定性的描述显示,与大多数同类国家相比,中国采取了更高强度的资本控制、保持更稳定的汇率、更为低估的汇率并持有更多的外汇储备。

第七章 中国国际金融政策的国内政治根源

表2　　　　　　　比较视野下的中国国际金融政策

	资本账户开放	汇率稳定	汇率低估	外汇储备（月进口量）
中国	0.16	0.65	0.17	20.70
其他所有国家	0.49	0.60	0.02	5.97
东亚国家	0.53	0.41	0.11	6.51
社会主义国家或前社会主义国家	0.56	0.48	0.22	5.05
中高收入国家	0.51	0.56	0.04	6.42

资料来源：所有数据均以2010年的数据为基础。资本账户开放和汇率稳定的数据来自于艾森曼等人的研究（Aizenman, Chinn and Ito 2008）。汇率低估为作者根据洛迪克（Rodrik2008）的方法计算，数据来自赫斯顿等人（Heston, Summers and Aten 2012）的研究。外汇储备的数据来自世界银行（World Bank 2014）。东亚国家的分类数据依据世界银行（World Bank 2014）。社会主义国家的数据来自拉·波塔等人的研究（La Porta et al. 1999）。根据世界银行的最新定义，中高收入国家为人均GDP在4086美元与12615美元之间的国家；人均GDP数据来自赫斯顿等人（Heston, Summers and Aten 2012）。没有本国货币的国家不包括在内。

在中国国际金融政策的四个方面中，每一方面都有利于中国的经济发展。中国实行严格的资本管制，保持汇率稳定，维持汇率低估，并迅速积累外汇储备，主要原因之一就是让制造业和国有企业受益。

资本控制

中国严格控制短期资本流动[①]。自1980年以来，大多数发展中国家已经废除了资本管制，但中国没有随此大流。

中国政府对外国人在中国金融体系内的投资进行了严格限制[②]。中国干脆禁止外国人参与中国货币市场和金融衍生品市场。其他类型的外国投资流入也受到严格管制。创立于2002年的合格境外机构投

[①] 然而，对于长期资本流动——也被称为外国直接投资，却没有那么严格的管制。
[②] Arora and Ohnsorge（2014）、Bayoumi and Ohnsorge（2013）、Lardy and Douglass（2011）以及Zhang（2012b）对中国资本账户管制进行了很全面的论述。这部分借鉴了他们的论述。

· 193 ·

资者（QFII）机制允许外国投资流入中国，但要求所有交易必须获得中国国家外汇管理局的批准。到2010年底，只有97个外国投资者获准进入中国国内资本市场。此外，QFII计划为每个外国投资机构以及外国证券投资的总量指标进行配额限制。

类似的规定也适用于外国证券投资的流出。这些资金流动由创立于2006年的合格境内机构投资者（QDII）计划进行监管，它允许国内金融机构在海外进行投资。在2010年底，中国政府批准了88家向海外投资的国内投资者。然而，与QFII相同，配额限制了能进行海外投资的金融机构的数量，跨国发行证券也仍需得到政府的批准。

此后，根据国际货币基金组织（IMF）两位研究人员的评估，中国的证券投资流动依然保持着"严格限制"（Bayoumiand and Ohnsorge 2013，4）。在由IMF划分的40种的资本账户交易中，截至2010年底只有5个是完全开放的，另有25个存在一些限制，而剩下的10个则被完全禁止（Zhang 2012b，85）。并且这些资本账户的限制要比大多数其他发展中国家曾经采取的限制更为严格（Lardy and Douglass 2011，14；He et al. 2012，30）。

表2中的第一列数据为说明中国对资本账户交易相比多数同类国家有着更严格的监管提供了进一步的论据。我采用了艾森曼等人（Aizenman、Chinn and Ito 2008）测量资本账户开放的标准，浮动范围最小值从0开始，代表最严格的资本管制，最高值设定为1，代表国家对资本流动不限制。一般国家平均分数高于0.5，但中国的分数只有0.16。

资本管制对于中国的银行在某些方面是有益的。因为资本账户开放可能导致资本外流，这可能会对中国的银行系统造成损害。此外，资本管制可确保外国银行无法与中国的银行竞争当地的市场份额。资本管制以及相关的金融抑制系统也有利于银行，因为政府要在存款和贷款利率之间维持一个相当大的利差，以此来确保银行保持盈利。资本账户开放将威胁到这些利益（Lardy and Douglass 2011，Vermeiren and Dierckx 2012）。然而，资本管制也在某些方面对中国的银行造成损害。金融抑制的某些方面，如极高的准备金率，会降低银行的利润

(Zhang 2012a)。资本账户开放也会允许银行在全球外汇市场获取更大的市场份额,从这点来讲,中国的银行是受益于资本账户开放的(Eichengreen 2011)。由此可见,对于中国金融部门来说,资本账户开放可谓好坏参半。这或许可以解释为什么中国政府的金融业盟友们在资本账户政策上会产生意见分歧。金融部门的一些盟友,如中国人民银行(PBoC),通常支持资本账户开放(Vermeiren and Dierckx 2012,1657)。而关心金融稳定的其他官员,包括一些中国社会科学院的学者,特别强调要避免仓促开放资本账户(Gallagher et al. 2014)。

汇率和外汇储备政策

中国的汇率制度和外汇储备政策与大多数其他国家也有显著不同。本节主要介绍有关中国在汇率机制、汇率水平以及外汇储备这三个方面的政策,并探讨这三个方面的政策选择的政治根源。我将这三个问题结合在一起加以讨论,是因为它们是过去十年中相互密切联系的问题。一般来说,中国的政策制定者会对以下问题展开争论——是继续积累外汇储备以保持汇率稳定或低估,还是否应该积累更少的外汇储备并且让市场力量促进汇率的升值。虽然随着时间的推移,这些政策会有些许改变,但是中国政府仍然在很大程度上无法摆脱第一种国际金融政策组合,也是干预性更强的一种。

表2给出了汇率稳定程度、汇率低估程度和外汇储备规模的数据。第2列展示了艾森曼等人(Aizenman, Chinn and Ito 2008)对汇率稳定性的评估,范围设定为0到最大值1。表2显示,中国汇率在2010年比大多数其他国家更稳定。第3列将中国汇率低估的程度同其他各类国家进行了比较。这一评估是遵循洛迪克(Rodrik 2008)方法的一种连续评估,较大的正值表明实际汇率更大程度地被低估。根据这一标准,中国2010年汇率被低估了17%。多数其他组的国家在2010年减少了汇率低估,尽管前社会主义国家2010年的平均值比中国的汇率低估值要更高;另外,如果可以追溯到2008年,中国汇率低估程度比典型的社会主义经济还要厉害(分别为22%和14%)。尽管中国的汇率低估程度不是最高的,但一直比大多数同类国家要低

估更多。表2的最后一列呈现了一个国家的外汇储备充足性的评估值：当前外汇储备可支付多少个月的进口。通过这个指标证明了中国比大多数国家囤积了更多的外汇储备。总的来说，表2中给出的数据表明，中国的汇率比大多数国家要更稳定并且更被低估，并且其外汇储备规模非常大。

图1显示了从2003年1月至2014年6月人民币兑美元的汇率数据。这个数字表明，汇率机制在此期间发生了好几次变化，但这种汇率的灵活性几乎总是被限定在严格的范围内。从2003年到2005年7月，中国保持完全固定的人民币兑美元汇率。2005年7月21日，人民币兑美元汇率重估升值了2.1%。2005年7月汇率重估以来，人民币汇率被正式允许波动，但之后两年，实际的灵活性程度一直非常小。直到2007年底，政府允许货币快速升值，但这一政策只持续了几个月。2008年7月，政府重新实行固定汇率政策，在接下来的两年内人民币兑美元汇率保持稳定。到2010年底，汇率再次被允许波动，并且在过去四年的汇率比预定中的都要灵活。

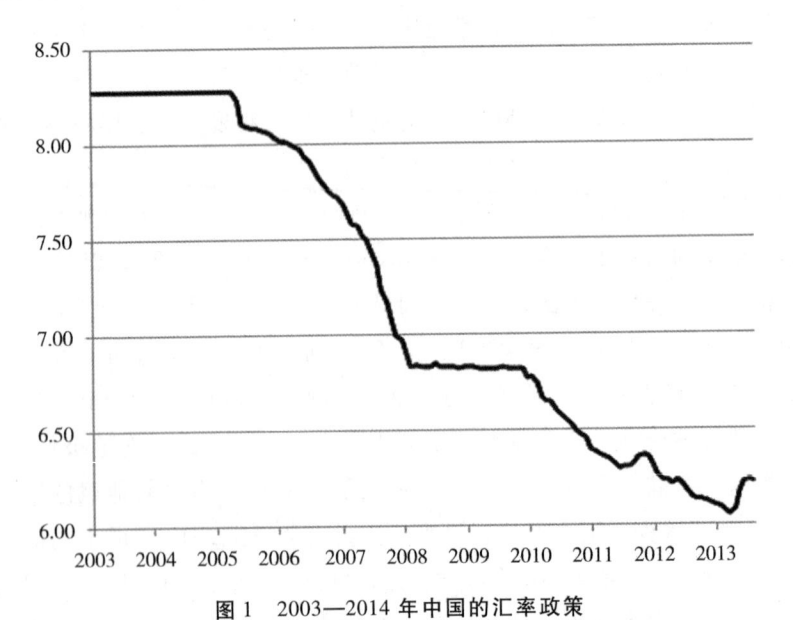

图1　2003—2014年中国的汇率政策

资料来源：Federal Reserve Bank of St. Louis' FRED Database.

第七章　中国国际金融政策的国内政治根源

中国政府一直通过积极干预外汇市场来保持汇率稳定。人民币兑美元升值的压力一部分来自市场，但为了对抗这种压力，中国央行——中国人民银行以空前的力度干预外汇市场。中国人民银行通过购买美元储备来帮助维持人民币兑美元汇率的稳定。图2显示了中国持有的外汇储备从2003年不到5000亿美元飙升到2011年的3万余亿美元——这是世界前所未有的、最大的外汇储备积累纪录。这些外汇储备不仅绝对数额巨大，而且相对于中国经济规模来讲也十分大。中国的外汇储备价值相当于2012年中国GDP总量的40%以上。

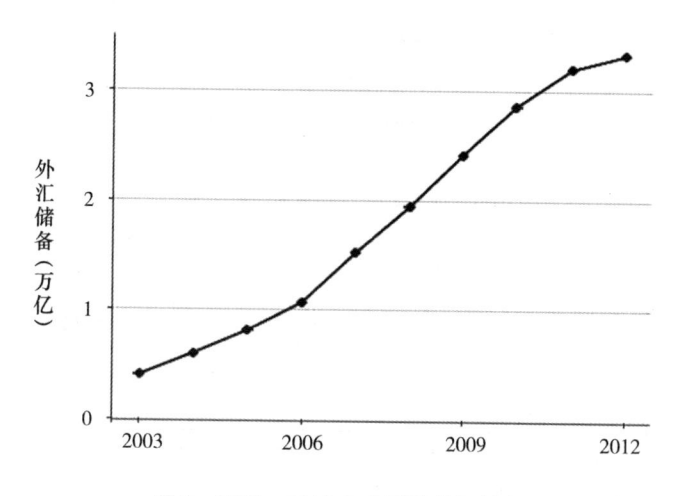

图2　2003—2012年中国的外汇储备

注：本图所示不包括黄金外汇储备。
资料来源：World Bank (2014)。

这种外汇储备积累有保持汇率低估的作用。图3给出了中国在2003—2010年的汇率低估的估算值及其95%的置信区间。根据这一标准，汇率在2003年低估了23%，之后几年低估得更厉害。在2007—2010年，尽管汇率升值会减弱低估的程度，但是数据显示，2010年人民币仍被低估。遗憾的是，我只有2010年的数据，但根据其他学者2011—2013年的估算，这几年中国的汇率仍旧持续被低估（Cline 2013，IMF 2013，Lipman 2011）。其他更多的主观评估也符合这些结论。例如，2011年10月IGM论坛向41位著名经济学家提出如下问题："中国政府推行的政策是否使得人民币相对于美元的汇率要低于不受这些政策干扰的汇率？"对此，学界的观点几乎一致：回答不确定或不知道的占17%；回答同意或强烈同意的占83%；没有一个接受调查的经济学家回答不同意。① 虽然对汇率低估程度的估算是一个很棘手的问题，但是毫无疑问，中国政府为保持本国汇率的低落以及低估做出了非常大的努力。

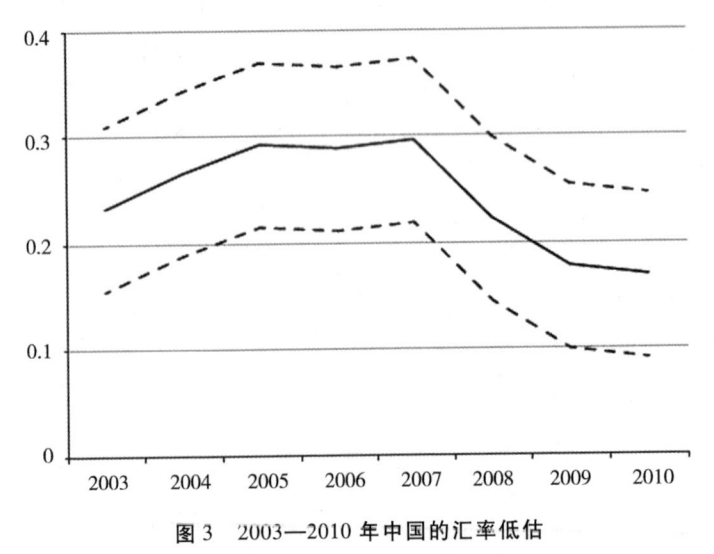

图3　2003—2010年中国的汇率低估

注：实线表示估计的汇率低估程度。虚线表示95%的置信区间。汇率低估是由作者根据赫斯顿等人（Heston, Summers and Aten 2012）1960—2010年的数据并遵循洛迪克（Rodric 2008）的方法而评估的。

中国的出口导向型制造业的政策偏好强烈影响着中国的汇率政策。工业部门及其在中国政治体制中的盟友——特别是商务部、发改委和中国沿海省政府——一直游说政府反对任何试图提高汇率的

---

① 这一调查的结果可以查询如下链接：www.igmchicago.org/igm-economic-experts-panel/poll-results? SurveyID=SV_3IWI6URnw6jxTla。

第七章 中国国际金融政策的国内政治根源

决定。① 现行汇率政策的反对者早在2003年就开始鼓动改变现行政策，出口商联盟的游说成功地使汇率重估延迟到2005年，这也是之后几年人民币升值受限的一个主要原因。2008年放弃汇率升值也是因为工业部门不断施压。制造业企业在2008年春季公开表达了它们对汇率升值的反对。

金融部门以及中央政府在金融业的主要盟友——中国人民银行，已经成为固定汇率低估制度和外汇储备积累最强大、最直言不讳的反对者。② 中国央行一再表示，中国应该引入更灵活的汇率形成机制。在中国人民银行看来，相对灵活的汇率机制将是有益的，因为它将增强货币政策的自主权并且方便中央银行控制国内经济状况。

中国央行反对快速积累外汇储备和固定低估汇率制度还出于以下两个原因。首先，中国人民银行关注的首要问题是这些政策加剧了国内通货膨胀的压力。抑制通货膨胀的愿望，使他们为货币重估以及放慢外汇储备积累速度进行游说。其次，中国央行担心中国的国际金融政策扭曲了国家金融体系，减少了商业银行的盈利能力。为确保外汇储备的快速增长不会立即导致国内物价上涨，政府冲销了外汇市场干预，这意味着它们将销售国内政府债券来降低流动性。然而，这种冲销加大中国商业银行的成本，商业银行仅能从这些债券上获取1.7%—2.5%的收益——同它们将这些债券借贷出去的收益相比低7个到8个百分点③。根据张明（Zhang 2012a）的估计，仅仅在2006年，冲销使中国商业银行减少的利润就超过1000亿元（约合130亿美元）。

2003年和2014年，中国央行和金融部门在一些政策上取得了小小胜利。它们的主张使人民币在2005年、2007年以及2010—2013年

---

① 关于这个游说的详细描述，参见Freeman and Wen（2011）、Lardy（2012）、Steinberg（2015）、Steinberg and Shih（2012）以及Wright（2009）。
② 关于央行的选择的讨论借鉴了Lardy（2012）、Steinberg（2014；2015）、Wright（2009）和Zhang（2012a）。
③ 由于这一原因，一旦没有人愿意购买这些债券，中国央行通常会强迫国有商业银行进行购买。

得到适度升值（Freeman and Wen 2011，7；Steinberg and Shih 2012，1416-1419；Wright 2009，202-209，247-251）①。

总结及对未来的启示

　　本文对于我们理解中国在未来全球货币金融体系中所扮演的角色有着重要的意义。许多观察家预计，中国最终将会采取与以往的新兴大国相类似的国际金融政策，例如促进货币的国际化（参见 Kirshner 2014；Subramanian 2011）。毫无疑问，中国一直在努力把人民币变成一种国际储备货币。中国也已经开始为此实施各种政策，如减少资本管制、加大汇率灵活性等，这些都是把人民币变成一种有吸引力的储备货币所必需的。然而，正如前文所讨论的，这些举措迄今为止都过于温和。本章的重要启示是，即使中国的政治和经济继续保持增长，中国的国际金融政策在不久的将来也不太可能有大的改变，除非中国国内的政治安排以各种有意义的方式发生改变。

　　即使是最乐观的预言家也认识到，人民币是否能成为国际储备货币，"取决于中国能否对金融部门和汇率政策进行影响深远的改革"（Subramanian 2011，9）。中国国际金融政策可能继续朝着更为自由和国际化的方向发展，但国内政治因素也可能阻碍重大政策变化。由于中国的国内政治体制与任何之前崛起大国的国内政治体制存在根本性的不同，因此崛起的中国会采取与过去新兴国家同样的政策是值得怀疑的。

参考文献：

　　Ahmed, Shaghil and Andrei Zlate. 2014. "Capital Flows to Emerging Market Economies: A Brave New World?" *Journal of International Money and Finance* 48: 221-48.

---

　　① 另一种解释认为，美国的压力是造成人民币升值的主要原因。这一观点几乎在数据上不得通到支持：定量研究显示，外国压力对中国人民币汇率升值没有影响，或者只是对人民币升值步伐带来负面影响（Liu and Pauwels 2012，Ramírez 2013）。

第七章 中国国际金融政策的国内政治根源

Aizenman, Joshua and Nancy Marion. 2003. "The High Demand for International Reserves in the Far East: What Is Going On?" *Journal of the Japanese and International Economies* 17 (3): 370 – 400.

Aizenman, Joshua and Jaewoo Lee. 2007. "International Reserves: Precautionary Versus Mercantilist Views, Theory and Evidence." *Open Economies Review* 18: 191 – 214.

Aizenman, Joshua, Menzie D. Chinn and Hiro Ito. 2008. "Assessing the Emerging Global Financial Architecture: Measuring the Trilemma's Configurations over Time." National Bureau of Economic Research Working Paper Series No. 14533.

Anner, Mark and Teri Caraway. 2010. "International Institutions and Workers' Rights." *Studies in Comparative International Development* 45 (2): 151 – 69.

Arora, Vivek and Franziska Ohnsorge. 2014. "Capital Account Liberalization in China: Some Considerations." In *Capital Account Liberalization in China*, edited by Kevin P. Gallagher, 89 – 98. Boston, MA: Frederick S. Pardee Center for the Study of the Longer-Range Future.

Bai, Chong-En, Jiangyong Lu and Zhigang Tao. 2006. "Property Rights Protection and Access to Bank Loans." *Economics of Transition* 14 (4): 611 – 28.

Bayoumi, Tamim and Franziska Ohnsorge. 2013. "Do Inflows or Outflows Dominate? Global Implications of Capital Account Liberalization in China." IMF Working Paper 13/189.

Bearce, David H. and Mark Hallerberg. 2011. "Democracy and De Facto Exchange Rate Regimes." *Economics and Politics* 23 (2): 172 – 94.

Béreau, Sophie, Antonia López Villavicencio and Valérie Mignon. 2012. "Currency Misalignments and Growth." *Applied Economics* 44 (27): 3503 – 11.

Berg, Andrew and Yanliang Miao. 2010. "The Real Exchange Rate and Growth Revisited." IMF Working Paper WP/10/58.

Bergsten, C. Fred. 2010. "Protectionism by China Is Biggest Since World War II." *Economix* (blog), October 8. http://economix.blogs.nytimes.com/2010/10/08/biggest-protectionism-since-world-war-ii/.

Blomberg, S. Brock, Jeffry Frieden and Ernesto Stein. 2005. "Sustaining Fixed Rates." *Journal of Applied Economics* 8 (2): 203 – 25.

Bowles, Paul and Baotai Wang. 2008. "The Rocky Road Ahead: China, the US and the Future of the Dollar." *Review of International Political Economy* 15: 335 – 53.

Brandt, Loren andHongbin Li. 2003. "Bank Discrimination in Transition Economies: Ideology, Information, or Incentives?" *Journal of Comparative Economics* 31 (3): 387 – 413.

Broz, J. Lawrence. 2002. Political System Transparency and Monetary Commitment Regimes. *International Organization* 56 (4): 861 – 87.

Broz, J. Lawrence and Jeffry A. Frieden. 2001. "The Political Economy of International Monetary Relations." *Annual Review of Political Science* 4: 317 – 43.

Bueno de Mesquita, Bruce, Alastair Smith, Randolph M. Siverson and James D. Morrow. 2003. *The Logic of Political Survival*. Boston, MA: MIT Press.

Calvo, Guillermo A. 1991. "The Perils of Sterilization." IMF *Staff Papers* 38 (4): 921 – 26.

Calvo, Guillermo A., Alejandro Izquierdo and Rudy Loo-Kung. 2012. "Optimal Holdings of International Reserves: Self-Insurance against Sudden Stop." National Bureau of Economic Research Working Paper Series No. 18219.

Chan, Anita and IreneNørlund. 1998. "Vietnamese and Chinese Labour Regimes: On the Road to Divergence." *The China Journal* 40: 173 – 97.

Chen, Feng. 2007. "Individual Rights and Collective Rights: Labor's Predicament in China." *Communist and Post-Communist Studies* 40 (1): 59 – 79.

—— 2009. "Union Power in China Source, Operation and Constraints." *Modern China* 35 (6): 662 – 89.

Chen, Yunling, Ming Liu and Jun Su. 2013. "Greasing the Wheels of Bank Lending: Evidence from Private Firms in China." *Journal of Banking & Finance* 37 (7): 2533 – 45.

Cline, William R. 2013. "Estimates of Fundamental Equilibrium Exchange Rates, November 2013." Peterson Institute for International Economics Policy Brief 13 – 29.

Cruz, Moritz and Bernard Walters. 2008. "Is the Accumulation of International Reserves Good for Development?" *Cambridge Journal of Economics* 32 (5): 665 – 81.

DeGrauwe, Paul. 2006. "What Have We Learnt about Monetary Integration Since the Maastricht Treaty?" *Journal of Common Market Studies* 44 (4): 711 – 30.

di Giovanni, Julian and Jay Shambaugh. 2008. "The Impact of Foreign Interest Rates on the Economy." *Journal of International Economics* 74 (2): 341 – 61.

Dooley, Michael, DavidFolkerts-Landau and Peter Garber. 2003. "An Essay on the Revived Bretton Woods System." National Bureau of Economic Research Working

Paper Series No. 9971.

—— 2004. "The RevivedBretton Woods System." National Bureau of Economic Research Working Paper Series No. 10332.

Eichengreen, Barry. 2001. "Capital Account Liberalization: What Do Cross-Country Studies Tell Us?" *World Bank Economic Review* 15 (3): 341 – 65.

—— 2011. "What China is AfterFinancially." East Asia Forum, January 30. www.eastasiaforum.org/2011/01/30/what-china-is-after-financially/.

Eichengreen, Barry and Ricardo Hausmann. 2005. *Other People's Money: Debt Denomination and Financial Instability in Emerging Market Economies*. Chicago, IL: University of Chicago Press.

Eichengreen, Barry and David A. Leblang. 2008. "Democracy and Globalization." *Economics and Politics* 20 (3): 289 – 334.

Eichengreen, Barry and Andrew Rose. 2014. "Capital Controls in the 21st Century." *Journal of International Money and Finance* 48: 1 – 16.

Firth, Michael, Chen Lin, Ping Liu and Sonia M. L. Wong. 2009. "Inside the Black Box: Bank Credit Allocation in China's Private Sector." *Journal of Banking & Finance* 33 (6): 1144 – 55.

Fleming, J. Marcus. 1962. "Domestic Financial Policies under Fixed and under Floating Exchange Rates." IMF*Staff Papers* 9 (3): 369 – 80.

Foot, Rosemary and Andrew Walter. 2011. *China, the United States, and Global Order*. New York, NY: Cambridge University Press.

Frankel, Jeffrey. 1998. "No Single Currency Regime Is Right for All Countries or At All Times." *Essays in International Finance* No. 215.

Frankel, Jeffrey and GeorgeSaravelos. 2012. "Can Leading Indicators Assess Country Vulnerability?" *Journal of International Economics* 87 (2): 216 – 31.

Freeman III, Charles W. andWen Jin Yuan. 2011. "China's Exchange Rate Politics." A Report of the Freeman Chair in China Studies, Center for Strategic and International Studies.

Freeman, John R. and Dennis P. Quinn. 2012. "The Economic Origins of Democracy Reconsidered." *American Political Science Review* 106 (1): 58 – 80.

Freund, Caroline and MarthaDenisse Pierola. 2012. "Export Surges." *Journal of Development Economics* 97 (2): 387 – 95.

Frieden, Jeffry A. 1991. "Invested Interests: The Politics of National Economic

Policies in a World of Global Finance." *International Organization* 45（4）：425 – 51.

—— 2002. "Real Sources of European Currency Policy." *International Organization* 56（4）：831 – 60.

Gallagher, Kevin P., José AntonioOcampo, Ming Zhang and Yu Yongding. 2014. *Capital Account Liberalization in China：A Cautionary Tale*. Global Economic Governance Initiative Policy Brief. Issue 002.

Ghosh, Atish R., Anne-Marie Gulde, Jonathan D. Ostry and Holger C. Wolf. 1997. *Does the Nominal Exchange Rate Regime Matter*? National Bureau of Economic Research Working Paper Series No. 5874.

Ghosh, Atish R., Jun Kim, Mahvash S. Qureshi and Juan Zalduendo. 2012. "Surges." IMF Working Paper No. 12/22.

Gluzmann, Pablo, Eduardo Levy-Yeyati and Federico Sturzenegger. 2012. "Exchange Rate Undervaluation and Economic Growth." *Economics Letters* 117（3）：666 – 72.

Giovannini, Alberto and Martha De Melo. 1993. "Government Revenue from Financial Repression." *American Economic Review* 83（4）：953 – 63.

Green, Russell and TomTorgeson. 2007. "Are High Foreign Exchange Reserves in Emerging Markets a Blessing or a Burden?" Department of the Treasury：Office of International Affairs Occasional Paper No. 6.

Hacker, Jacob and Paul Pierson. 2002. "Business Power and Social Policy：Employers and the Formation of the American Welfare State." *Politics and Society* 30（2）：277 – 325.

Haddad, Mona andCosimaPancaro. 2010. "Can Real Exchange Rate Undervaluation Boost Exports and Growth in Developing Countries?" World Bank Economic Premise No. 20.

He, Dong, Lillian Cheung, Wenlang Zhang and Tommy Wu. 2012. "How Would Capital Account Liberalization Affect China's Capital Flows and the Renminbi Real Exchange Rates?" *China & World Economy* 20（6）：29 – 54.

Helleiner, Eric and Jonathan Kirshner. 2009. *The Future of the Dollar*. Ithaca, NY：Cornell University Press.

—— 2014a. *The Great Wall of Money*. Ithaca, NY：Cornell University Press.

—— 2014b. "The Politics of China's International Monetary Relations." In *The Great Wall of Money*, edited by Eric Helleiner and Jonathan Kirshner, 1 – 22. Ithaca,

NY: Cornell University Press.

Heston, Alan, Robert Summers and Bettina Aten. 2012. Penn World Tables Version 7.1, Center for International Comparisons of Production, Income and Prices at the University of Pennsylvania.

Huizinga, Harry. 1997. "Real Exchange Rate Misalignment and Redistribution." *European Economic Review* 41 (2): 259 – 77.

IMF. 2013. "People's Republic of China. 2013 Article IV Consultation." IMF Country Report No. 13/211.

Jeanne, Olivier. 2007. "International Reserves in Emerging Market Countries: Too Much of a Good Thing?" *Brookings Papers on Economic Activity* 38: 1 – 79.

Johnson, Simon and ToddMitton. 2003. "Cronyism and Capital Controls: Evidence from Malaysia." *Journal of Financial Economics* 67 (2): 351 – 82.

Kaminsky, Graciela, Saul Lizondo and Carmen M. Reinhart. 1998. "Leading Indicators of Currency Crises." IMF *Staff Papers* 45 (1): 1 – 48.

Kaplan, Stephen B. 2006. "The Political Obstacles to Greater Exchange Rate Flexibility in China." *World Development* 34 (7): 1182 – 200.

Klein, Michael W. and Jay C. Shambaugh. 2006. "Fixed Exchange Rates and Trade." *Journal of International Economics* 70 (2): 359 – 83.

Kirshner, Jonathan. 2003. "The Inescapable Politics of Money." In *Monetary Orders: Ambiguous Economics, Ubiquitous Politics*, edited by Jonathan Kirshner, 3 – 24. Ithaca, NY: Cornell University Press.

—— 2014. "Regional Hegemony and an Emerging RMB Zone." In *The Great Wall of Money*, edited by Eric Helleiner and Jonathan Kirshner, 213 – 40. Ithaca: Cornell University Press.

Kose, M. Ayhan, Eswar Prasad, Kenneth S. Rogoff and Shang-Jin Wei. 2009. "Financial Globalization: A Reappraisal." IMF *Staff Papers* 56 (1): 8 – 62.

LaPorta, Rafael, Florencio Lopez-de-Silanes, Andrei Shleifer and Robert Vishny. 1999. "The Quality of Government." *Journal of Law, Economics and Organization* 15 (1): 222 – 79.

Lardy, Nicholas R. 2012. *Sustaining China's Economic Growth after the Global Financial Crisis*. Washington, DC: Peterson Institute for International Economics.

Lardy, Nicholas and Patrick Douglass. 2011. "Capital Account Liberalization and the Role of the Renminbi." Peterson Institute for International Economics Working Paper No. 11 – 6.

Leblang, David A. 1997. "Domestic and Systemic Determinants of Capital Controls in the Developed and Developing World." *International Studies Quarterly* 41 (3): 435 – 54.

—— 1999. Domestic Political Institutions and Exchange Rate Commitments in the Developing World. *International Studies Quarterly* 43 (4): 599 – 620.

Lee, Jong-Wha and Kwanho Shin. 2010. "Exchange Rate Regimes and Economic Linkages." *International Economic Journal* 24 (1): 1 – 23.

Levy-Yeyati, Eduardo and Federico Sturzenegger. 2003. "To Float or to Fix." *American Economic Review* 93 (4): 1173 – 93.

Levy-Yeyati, Eduardo, Federico Sturzenegger and Pablo Alfredo Gluzmann. 2013. "Fear of Appreciation." *Journal of Development Economics* 101: 233 – 47.

Li, Cheng. 2005. "The New Bipartisanship within the Chinese Communist Party." *Orbis* 49 (3): 387 – 400.

Li, Hongbin, LingshengMeng, Qian Wang and Li-An Zhou. 2008. "Political Connections, Financing and Firm Performance." *Journal of Development Economics* 87 (2): 283 – 99.

Liu, Li-Gang, and LaurentPauwels. 2012. "Do External Political Pressures Affect the Renminbi Exchange Rate?" *Journal of International Money and Finance* 31 (6): 1800 – 18.

Lipman, Joshua Klein. 2011. "Law of Yuan Price: Estimating Equilibrium of the Renminbi." *Michigan Journal of Business* 4 (2): 61 – 90.

López-Córdova, J. Ernesto and Christopher M. Meissner. 2003. "Exchange-Rate Regimes and International Trade." *American Economic Review* 93 (1): 344 – 53.

Mbaye, Samba. 2013. "Currency Undervaluation and Growth: Is There a Productivity Channel?" *International Economics* 133: 8 – 28.

McKinnon, Ronald I. 1963. "Optimum Currency Areas." *American Economic Review* 53 (4): 717 – 25.

Milner, Helen V. andBumba Mukherjee. 2009. Democratization and Economic Globalization. *Annual Review of Political Science* 12 (1): 163 – 81.

Mosley, Layna. 2010. *Labor Rights and Multinational Production*. New York, NY: Cambridge University Press.

Mundell, Robert A. 1961. "A Theory of Optimum Currency Areas." *American E-*

conomic Review 51 (4): 657 – 65.

—— 1963. "Capital Mobility and Stabilization Policy under Fixed and Flexible Exchange Rates." *Canadian Journal of Economics and Political Science* 29 (4): 475 – 85.

Nelson, Stephen C., David A. Steinberg andChristoph Nguyen. 2014. "The Institutional Sources of Financial Openness." Paper presented at the annual meeting of the American Political Science Association, Washington, DC.

Nouira, Ridha and Khalid Sekkat. 2012. "Desperately Seeking the Positive Impact of Undervaluation on Growth." *Journal of Macroeconomics* 34 (2): 537 – 52.

Obstfeld, M., J. C Shambaugh and A. M Taylor. 2010. "Financial Stability, the Trilemma, and International Reserves." *American Economic Journal: Macroeconomics* 2 (2): 57 – 94.

Pepinsky, Thomas B. 2009. *Economic Crises and the Breakdown of Authoritarian Regimes.* New York, NY: Cambridge University Press.

—— 2013. "The Domestic Politics of Financial Internationalization in the Developing World." *Review of International Political Economy* 20 (4): 848 – 80.

Pineau, Georges, Ettore Dorrucci, Fabio Comelli and Angelika Lagerblom. 2006. "The Accumulation of Foreign Reserves." European Central Bank Occasional Paper Series No. 43.

Posen, Adam S. 1995. "Declarations Are Not Enough: Financial Sector Sources of Central Bank Independence." *National Bureau of Economic Research Macroeconomics Annual* 10: 253 – 74.

Ramírez, Carlos D. 2013. "The Political Economy of 'Currency Manipulation' Bashing." *China Economic Review* 27: 227 – 37.

Rey, Helene. 2013. "Dilemma NotTrilemma: The Global Cycle and Monetary Policy Independence." Federal Reserve Bank of Kansas City Proceedings.

Rodrik, Dani. 2006. "The Social Cost of Foreign Exchange Reserves." *International Economic Journal.* 20 (3): 253 – 66.

—— 2008. "The Real Exchange Rate and Economic Growth." *Brookings Papers on Economic Activity* 2: 365 – 412.

Rose, Andrew K. 2000. "One Money, One Market: The Effect of Common Currencies on Trade." *Economic Policy* 15 (30): 7 – 46.

—— 2011. "*Exchange Rate Regimes in the Modern Era*: Fixed, Floating, and

Flaky." *Journal of Economic Literature* 49 (3): 652 – 72.

Roubini, Nouriel and Brad Setser. 2005. "Will the Bretton Woods 2 Regime Unravel Soon?" Presented at the Symposium on the Revived Bretton Woods System, Federal Reserve Bank of Chicago, February 4.

Schröder, Marcel. 2013. "Should Developing Countries Undervalue Their Currencies?" *Journal of Development Economics* 105: 140 – 51.

Sedik, TahsinSaadi and Tao Sun. 2012. "Effects of Capital Flow Liberalization — What Is the Evidence from Recent Experiences of Emerging Market Economies?" IMF Working Paper 12/274.

Shih, Victor C. and David A. Steinberg. 2012. "The Domestic Politics of the International Dollar Standard: A Statistical Analysis of Support for the Reserve Currency, 2000 – 2008." *Canadian Journal of Political Science* 45 (4): 855 – 80.

Shirk, Susan L. 1993. *The Political Logic of Economic Reform in China.* Berkeley: University of California Press.

Steinberg, David A. 2014. "Why Has China Accumulated Such Large Foreign Reserves?" In *The Great Wall of Money*, edited by Eric Helleiner and Jonathan Kirshner, 71 – 98. Ithaca, NY: Cornell University Press.

—— 2015. *Demanding Devaluation: Exchange Rate Politics in the Developing World.* Ithaca, NY: Cornell University Press.

Steinberg, David A. and Victor C. Shih. 2012. "Interest Group Influence in Authoritarian States: The Political Determinants of Chinese Exchange Rate Policy." *Comparative Political Studies* 45 (11): 1404 – 33.

Steinberg, David A. andKrishan Malhotra. 2014. "The Effect of Authoritarian Regime Type on Exchange Rate Policy." *World Politics* 66 (3): 491 – 529.

Steiner, Andreas. 2013. "The Accumulation of Foreign Exchange by Central Banks: Fear of Capital Mobility?" *Journal of Macroeconomics* 38: 409 – 27.

Subramanian, Arvind. 2011. *Eclipse: Living in the Shadow of China's Economic Dominance.* Washington, DC: Peterson Institute for International Economics.

Summers, Lawrence H. 2006. "Reflections on Global Account Imbalances and Emerging Markets Reserve Accumulation." L. K. Jha Memorial Lecture, Reserve Bank of India, Mumbai.

Taylor, Bill andQi Li. 2007. "Is the ACFTU a Union and Does It Matter?" *Journal of Industrial Relations* 49 (5): 701 – 15.

Tornell, Aaron, Frank Westermann and Lorenza Martinez. 2004. "The Positive Link Between Financial Liberalization, Growth and Crises." National Bureau of Economic Research Working Paper No. 10293.

Vermeiren, Mattias and Sacha Dierckx. 2012. "Challenging Global Neoliberalism? The Global Political Economy of China's Capital Controls." *Third World Quarterly* 33 (9): 1647–68.

Walter, Stefanie. 2013. *Financial Crises and the Politics of Macroeconomic Adjustments*. New York, NY: Cambridge University Press.

Wang, Hongying. 2014. "Global Imbalances and the Limits of the Exchange Rate Weapon." In *The Great Wall of Money*, edited by Eric Helleiner and Jonathan Kirshner, 99–126. Ithaca, NY: Cornell University Press.

Williamson, John. 1990. "What Washington Means by Policy Reform." In *Latin American Adjustment*, edited by John Williamson, 7–20. Washington, DC: Institute for International Economics.

Woodruff, David M. 2005. "Boom, Gloom, Doom." *Politics and Society* 33 (1): 3–45.

World Bank. 2014. "World Development Indicators Database." http://databank.worldbank.org/.

World Trade Organization. 2014. *World Trade Report* 2014. Geneva: World Trade Organization.

Wright, Logan. 2009. "The Elusive Price for Stability: Ideas and Interests in the Reform of China's Exchange Rate Regime." Ph. D. dissertation, Department of Political Science, George Washington University.

Zhang, Ming. 2012a. "Chinese Stylized Sterilization: The Cost-sharing Mechanism and Financial Repression." *China & World Economy* 20 (2): 41–58.

—— 2012b. "China's Capital Controls: Stylized Facts and Referential Lessons." In Regulating Global Capital Flows for Long-Run Development, edited by Kevin P. Gallagher, Stephany Griffith-Jones, and José Antonio Ocampo, 85–91. Boston, MA: Frederick S. Pardee Center for the Study of the Longer-Range Future.

第八章

中国债券市场国际化、离岸人民币中心发展与全球安全资产供给

刘东民

在许多国家,债券市场是金融体系中最重要的市场,因为它设立了国内市场的利率基准,为直接融资提供最有力的融资工具。随着经济的持续增长和快速发展,中国已成为系统重要性国家,因此,中国债券市场的发展不仅是中国自身金融基础设施建设的重要组成部分,而且在国际货币与金融系统中发挥着十分重要的作用。

2008年危机后全球安全资产的供需

全球安全资产是指全球金融市场中具有极小违约风险的资产。根据国际货币基金组织(IMF)(2012)的分析,全球安全资产具有诸多功能,包括作为一种可靠的价值储存手段,作为回购和衍生产品市场中的抵押品,以及作为履行审慎监管和定价基准职能的重要工具。总的说来,部分发达国家的中央政府发行的债券与多边金融机构发行的债券(如世界银行发行的债券)达到了AAA级,是典型的全球安全资产。部分其他发达国家的中央政府发行的债券、部分地方政府发行的债券,以及部分跨境金融机构与公司发行的债券,主权信用评级在AA级上下,近似于全球安全资产。

全球金融危机与欧债危机导致了全球安全资产供应的下降。为了

第八章 中国债券市场国际化、离岸人民币中心发展与全球安全资产供给

拯救金融市场,防止发生严重的经济萧条,发达国家实施了大规模的救助政策,将金融机构债务转变为主权债务。许多发达国家的政府负债率已经达到了较高的水平,由此引发了一些严重的债务危机。一些发达经济体因此失去了AAA级主权信用评级的资格(见表1)。

表1　　　　　　　　发达国家主权信用评级的下调

	美国	英国	法国	奥地利
2008年前主权信用评级	AAA级	AAA级	AAA级	AAA级
当前主权信用评级(截至2014年12月)	AA+级	Aa1级	AA级	AA+级
下调时间	2011年8月	2013年2月	2013年11月	2012年1月
下调评级的公司	标准普尔	穆迪	标准普尔	标准普尔
	日本	意大利	西班牙	葡萄牙
2010年前主权信用评级	Aa3级	Aa2级	AAA级	A1级
当前主权信用评级(截至2014年12月)	A1级	Baa2级	BBB级	Ba2级
下调时间	2014年12月	2014年8月	2014年5月	2014年5月
下调评级的公司	穆迪	穆迪	标准普尔	穆迪

来源:作者。

由于主权信用评级往往反映一个国家的信贷上限,主权信用评级的下调无疑损害了地方政府、公司与金融机构的信用评级。以美国为例,随着美国主权信用评级的下调,标准普尔(S&P)同时下调了美国联邦存款保险公司、美国联邦农业信贷银行基金公司、10家美国联邦住房贷款银行、范妮梅、房地美、美国存款信托公司、3家清算公司(全国证券交易清算公司、固定收入清算公司、期权清算公司),以及约11000种市政债券的信用评级。此后不久,穆迪与惠誉也下调了许多美国大型国际银行与地方政府的信用评级(Chen 2013)。

基于以上情况,全球安全资产与近似安全资产在2008年危机后显著减少。根据国际货币基金组织(2012)的预测,到2016年,全球安全资产的供应会减少16%,或者说减少将近9万亿美元。

另一方面，全球金融监管改革导致了对于安全资产需求的增加。《巴塞尔协议 III》的出台旨在加强商业银行的管理、监督与风控。随着《巴塞尔协议 III》的实施，全世界范围内的银行业正面临着更高的资本充足率要求、更低的杠杆比率和更严格的风险加权资产评估。在这些举措下，为了达到监管要求，银行业如今需要更多的低风险加权资产。换言之，随着《巴塞尔协议 III》的实施，对于安全资产的需求增加了。此外，许多国家自身也启动了金融监管改革，这同样增加了对于安全资产的需求。例如，越来越多的衍生产品柜台交易要求安全资产作为抵押。

如此一来，全球安全资产的供需会在相当长的一段时间内出现明显的不匹配现象。通常，大部分安全资产是由发达国家提供的。不过，鉴于发达国家的主权债务问题在中短期内仍然难以解决，全球安全资产的短缺则为新兴经济体创造了机会。

人民币国际化、中国离岸债券市场与全球安全资产

国际案例：美国与英国

货币国际化的一个关键指标是该货币必须成为国际储备货币。为此，以该货币计价的债券必须具有较高的信用评级，可以作为一种全球安全资产，这样一来，其他国家就能购买这些债券，并把它们作为外汇储备。美元和英镑都是很好的例子。

作为国际主导货币的发行国，美国拥有强大的综合国力，已使其债券成了全球安全资产。尽管美国在 2011 年失去了 AAA 级主权信用评级的资格，但该国债券的国外持有量从 2006 年的 5.3 万亿美元增长至 2013 年的 9.3 万亿美元。虽然美国主权信用评级的下调意味着美国债券安全性的下降，但考虑到债券市场的规模与流动性，其他国家的债券（如德国债券，属于 AAA 级债券）并不能取代美国债券的地位。从很大程度上来说，仅仅因为美国债券市场的强大力量，美元在国际储备货币中仍然居于首位（见图 1）。

至于美国债券的国外持有量，我们能够清楚看到其中美国的国债

第八章 中国债券市场国际化、离岸人民币中心发展与全球安全资产供给

发挥着最稳定、最重要的作用,其次是美国的机构债券。尽管发生了金融危机,外国实体仍然持有约一半的美国国债。但是,美国公司债券的国外持有份额却从 2007 年的 49.6% 骤降至 2013 年的 29.6%。与机构债券和公司债券相比,美国国债无疑是最安全的资产(见图 2)。

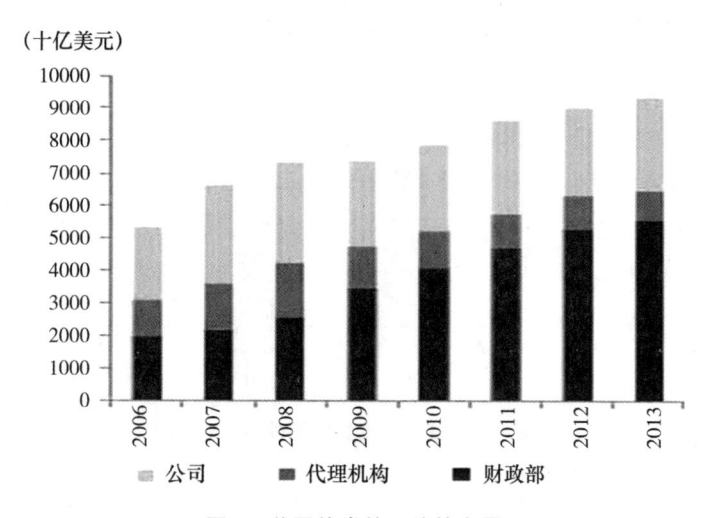

图 1 美国债券的国外持有量

资料来源:US Treasury.

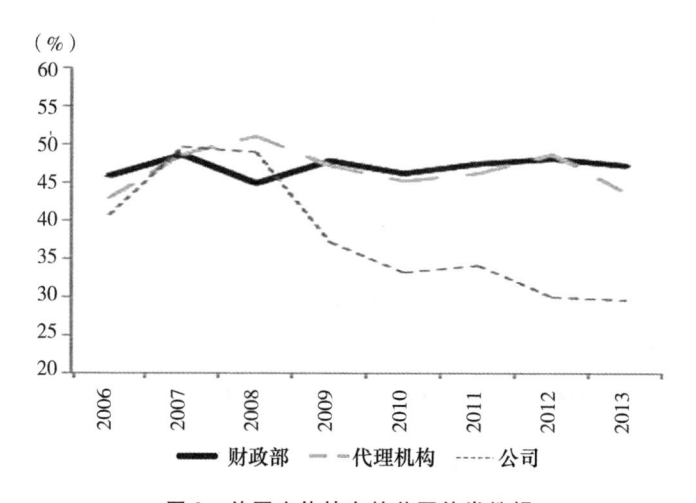

图 2 外国实体持有的美国债券份额

资料来源:US Treasury.

英镑是另一种国际货币。同美国一样，尽管英国的金融体系在2008年危机中遭受重创，但其政府债券的国外持有份额仍然保持稳定（见图3）。不过，图3所体现的英国政府债券对海外投资者的吸引力，与美国相比就要小很多，这再次表明了债券市场的规模与流动性十分重要。

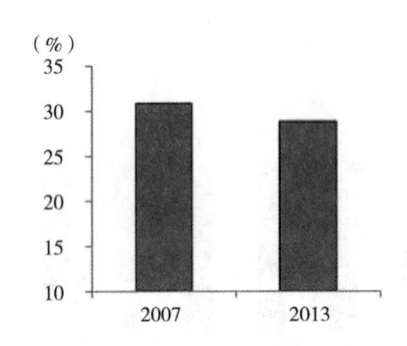

图3　英国政府债券的国外持有份额
资料来源：HM Treasury.

迄今为止，美国的货币国际化似乎最为"成功"，且其在国际货币体系中处于支配地位。然而，经济理论（特里芬难题）和现实（2008年金融危机）都表明目前这一美元主导的世界货币体系是存在弱点的。许多投资者发现，从长远来看，弱势美元的可能性增加了持有美国债券的风险，不过他们现在也别无选择。相较之下，多元货币体系就更为稳定，且能作为一种重要的公共产品维护全球金融稳定。中国可以借鉴美国与英国的经验，推动其债券市场与货币国际化，从而为其自身与全世界带来好处。

人民币回流机制与人民币离岸中心的发展

截至2014年末，7个人民币离岸中心（香港、台北、新加坡、伦敦、法兰克福、巴黎与卢森堡）已经成立，人民币存款达到1.6万亿元（见表2）。2015年3月，多伦多成为北美第一个人民币离岸中心。

第八章 中国债券市场国际化、离岸人民币中心发展与全球安全资产供给

表2　　　　离岸中心的人民币存款（截至2014年9月）

	香港	台北	新加坡	卢森堡	伦敦
离岸人民币存款（十亿元）	944.5	300	257	79.4	14.5

资料来源：中国人民银行（PBoC）（www.pbc.gov.cn）及作者在香港与伦敦的调查。

由于中国的大部分资本账户是关闭的，因此离岸市场的人民币持有者无法在中国大陆找到足够机会用人民币进行投资。这是限制人民币离岸市场发展的一个根本因素。为了增加离岸人民币的投资机会，中央政府逐渐开设了一些人民币回流渠道。目前已开放的五种渠道是：点心债券、人民币合格境外机构投资者（RQFII）、国内银行同业拆借市场、跨境人民币贷款，以及沪港通（见表3）。点心债券是指在离岸人民币市场发行，并以人民币计价的债券。人民币合格境外机构投资者是指在中国金融市场用人民币进行投资的合格境外机构投资者。国内银行同业拆借市场是指机构投资者能在其中用人民币票据、债券等进行投资的中国大陆市场。如今，中国政府已经允许部分境外机构投资者在国内银行同业拆借市场进行投资。跨境人民币贷款是指中国香港的银行能够向一些中国大陆特定地区的公司发放贷款。目前已有4个区域获批开展跨境人民币贷款业务，它们分别为：深圳前海特区、上海自贸区（FTZ）、苏州工业园区和天津生态城。沪港通则允许中国大陆的投资者通过上海证券交易所在香港证券市场进行投资，并允许香港的投资者通过香港证券交易所在上海证券市场进行投资。

然而，这些回流渠道并不能满足离岸人民币持有者的需求。即使中国实现资本账户可兑换，为海外人民币投资者提供丰富、可靠的投资产品仍然面临着挑战。而且，针对中国国内投资者的投资工具也尚不充足，很多人因而在房地产领域进行投资，这在一定程度上导致了大城市极高的房价。

中央政府建立离岸人民币中心的一大挑战是如何进一步拓宽人民币的回流渠道。在现有的人民币回流渠道中，点心债券对海外投资者来说是最有效、最具吸引力的投资工具。借鉴上文所述的国际经验，

以人民币计价的债券应成为人民币回流的最大渠道。因此，问题就变为了如何在离岸市场扩大以人民币计价的债券的资产池规模。

表3　　　　　　离岸人民币的回流渠道（截至2014年末）

点心债券（十亿元）	人民币合格境外机构投资者（十亿元）	国内银行同业拆借市场	跨境人民币贷款	沪港通（十亿元）
香港：338.9 台北：8.7 伦敦：7.5 新加坡：9.2 （截至2014年6月）	总额：690 批准额：97.4 （截至2014年10月）	84家外国银行、34家人民币合格境外机构投资者、7家合格境外机构投资者、11家外国保险公司，以及一些中央银行，获批进入此市场	深圳前海特区、上海自贸区（FTZ）、苏州工业园区和天津生态城，获批借得离岸人民币贷款	初始额：550

资料来源：中国人民银行。

香港离岸人民币债券市场

香港是目前为止最大的离岸人民币市场，且发行的点心债券数最多。

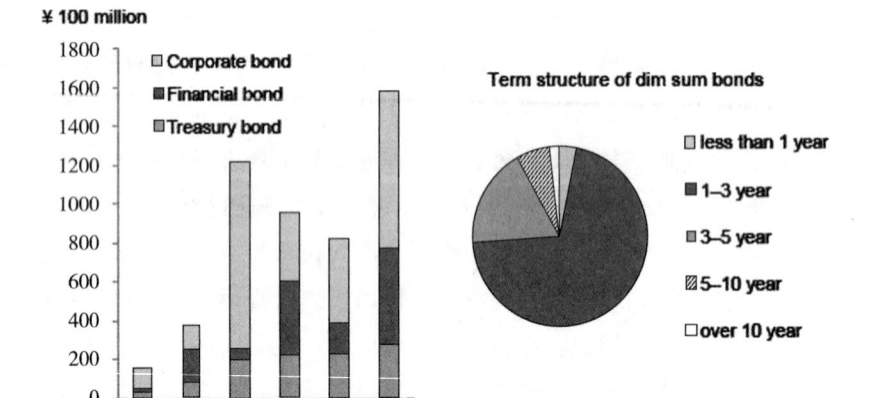

图4　香港市场中的点心债券（截至2014年12月20日）

资料来源：Wind Data.

第八章 中国债券市场国际化、离岸人民币中心发展与全球安全资产供给

自中国发展银行于 2007 年在香港发行第一支点心债券以来，香港点心债券市场得到了快速发展，截至 2014 年 12 月 20 日，点心债券的发行总额高达 5144 亿元。然而，与香港人民币各项存款的大幅增长相比，点心债券的发行量仍与之存在较大差距。2009 年，点心债券余额与人民币各项存款余额的比值为 48.6%，2014 年则跌至 27.0%（见表 4）。

表 4　　　　　　　　点心债券与人民币各项存款

年份	2009	2010	2011	2012	2013	2014
点心债券余额（十亿元）	30.4	65.6	172.8	253.6	295.8	255.0
人民币各项存款余额（十亿元）	62.7	314.9	588.5	603.0	860.5	944.5
点心债券余额/人民币各项存款余额（%）	48.6	20.8	29.4	42.1	34.4	27.0

资料来源：万得数据、香港金融管理局与作者的计算结果。

比值下降存在两大因素。第一，点心债券供给的增速缓于离岸市场人民币存款的增速。[①] 因为在离岸市场发行债券比在在岸市场发行债券要更复杂、更艰难，所以许多中国大陆的公司对在离岸市场发行债券不太感兴趣（这一点将在"中国地方政府债券国际化与全球安全资产供给"一节进行详细说明）。第二，人民币回流机制（如人民币合格境外机构投资者与国内银行同业拆借市场）的逐渐拓展为海外投资者提供了更多的机会。然而，根据作者在香港的实地调查，香港的金融机构与政府官员仍然相信点心债券是实现人民币回流最重要、最有效的方式。

点心债券发行量的增长前景也不容乐观。2011 年香港的点心债券数量剧增，接下来的两年则经历了下滑（见图 4）。一大原因就在于 2011 年末人民币增值的预期降低，减少了离岸市场人民币持有者

[①] 2010 年的情况颇具代表性地反映了这一点。2010 年，香港市场的人民币存款激增，远远超出中央政府、中国香港政府和企业的预计。因此，虽然点心债券的发行量大幅增长，但点心债券余额与人民币各项存款余额的比值仍然显著下降。

的套利机会,从而降低了对点心债券的需求。与此同时,美国的量化宽松政策增加了美元的流动性,减少了以美元计价的债券的利率。这导致许多企业和金融机构转而发行以美元计价的债券。

点心债券的期限结构反映了欠发达金融市场的特征。一些发达国家(如美国和英国)的长期政府债券是国外投资者最青睐的产品。但在离岸人民币中心,大部分点心债券却为短期债券。74%的点心债券期限在三年以内,只有1.7%的点心债券期限达到了10年以上(见图4)。一方面,缺少长期点心债券是很正常的,因为要在欠发达金融市场中对长期金融资产进行估价非常困难。但是,另一方面,为了使其债券成为全球安全资产,中国必须启动另外的金融改革,建立起长期点心债券市场。

点心债券的构成也会导致另一问题。香港离岸债券市场发行的公司债券和金融债券比国债更多。国债的发行比重在2013年达到最高,为27.6%。事实上,中国国债颇受离岸人民币投资者的欢迎,常常被超额认购。香港当局希望中央政府能够扩大国债的发行规模。前面已经提到,政府债券在全球安全资产中最为重要,违约风险也最低。由于中国政府债券在离岸市场中的需求很高,其供给也应增加。中国如果希望进一步拓宽人民币回流渠道、继续促进离岸人民币市场的建立,那么就需要应对离岸债券市场中的三个挑战:债券的发行量与增速、所发行的政府债券的期限结构与其所占比例。充分发展的离岸债券市场有助于中国将其政府债券变为全球安全资产。为了达到这一目标,其他因素也会发挥作用,其中包括中国的经济前景、中国政府偿还债务的能力与责任,以及中国中央银行的可信度。这一章着重讲述离岸人民币中心的发展与中国债券市场国际化的关系。

中国国债国际化与全球安全资产供给

理论上,中国债券市场国际化涉及增发面向海外投资者的中国债券,以及吸引国际债券进入国内市场。这一节将讨论如何增发面向海外投资者的中国国债。

第八章 中国债券市场国际化、离岸人民币中心发展与全球安全资产供给

自 2008 年以来，中国人民银行与 28 家外国中央银行签署了货币互换协议，交换额高达 2.5 万亿元。中国中央政府已经允许外国中央银行进入中国国内银行同业拆借市场，如此一来，持有人民币的中央银行若想将人民币作为储备货币，则可以购买中国的国债。事实上，澳大利亚、柬埔寨、印度尼西亚、日本、马来西亚、尼泊尔、尼日利亚、韩国和泰国等国家已经这么做了，尽管这些国家中央银行的人民币储备的实际规模还不能确定。① 2014 年 10 月，英国政府发行了一支以人民币计价的债券，使得人民币成为其外汇储备的一部分。这是外国央行首次发行以人民币计价的国债，这也预示着英国将用人民币资金在中国国债方面进行投资。虽然以人民币计价的国债已经进入了全球安全资产的领域，但与以美元、欧元、英镑、日元和瑞士法郎计价的债券相比，它发挥的作用仍然很小。

自 2009 年以来，为了拓展人民币回流机制，中国中央政府每年都会在香港市场发行国债。正如前面所说，这些债券的需求量相当大。例如，2013 年 11 月，中国中央政府在香港市场向机构投资者发行了 70 亿国债，但认购量却达到了 260 亿元。2014 年 5 月，面向机构投资者发行的国债为 140 亿元，但认购量却高达 419 亿元。

国债之所以短缺的一个关键因素就在于中国中央政府对于债务积累十分谨慎。虽然中国政府的负债率在 2008 年全球危机后快速增长，但其财政赤字仍要低于许多发达国家。2013 年，中国国债余额与国民生产总值的比值为 16.2%，而这一比值在美国则达到了 70.7%，在日本更是高达 154.9%（见图 5）。德国是七国集团中对待财政最为谨慎的发达国家之一，但即使与德国相比，中国长期国债的发行量仍然要小很多（见图 6）。结果表明 2013 年，中国中央政府的负债率仅为 15.3%，且各级政府的负债率合计为 53%，比许多发达国家的负债率要低（见图 7）。

---

① 严格来说，因为中国还未实现资本账户完全可兑换，所以根据国际货币基金组织的定义，外国中央银行的人民币不能被称为外汇储备货币。这是定义的问题。但是无论如何，人民币已经在世界范围内进入一些央行的外汇储备账户了。

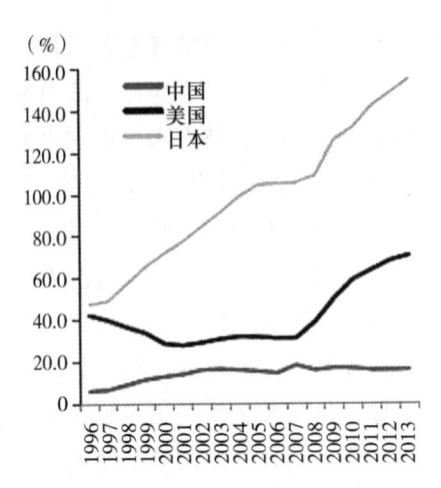

图 5　国债余额/国民生产总值

资料来源：Wind Data.

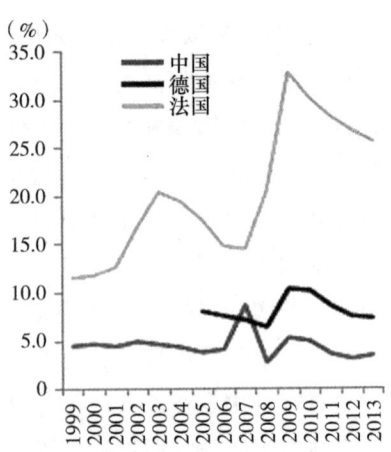

图 6　国债发行量/国民生产总值

资料来源：Wind Data.

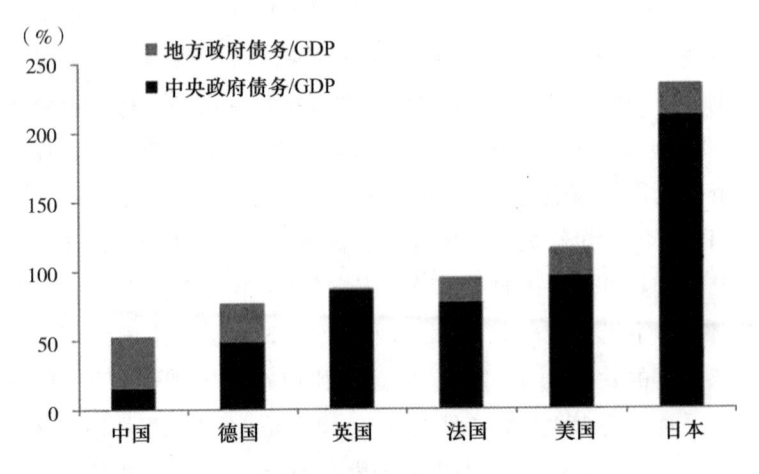

图 7　政府债务/国民生产总值（2013 年）

资料来源：Wind Data.

中国中央政府若想推动人民币国际化与债券市场国际化，就必须转变其关于债券市场结构的观念。一方面，如前所述，大规模的债券市场是货币国际化的一大关键因素。另一方面，债券市场发展是一个国家金融基础建设最重要的组成部分之一。而在直接融资或者建设市场利率基准方面，债券市场则发挥着最基础、最重要的作用。中国融

第八章　中国债券市场国际化、离岸人民币中心发展与全球安全资产供给

资结构不平衡是一个长期存在的问题。在中国，直接融资的股票仅占40%，但在美国、日本和德国，这一比重达到了70%—90%。债券市场为直接融资提供了相当有效、灵活、丰富的途径，能够极大地推动中国利率自由化。为实现以上功能，国债就成了关键的债券。2014年12月，中国原财政部（MoF）财政科学研究所所长贾康（Jia Kang）称中国应当扩大其公债所占比重。他提出，中央政府可以将其赤字率从2.1%（近年来的标准比率）增加至2.6%，这就意味着国债的发行规模每年要增加几千亿元（Jia 2014b）。增加公债所占比重的目的就在于刺激中国经济增长。中央政府应扩大国债市场规模，进而有助于国内金融自由化改革、资本市场开放、人民币国际化，甚至经济增长。显然，过快扩大财政赤字会导致金融稳定方面的风险，所以中央政府应该根据宏观经济的增速与财政收入的增速来控制公债积累的速度，从而使债务负担处于一个安全水平。

从短期来看，在离岸市场直接发行更多国债也许是最有效的方式。目前，中央政府无论何时在香港市场发行国债都会被超额认购。如果发行更多国债，那么所有投资者都能在离岸市场申请购买债券。这能即刻扩大离岸市场以人民币计价的金融产品的供给，促进中国债券市场的国际化、人民币回流机制与全球安全资产的供给。

在增加离岸市场与在岸市场国债供给之外，中央政府还需要在债券销售、债券管理和债券市场准入条件方面进行改革，从而推动债券市场国际化。

迄今为止，商业银行肩负着为透明度不足的国债提供经济担保的重要使命。对此，我们应当促进债券的公开拍卖，从而吸引更多的国际投资者。

目前，中国国债市场有两大组成部分：银行同业拆借市场和有价证券交易市场。前者由中央银行，即中国人民银行管理，后者由中国证券监督管理委员会管理。管理的分割阻碍了国债市场形成高度有效的交易体系，也限制了其作为市场基准的功能。如果中国建立一个统一的国债市场，那么包括海外投资者在内的许多投资者都将会参与其中。

中国应该进一步向国外投资者开放银行间债券市场。截至2014年末，84家外国银行、34家人民币合格境外机构投资者、7家合格境外机构投资者、11家保险公司、几家中央银行和一些主权财富基金获批进入银行间债券市场。这些投资者能在中国人民银行批准的额度内在银行同业拆借市场进行投资。然而，国外投资者在银行同业拆借市场的债券交易中表现并不活跃。相反，国外机构投资者在离岸人民币市场的中国国债购买中则表现十分积极。对此，一些专家认为之所以缺少外商是因为中国人民银行的管理。本章提出中国人民银行应允许更多外国机构进入银行同业拆借市场，并扩大它们对以人民币计价的债券的投资额度。

最后，从长期来看，推动中国人民银行的独立至关重要。一种货币若具有国际地位，则该国的货币政策将具有明显的溢出效应。如何增加货币政策的可信度是每个拥有国际化货币的国家都要面临的挑战。毋庸置疑，每个国家都出于各自的利益，奉行一定的货币政策，但是，发行国际货币的中央银行也必须使货币与金融体系保持长期稳定。自二战以来，金融发展的历程表明，更加独立的中央银行比较不独立的中央银行更侧重长期目标。中国人民银行虽不是一个独立机构，但其作为一个快速发展国的中央银行，已经帮助中国推动了自由化，避免整个经济体系遭受严重的金融危机。在一定程度上，中国人民银行的这些成就为人民币建立起了相对较高的可信度，从而人民币国际化才能得到快速发展。然而，中国仍然需要通过制度保障加强其货币政策的可信度。从长期来看，中国人民银行越独立，人民币可信度就会越高，中国债券市场国际化也会越成功。

中国地方政府债券国际化与全球安全资产供给

中国地方政府政府债券的特征与现状

根据《中华人民共和国预算法》，"除法律和国务院另有规定外，地方政府不得发行地方政府债券"。自2009年以来，中国财政部一直代表地方政府发行地方政府债券。

除地方政府债券之外还有城市投资债券。严格说来，城市投资债券是由地方政府所有的公司发行的公司债券，也常被称为地方政府融资工具。这些公司的名称大多数类似于"昆明投资发展公司"或者"南京资产经营管理公司"。目前，银行贷款、城市投资债券和信托产品是中国地方政府获权使用的三种主要融资工具。其中，只有城市投资债券是由地方政府进行显性担保或隐性担保的，因此它们反映地方政府的信誉，至少可以算作准政府债券。

地方政府债券和城市投资债券对中国基础设施建设至关重要

地方政府债券和城市投资债券募集的资金主要用于基础设施建设，因此这两类债券一般用于提供公共产品。虽然城市投资债券属于公司债券，但发行该类债券的公司往往负责地方政府的重要基础设施建设项目。作为一个发展中大国，中国在基础设施建设方面还有很长的路要走，地方政府在这一领域也扮演着重要的角色。与银行贷款、信托产品相比，地方政府债券和城市投资债券的期限更长、成本更低，为其在支持基础设施建设方面提供了比较优势。因此，一旦条件允许，地方政府则强烈倾向于发行这些债券。

地方政府债券市场和城市投资债券市场均得到了快速发展。如图8所示，2009年以前，地方政府债券尚未出现，城市投资债券也极少发行。2008年城市投资债券的总额仅为2423.5亿人民币，而到了2014年，这一数值则增长到了49225亿元。出现这一变化的原因就是2008年的金融危机。为了应对全球经济危机，中国中央政府实施了4万亿经济刺激计划来拉动内需。与此举相协调的是，中国财政部开始代表地方政府发行地方政府债券，国家发展与改革委员会（NDRC）也鼓励地方政府发行城市投资债券，推动了地方政府债券和城市投资债券的剧烈增长。

(十亿美元)

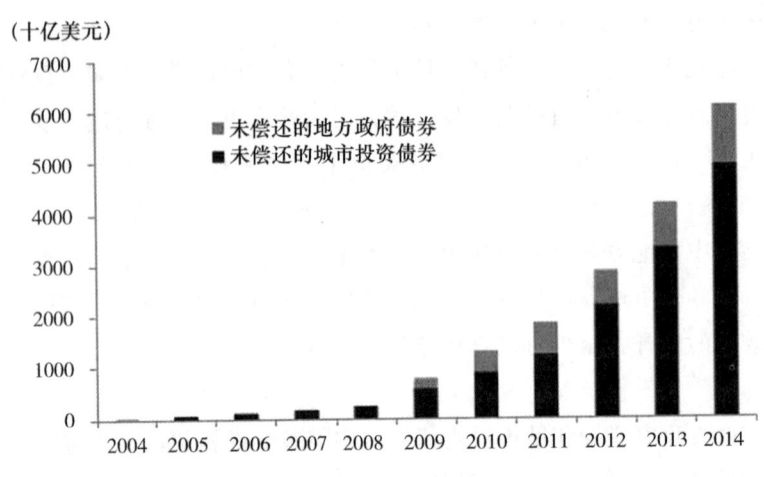

图 8　地方政府债券余额与城市投资债券余额

资料来源：Wind Data.

地方政府的补助与担保使城市投资债券成为安全资产

如果没有地方政府的补助和某种担保，城市投资债券就无法发行，这是因为城市投资债券被用于基础设施建设项目，主要产生社会效益，几乎不产生商业利益。地方政府已经找到了几种方式来支持城市投资债券的发行。在一些情况下，政府会赋予发行公司开发某块空地的特权，发行公司因而能从土地中获得高额利润来偿还债券。在另一些情况下，政府会与公司签署建设—移交协议，用未来的财政收入来偿还债券。

地方政府无论选择何种方式都会提高债券的信用评级。事实上，自1992年第一支城市投资债券发行以来，违约现象从未发生。此外，考虑到中国经济的快速增长，地方政府的财政收入在很大程度上能够支持其企业来偿还债券。这就是大多数中国投资者将城市投资债券视为地方政府债券的原因。这也是本章认为如果中国中央政府和地方政府进一步改革债券发行体系和规范、扩大资本账户开放、加强政府法治与透明度，中国地方政府债券（包括城市投资债券）就可以成为全球安全资产的原因。

第八章 中国债券市场国际化、离岸人民币中心发展与全球安全资产供给

地方政府债券与城市投资债券是中央政府宏观经济调整的有力工具

多年以来，地方政府债券因为由财政部发行，所以需接受中央政府的管理。在不久的将来，中国大陆32个省级地区的政府将获权发行债券，但因为发行额度是由国务院制定的，所以地方政府债券仍需接受中央政府的管理。城市投资债券虽是由地方政府自行发行的，但也仍完全接受中央政府的管理。这类债券的发行必须接受国家发改委的审查，并经过国家发改委的通过，这也使国家发改委能够轻松掌控债券的发行规模与发行速度。2009年，为了应对全球金融危机，国家发改委快速通过并批准了大量的城市投资债券，于是在该年引发了城市投资债券的暴增。与2008年相比，2009年城市投资债券的数量与金额分别增长了241%与215%（见图9）。2010年与2011年，虽然地方政府仍强烈希望发行更多城市投资债券，但是为了防止经济过热，国家发改委还是限制了城市投资债券的发行，导致了债券发行的减少。2012年，由于维持经济增长再次成为中央政府的首要任务，国家发改委再次扩大批准发行城市投

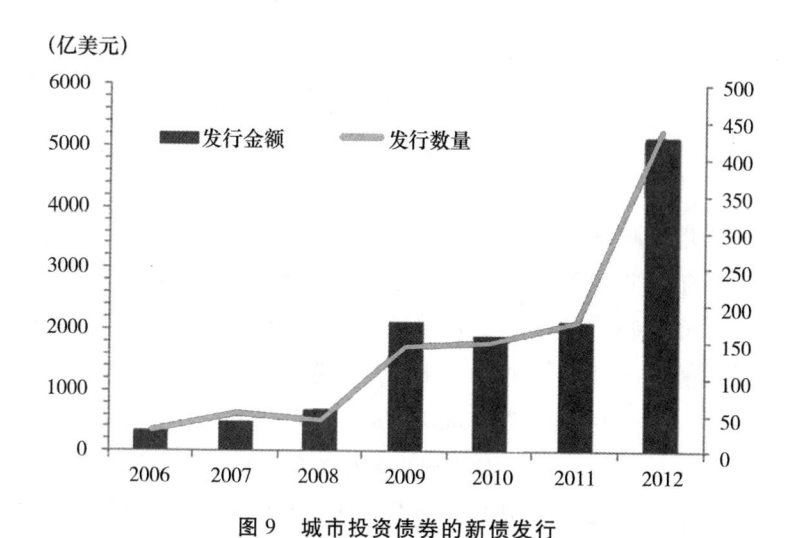

图9 城市投资债券的新债发行

资料来源：Wind Data.

资债券，发行的数量与金额分别增长了150%与143%（见图9）。显然，中央政府掌握着地方政府债券发行的绝对控制权，这一点与银行贷款、信托产品截然不同。在中国，银行贷款与信托产品的供给属于商业流程，其中央政府只有间接干预的权力。由于中央银行能够完全控制地方政府债券与城市投资债券的发行，我国债券余额的总量与发达国家相比就要少得多。因为地方政府需要借助银行贷款来支撑经济增长模式，所以中国的公司债券（主要由银行贷款构成）与国民生产总值的比值很高（见图10）。

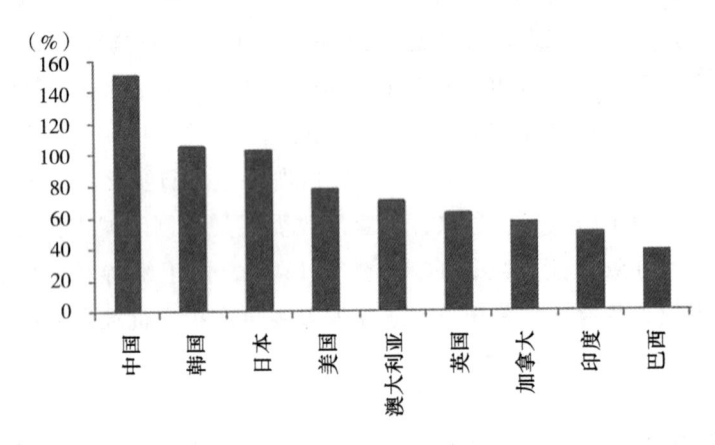

图10　公司债券与国民生产总值比值

资料来源：S&P和作者的计算。

中国地方政府债券的发展潜力

2013年，中国的城市化（经济增长最重要的引擎）率为52.5%，且这一数值无疑将在多年内继续保持增长。许多专家认为，为了持续促进基础设施建设，从而为了推动城市化，中央政府应允许地方政府增发地方政府债券与城市投资债券（Jia 2014a）。这能同时为经济增长与债券市场国际化带来好处。不过，地方政府的债务危机也是一个敏感话题。如果地方政府负债过高，这从长远来看将会阻碍经济可持续增长，妨碍以人民币计价的债券成为全球安全资产。通过对比中美地方政府债券，本章认为中国地方政府债券仍然安全，且具备国际化的潜力。

第八章 中国债券市场国际化、离岸人民币中心发展与全球安全资产供给

市政债券是由美国国家、城市与乡村发行的地方政府债券。为开凿运河，纽约于1812年发行了第一支市政债券。美国的市政债券市场是目前世界范围内最大的地方政府债券市场。在融资功能与可信任度方面，美国的市政债券与中国的地方政府债券有许多相似之处。[①]

发行规模

截至2012年末，中国地方政府债券与城市投资债券的总额达到了2.49万亿元（折合0.4万亿美元），而美国的市政债券总额则达到了3.72万亿美元。中国地方政府债券与城市投资债券仅为美国市政债券的10.7%。从债券与国民生产总值的比值来看，这一比值在中国仅为4.9%，在美国则达到了24.5%。从债券与地方政府财政收入的比值来看，这一比值在中国为42.2%，在美国则高达111.1%（见图11）。由此可见，中国债券市场要明显小于美国债券市场。债券与地方政府财政收入的比值是衡量地方政府偿债能力的一项重要指标。虽然美国的债券与地方政府财政收入的比值已超过了100%，但美国的市政债券如今已被广泛视为一种近似安全资产。据此，鉴于中国较低的负债率，若其能够加强法治与风险监管体系，则其地方政府债券至少能够成为近似全球安全资产。

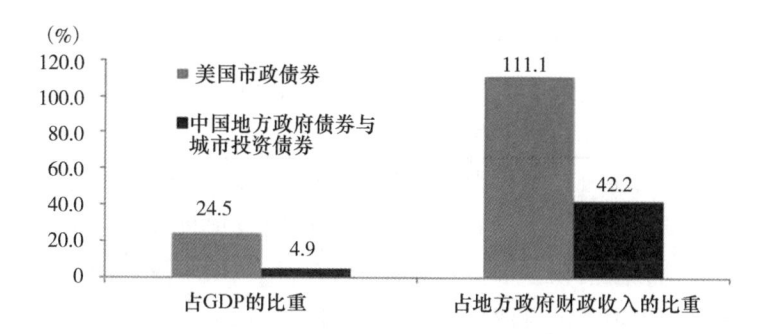

图11 中美债券发行规模对比（2012年）

[①] 从信用评级来看，美国主要市政债券的总体信用评级要低于美国国债，但要高于大部分公司债券。美国的一些市政债券没有信用评级，但仍能在债券市场发行。然而，中国的地方政府债券与城市投资债券在发行前却必须进行评级。所有地方政府债券具有最高的信用评级，如国债为AAA级。所有城市投资债券的信用评级要低于国债，但多数情况下还是要高于主要的一些公司债券。

期限结构

中美地方政府债券的期限结构存在较大差异。美国市政债券的期限为1至30年不等,有时甚至可以更长。根据美国证券业及金融市场协会的数据,2012年末美国市政债券的平均期限为16.5年。中国地方政府债券的期限为3年、5年或7年。中国城市投资债券的期限则为5至20年不等(见表5)。不过,城市投资债券的平均期限为5.7年,且其中82.7%要短于8年,但在2012年,美国短于8年期的债券比重仅为35%。

表5　　　　　　中国城市投资债券的期限结构(2012年)

期限(单位:年)	5—8	10	11—20
发行数量	1194	209	41
所占比重(%)	82.7	14.5	2.8

资料来源:Wind Data与作者的计算结果。

中国缺少长期地方政府债券的原因可能有以下两点。第一,资本市场缺少长期投资者是中国存在的一个典型问题。人们普遍认为,作为一个新兴经济体,中国经济形势变化很快,大多数投资者缺少长期投资的耐心。许多个人投资者与机构投资者极度渴望快速积累财富。第二,这一现象也反映了中国的许多债券缺少投资者的信任,因此即使是地方政府长期信贷也并不被广泛接受。[①]

与其他的金融产品相比,债券最突出的优势之一就在于它是一种有力的长期融资工具,适用于为基础设施建设项目筹措资金。换言之,改善地方政府债券市场的期限结构有利于中国未来经济发展。在我看来,中国地方政府债券与美国市政债券相比期限较短,但这并不意味其风险比美国市政债券要高。有趣的是,中国地方政府债券自

---

① 总的说来,中国的信用体系可以分为三个层次:中央政府;地方政府与国有企业;私营企业。中央政府信誉极佳,向中国人民提供最高的贷款。地方政府与国有企业的信誉明显要低于中央政府。私营企业的信誉则更低。因此,中国国债往往广受国内投资者的欢迎,但私营企业由于其较低的信用评级则很难发行公司债券。

第八章 中国债券市场国际化、离岸人民币中心发展与全球安全资产供给

1992年发行第一支城市投资债券以来从未发生过违约现象。然而，这一出色表现并未增加中国投资者对长期债券的需求。这是快速增长的市场的特征使然。随着经济温和增长，中国将更加注重发展质量而非发展速度，拓展金融自由化深度，加强金融监管。这可以提高对地方政府与投资者稳定性的预期，由此改善债券市场期限结构。

投资者结构

中美地方政府债券市场的投资者类型存在明显差异。中国地方政府债券（包括城市投资债券）的持有者大部分为银行，所占比例为31%。相较之下，在美国，地方政府债券的持有者则主要是个人投资者，所占比例为47.1%（见图12）。中国几乎没有持有地方政府债券的个人投资者。美国的个人投资者之所以会购买地方政府债券是因为美国政府针对市政债券的个人投资者出台了一项免税政策。但是，中国并没有类似的税收优惠政策，因此个人投资者缺乏购买地方政府债券的动机。

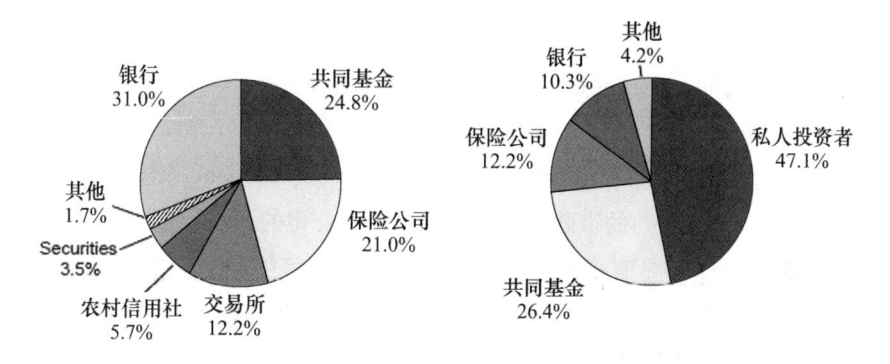

图12 2012年中国（左）与美国（右）投资者结构对比

资料来源：中国债务信息网、SIFMA。

自2012年以来，中国中央政府采用更严格的法规来限制地方政府债务的扩大，如此一来，银行就无法向地方政府所有的公司发放更多贷款。然而，银行与此同时也持有越来越多的城市投资债券。一方面，这表明银行与监管部门都认为城市投资债券比银行贷款更安全。

另一方面，这也有利于地方政府，因为与银行贷款相比，债券的期限终究更长，利率也更低。这有助于地方政府应对基础设施建设周期与回报率不匹配的问题。

在中国债券的银行持有量方面，有趣的是，与中国的银行相比，中国大陆外国银行持有的城市投资债券微乎其微（见表6）。这似乎表明外国银行低估了中国地方政府用债券偿还债务的能力。此外，我们可以清楚地看到中国地方政府需要通过改革（例如加强透明度、推进法治、建立有效的风险监管体系）来进一步提高可信度，从而才能成为全球安全资产。

表6　　　　　　　　债券持有银行的结构所占比例

国家银行	城市银行	农村银行	农村信用合作社	外国银行	村镇银行
61.9%	20.1%	15.8%	1.1%	1.0%	0.1%

资料来源：中国债券信息网。

违约率

中美之间一个最明显的差异就是违约率的不同。据纽约联邦储备银行称，1970—2011年，美国违约的市政债券数共计2521支，其中1986—2011年的违约数为2366支（Appleson, Parsons, Haughwout, 2012）。大部分违约的市政债券没有信用评级公司的评级。在2521支违约债券中，71支是有评级的（这意味着美国的信用评级系统是高度有效的）。人们普遍认为美国市政债券是仅次于国债的安全资产，但平均每年仍有91支市政债券存在违约问题。由于金融市场总是存在某些风险，所以安全资产只是违约风险很低的资产，但也存在违约的可能性。

正如前文所指出的，中国地方政府债券市场自1992年建立以来没有一支债券存在违约现象。2011年，两支城市投资债券存在高违约风险。在地方政府的紧急财政援助与中央政府的干预下，这两起事件得以安全解决，城市投资债券市场也仍然保持着零违约的记录。中国地方政府债券市场之所以拥有绝对安全的地位，主要存在两大因素。第一，近三十年中国经济保持高速增长，确保了发行城市投资债券的地方政府融资工具获得足够的利润来偿还债务。第二，地方政府的一些紧急财政援助也在防止违约中发挥着关键作用，不过这一情况非常罕见。如今，中国的机构投资者（银行、共同基金与保险公司）之所以竞相购买城市投资债券，是因为它们认为地方政府会确保这些债券的偿还。这通常会导致道德风险。

极小的违约率并没有影响美国市政债券与美国国债同成为安全资产。许多大型外国银行都持有美国市政债券。相较之下，外国银行持有的中国地方政府债券就屈指可数了，尽管中国地方政府债券并没有发生过违约现象。外国银行在中国的这一行为存在许多影响因素；然而，零违约的记录明显不是中国地方政府债券成为全球安全资产的充分条件或必要条件。

未来发展：中国债券市场国际化

本章表明，随着人民币国际化的推动与其他自由化改革，中国地方政府债券的前景仍然十分光明，存在成为全球安全资产的可能性。如前所述，几大因素推动着中国地方政府债券市场的国际化。第一，全球安全资产的匮乏；第二，中国地方政府债券市场仍然很小，且仍很安全；第三，人民币国际化进展很快，拉动了对以人民币计价的债券的需求；最后但同样重要的是，未来十年内中国的国民生产总值很有可能持续较快增长（每年6%—7%的增长率），地方政府财政收入也可能相应维持高速增长，这可以确保债券的偿还。不过，城市投资债券存在一些问题，如果不进行一些根本改革，它们将很难直接成为全球安全资产。

图13表示的是低于AA级信用评级且无担保发行的城市投资债券份额。在如图所示的阶段中，城市投资债券发行量增加，新发行债券的信用评级却持续降低。2008年，信用评级低于AA级的债券比例仅为4.8%，但2012年这一比例却高达24.4%。[①] 2006年发行的债

---

① 地方政府债券与城市投资债券是由中外合资信用评级公司或国内私人信用评级公司进行信用评级的。

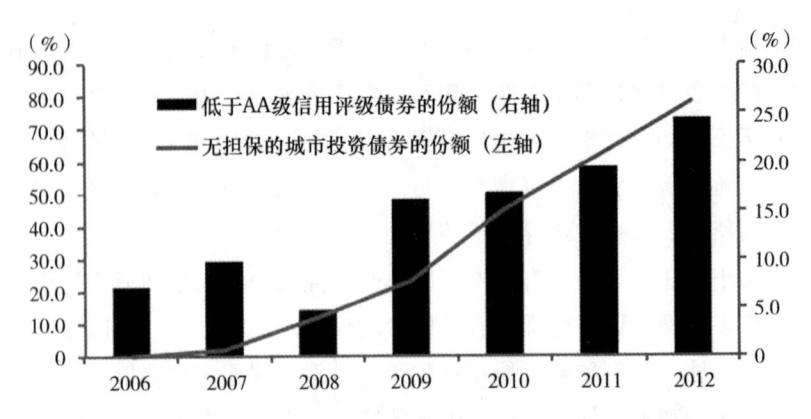

图 13　低于 AA 级信用评级且无担保的城市投资债券份额

资料来源：Wind Data.

券都有其他实体（如企业或金融机构）的担保，但 2012 年 78.5% 的债券没有担保。这表明债券的信用风险在增加。这也是城市投资债券市场发展的必然结果。城市投资债券市场在 2008 年之后才得到了充分发展，所有发行的债券必须得到国家发改委的批准。国家发改委自然会优先让信用评级较高的地方政府融资工具发行债券，再让其他信用评级低的发行债券。

虽然这是市场的正常状态，但信用评级的降低与无担保发行的增加将会逐渐对中国地方政府债券的发展，尤其是中国地方政府债券市场的国际化造成消极影响。① 总的说来，在中国金融市场中，国外投资者比国内投资者更为谨慎（见表 6）。随着中央银行、地方政府和投资者对债务问题越来越敏感，中国的地方政府债券市场为了实现可持续发展与国际化必须要做出一些基本的调整。

首先需要进行的改革是中央政府应将大部分城市投资债券转为真正的地方政府债券。许多研究人员与政府官员都支持这一观点。

---

① 城市投资债券有两种担保形式。一种是由其他企业或银行进行担保，属于显性担保。图 13 指的就是这类担保。另一种是由地方政府进行担保，既有显性担保又有隐性担保。因此，虽然第一种担保形式减少了，但是地方政府的担保（尤其是隐性担保）仍然存在，大部分国内投资者据此认为城市投资债券仍然安全。然而，政府的隐性担保会导致严重的道德风险，对地方政府债券市场的可持续发展不利。

第八章 中国债券市场国际化、离岸人民币中心发展与全球安全资产供给

事实上，2015年3月，中国财政部宣布允许地方政府将它们的债务（主要为银行贷款和信托产品）转换为低利息的债券，转换金额的上限为1万亿人民币。这些债券一般为地方政府债券，由地方政府的财政收入进行偿还。在这之前，中国地方政府不能自行发行债券，因此2015年的债务置换（debt swap）是所有省级政府首次获权发行债券。与此同时，国家发改委对发行城市投资债券的审批愈发严格。考虑到以上两点，我认为债务置换（debt swap）是城市投资债券向真正的地方政府债券转型的起点，这一点与美国的市政债券相类似。

美国的市政债券有两种类型。一类是一般责任债券，这类债券无须物质保证与相应的工程项目。因为地方政府承诺以其财政收入偿还贷款，所以一般责任债券的可信度取决于地方政府的可信度。另一类是岁入债券，这类债券需要具体项目产生足够的收入来还债。因此，岁入债券的可信度依赖于项目的可信度。基于这一事实，国家发改委已调整了发行新债券的审批要求。过去，城市投资债券所募得的大部分资金被用于基础设施建设项目。如果这些项目无法偿还债务，那么地方政府所有的、发行城市投资债券的公司会使用其他项目的收入与政府补助来还债。这种做法自2014年以来已被禁止。如果不能证明公司将债券募得的资金投资于盈利足够用于还债的项目，那么国家发改委就不会批准该债券的发行。与美国相同，此类城市投资债券在中国也被称为岁入债券。根据国家发改委最近调整的规定，我们可以认为城市投资债券的根本改革正在进行。我认为大部分城市投资债券应与美国的一般责任债券相同，要转为地方政府债券，而大部分城市投资债券则应与岁入债券相同，保持不变。① 城市投资债券在变为严格意义上的地方政府债券之后，部分债券的信用评级会提高，也会更加接近安全资产。

---

① 如果项目可盈利，那么相应的城市投资债券应保持不变，因为这样易于将利息支付给债券持有者。如果项目不可盈利（大部分项目都存在这种情况），那么债券应转型为地方政府债券，由政府的财政收入进行担保。

其次需要进行的改革是中央政府应允许2009年以来所有财政部为地方政府发行的现存地方政府债券转由地方政府自行发行。我认为这正在成为一个非常明显的趋势。自2011年以来,试点项目已允许部分省市自行发行地方政府债券。2014年,四市(北京、上海、深圳和青岛)六省(江苏、山东、广东、浙江、江西、宁夏)获权自主发行债券。未来,试点地区将会扩大,最终将覆盖全国。在这两项改革之下,中国的地方政府将完全获得大规模发行地方政府债券的自主权。几年后,以人民币计价的债券(由地方政府担保)的资产池将快速扩张。中国如果能够深化改革、保持良好的经济势头,那么就可以实现政务公开与法治,许多地方政府债券也能随之获得相对较高的信用评级,最终成为全球安全资产。

再次需要进行的改革是中央政府应推动离岸人民币市场发行更多的地方政府债券。目前,中央政府允许各类公司债券、金融机构债券和政府债券在离岸市场发行。但是,城市投资债券却极少有在离岸市场发行的,地方政府债券更是根本不在离岸市场发行。之所以会出现这种情况,其中一个原因是在离岸市场发行债券有一些限制条件。例如,许多离岸发行者(公司与金融机构)在募集资金后被禁止将人民币带回中国大陆。他们只能在离岸地区使用人民币资金。不过这也不一定会成为一个限制因素。与中国大陆大量的货币供应相比,点心债券的发行金额很小,因此点心债券募得的资金就可以忽略不计了。即使这些资金大部分回流到中国大陆,其影响也微乎其微。另一个原因是在离岸市场发行点心债券有些难度。城市投资债券如果想要扩大其发行规模或减少其在离岸市场的融资成本,那么需由三家国际信用评级公司(穆迪、标准普尔、惠誉)对其进行评级。一方面,国际信用评级公司收费很高;另一方面,国际信用评级公司不认为地方政府的隐性担保能够防止违约现象的发生,因此它们给予城市投资债券的信用评级一般不太可能与地方信用评级公司给予的评级一样高。不过,一旦城市投资债券转型成为真正的地方政府债券,拥有地方政府的显性担保,这一问题也许就能得到改善。最后,由于城市投资债券在在岸市场颇受欢迎,且离岸市场的债券发行比在岸市场的债券发行更为复杂,大部分公司因此没有在离岸市场发行债券的意向。

考虑到中国的地方政府债券市场将会得到大幅增长,如果中央政府撤销对点心债券的限制、鼓励点心债券在离岸市场发行,点心债券市场就能得到繁荣发展。例如,国家发改委应简化审批流程,加速城市投资债券在离岸市场发行。大部分离岸人民币市场(如中国香港、伦敦、巴黎、法兰克福和新加坡)有着严格的市场规范,因此无须国家发改委参与到复杂的审批流程中。随着债券在离岸市场发行规模的扩大,中央政府必将面临新的风险,如汇率的不稳定与利率的压力。离岸市场对在岸市场的影响将越来越明显。为了应对这一问题,中央政府必须进一步推动金融自由化,促进宏观审慎监管条例的出台。

中国债券市场国际化的有利影响

中国债券市场的国际化将对中国国内改革和国际货币体制改革带来许多有利影响。

习近平自担任中国国家主席以来,坚持"以扩大开放促进深化改革"。20世纪80年代,中国利用外商直接投资的流入构建了国内市场体系。2001年,中国加入世界贸易组织(WTO),促进了经济自由化,尤其是经常账户项目的自由化。当时,许多保守派人士认为中国加入世贸组织后将会面临外国商品的大量流入,从而对国家工业造成毁灭性的打击。事实则正相反,如今中国制造的商品占领了世界市场,中国企业也常与外国企业进行合并与收购。中国加入世贸组织是其以扩大开放促进深化改革的一次成功实践。在长期经济增长下,许多既得利益集团已经形成,它们向政府施加了巨大压力,阻碍了改革的深入。改革派政治家由此建立了"倒逼机制"(reverse pressure mechanism),引入国外压力来促进国内改变。许多中国官员与学者认为人民币国际化就是一种倒逼机制,能够促进国内金融改革。显然,中国若想完全实现货币国际化,就要使其资本管制、汇率与利率实现自由化。① 因此，中国人民银行（最支持改革的中国政府机构）积极推进人民币国际化，希望进而能够加快中国的金融改革。

与人民币国际化相似，中国债券市场国际化也是推动国内自由化的另一有力的倒逼机制。

首先，为使以人民币计价的债券成为全球安全资产，中国必须大力扩张其债券市场，② 进而从根本上改变目前银行业在金融体系中占绝对主导的金融发展模式。中国必须扩大其国债市场，从而形成一个基本的全球安全资产池。中国也必须扩大其地方政府债券市场，因为过度依赖国债市场对中国而言存在较大风险。美国国债市场的巨大规模就成了美国的一个重大问题，因为美国联邦政府的财政赤字已经导致其主权信用评级下调。这对国家经济的可持续发展而言存在负面影响。中国应分散其政府债务风险，让地方政府也参与其中。③ 地方政府债券市场的扩张是十分有必要的，因为国债市场和地方政府债券市场可以合并为一个巨大的安全资产池。另外，金融机构与大型公司一些高评级的债券也可以成为全球安全资产。因此，通过债券市场国际化，中国将建立起一个更多样、更有力的直接融资体系。

其次，债券市场国际化将促进中国中央政府与地方政府构建起一个更加公开透明、管理完善、负责可靠的财政体系。中国的中央政府往往对其债务管理十分谨慎。然而，地方政府在这一方面则表现不佳。多年来，地方政府有着推动国民生产总值的强烈愿望。从某种程度上说，近三十年奉行的"国民生产总值主义"对中国的发

---

① 国际化货币必须能够自由兑换，这表明中国必须完全开放其资本账户。若中国仅开放其资本账户，仍然管控其汇率与利率体系，离岸人民币市场与在岸人民币市场之间的套利行为将会出现。这将导致大规模跨境资金流动，进而影响中国金融的稳定性。因此，中国必须在开放资本账户、推动货币国际化的同时，使其汇率和利率体系实现完全自由化。

② 债券市场的规模并不是其成为安全资产的一个必要条件，但流动性对许多投资者（特别是中央银行与商业银行，它们是安全资产的主要购买者）而言却是一个关键条件。

③ 在中国，中央政府牢牢管控着经济全局，中国人民深信，如果金融市场爆发任何危机，中央政府有意向，也有能力救市。城市投资债券广受欢迎的原因之一就在于大部分投资者认为如果地方政府无法偿还债务，中央政府会提供资金拯救该市场，这会导致严重的道德风险，增加中央政府的风险。我认为中央政府必须将债务风险分散给地方政府。只有中央政府允许地方政府破产，地方政府才能真正肩负起管理自己债务的责任。

第八章 中国债券市场国际化、离岸人民币中心发展与全球安全资产供给

展而言是有利的。但是,中国已成为一个中等收入国家,地方政府债务快速积累,地方政府的财政管理和金融监管应要变得更加严格。债券市场的国际化为此提供了一种有效方法。总的说来,政府债券市场是投资者监督政府的一种工具。政府债券的国际收购就像一张关于信任度的国际"选票"。既然中国希望其货币与债券市场国际化,那么就必须接受国际市场的监督。相反,中国也将使用国际市场管理条例来提高其透明度、加强问责、增加地方政府财政与金融体系监管力度。

如果以人民币计价的债券成了全球安全资产,这将大力推动人民币的国际化,深刻改变国际货币体系。自1945年以来,美元在国际货币体系中发挥着支配作用。2008年金融危机后,世界认识到了美元体系的脆弱性。这样的体系在世界范围内会导致严重的不均衡。一方面,美国通过长期保持贸易逆差不断出口美元。另一方面,许多亚洲国家保持贸易顺差,然后将外汇储备投资回美国。这样的全球失衡在某种程度上引发了2008年的金融危机。但是,全球金融危机目前并没有改变国际货币体系。在此次危机之后,美国成了高债务国,但其仍能轻而易举从国际债券市场筹集低成本资金。与此同时,中国的外汇储备已增至4万亿美元。鉴于美元的主导地位,这一形势很难发生改变。

如果中国完全实现了货币国际化,并使以人民币计价的债券成为全球安全资产,国际货币体系就能有效实现多样化,大幅减少国际投资者对以美元计价的资产(主要为美国国债)的依赖。这就意味着美国将无法再筹集低成本资金来轻松负担其经常账户赤字与财政赤字。如果该情况出现,那么美国就不得不认真考虑重新平衡其经济。为此,美国必须要缩减消费,增加储蓄。因为美国主要与亚洲国家之间存在贸易逆差,所以其经济再平衡必将减少亚洲产品的进口。在这种情况下,亚洲国家无法依赖美国市场支持自身的经济增长,就会转而扩大各自的国内市场。

简而言之,人民币国际化与中国债券市场国际化将建立起一个更加多样化的国际货币体系,减少对于以美元计价的资产的需求,进而

推进全球经济再平衡、促进全球经济稳定。以人民币计价的债券与以美元或欧元计价的债券等其他债券一样,可以形成大型安全资产池,从长远来看能够更好地支持全球金融治理。

参考文献:

Appleson, Jason, Eric Parsons and Andrew Haughwout. 2012. "The Untold Story of Municipal Bond Default." Federal Reserve Bank of New York Working Paper.

Chen, Hong. 2013. "Impact of Sovereign Credit Rating upon Other Ratings." [In Chinese.] *Tribune of Social Sciences*, 8.

IMF. 2012. *Global Financial Stability Report*. April.

Jia, Kang. 2014a. "Issuance of Local Government Bonds Will Significantly Rise in 2015." [In Chinese.] www.gw.com.cn/news/news/2014/0905/200000375831.shtml.

—— 2014b. "China's Government May Increase Its Debt Ratio in the Future." [In Chinese.] *Phoenix Finance*, December 22. www.rmlt.com.cn/2014/1222/362458_2.shtml.

第三部分

国际金融治理中的中国

第九章

国际货币基金组织中的中国

贝丝玛·莫曼尼

中国在国际货币关系中迅速扩大的实力和影响力日益显现，体现在它提供的国际收支融资、作为债务人而提高的影响力和货币在国际储备和交易中更广泛的应用（Helleiner and Kirshner 2014）。本章将关注中国如何使用它在全球日益增长的影响力来塑造它在国际货币基金的争论，特别是从 2000 年它在地区和全球实力同步增长以来。本章的第一部分集中在中国塑造 IMF 治理的作用上，并且思考中国如何利用它在执行委员会中有威望的、拥有单独席位的代表权。利用它在 IMF 执行委员会的席位是一个让其他人在国际经济争论中听到自己的声音的有用的方式，但中国也过度依赖缔结联盟，特别是与金砖四国（非正式联盟，由巴西、俄罗斯、中国和南非组成）等其他新兴市场经济体联盟，获得在一些它努力推动的支持以及试图引发更多的国家关注国际货币基金会管理上的问题。中国也推动 IMF 中智识上的多元化，包括基金会人员招聘和高层管理人员的多元化。尽管国家媒体放出传言，更欢迎一个中国国籍的总裁，但中国并没有在 2011 年为那个垂涎已久的总裁岗位提名候选人名单。但是，它却成功地获得某些安慰：一位中国人被指定为刚创设的副总裁。

本章的第二部分聚焦在中国改革 IMF 监督的作用上。中国批评 IMF 没有能发现因美金的主导地位造成的更广泛的系统风险，中国官员在各种论坛多次宣传这种观点。在 IMF，中国批评了基金会监督工

· 241 ·

作的范围，宣称 IMF 员工花了太多的精力在条款四的磋商等这些双边监督上，而不是检查多边风险和溢出效应。IMF 也多次批评中国的外汇政策，中国把 IMF 的批评看做美国政策偏好的假托。在某些方面，2008 年国际金融危机再次证实了中国长期的涉及 IMF 优先考虑双边监督、忽视多边监督的问题的看法。同时，作为对美国试图利用 IMF 监督机制来要求中国关注人民币低估问题的压力，IMF 也费尽口舌督促中国让货币升值。

第三部分主要关注 IMF 的记账单位——特别提款权（SDR），以及中国长期以来在影响 SDRs 的使用上扮演的角色。中国号召 IMF 让 SDR 向更多的国家开放，以便使国际储备更多样化，而不只是美金。国际货币基金会也评估了吸纳人民币进入它的 SDR 一篮子货币中的前景，但这还没有化为现实。

中国论 IMF 监管

自从 1944 年在美国新罕布什尔州的布雷顿森林村举行的会议的早期起，民国政府（在国民党的领导下）就商议 IMF 的管理结构上就起了举足轻重的作用（Helleiner and Momani 2014，45）。中华人民共和国于 20 世纪 80 年代取得了 IMF 执行委员会的席位，且几十年来一直利用该席位争取增加它自己在执行委员会中的政治和决策权力，也争取全面的对其他新兴市场经济体的权力和影响力（Momani 2013）。获得执行委员会的代表席位给予中国在 IMF 一种有威望的声音，但它并没有代表选举它的其他国家。执行委员会的席位总是给予中国以声音来号召一种质量改善的、范围广泛的 IMF 决策机制。中国主要利用它在 IMF 的席位来号召改革委员会让更多的新兴市场经济体和发展中国家进入委员会。它也号召 IMF 政策的变化，走出基金会现在采纳、并通过给借款的国家附加条件来鼓吹的新自由主义模式。最后，中国在管理改革上的观点还包括号召对用来筛选 IMF 总裁的候选人库进行多样化，且更多地聘用中国的经济学家。

中国一直要求成为实现全球治理改革、特别是 IMF 改革这个更

第九章　国际货币基金组织中的中国

大的目标中的团队一员。除了它在 G20 这些论坛中的显著的作用，中国也利用它在 IMF 的地位来倡导在国际经济结构中向新经济玩家，例如新兴市场经济体转移更多的政治权力。中国把国际治理改革视作考虑新的、面向多极的世界经济的全球性转变的一部分；比起之前在美国主导的单极世界经济中，中国和其他的新兴市场经济体在多极世界经济中给全球经济增长贡献更多。中国经常辩称新的经济玩家——南半球的发展中国家和新兴市场经济体——长久以来在 IMF 投票权里面占有比它应得的更小的份额。例如，发达经济体在 IMF 的投票份额是 60%（2011 年），美国占 17%；所有新兴市场经济体和发展中国家只占 40%，中国不足 6%。相对于它们对全球 GDP 做出的贡献来说，代表权过大的国家是一些欧洲和 G7 成员国。尽管它们在全球经济影响力下降、经济增速下降，它们还一共占有 45% 的投票份额。中国一直主张，因其是目前世界上最大的发展中国家，它倡导它的代表其他国家来校正失衡的观点（Ma 2013）。IMF 改革是创建一个"更公平的系统"中的一部分（Ma 2013）；而且，用中国总理的话来说，IMF 改革也被看做更"全面的"改善需求中的一部分，以便更好地协调联合国机构、G20 和其他国际机构之间的关系（Ma 2013）。在这些机构中美国的主导地位也是国际体系的特点，特别在冷战结束之后。

与它希望全球组织权力向发展中国家转移的观点一致，中国花费了大量的区域性的、国际性的政治和外交精力来推动 2010 IMF 配额和治理改革方案的执行。尽管中国声音响亮，而且得到 G20 和其他国家的附和，几年来因美国议会的搁置该项建议逐渐消亡。2010 年，中国人民银行行长周小川说道："建立平等、丰富的、有秩序的国际金融结构，国际社会赋予改革国际货币基金组织和国际银行很大的重要性，目的是增加发展中国家的代表权和声音，彻底地改善它们的治理结构，切实地提高实现使命的能力……该项改革将会极大地提高 IMF 的合法性和代表性，这些会给所有成员国带来好处。我们号召对改革的理解、支持和贡献"（Zhou 2010c）。

改革 IMF 使发达国家的权力和影响力转移到发展中经济体的要

求与中国所认为的恢复布雷顿森林体系组织合法性的努力密切相关。特别需要指出的，中国之前一直认为 IMF 在处理 1997 亚洲金融危机和它在八九十年代要求其他发展中国家接受财政紧缩的条件中丧失了合法性。

中国辩称亚洲金融危机显现出现存的"国际货币和金融体系不再能够适应国际经济和金融发展的需要，因此，体系需要改革"（戴 1999），而且，IMF 和它在西方国家的支持者也"强迫（发展中）国家按照发达国家的标准来重组经济"（同上）。IMF 要求的财政紧缩的主导模式，发展中国家被迫采纳以交换迫切需要的资金的模式是中国政府在 IMF 会议上质疑的一种模式。为了重塑国际货币和金融体系，需要变革 IMF，防止将来的危机。需要扩大 IMF 的决策组织，涵盖发展中国家，而不只是发达国家。中国试图建立一种"自动调整机制"，用来更好地紧跟国际财富和实力上的分配的变化（Xie 2009）。中国人经常辩称治理改革会改善 IMF 要求的、导致"教条思维"的发展模式（周 2004）。

以上引用的中国的行长的言论显示，中国关注 IMF 的治理结构，中国也感到在 IMF 里它在观念上没有得到足够的代表地位。中国同 IMF 的治理改革合作，希望通过 IMF 更好地反映它在政策和项目制定上的观点和意见。按照 Ferdinand 和 Wang（2013，899）的看法，中国"更想要一个不那么强势的 IMF，一个更类似于交换经济合作、发展和金融监管观念的机构的 IMF，更实用主义、更开放"。中国满怀理想地展望一个 IMF，它更包容一个体系，该体系允许很多国家拥有更大的自由去做试验——制定最适合它们独特情况的政策（同上）。确实，关于 IMF 如何招聘员工、培训员工接受固定的发展模式和观念的看法是 IMF 改革讨论中通常缺失的一部分（见 Momani 2007）。在这个问题上，中国愿意看到国际货币基金组织扩大它的招聘范围，而且"做更多的工作，推动员工技能和经验上的多样化"（Ferdinand 和 Wang 2013，899）。

一般来说，在发展中国家接受教育的 IMF 经济学家很明显在 IMF 中代表性是不够的，而且基金会比较偏好在美国接受教育的经济学家

第九章　国际货币基金组织中的中国

（见 Momani 2005）。中国了解这种趋势就推动一个更广泛的招聘战略。Ferdinand 和 Wang（2013，899）指出，中国在 IMF 的员工组成中代表性太低；比起在国外获得博士学位、现在在 IMF 工作的中国人来说，在中国获得学位的博士、硕士研究生代表性更低。"虽然中国在基金会员工教育水平上进入前十，但只有 0.6% 的博士、1.1% 的硕士和 2.6% 的学士学位是在中国大学取得的"（同上）。相反，IMF 的经济学家新项目招聘的员工 79% 是在英国和美国大学接受教育的，而且 IMF 也确认全球最受欢迎的大学毕业生中绝大多数也是英国人和美国人（Momani 2005）。这一点解释了为什么在基金会工作的中国人主要是在国外接受教育的，因此更不可能反映中国的模式和观念。虽然刚开始人数数量很小，现在有所提高，但考虑到中国经济在全球经济中的分量，工作在基金会的中国人仍然处于比较低的代表性状态。中国认为，通过 IMF 招聘的多元化接纳更多的在中国本土接受教育的经济学家，IMF 对发展模式的认识就不会那么教条了（见 Ferdinand and Wang 2013，899）。

2009 年新近成立的 G20 领导人第三次高峰会议在匹兹堡举行。中国和其他看法类似的国家把日益增强的国际共识——需要促进协调行动以便恢复全球经济稳定——当做一种推动改革的机会，该改革要求重新分配 IMF 的配额，从而更好地反映新兴市场经济体给世界经济做出的贡献。中国副财长朱光耀建议发达国家转移部分投票权重到发展中国家。他特别建议占 IMF57% 的投票权的经合组织发达国家转移部分权利给发展中国家。中国和其他新兴市场经济体希望发达国家转移 7% 的投票权给在 IMF 中总共占 43% 的发展中国家。中国没有得到 7% 的转移承诺，但 G20 同意转移 5% 的发达国家配额给代表性不强的发展中国家。确定配额的修正执行要在 2011 年 1 月前完成，但因为美国政府并不想把提案提交给一个刻意作对的美国国会审议，一拖就是很多年。

在令人失望的号召美国国会通过 2010 配额改革提案（2015 年仍然没有动静）后，中国的官方新闻机构新华社刊登了一篇之后常被引用的文章。文章号召 IMF 改革，使用了一些最激愤的话语。文章写道："华盛顿的政治混乱证实了到了呼唤去美国化的世界的时候了。如最近的危机显示，美国不能管理自身，更不用说领导我们。我们需要一个新的世界秩序"（Chang 2013）。

中国一直试图和发展中国家结盟来推进它的议程，传播它的观点。中国建立一个热衷于 IMF 改革的联盟的最重要的论坛之一是金砖四国论坛。金砖四国第一次在俄罗斯会面，继续在松散的联盟国家背后施加政治和金融影响力。通过金砖四国，这几个新兴市场主要国家往往与 G20、IMF 年度会议等其他高级别的会议同时发布联合公报，表达它们关于全球治理改革的看法。中国利用金砖四国会议让其他人了解它的观点，同时利用"和其他国家召开关于共同利益的事情的会议"作为一个重要的方式，预示"它们把多边合作视为达到更大的目标的工具"（Edwards 2011）。用其他的话说，通过多边行动寻求 IMF 改革，中国看起来像一个"负责任的利益相关者"，它支持多边进程且不利用自身增长的经济影响力来支配新的合作条款的制定。

中国并不热衷于在表达观点的时候以一种独裁或者单边的口吻行事，那是中国经常指责美国，特别是在 IMF 会议中使用的方式。中国，和其他金砖国家一起也在 2009 年宣告它会通过允许暂时购买以 SDR 计价的债券或者准 IMF 票据的机制向 IMF 注入资金。为进一步显示它们是负责任的利益相关者，金砖四国在国际金融危机后 IMF 资金短口大、需求高的时候通过购买这些票据的方式提供了额外的 1500 亿美元，提高了 IMF 的资本金。中国在金砖国家中显示了它的实力，它购买了最大份额的、价值 500 亿美金的 IMF 票据，而其他国家各购买 100 亿美金。中国喜欢和金砖四国结盟，把向 IMF 提供额外的资金的问题和向发展中国家转移投票权和配额的问题联系起来（Glosny 2010）。中国的行动也是想强调它没有"摧毁现存的国际秩序"的野心；相反，它是一个负责任的玩家，通过治理改革、向 IMF 提供资金和恢复 IMF 合法性的方式确保现在体系的持续运营（同上）。

IMF 的领导权，特别是总裁的岗位历史上一直由欧洲人主导。这

第九章 国际货币基金组织中的中国

个在欧洲人以及最大的配额持有者美国人之间的"君子协定"使美国人一直霸占世界银行行长的职位。中国一直反对美国人和欧洲人在布雷顿森林体系机构中的交换原则，号召扩大筛选范围，在 IMF 高级岗位上聘用更多的非欧洲人。中国一直呼吁 IMF 的总裁筛选过程要"公开、透明且以成就为基础"（Xie 2009）。2011 年 5 月，当时的 IMF 总裁 Dominique Strauss-Kahn 因美国的一起丑闻辞职的时候，中国要求 IMF 开放筛选过程，接纳新兴经济体。中国中央银行行长周小川特别告诉法国新闻社："IMF 高级岗位的组成应该更好地反映全球经济结构的变化，更好地代表新兴市场"（引自《中国经济评论》，2011）。中国官方媒体《人民日报》更进一步呼吁希望见到一位中国人获得该职位，文章写道："如果持有 IMF 份额的 24 位执行委员看清了这个问题，并且选择一位中国人做 IMF 总裁，对于崛起的中国，那是一个尊重的标志，也是象征性的、优化国际秩序的一步"（《人民日报》，2011 年）。中国媒体写道：中国人民银行前副行长以及 Strauss-Kahn 总裁的特别助理朱民是一个合适的人选（同上）。但是，选择一个中国人来领导 IMF 并没有实现。

克里斯蒂娜·拉加德（Christine Lagarde）通过个人访问的方式，向中国以及巴西、印度和俄罗斯等在内的很多新兴市场经济体示好，试图获取竞选 IMF 总裁的支持。尽管中国之前针对让欧洲人执掌 IMF 表达了保留意见，在投票的时候中国和其他新兴市场经济体却支持拉加德而不是一个墨西哥人的候选人资格。也许是因为拉加德向中国承诺增设一个第三副总裁的岗位，拉加德在上位之后立刻就宣布了该岗位的增设。在她的第一次新闻发布会上，她说道："世界会继续改变……地壳板块此时此刻还在移动，国际货币基金会的管理和人员结构也要反映这一点"（引自 Wroughton 2011）。朱明被给予新的头衔且拉加德也为这个中国人创设了一个第三副总裁的岗位。这个专为中国人创设的新岗位有效地安抚了中国人向非欧洲人开放总裁岗位的要求。但是，在拉加德离任之后会发生什么以及中国人是否会发起一场运动让中国人执掌 IMF 还有待观察。

中国关于 IMF 监督的看法

　　IMF 监督的目的既报告个别成员国家的也报告全球经济的整体健康情况。理论上，国际货币基金会对成员国数据、信息和官员的了解让它有见识和眼力去预测、警告和评估全球经济和潜在危机。这在过去并不总是很灵，因为 IMF 并没有预测到几个主要的包括 1997 年的亚洲金融危机和 2008 年的国际金融危机在内的金融危机。虽然存在大量的关于危机的原因和危机中的政策错误的争论，但 IMF 却有一个不值得羡慕的重负——作为唯一的机构，人们期望它能够向成员国提供即将来临的经济震荡和潜在增长调整的警告。甚至在国际金融危机前，很多学术界人士和分析家记叙了提高 IMF 监督效率的需要（见 Lombardi and Woods 2008；Eichengreen 2007）。

　　中国也强烈地批评 IMF 监督的方法和主旨，也对它持有保留意见。在国际金融危机发生前的大约 10 年里，中国一直在警告 IMF 监督上太多的资源、精力和研究集中在发展中国家和新兴市场经济体上了，而 IMF 和它的员工对发达国家的发展忽视得太厉害了。中国持续不断地号召 IMF 查看成员国与发达国家之间的系统相关性，把更多的监督精力放在这些国家身上。中国的理论基础是例如美国这些系统上重要的国家有很强的溢出效应，如果存在风险或者做出了错误的政策决定，它们会波及全球经济。简单来说，当系统上重要的国家经济不健康的时候，它们有更大的传染给别人的概率。因为美国和欧洲经济因其拥有高度国际化、自由化的资本市场，所以它们与全球金融经济系统联系得最为紧密。这意味着这些经济体比其他经济体更危险，且能在全球经济中引发负面的多米诺效应（见 Xiao 2000）。

　　中国利用 IMF 年度会议来强调它对 IMF 监督机制的关注。中国人民银行前行长戴相龙（Dai 2002b）说："我们希望，随着全球两个监督工具——《世界经济展望》和《全球金融稳定报告》——之间紧密合作和作用的清晰定位，国际货币基金会的多边监督机制效果更好。现在，基金会应该加强对主要工业国家和重要的金融中心的监督，防止主要货币的大幅度波动，有效地监视国际资本的动向，保证国际金融市场稳健、高效运营，提高世界经济的健康发展"。

督促IMF加倍努力监视美国经济，而不是把注意集中在其他的国家身上是若干年来中国行长们在IMF年度会议上的信息中不变的主题。中国对IMF监督工作的批评在2003年发展成一场争吵，那时中国指责IMF员工在IMF年度条款IV咨询报告中对美国经济过度乐观（见Li 2003）。中国关注美国对伊拉克的入侵、地缘政治上的赌博引起的债务增长以及地缘政治上的冒险对全球经济的影响。2003年中国的Governor Li再次着重指责了IMF员工："IMF现在应该确定优先关注的领域，从而真正加强成员国的危机防范能力"。为了更好地实现危机防范，Li补充道："鉴于现在的世界经济更加依赖于工业国家的经济，IMF需要加强对主要工业国家的宏观经济和肌肉的监督"。对于中国来说，IMF在研究美国经济和它高度国际化的货币的潜在溢出效应上的关注和考量太少了。中国对IMF监督行为的方式失望主要根源在于它相信：美国在意识形态上支持的IMF在干涉一些国家选择管理外汇汇率的方式上脱离了它的使命。中国希望IMF的监督功能是盯住外汇汇率，在汇率符合全球经济稳定和健康的范围内就好。中国一直辩称，国家应该保持在选择适合本国经济的汇率机制上的全部主权而且IMF不应该干涉这些选择，只要那些国家没有导致全球金融动荡就好。

在中国加大了对IMF在监视美国经济上的失职的同时，美国高度关注中国的货币贬值的问题。一些人认为中国的RMB相对于美金可能贬值了25%—50%，这加大了美国的贸易赤字，影响了美国的出口以及导致了美国失业率的居高不下（见Sanford 2006）。IMF的条款IV明白地指出，包括中国在内的成员国不允许操纵和固定自己的货币的汇率来实现不公平的贸易优势。美国政策人士和学术界越来越批评美国政府，特别是IMF没有能够强迫中国调整货币的汇率（同上）。分析人士继续指责中国政府政策如何操纵汇率防止RMB的自然升值。在IMF承认这是一个与（全球经济）发展相关的问题的时候，美国分析人士坚称IMF对中国过于软弱，没有公开地、强烈地谴责中国操纵货币。

美国强硬派评论员认为 IMF 没有做的够多,使中国成为一个更自由的经济,特别是在汇率政策上面。例如 Michael Mussa（2007）暗示 2006 年的员工报告,说 IMF 员工想要中国在汇率上"更灵活"态度是模糊的,而不是强烈批评中国汇率操纵。Mussa 批评 IMF 的亚洲太平洋部没有正确地评估中国汇率操纵的严重程度。作为国际货币基金会前员工和首席经济学家,Mussa（2007,5）强烈批评 IMF: "在公开场合、IMF 执行委员会的讨论中或者在私底下向中国政府指出他们该做什么,在 IV 条款中尽什么具体的责任、什么普遍的责任,这些工作总裁（或者 IMF 其他的高级官员）似乎还没有准备着手去做。"这些强硬的措辞出自 IMF 前高级官员 Mussa 口中很不寻常,他在批评中国上并不孤单。IMF 前员工、IMF 研究局副主任 Morris Goldstein 也加入了这场批判活动中。像 Mussa 一样,Goldstein（2006,150）指责 IMF 在指责中国操纵汇率上"太温和且目标不明朗"。Goldstein 说有"排山倒海般的证据"提交给 IMF,但是基金会"被中国政府对外界就它汇率政策的批评极度敏感所恐吓"（同上）,美国官员和评论者开始越来越向 IMF 施压,要求发挥监督功能,用作一种羞辱中国从而达到变革政策的工具。

美国继续寻找可选用的政策来反击中国货币的持续贬值且迟迟不采取行动。一个选择是把美金—人民币争端提交给 IMF 或者世界贸易组织（Sanford 2006）。2005 年 9 月,美国次财长 Timothy Adams 批评 IMF 没能执行自己的 IV 条款,该条款规定成员国不得进行货币操纵。Adams 指责 IMF "心不在焉",应该公开地挑战中国未能遵守它和 IMF 之间的协议条款的约定的行为（引自 Blustein 2005）。IMF 的总裁 Rodrigo de Rato 回应了 Adam 失职的指责,说基金会已经调查了中国的货币政策,感觉没有必要采取更多的行动（同上）。Rato 回应了基金会应该加大对中国的监管力度的批评,说:"我们作为一个监督工作的保守机密的建议者角色和作为一个透明的法官角色之间存在平衡折中"（引自 Giles and Guha 2006,8）。美国推动 IMF 监督改革不是为了全球社会的无私的善确定全球外汇汇率和现金账户不平衡的

第九章 国际货币基金组织中的中国

原因，而是抗击中国和美国之间的日益增长的贸易顺差，这在美国国会是一个政治上有争议的问题（见 Broome and Seabrooke 2007）。

美国没有缓和对中国的批评。最著名的一次发生在 2005 年，副国务卿罗伯特·B. 佐利克（Robert B. Zoellick）在纽约的国家委员会面前做了一个关于中美关系的态度明确的演讲，他批评中国和 IMF 的关系。佐利克（Zoellick 2005）说："中国很大，经济在增长，它将在未来影响整个世界。对于美国和世界来说，基本的问题是中国如何使用它的影响力？回答这个问题，到了超越向国际体系开放成员资格的时候了。我们需要督促中国成为体系中的一个负责任的利息相关者。中国有责任强化那个使它成功的国际体系"。

后来中国需要成为国际经济中，更重要的是在 IMF 中一个"负责任的利益相关者"的说法慢慢流行起来。美国指责说，中国想实现提高在 IMF 的权力的目标的同时，在货币政策制定方面也要是一个负责任的利益相关者。简单来说，中国不能鱼和熊掌兼得。IMF 这个组织把汇率自由化作为健康的全球经济和贸易体系中的基石性政策工具。中国想在这个组织更有权力，它就需要遵守 IMF 的要求，让它的汇率自由浮动。在美国看来，如果它继续公然摒弃这个自由主义的经济系统的规则，例如灵活汇率的规则，中国则没有道德立场去追求提高它在 IMF 的经济和政治权力。美国很多人同意 IMF 对待中国无能或者软弱的观点，但很多中国官员坚持认为 IMF 把太多的精力集中在汇率机制上面，忽视了其他很多更迫切的问题。

中国货币问题在 IMF 的员工和执行委员会中间一直被热议。一些强化 IMF 监督的建议被认为是提高 IMF 斥责例如中国这些操纵货币的国家的权力的工具。IMF 在 2000 年年中聚焦于中国的汇率问题是中国领导层的关注重点，他们认为 IMF 忽略了美国在引发全球经济和金融动荡上的潜在负面作用。周小川行长（Zhou 2006）在 2006 年的 IMF 年度会议上说："外汇政策只是宏观政策的一部分。每个国家都有权选择与自己的经济发展相一致的外汇体系。如果 IMF 监督错误地集中于汇率水平的评估上或者针对汇率体系是否合适的独立判断上，那就不会是客观的，而且肯定会错过一些更基本的问题。

· 251 ·

这与维持经济和金融稳定背道而驰，偏离了国际货币基金会的使命。"

美金霸权问题以及它导致的全球经济动荡和中国的担心是联系在一起的，中国担心 IMF 过于集中在中国货币的自由化，忘记去监视美国经济的潜在负面影响。中国提出 SDR 的应用是这个问题的解药（在下一部分继续讨论），但中国在 2007 年也反对 IMF 努力改革监督政策的意图。与此同时，IMF 在 IV 条款咨询中对中国越来越强硬。

国际货币基金会的员工起草了一个 IMF IV 咨询条款，指责中国让货币贬值，认为这阻碍了中国官员发布独立的货币政策且导致更高的实际利率，两者都造成国内和国际经济紊乱（见 IMF 2006, 28）。但是，IMF 强迫中国执行汇率自由化的政策的行动是有限的。而且，中国直到 2004 年一直不同意发布原计划每年要发布的 IV 条款咨询报告书。然后，在 2007 年、2008 年和 2009 年中国阻止了 IMF 员工报告的发布（Ferdinand 和 Wang 2013, 903）。中国政府最可能阻止 IMF 员工的 IV 条款咨询报告的公布，因为出现了越来越多的关于中国操纵汇率的批评以及在评估它的外汇汇率的要求（同上）。尽管 IMF 员工向中国施压，相对于美金来说人民币缓慢升值，这暗示着也许外部压力对中国官员产生的作用（同上）。

2007 年，IMF 决定修改它过时的监督政策，通过了《对成员国汇率政策监督的决定》（以下简称"2007 决定"）（见 Lavigne and Schembri 2009）。2007 决定是想加强 IMF 员工和成员国讨论汇率政策的能力，特别是在 IMF 员工相信该政策危及了外部经济稳定的时候（Leckow 2007, 289）。2007 决定也为导致不公平的竞争优势的货币操纵提供了更清晰的定义和指导意见。该决定阐明了"严禁成员国操纵汇率以图获取不公平的竞争优势或者阻碍国际收支的有效调整。因此，一旦发现某成员国违反本规定，货币基金会必须确定成员国在汇率操纵行动中的政策目的和意图"（同上，291）。中国把 2007 决定的两个阐释看做外界意图对它的政策制定作更大的干涉。

针对新推出的监督政策，中国说很"遗憾"2007 决定的通过并且认为它是"鲁莽的"、"缺乏成员国之间的共识",意思是中国觉得美国不顾执行委员会其他成员的意志强行推动 IMF 政策的改变。中国认为 2007 决定再一次忽略了 IMF 应该关注的核心问题,即"是否成员国的汇率机制与它的中期宏观经济政策相一致,而不是外汇水平上"(Wu 2007)。中国希望 IMF 更少的双边监督、而更多的多边监督;而且中国相信汇率政策是一个国家主权问题,它不会导致国际经济动荡。Governor Wu(2007)利用 2007 年年度会议呼吁修改 2007 决定,他说:"基金会也应该采取具体的步骤处理和 2007 决定以及它的应用相关的问题。努力的目标是让基金会能够基于清晰的共识的基础上以审慎、公平和有效的方式落实监督,这样,基金会通过这些监督能极大地促进金融稳定和经济繁荣。"

中国希望 IMF 监督工作仔细地审视作为全球储备货币的发行者的美国,因为美国的资本流动和货币政策会比没有自由化的中国货币产生更大的影响。为了提高 IMF 的监督质量,中国督促 IMF"优先监督正在发生的金融动荡,加强分析的深度,学习教训,倾听成员国的意见……这样基金会就能判断真正的风险在哪里,并且采纳有效的措施维持全球经济和金融体系的稳定和秩序"(Yi 2008a)。中国觉得缺乏对 2007 决定的全体一致的支持也会"对监督决定的有效执行产生负面影响"(Li 2007)。中国官员说,这个"错误聚焦的监督决定阻碍了基金会促进全球经济和金融稳定的使命的履行,损害了它的可靠性"(Yi 2008b)。中国一直在号召撤销或者重新考虑 2007 决定,直到 2012 年新版本发布。

2008 年国际金融危机证实了中国官员的很多关注。中国批评 IMF 聚焦于 2007 决定的形式,而不是全面地理解跨境资本流动。中国坚称如果 IMF 员工听从它的号召在监督工作中加大对美国的审察力度,那么基金会就可能更好地预测并管理国际金融危机的影响。周小川(2010a)在 2010 年向 IMF 行长致辞,他说道:"2007 年匆忙推出的决定包含了很多的瑕疵,而且基金会监督的要求不能满足经济和金融发展的步伐。基金会应该直面这个事实,调整它的监督焦点,改善方法,加强对发达国家、成熟金融市场和跨境资本流动的监督力度，以便避免危机的重演"。

使用一些中国的行长们在 IMF 年度会议上使用过的最严厉的措辞，提出逃避不了的批评，中国（行长的致辞）最后以"我们早就告诉你们这些了"结束。利用这同一个平台，周小川要求基金会监督工作具体地察看发达国家的公共债务，以及它对全球利率、资本流动、通胀和国际贸易的影响。而且，中国希望 IMF 修整它的预警工具，更好地了解金融危机的尾部风险。（同上）

中国对 IMF 2011 年推出的《综合监督决定》所努力推动的监督改革非常满意。新的监督决定允许双边条款 IV 的咨询机制成为进入 IMF 多边监督生成的一个重要的支线。对监督方式的解释以及就汇率政策给予成员国更多的自由和审慎是对之前的 IMF 政策的关键性的改善。而且，新的监督机制通过在 IV 条款报告和多边报告中记述，允许 IMF 研究、证明成员国有风险的政策的潜在溢出效应。实际上，中国坚称新的政策更好地"综合了"IV 条款的咨询工作和例如《世界经济展望》的出版的多边监督进程。中国官员希望新的监督政策能更好地检查宏观经济政策、金融政策和资本流动波动，这些问题可能正从美国这些发行储备货币的经济体波及其他地区（见 Yi 2012）。

在国际金融危机后，IMF 改善了它的监督功能，使它在分析中更有系统性，因为基金会员工利用过去的金融危机中产生的"理论和组织资源"有效地督促 IMF 监督作用的改善（Moschella 2011）。IMF 改善后的监督功能是一种方式，它也能跟得上其他的国际货币和金融机构的"风险的整体性视野"的目的；同时它是一种因素，IMF 员工争取工作范围的延伸的时候用它对这些员工是有利的（同上）。国际金融危机创造了大量的紧急时刻，但 IMF 员工不想行动得太迅速，他们希望看到形态的各种变化，在这一点上他们是策略性的（Moschella 2012）。IMF 员工特别不想挑战国家权威，就像他们和中国政府围绕 2007 决定的争执一样，因为试图对 IMF 监督全面的整修需要执行委员会的支持才行（同上，59）。相反，IMF 员工寻求小的监督变革，这可能是在他们没能警告国际金融危机后受到他们在研究金融市场中的自身智识上的局限所缓和。满足中国在 IMF 中越来越大的影响力毫无疑问是 IMF 员工的一个担忧，但是他们也热衷于研究系统性重要的国家潜在的溢出效应，并且在 2011 年监督决定中争取视野更大的工作。IMF 监督仍然是基金会履行的时候困难重重的一项工作，因为它带来了大量的政治和技术挑战。在提供有助于防止下一次危机的有深度的监督覆盖，同时克制自己不要干涉例如中国这样的国家的内政，因为这些国家对西方的刺激和督促很敏感。在两者之间取得微妙的平衡是 IMF 面临的挑战之一。中国对它的汇率很敏感，很可能继续反对 IMF 提出的似乎给美国经济和贸易利益带来好处的监督和建议（见 Momani and English 2014, 428；又见 IMF 2011b）。

中国关于 SDRs 的看法

十多年以来，中国货币在国际经济中的作用一直是一个引起巨大争议的问题。它该如何拓展？IMF 能够做什么来帮助人民币国际化呢？本书的其他章节研究了中国货币国际化的步骤排序问题，本章就考虑 IMF 的角色以及 IMF 的 SDR 在这些发展中如何扮演角色。中国也看到 SDR 越来越多地被用作一种新的、替代性的储备货币，作为国际货币体系更大的改革需要中的一部分。IMF 在管理改革中扮演中心角色。

中国往往把人民币国际化置于一个乐见 IMF 的 SDR 在世界经济中扮演更大的角色的更宽泛的背景中。不管在贸易、金融或者政治权力中，世界越来越朝多极方向发展。中国认为世界也需要一种新的国际储备货币——很可能就是 SDR，替代现在对美金的事实上的依赖。早在 2002 年，戴相龙行长（Dai 2002a）在对国际货币和金融委员会（IMFC）的致辞中说："很明显，扩大 SDRs 作为一种世界储备货币的使用是有好处的。应该创造条件鼓励这种努力。"2006 年，周小川行长也向 IMFC 陈述了类似的言辞。国际金融危机再次激发中国官员争取增加 SDR 的作用。

在一次中国行长对 IMF 阐述提升 SDR 的角色的详细演讲中，周小川把这个问题置于全球货币体系需要的广泛改革之中。2010年，周提醒 IMFC 20 世纪 70 年代创立 SDR 是为了处理发行美金用于全球储备货币中的危机的。他坚持认为发展中国家最终采用浮动汇率已经忽略处理或者研究 SDR 在帮助维持或者支持国际货币稳定中潜在的作用了。周认为 2008 年全球金融危机和后来的经济衰退应该提醒了相关国家需要改革国际货币体系，并且这样做最好的方式是"提升 SDR 的作用"（Zhou 2010b）。中国外交部部长助理马朝旭补充道，除了拓展 SDRs 的使用，中国想要"改善拥有特别提款权的一篮子货币的组成，打造价值稳定、以规则为基础的有保障的、供应可管理的国际储备货币体系"（Ma 2013）。

  关于提高 SDR 在全球贸易中的作用，中国的行长们是否只是随口说说（one-off statements），以及拓展 SDRs 的使用一直是学界争议的热点问题。Glosny（2010）认为在 2010 年 IMF 的讲话后，中国已经"慢慢地从这个挑战前退缩了"。按照 Glosny 的看法，中国的行长早已在他的讲话中提出了 SDR 选择问题，但中国官员没必要在 G20 高峰会议中讨论这个问题或者提上日程。Chris Buckley（2009）认为"到现在为止金砖四国中最强大的国家中国大体上在俄罗斯叶卡捷琳堡保持沉默。它并没有响应俄罗斯和巴西的试图放松美金在世界金融体系中的支配权的号召"。Glosny 指出了中国官员如何散布这个观点，然后又撤退下来，宣称损害美金作为全球储备货币的地位不是他们的官方看法。例如，外交部副部长何亚飞就宣称美金是"现在、将来若干年最重要的国际储备货币……这就是现实"，同时又补充说，这个问题"现在在学术界还在讨论。这不是中国政府的看法"（引自 Glosny 2010）。

  实际上，学校、学者和官员推动了让 SDR 作为储备货币扮演更大的作用的这个问题的讨论。哈佛大学教授丹尼·罗德里克（Dani Rodrik, 2009）支持在世界金融危机前期让 IMF 发行 SDRs 的观点，他说：

> 对于我来说，这很容易理解。创造全球流动性、使信贷枯竭的新兴市场和发展中国家提高支持的最简单、最快速的方式是让

第九章 国际货币基金组织中的中国

IMF 设计一个新的、巨额的 SDR 分配。弹指一挥事情完成，而且不需要 IMF 去为需要贷款的每个国家商议一个项目……一个普遍化的 SDR 分配——作为追求全球统一的财政刺激而花费一部分资源的承诺的回报——会给这些国家一个为他们自己也为世界上其他地区做有益的事情而不会遭遇名誉上的惩罚的掩护（cover）。

在国际金融危机和 G20 会议号召改革之后，中国欢迎 IMF 研究 SDR 的潜在作用的计划。国际金融危机已经导致使中国人忧心忡忡的"美元流动性的枯竭"，因此中国在 2009 年试图国际化它的货币（Schmelzer 2014）。这个问题现在转变成中国货币是否会接纳在 SDR 一篮子货币中，作为除了美金之外多样化世界资产的一种方式。2010 年 IMF 员工研究了中国货币纳入 SDR 一篮子货币的问题。

2010 年 IMF 报告查看了 2005—2009 年期间，汇率、货物和服务出口、投资流动和储备资产等变量是否对 SDR 估值产生影响。报告中，IMF 说中国是世界上第三大出口国，但以它的观点中国货币还不是一个"可以自由使用的货币"而且没有资格纳入 SDR 一篮子货币中（IMF 2010，3）。中国说 IMF 对 SDR 的研究是"振奋人心的"且 IMF 已经"提供了大量的有建设性的意见"（见 Yi 2011）。IMF 确实记录了一些振奋人心的迹象，例如 21 个中央银行参与中国的货币互换协议使人民币更加"广泛地可交易"这个事实。中国媒体把这当做人民币实际上正在采取"迈向成为储备货币的神圣地位的关键一步"（*China Daily* 2013）。

焦点和注意力现在转到中国实际上是否会使它的货币在全球贸易和交易中自由流动、可使用上。中国官员继续坚持货币国际化需要慢慢来，国内通胀优先考虑的说法。继续指出它的发展中国家的身份，中国强调实际上试图通过货币互换的方式使人民币的使用国际化，但这需要以小的、渐进的方式来做。2013 年 IMF 指出中国在提高外国政府的人民币储备上的努力取得成效。2014 年第一季度，（换算成美金）全球 RMB 作为外汇储备共计 11.86 万亿美金，几个月前只有

11.69亿美金的价值（Schmelzer 2014）。IMF记述了美金之外的国际储备慢慢多样化。例如，在2000年（价值1.52亿美金的储备中）71.1%的储备是美金、18.3%是欧元、6.1%是日元。2014年第四季度，（价值6.21亿美金的储备中）美金下降到60.9%，欧元增长到24.4%，日元下降到3.9%（同上）。可以理解，相对于其他货币，国际储备中的人民币比例仍然有限、不固定。因为当一些国家面临潜在的债务危机的时候，它们并没有选择持有人民币，除非人民币完全国际化了。

除了用作储备外，人民币在国际交易中的使用越来越多，但比其他货币还少得多。2014年8月，按照国际支付系统SWIFT的数据——该数据跟踪且促进金融机构间的金融交易，人民币共计只有交易金额的1.57%，而2013年1月只有0.63%。虽然有所增长，但和其他货币相形见绌。2014年8月，美金占42%（同上）。所以即使中国在国际化货币方面取得了很大的进步，但它离自由使用的阶段还很远。毫无疑问，IMF在未来几年中不会为它开绿灯，让它纳入SDR一篮子货币中。但是，人民币的缓慢自由化对于IMF政策制定来说是一个重要的问题，而且SDR未来的角色仍然在学校和政府里研究和讨论。

IMF在人民币国际化中能够扮演的积极角色是提高他的员工的智识，为观念和政策提供市场信心和合法性。国际金融危机后，IMF对研究这个看法——多样化货币体系，远离美金霸权——很感兴趣。它在2011年的一份报告中写道：

> 只有几种货币真正是全球货币；这意味着效率——假定网络外部性，它产生于经济主体同意使用同一种货币做国际交易的时候。但是，如上面讨论的，它也导致系统脆弱。现在，基金会只承认四种货币可以自由使用，实际上"广泛用来支付国际交易且在主要外汇市场广泛地交易"，即美金、欧元、英镑和日元。这四种货币占全球国际储备的绝大部分，2010年占96%。用国

第九章 国际货币基金组织中的中国

内货币去做国际贸易、借贷和投资的能力降低了国内经济主体的汇率风险。这样，扩大新兴市场国家的货币国际应用能够产生一种汇率风险在国家间均匀分配的状态（而不是发行储备货币的国家承担0风险，其他国家或地区承担所有风险）。在这个过程中，国内金融市场提高了深度和流动性，因为对国内货币的需求和以该货币计价的金融资产数量提高了（IMF 2011a，20；强调系本书所加）。

IMF研究了人民币国际化的问题且发现在两个地方存在进步，一是跨境贸易结算提高了，例如亚洲的货币互换；二是以人民币计价的投资工具增多了。但是，IMF也发现了一些挑战。尽管因中国在国际贸易中的比重越来越大，外界对人民币有很大的潜在需求，IMF货币和资本市场部的人员在一份研究中说，"在供给端还需作出重要的进步，允许外国人能够得到该货币以及以该货币计价的资产用于价值储备。为了满足后者的需求，还存在改革汇率和利率机制以及促进金融部门发展的政策行动的空间"（Maziad and Kang 2012，12）。他们说这可能受制于市场审慎。市场会希望看到自由流动的人民币、一个更发达的资本市场，允许外国贸易商、企业和市场以人民币交易货物和服务（同上）。基金会并没发现中国的政策制定者已经为人民币国际化做好了准备，但它认为市场力量会继续督促它前进。

结 论

很难去预测未来，但很多人相信中国在IMF的影响力会继续提高这一点很清楚。拉加德总裁曾经说过，随着中国经济的增长，基金会把总部设在最大的股东的首都的规则意味着；"例如，按趋势发展，某一天IMF把总部设在北京，我一点也不奇怪"（引自Rastello 2014）。几乎没有人相信在不久的将来这些会发生，但是中国在IMF的崛起在政治、技术和外交上是很明显的。

但是，中国在IMF的崛起还很缓慢。中国不想攫取太多的权力或者西方国家拒绝给予中国更多的权力和影响力，两种情况是否解释了缓慢的原因还有争议。中国当代国际关系学院的 Chen Xiangyang（2013）在《中国日报》里的一篇文章中写道："中国面临的一个迫切的外交挑战来自它持续的经济增长和它作为一个发展中国家这个备受争议的身份。中国面临来自西方国家，还有它的邻居的压力，承担一个经济强国的该承担的更多的责任。他们选择忽略了事实：即使它是世界第二大经济体，中国在 IMF 的人均 GDP 排位世界第 89 位"。

中国希望自己被看做一个发展中国家，其他人期望它以一个超级大国来行动，中国需要管理两者之间的紧张。一方面，中国希望作为一个发展中国家取得影响 IMF 和其他国际经济和政治论坛上的议题的合法性。实际上，中国在脱贫以及经济现代化上取得的进步并不是小小的成就。但是，对于中国的农村社区，政府还需继续努力，这一点千真万确。尽管中国积累了财富、影响力和国际贸易实力，它仍然是一个发展中国家。

除了考虑自己的多重身份之外，中国还尽力去平衡不同的国际、国内利益。它放慢人民币国际化推进的速度是出于对国内恶性通胀的顾虑。它平衡国内因素和让货币国际化使人民币成为世界上硬通货之一的需求。毫无疑问，美国在支持或者挑战中国的政策选择上扮演着重要的角色。美国一直不愿把在 IMF 的权力拱手交给中国，它还重视它在基金会的智识主导地位。当经济现实必然使中国在 IMF 治理问题上话语分量上升的时候，关于中国是否会通过类似它反对 2007 监督决定的各种游说来提高它在 IMF 的智识上的声音的问题，目前还不能清晰地判断。

在 IMF 利用这种分裂的人格或者身份来影响它的观点已经困惑了外界的分析人士。当中国要求 IMF 不再聘任欧洲籍的总裁的时候，看到中国投票赞成克里斯蒂娜·拉加德是令人困惑的。当中国督促更严厉地监督系统中重要的国家的时候，中国并没有把自己的全球贸易地位视作系统性风险的来源也是令人困惑的。而且最后，在中国号召降低世界上对美金的依赖的时候，它没有自由化它的货币，使它成为

第九章 国际货币基金组织中的中国

另一个国际货币。政治和经济分析人士既惊叹中国的成就，又对它感到迷惑，它在 IMF 的行动以及它对 IMF 做的事情也不是例外。

参考文献

Blustein, Paul. 2005. "IMF Chief Pressured on Trade Imbalances." *The Washington Post*, September 29, D1.

Broome, Andre and Leaonard Seabrooke. 2007. "Seeing like the IMF: Institutional Change in Small Open Economies" *Review of International Political Economy* 14 (2): 576 – 601.

Buckley, Chris. 2009. "Much-Trumpeted BRIC Summit Ends Quietly." Reuters, June 17. www. reuters. com/article/2009/06/17/us-bric-summit-idUSTRE55G20B20090617.

Chang, Liu. 2013. "Commentary: U. S. Fiscal Failure Warrants a De-Americanized World." Xinhuanet, October 13. http://news. xinhuanet. com/english/indepth/2013 – 10/13/c_ 132794246. htm.

Chen, Xiangyang. 2013. "Diplomatic Balancing Act." China Daily. com. cn, March 7. http://europe. chinadaily. com. cn/opinion/2013 – 03/07/content _ 16286675. htm.

China Daily. 2013. "A Step toward RMB Internationalization." China Daily. com. cn, October 16. http://europe. chinadaily. com. cn/business/2013 – 10/16/content_ 17036765. htm.

China Economic Review. 2011. "China Says Emerging Nations Should Help Control IMF." *China Economic Review*, May 20. www. chinaeconomicreview. com/content/china-says-emerging-nations-should-help-control-imf.

Dai, Xianglong. 1999. "Statement by Mr. DAI Xianglong, Governor, People's Bank of China at the Fifty-Third Meeting of the Interim Committee of the Board of Governors of the International Monetary System." International Monetary Fund, September 26. www. imf. org/external/am/1999/icstate/chn. htm.

——2002a. "IMFC Statement by Mr. Dai Xianglong, Governor of the People's Bank of China, International Monetary and Financial Committee, Fifth Meeting, Washington, DC." IMF International Monetary and Financial Committee, April 20. www. imf. org/external/spring/2002/imfc/stm/eng/chn. htm.

——2002b. "Statement by Mr. Dai Xianglong, Governor of the People's Bank of China, IMFC Meeting, Washington, D. C. " IMF, International Monetary and Financial Committee, September 28. www.imf.org/external/am/2002/imfc/state/eng/chn.htm.

Edwards, Martin S. 2011. "China an Active and Stable Force in Multilateral Organization." China-US Focus. June 2. www.chinausfocus.com/finance-economy/china-an-active-and-stable-force-in-multilateral-organizations/#sthash.ygVMXYNH.dpuf.

Eichengreen, B. 2007. "A Blueprint for IMF Reform: More Than Just a Lender. " *International Finance*, 10 (2): 153 – 75.

Ferdinand, P., and J. Wang. 2013. "China and the IMF: From Mimicry towards Pragmatic International Institutional Pluralism. " *International Affairs*, 89 (4): 895 – 910.

Giles, Chris and Krishna Guha. 2006. "Interview with Rodrigo de Rato. " *Financial Times*, January 28.

Glosny, M. A. 2010. "China and the BRICs: A Real (but Limited) Partnership in a Unipolar World. " *Polity* 42 (1): 100 – 129. www.palgrave-journals.com/polity/journal/v42/n1/full/pol200914a.html.

Goldstein, Morris. 2006. "Currency Manipulation and Enforcing the Rules of the International Monetary System. " In *Reforming the IMF for the 21st Century*, edited by Edwin M. Truman, 150 – 151. Washington, DC: Institute for International Economics.

Helleiner, E., and J. Kirshner, eds. 2014. *The Great Wall of Money: Power and Politics in China's International Monetary Relations*. Ithaca, NY: Cornell University Press.

Helleiner, E., and B. Momani. 2014. "The Hidden History of China and the IMF. " In *The Great Wall of Money: Power and Politics in China's International Monetary Relations*, edited by E. Helleiner and J. Kirshner. Ithaca, NY: Cornell University Press.

IMF. 2006. "IMF Article IV Consultation for the People's Republic of China. " IMF Country Report 06/394.

——2010. "Review of the Method of Valuation of the SDR — Prepared by the Finance Department in Consultation with the Legal and Other Departments. " IMF, October 26. www.imf.org/external/np/pp/eng/2010/102610.pdf.

—— 2011a. "Strengthening the International Monetary System: Taking Stock and Looking Ahead." IMF Policy Paper. www.imf.org/external/pp/longres.aspx?id=4548.

—— 2011b. "Consolidated Spillover Report." IMF: Washington, DC. www.imf.org/external/np/pp/eng/2011/071111.pdf.

Lavigne, R., and L. Schembri. 2009. "Strengthening IMF Surveillance: An Assessment of Recent Reforms." Bank of Canada Discussion Paper No. 2009-10.

Leckow, R. 2007. "The IMF and Crisis Prevention — The Legal Framework for Surveillance." *Kansas Journal of Law & Public Policy* 17 (2): 285-94. http://law.ku.edu/sites/law.drupal.ku.edu/files/docs/law_journal/v17/leckow.pdf.

Li, Ruogu. 2003. "IMFC Statement by Mr. Li Ruogu, Assistant Governor of the People's Bank of China." IMF, International Monetary and Financial Committee, April 12. www.imf.org/external/spring/2003/imfc/state/eng/chn.htm.

Li, Yong. 2007. "Statement by the Hon. Li Yong, Alternate Governor of the World Bank Group for People's Republic of China, at the Joint Annual Discussion—Press Release No. 34." IMF, October 22. www.imf.org/external/am/2007/speeches/pr34e.pdf.

Lombardi, D., and N. Woods. 2008. "The Politics of Influence: An Analysis of IMF Surveillance." *Review of International Political Economy* 15 (5): 711-39.

Ma, Zhaoxu. 2013. "Balanced World Community." China Daily.com.cn, February 20. http://europe.chinadaily.com.cn/opinion/2013-02/20/content_16238842.htm.

Maziad, S. and J. S. Kang. 2012. "RMB Internationalization: Onshore/Offshore Links." IMF Working Paper. IMF: Washington, DC. www.imf.org/external/pubs/ft/wp/2012/wp12133.pdf.

Moschella, Manuela. 2011. "Lagged Learning and the Response to Equilibrium Shock: The Global Financial Crisis and IMF Surveillance." *Journal of Public Policy* 31 (2): 1-21.

—— 2012. "IMF Surveillance in Crisis: The Past, Present, and Future of the Reform Process." *Global Society* 26 (1): 46-60.

Momani, B. 2005. "Recruiting and Diversifying IMF Technocrats." *Global Society*, 19 (2): 167-87.

—— 2007. "IMF Staff: Missing Link in Fund Reform Proposals." *The Review of*

International Organizations 2（1）：39 – 57.

―――. 2013. "China at the International Monetary Fund： Continued Engagement in Its Drive for Membership and Added Voice at the IMF Executive Board. " *Journal of Chinese Economics* 1（1）.

Momani, B. , and K. A. English. 2014. "In Lieu of an Anchor： The Fund and Its Surveillance Function. " In*Handbook of the International Political Economy of Monetary Relations*, edited by Thomas Oatley and W. Kindred Winecoff, 428 – 49. Cheltenham, UK and Northampton, MA： Edward Elgar Publishing.

Mussa, Michael. 2007. "IMF Surveillance over China's Exchange Rate Policy. " Paper presented at the Conference on China's Exchange Rate Policy, Peterson Institute, October 19. www. piie. com/publications/papers/mussa1007. pdf.

People's Daily. 2011. "IMF's New Chief Should Come from China. " *People's Daily*. http：//en. people. cn/90001/90780/91421/7385729. html.

Rastello, Sandrine. 2014. "Beijing-based IMF? Largarde Ponders China gaining on US Economy. " Bloomberg, June 6. www. bloomberg. com/news/2014 – 06 – 06/beijing-based-imf-lagarde-ponders-china-gaining-on-u-s-economy. html.

Rodrik, Dani. 2009. "Why Don't We Hear a Lot More About SDRs?" Debate： Macroeconomics, a Global Crisis Debate, VoxEU. org, February 4. http：//voxeu. org/debates/commentaries/why-dont-we-hear-lot-more-about-sdrs.

Sanford, J. E. 2006. "China, the United States and the IMF： Negotiating Exchange Rate Adjustment. " Washington, DC： Congressional Research Service, April. http：//digital. library. unt. edu/ark：/67531/metacrs9142/m1/1/high_ res_ d/RL3 3322_ 2006Mar13. pdf.

Schmelzer, Vicki. 2014. "Analysis： Dollar Still Premier Reserve Currency, For Now. " MNInews. com, September 2. https：//mninews. marketnews. com/index. php/analysis-dollar-still-premier-reserve-currency-now? q = content/analysis-dollar-still-premier-reserve-currency-now.

Wroughton, L. 2011. "Lagarde to Give China Senior IMF Job： Sources. " Reuters, July 6. www. reuters. com/article/2011/07/06/us-imf-lagarde-china-idUS-TRE7655JM 20110706.

Wu, Xiaoling. 2007. "IMFC Statement by Madam Wu Xiaoling, DeputyGovernor, People's Bank of China, International Monetary and Financial Committee Sixteenth Meeting. " IMF International Monetary and Financial Committee, October 20.

www. imf. org/External/AM/2007/imfc/statement/eng/chn. pdf.

Xiao, Gang. 2000. "Statement by Mr. Xiao Gang, Deputy Governor of The People's Bank of China and Alternate Governor of the Fund for China, to the International Monetary and Financial Committee." IMF, International Monetary and Financial Committee, April 16. www. imf. org/external/spring/2000/imfc/chn. htm.

Xie, Xuren. 2009. "Statement by the Hon. Xie Xuren, Governor of the World Bank Group for People's Republic of China, at the Joint Annual Discussion." IMF, October 6 – 7. www. imf. org/external/am/2009/speeches/pr08e. pdf.

Yi, Gang. 2008a. "Statement by the Hon. Yi Gang, Governor of the IMF for People's Republic of China, at the Joint Annual Discussion—Press Release No. 16," IMF, October 13. www. imf. org/external/am/2008/speeches/pr16e. pdf.

—— 2008b. "IMFC Statement by YI GANG, Deputy Governor, People's Bank of China, International Monetary and Financial Committee Eighteenth Meeting." IMF International Monetary and Financial Committee, October 11. www. imf. org/External/AM/2008/imfc/statement/eng/chn. pdf.

—— 2011. "IMFC Statement by Yi Gang, Deputy Governor, People's Bank of China, People's Republic of China, International Monetary and Financial Committee Twenty-Third Meeting." IMF, International Monetary and Financial Committee, April 16. www. imf. org/External/spring/2011/imfc/state.

—— 2012. "Statement by the Hon. Yi Gang, Alternate Governor of the IMF for People's Republic of China—Press Release No. 19." IMF, October 12. www. imf. org/external/am/2012/speeches/pr19e. pdf.

Zhou, Xiaochuan. 2004. "Statement by the Hon. Zhou Xiaochuan, Governor of the Fund for the People's Republic of China, at the Joint Annual Discussion—Press Release No. 32." International Monetary Fund, October 3. www. imf. org/external/am/2004/speeches/pr32e. pdf.

—— 2006. "IMFC Statement by Zhou Xiaochuan, Governor, People's Bank of China, International Monetary and Financial Committee Thirteenth Meeting." IMF International Monetary and Financial Committee. April 22. www. imf. org/External/spring/2006/imfc/statement/eng/chn. pdf.

—— 2010a. "IMFC Statement by Zhou Xiaochuan, Governor, People's Bank of China, International Monetary and Financial Committee Twenty-First Meeting." IMF, International Monetary and Financial Committee, April 24. www. imf. org/External/

spring/2010/imfc/statement/eng/chn. pdf.

———— 2010b. "IMFC Statement by ZHhou Xiaochuan, Governor, People's Bank of China, International Monetary and Financial Committee Twenty-Second Meeting." IMF, International Monetary and Financial Committee, October 9. www. imf. org/External/AM/2010/imfc/statement/eng/chn. pdf.

———— 2010c. "Statement by the Hon. Zhou Xiaochuan, Governor of the IMF for People's Republic of China—Press Release No. 47." IMF, October 8. www. imf. org/external/am/2010/speeches/pr47e. pdf.

Zoellick, Robert B. 2005. "Whither China: From Membership to Responsibility?" Remarks to the National Committee on the United States and China Relations, presented in New York City, September 21. www. disam. dsca. mil/pubs/INDEXES/Vol%2028_2/Zoellick. pdf.

第十章

中国参与 G20：回顾、展望、战略与议程

何兴强

近年来，在国际经济治理问题上，中国愈来愈希望展现其作为一个负责任大国所具备的能力。这表现于中国在二十国集团（G20）中发挥着愈来愈重要的作用。同时，中国也将 G20 视为促进全球治理的理想平台。2008 年，全球金融危机（GFC）在之后的复苏阶段中恰合时宜地为中国提供了一个能够应对自如、进行积极合作的良机，最为显著的即美国所采取的大规模协同财政刺激行动。

本章阐述了中国在 G20 中发挥着愈来愈积极的推动作用，并表明中国虽在 2010 年与 2011 年采取了暂时性的防御姿态（这由全球失衡局势下针对中国汇率政策的非议所致），但在谨慎处理欧洲债务危机、解决针对全球失衡的非议所引发的压力之后，2013 年中国重新开始发挥积极主动的作用。

中国对维护 G20 国际重要地位的持续支持是其希望积极参与全球治理的一大证明。中国无意在议程制定中占据领导地位，相反，中国希望其他国家能够将其视为伙伴，互相尊重、平等相待。中国承认其与美国及其他西方国家相比，仍处于相对弱势地位，且正在利用其在论坛中的地位，加强与其他成员国（主要为美国）的关系，并推动国内改革。

许多学者回顾了中国自 2008 年以来在 G20 峰会中所发挥的作

用，本章则主要对中国的政策制定进行探究，这是因为中国的政策制定与其在论坛中的参与密切相关，而且能够显现出影响中国行动的首要因素。再者，中国的政策制定也体现了论坛三大主要议题、中国自身的全球经济治理目标，以及中国作为最大发展中国家的根本利益。由于中国是全球最大贸易国，也是全球最大的发展中国家，因此其有责任推动贸易与发展这两大利益相关领域的进步。此外，在能源治理（G20 对这一议题的关注甚少）这一主题上，中国作为最大的能源进口国之一自然在这方面首屈一指。结尾部分则重新审视了中国在 G20 中的目标，进而做出了简短的评价，并详述了中国提出的新外交战略及 2016 年中国主办 G20 峰会所拥有的优先权。

中方对 G20 峰会中中国的回顾

G20 峰会是中国的理想平台

从贸易总量与经济规模来看，中国是世界领先的经济体之一，其在 21 世纪初表现出了对于参与各种全球经济治理与全球经济组织的兴趣，并希望以此展现其作为一个负责任的大国的能力（Wang and Li 2012）。21 世纪初，八国集团（G8）曾考虑邀请中国加入，这实际上意味着中国必然要在国际事务中发挥一定作用。然而，鉴于加入 G8 之后将面临一系列不利的挑战，中国最终还是没有加入 G8。首先，如果加入 G8，中国将成为该集团中唯一的发展中国家，基于俄罗斯的经验，中国可能会遭受一些不平等的待遇。其次，中国担心其作为一个发展中国家，加入 G8 需要承担远远超过其能力的责任与风险，进而可能影响其国内的快速发展。出于这些原因，中国做出了一个理性的选择，没有加入 G8，而是成为 G8 的对话伙伴。

相较之下，G20 为中国提供了一个适时、理想的机会，使其在国际经济治理中发挥更为重要的角色。G20 能够良好解决中国关于 G8 的忧虑，且 G20（而非 G8）的快速发展标志着新兴经济体整体的崛起，这也是西方国家今后无法回避的一个事实（Chen 2009；Cui 2009；Li 2009）。中国的学者将这一变化理解为西方国家对中国"和

第十章　中国参与 G20：回顾、展望、战略与议程

平发展道路"的认可。这一道路强调融入现有的国际经济秩序，而非对其进行争论（Chen 2009）。

2008 年与 2009 年：世界经济的"救星"

G20 领导人第一次峰会在华盛顿举行，该峰会的重点为在全球金融危机后推动国际经济的复苏。会议期间，美国鼓励各大经济体合力采用刺激政策，这一积极措施能够促进摆脱全球经济衰退。国际货币基金组织（IMF）也要求进行大规模财政刺激，总额高达全球 GDP 的 2%。在出席此次峰会之前，中国实施了 4 万亿人民币（约合美元 5800 亿）刺激计划。在之后 2009 年的 G20 伦敦峰会中，中国与其他成员国一道宣布了一项为世界经济注资 1.1 万亿美元的刺激计划，并拨款 500 亿美元来加强 IMF 的抗风险能力。之后，美国财政部长蒂莫西·盖特纳（Timothy Geithner）与其他领导人[①]一道赞扬了中国在拉动国内需求方面做出的努力（Geithner 2009）。中国媒体则在随后的报道中将中国描绘为世界经济的"救星"（Yang and Chong 2013）。

除了在刺激世界经济中发挥重要作用，中国还加入了三个世界上最高级的国际金融标准制定机构。这三大机构分别为：金融稳定董事会（FSB）、巴塞尔银行监管委员会（BCBS）与国际清算银行全球金融系统委员会。在 IMF 与世界银行的管理下，中国在国际上所发挥的积极主动的作用有助于其增加新兴市场经济体有表决权的股份。

最后需要注意的是，中国这些最初的行为看似十分无私，但事实上也的确符合其国家利益。中国之所以出台这些一揽子经济刺激计划，是因为中国最高领导人担心全球金融危机会拖累中国经济增长，波及中国的政治稳定与社会稳定。

[①] 时任澳大利亚总理陆克文（Kevin Rudd）、IMF 总裁多米尼克·斯特劳斯—卡恩（Dominique Strauss-Kahn）、美国财政部国际事务处副部长大卫·麦考密克（David McCormick）、世界银行总裁罗伯特·佐利克（Robert Zoellick）、巴西财政部长吉多·曼特加（Guido Mantego）（China.com 2008；Xinhua News 2008）。

2010 年：失望甚于突破

2010 年，G20 多伦多峰会打击了中国对 G20 的热情与期待。此次峰会的焦点从危机应对转变为金融市场改革，发展中国家的声音逐渐失去了重要性。从这层意义上说，与之前的 G20 峰会相比，多伦多峰会更像是七国集团的一场会议（He 2010）。中国的提案（尤其是针对加强布雷顿森林体系中发展中国家声音的提案）被美国和欧洲国家忽略了。而且，发展与反贸易保护主义这两大议题与发展中国家联系最为紧密，但与发达国家的宏观经济协调与金融稳定等议题相比，这两大议题要想在其中突显出来十分不易。2010 年多伦多峰会和首尔峰会标志着中美两国在人民币估值和全球失衡这两大棘手问题上暂时性缓和的结束。

多伦多峰会召开一周前，在中国人民银行（PBoC）的支持下，中国政府宣布重新启动汇率自由化。此举意在使峰会转变为一个推动中国货币（人民币）升值的平台。与此同时，许多 G20 成员国仍在犹豫是否要将稀缺的政治资本运用在这一敏感问题上，进而向中国加压。美国意图在这一问题上赢得其他 G20 成员国的支持，重新启动汇率自由化则可以使美国所做的努力复杂化。同年 6 月，中国决定退出与美元挂钩制度，人民币小幅增长，再度引发了来自美国财政部的批评。为了对不断增长的压力进行回应，中国人民银行推动了人民币升值，人民币兑美元在 9 月 1 日—10 月 15 日快速增长了 2.5%（参见图 1）。人们普遍认为此举意味着中国停止对美国的支持。此后不久，美联储在首尔峰会前宣布启动新一轮量化宽松（QE）政策，这为中国回击美国提供了额外的论据。

美联储的非常规货币政策可能对新兴市场的金融稳定与宏观经济稳定存在不利影响，中国财政部副部长朱光耀表达了对此的忧虑。他不是唯一的反对声音，德国也对过度"印钞"存在的风险表示了担心（Dyer 2010）。[①] 不过，最后的领导人宣言包括"迈向由市场决定

[①] 讽刺的是，2015 年初欧洲自己也推行了量化宽松计划。

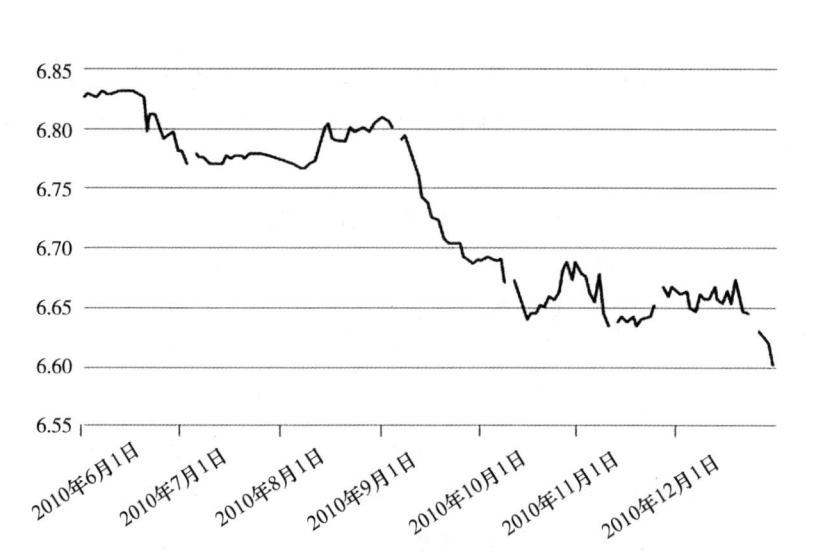

第十章　中国参与 G20：回顾、展望、战略与议程

图 1　中国/美国汇率

资料来源：Federal Reserve Economic Data（2014）.

的汇率机制，并增强汇率弹性以反映经济基本面"这一措辞模糊的承诺。① 这一措辞确保中国能过按照自身条件推进其汇率改革。

2010 年 10 月，美国财政部企图再次获得来自 G20 各国财政部长与央行行长的支持。时任美国财政部长蒂莫西·盖特纳提出在经常账户失衡上设限，限额为 GDP 的 4%，这将在 2015 年前逐步落实。鉴于 2009—2010 年美国的财政赤字约为该国 GDP 的 3%，这一提议无疑成了众矢之的。几周后，中国人民银行副行长易纲表明"2007 年，中国的财政盈余达到国民生产总值的 11%，2009 年达到了 5.8%，中国（计划）在未来三到五年内将这一比值减少到 4%"（Xie 2010），从而引发了更多的批评。由于中国支持盖特纳的提议，这使美国减轻了压力，因此在首尔峰会召开的两周前，美国减少了对中国人民币政策的抨击。此外，美国财政部推迟公布了一年需向国会提交两次的《国际经济和汇率政策的报告》。报告概述了与货币操控有关的问题，盖特纳还公开指出了自 9 月初以来人民币强劲的升值趋势。

---

① 参见 www.g20.utoronto.ca/2010/g20seoul-doc.html#framework。

盖特纳所提议的针对经常账户的限制似乎具有一定可行性,这甚至暗示着美国在政策选择上欢迎来自外界的约束(Truman 2010;Walter 2012)。

然而,其他出现财政盈余的国家(如德国、日本、巴西和澳大利亚)则强烈反对这一提议。这些国家担心盖特纳设定的这一指标可能存在不利影响,更确切地说,达不到这一要求会带来一定压力。与德国讨论之后,中国改变了原来的立场,以开放的心态面对来自美国的压力(Walter 2012;Beattie 2010)。事后看来,中国错失了一次与美国达成共识的重要机会(Guo 2013)。自 2011 年以来,中国的经常账户失衡低于 4%,IMF 预计这一数值到 2019 年将降低至 3% 以下,中国无须宏观经济调整就能够完全达到盖特纳所提的要求。这继而会使美国财政部难以支持其人民币在任何实质意义上被估价过低的论点。

2011 年与 2012 年:从捍卫汇率政策到援助欧洲

2011 年 1 月,中国国家主席胡锦涛访问美国并发表了联合声明,他在其中承诺要加大人民币弹性。在同年 2 月与 4 月的部长级会议期间,法国总统尼古拉斯·萨科奇(Nicolas Sarkozy)坚决要求在中国举办关于国国际货币体系的 G20 研讨会。鉴于中国对美法两国批评与施压的反抗,G20 官方的部长级声明没有直接针对中国,而是总体强调了新兴市场经济体要"(增强)汇率弹性"[1]。而且,在外部失衡方面,所有的决策都要"适当考虑汇率、财政政策、货币政策及其他政策"[2]。IMF 总裁克里斯蒂娜·拉加德(Christine Lagarde)在评论里强调了 G20 公报对"考虑"这一用词的审慎选择,从而为中国挽回了面子(Tongkui Chen 2011)。

2011—2012 年,G20 的首要关注点从全球失衡转为欧元区债务危机的爆发。中国应对了这一问题,虽不情愿但也解决了这一危机,

---

[1] 参见 www.g20.utoronto.ca/2011/2011-finance-110219-en.html。
[2] 同上。

第十章 中国参与 G20：回顾、展望、战略与议程

这是因为此举有助于进一步拓展中国在国际治理方面的足迹，并展示中国作为一个负责任大国的意愿与能力。

金融专家与公众建议中国作为一个贫穷的发展中国家要谨慎行事，不要对援助欧洲做出过分承诺（Wu and Li 2011；彭博新闻社 2011；中国新闻周刊 2011）。中国心照不宣地在戛纳峰会上对欧债危机采取了"观望"的态度。中国领导人表达了他们已经准备好"与国际社会合作，参与解决欧洲债务问题"，但同时认为欧洲有能力克服困难，维持自身的经济稳定与发展（Wu and Li 2011）。

2012 年，欧债危机进一步加剧，中国大幅减少了对欧洲的出口，由此引发了强烈的反响。援助欧洲的途径之一为购买欧洲债券。① 然而，事实立即表明这一途径是行不通的，因为欧洲无法达到中国的购买要求，主要体现在以下两点：在各大国际论坛［如世界贸易组织（WTO）］中承认中国市场经济体的地位、放松向中国出口高新技术的管制。取而代之的是，中国选择了重新考虑其在应对全球金融危机中使用的模式，并向 IMF 提供大量资源。在 2012 年 6 月的洛斯卡沃斯峰会上，中国向 IMF 注资 430 亿美元。许多中国学者对这一决定表示支持，但决定并没有达到大众的认可。

与直接购买欧洲的主权债券相比，通过向 IMF 注资来援助欧洲更为安全。此外，许多人认为中国投资于美国国债的外汇储备过多，因此向 IMF 注资也为中国减少这一相对份额提供了机会。而且，与 IMF 合作也有助于促进人民币国际化，增强中国在国际货币体系中的管理作用。

民意在中国的对欧政策中变得愈来愈重要。媒体开始强调中国面临的经济问题与社会问题，从而提高了公众对援助欧洲的敏感度

---

① 根据中国海关总署的数据，2012 年上半年中国对欧盟的出口同比下跌 0.8%，2012 年全年中国对欧盟的出口同比下跌 6.2%。数据可见 www1.customs.gov.cn/tabid/49129/Default.aspx。中国商务部长援引欧盟统计局数据，指出 2012 年 1—9 月，欧盟来自中国的进口下跌了 9.7%。数据可见 http://countryreport.mofcom.gov.cn/record/view110209.asp?news_id=32682。

(Jiang 2012)。① 中国人民银行因此不得不解释为什么中国作为一个贫穷的发展中国家、作为一个存在普遍不平等现象的国家，要帮助拥有较高生活水平的欧洲国家纾困。在这一问题上，中国人民银行的解释是，430亿美元的注资属于预防性信贷额度，这也就是说并非一定要足额拨款。这强调了"由于要定期支付利息，IMF通过票据买卖向中国进行贷款的本金是安全的。参与为IMF增资符合中国的利益，也符合中国的国际地位与责任"（PBoC 2012）。

2013年与2014年：G20与中国的新起点？

截至2013年，中国的经常账户盈余大幅下跌，导致了对这一问题敏感度的降低。如今，失衡问题需要在更广阔的视野下加以应对，因为失衡问题在其他国家的分散加剧，从而扩大了全球失衡的总规模。

中国一直以来都在G20讨论中发挥着积极的作用，习近平主席也展望了中国对G20的目标：促进全球宏观经济协调；保持一个开放的全球贸易体系；继续推进国际金融改革（尤其是新兴市场经济体在IMF的有表决权的股份）；并将人民币纳入特别提款权（SDR）的货币篮子。习近平坦言，在国内，中国应采取一系列的结构调整，从而将经济增长从由出口驱动转变为由消费驱动。② 这与其他G20成员国的观点一致，因为《圣彼得堡峰会领导人宣言》强调了出现财政盈余的国家需要拉动内需促进增长，而出现财政赤字的国家则要争取更有弹性的汇率、增加储蓄，以及提高竞争力。③ 在2014年布里斯班峰会后，G20各成员国领导人在《布里斯班行动计划》中承诺要促进全球经济增长，提供平等的就业机会，提高世界人民生活水平，并承诺到2018年至少要将G20成员国的GDP额外增加2%。这

---

① 不幸的是，目前很难找到有关中国对欧财政援助的民意调查。不过，关于这一问题的新闻报道则来源于中国成千上万条表现出高度敏感的微博。例如，参见 Edwardsand Kang Lim (2011) 和 Reuters (2011)。

② 这里讨论的是习近平主席在2013年10月亚太经合组织（APEC）工商领导人会议上的演讲。演讲稿可见 http://news.xinhuanet.com/world/2013-10/08/c_125490697.htm。

③ 参见 www.g20.utoronto.ca/2013/2013-0906-declaration.html。

第十章 中国参与 G20：回顾、展望、战略与议程

将持续推动 G20 从一个危机应对机构转变为一个筹划全球经济增长议程的世界经济指导委员会。在 G20 峰会中，中国提出了三点建议：创新发展模式、建设开放型世界经济，以及完善全球经济治理。第一点建议是新提出的，更具体地说，创新发展模式即将互联互通作为核心议题之一，支持二十国集团成立全球基础设施中心，并将通过践行"一带一路"倡议①、亚洲基础设施投资银行（AIIB）、丝路基金等途径，为全球基础设施投资做出贡献。对中国而言，布里斯班峰会最大的成就在于宣布中国将主办 2016 年的 G20 峰会，这为中国在众多议题方面领导二十国集团提供了一个契机。中国期待推动 G20 论坛在全球治理方面进行更多合作。

中国对外经济政策的制定及其对中国参与 G20 的影响

20 世纪 90 年代以来的中国对外经济政策制定模式

中国的经济外交自 20 世纪 90 年代萌芽，始于一次中国的入世谈判。自此之后，中国陆续加入了许多国际经济组织，经济外交的重要性也就日益凸显出来了。

中国经济外交的建设与创新涉及众多部门。例如，商务部负责商务外交，而财政部（MoF）与中国人民银行则负责金融外交。由不同部门共同负责经济外交无疑会导致许多问题，最大的问题恐怕还是有关于协调与整合的问题。为妥善处理这些问题，中国任命了一名副总理来监督所有的经济外交事务。我们可以将该经济政策制定结构称作集体决策流程，这也不失为最恰当的表述。该经济政策制定结构也体现在"分散—集中"②的管理模式中。这一管理模式以部门网络为特

---

① 此处指的是丝绸之路经济带与 21 世纪海上丝绸之路。前者通过中亚与西亚将中国与欧洲联系起来，后者则将中国与东南亚国家、非洲以及欧洲联系起来。
② "分散—集中"这一术语是分散型政策制定模式与集中型政策制定模式的结合。大部分决策是在部级层面做出的，不需要协作进行。具有重大影响的决策则在中共中央政治局常委层面做出，需要进行互相协调。最后决策则由最高领导人集中做出。

色,各部门具有不同程度的影响力,分别制定各自的政策,通常反映主要利益相关者的利益。一般而言,这些政策仅仅影响决策部门各自的领域,因此极少需要协同合作。这就构成了这一模式中的"分散"部分。

政策制定的"集中"部分往往用于重大经济政策与重大货币政策[1],例如调整利率、反通货膨胀或刺激经济活动、改革人民币汇率,此外还有许多。这些问题在交由中共中央政治局进行最终决策前,都应由国务院进行讨论。

类似的特色在西方的民主中也有所体现;然而,两者还是存在各自的独特之处。与美联储和欧洲央行不同的是,中国人民银行仅是众多部门中可以对货币政策和汇率政策产生影响的部门之一。它可以提出政策,但最终需由国务院通过常务会议或全体会议作出决定。而且,对中国未来发展(如人民币汇率改革、开放资本账户或利率市场化)产生重大影响的经济政策还是需由最高决策机构掌管,即由7人组成的中共中央政治局常务委员会负责。值得注意的是,虽然国家主席和国务院总理拥有重大影响,但是经济政策的制定最终却是在国务院的共识下,或有时在中共中央常务委员会的共识下进行的(Hu 2013)。如果一项决策必须有中共中央政治局的参与,那么最初中共中央政治局专家顾问团会以"集体领导、责任共担"的方式在其中进行领导。

事实上在中国,中共中央政治局经济事务专家顾问小组(中共中央财经领导小组)是最高级的政策制定机构。它由中共中央政治局常委、国务院领导以及重要经济部门〔如国家发展和改革委员会(NDRC)、商务部、财政部与中国人民银行〕的部长组成。领导小组以国家主席或国务院总理为首,"由于小组通过安排领导人之间的讨论来(影响)决策",因此与"美国国家经济委员会"相比毫不逊色

---

[1] 根据《国务院工作规则》第5章第22条,"国民经济和社会发展计划及国家预算、重大规划,宏观调控和改革开放的重大政策措施,国家和社会管理重要事务、法律议案和行政法规等,由国务院全体会议或国务院常务会议讨论和决定。"工作规则的中文原版可见 www.gov.cn/zwgk/2013-03/28/content_2364572.htm。

第十章 中国参与 G20：回顾、展望、战略与议程

（Davis and Wei 2013）。

虽然领导小组十分强大，但所有相关部门也有它们各自的方式和渠道来游说最高决策者（即国务院总理、负责国家经济和金融事务的副总理，以及其他中共中央政治局常委）。值得注意的是，2011年中国人民银行行长周小川游说中共中央政治局常务委员会和国务院高级领导实施更紧的货币政策（Davis 2011），这就是一个很好的例子。

中国 G20 峰会政策制定流程

中国加入 G20 之初，其有关 G20 的政策先由几大经济部门与外交部（MoFA）制定，再经副总理王岐山进行协调，自 2013 年起改为经副总理汪洋进行协调。2013 年前，重大决策（有时）需由国家主席胡锦涛、国务院总理温家宝进行最后的决定，2013 年后则改由国家主席习近平和国务院总理李克强进行最后的决定。

在大部分情况下，中国人民银行与财政部对政策的影响相对较小。然而，这两大部门却在 G20 中发挥着十分重要的作用，这是因为这两大部门中有许多金融市场方面的专家，且财政部长与央行行长在 G20 框架中的地位至关重要。再者，有关金融监管、IMF 与世界银行管理、国际宏观经济协调的问题几乎都由这两大部门负责。商务部负责所有与贸易相关的问题，国家发改委负责与发展、能源与气候相关的政策，外交部则负责与其他领导人的双边关系，如处理金砖国家成员国（巴西、俄罗斯、印度、中国、南非）领导人之间的关系。

外交部由于缺少金融与经济方面的专家，在经济外交领域逐渐处于边缘地位。2012 年 10 月，外交部下设国际经济司，旨在让外交部能够更多地参与经济政策制定，尤其是在 G20 中参与经济政策制定，因为 G20 这一平台曾是（且将继续是）一个重要的外交论坛。

中国的分散型决策流程需要在各部门进行大量的协调工作。出于这一原因，G20 前所有有关单位要参与到准备工作中，从而能够协调政策目标、优先等级和各自的职能。在一些情况下，这种做法已经取得了大量成果。例如，在 2010 年多伦多峰会的准备过程中，中国人民银行宣布重新启动人民币改革，财政部（连同国家税务总局）取

消了400余种商品的出口退税。这些举措目的在于减少多伦多峰会中可能面临的批评与压力。然而,在G20峰会召开数月前,许多准备还没有到位。何帆指出,缺乏有效交流会使中国利用国际谈判达到国家利益面临巨大障碍(He 2004)。而且,各部门对各自利益的保护和误导信息也被认为是协调失败的因素。

中国对 G20 的目标和展望

中国通过参与领导人峰会进入了全球经济治理的中心议题。中国将 G20 峰会视作一个发挥负责任大国作用、维护与其他主要国家关系的理想平台。G20 是中国唯一一个可以在其中以大国身份进行活动的国际治理论坛,它为中国在全球经济治理方面提供了一个机会来扩大其制度权威与影响力。此外,G20 也是促进中国高层派系间合作的一个有效机制,因为中国的外交政策高度重视其国际声望(即被视为一个负责任的大国)以及在大范围治理中的参与度。

中国最权威的文件为中国共产党第十八次全国代表大会报告。报告指出中国政府极度重视 G20。该报告于 2012 年 11 月 8 日发布,其中有关内容的具体措辞为中国"以更加积极的姿态参与国际事务,发挥负责任大国作用"。报告还指出,"(中国)将积极参与多边事务,支持联合国、二十国集团、上海合作组织、金砖国家等发挥积极作用"。这是中国首次公开表明其对参与全球治理的积极态度。[1]

中国有强烈意愿维护 G20 作为一个国际经济合作首要论坛的地位,并出于既得利益希望确保其不会沦为另一个多边外交的"空谈俱乐部"。与此一致的是,中国学者建议 G20 与联合国进行自然分工,他们认为中国应促使 G20 成为一个掌管全球经济事务的永久性机构,而联合国则保留其管理国际政治安全事务的职能(中国 2020 研究小组 2013)。[2]

---

[1] 十八大报告全文见 http://news.xinhuanet.com/english/special/18cpcnc/2012-11/17/c_131981259.htm。

[2] 其他材料也表达了中国对这一问题的观点,可见 Associated Press(2012)和 Jin, Xie and Hang(2013)。

第十章 中国参与 G20：回顾、展望、战略与议程

中国该在 G20 中发挥领导作用吗？

中国参与了所有的 G20 峰会，领导人们逐渐意识到了厘清中国在这一经济论坛中的地位十分有必要。从很大程度上说，中国正处于考虑其未来参与度的十字路口，因为无论最后做出何种决定，都会对中国的外交政策产生长远影响。一方面，中国已在发达国家与发展中国家间充当有效沟通的桥梁，发挥着至关重要的角色。例如，中国（分别通过战略经济对话与金砖国家会议）在维持美国与金砖国家的联系方面发挥着极为重要的作用。[1] 另一方面，内部限制因素则表明中国或许不应领导二十国集团，而且中国应提高警惕，不应越界扮演领导角色。

自 2011 年以来，有关中国争取最佳领导地位的关注显著增加，一些来自印度、韩国、墨西哥、土耳其、法国和俄罗斯的学者认为中国应代表新兴经济体发声。[2] 类似地，巴瑞·卡林（Barry Carin 2015）认为 G20 若要保持其重要性，那么中国的领导必不可少。由于近来美国正处于无望化解的僵局，欧洲正表现出内向型趋势（集中表现于欧元区危机），以及 G20 的国际重要性正面临着一些问题，中国的领导因此变得十分关键。我们在考虑中国的最佳途径时，需要认识到的关键一点是中外专家的分析之间存在一定差异，这可能会阻碍中国在 G20 中发挥领导作用。中国的分析者强调了中国自 2008 年以来面临的四大内部限制因素，这四大因素分别为：中国仍然是一个低收入的发展中国家，束缚于相对弱势；对 G20 做出过多承诺可能会妨碍国内的经济政策自主权；中国缺少一种"国际视野"；对西方国家设置"陷阱"的怀疑观点可能会使中国负担过重，影响其经济增长。

首先，这些分析者表明，尽管中国是一个巨大的快速增长的经济体，中国高层仍将其视为一个低收入的发展中国家。中国的领导人与民众都认为中国没有准备好扮演领导角色，这在很大程度上是因为中

---

[1] 陈凤英的评论十分重要，可见 http：//live.people.com.cn/bbs/note.php? id = 57130904124705_ ctdzb_ 062。

[2] 参见 Huanqiu.com (2013)。

国虽然发展迅速,但与发达国家的科技、金融与监管相比,中国仍处于弱势地位,面临着愈来愈多的社会问题、宏观经济失衡问题,以及不公平现象(Wang 2011)。

其次,对 G20 作出承诺可能会逐渐动摇国内经济政策自主权,对于这一点的担忧也使中国犹豫是否应接受领导地位。诸如此类的担忧体现在中国对于相互评估程序(Mutual Assessment Process,MAP)的矛盾心理中。相互评估程序出台于 2009 年。中国认为这一机制在本质上应属于磋商性质,而一些国家则认为这一机制应包含加强政策协调的强效合规机制(Chen Dongxiao 2011)。

再次,一些中国学者认为中国缺少全球视野(Li Minjiang 2011),中国虽然正在学习如何在多边环境下实施外交政策,但仍坚持要将国家利益置于首要位置。例如,中国关于是否应加速汇率改革、促成一个更灵活的汇率机制的决策主要考虑了国内的经济因素,而非国际义务。虽然在有些情况下中国的决策并不与所谓的全球经济平衡的利益相一致,但中国政府仍认为这些决策是合乎情理的。

最后且也许是最重要的一点,中国一些强劲的声音(包括中国高级官员与评论家)认为承担超过自身能力的责任会带来一定的风险与成本,因此中国应抵制诱惑。他们对美国及其他西方国家的真实意图表示怀疑,并认为在 G20 中发挥领导作用所带来的美好前景与吸引力掩盖了西方国家的险恶用心。更确切地说,他们担心美国领导的西方国家(这里指的是以美国为领导,或主要受美国影响的国家)意在通过资本账户自由化、减少大量的贸易逆差和碳排放、转型成为消费驱动型经济体和降低储蓄率等大量任务使中国负担过重,从而妨碍中国的崛起(Zhang 2012;Zhou 2013)。这些目标虽然从长远来看确实非常符合中国的国家利益,但在中国却被看作西方国家意图让中国承担国际调节(international adjustment)成本的途径。基于这一原因,中国十分警惕其过度担责的可能性。①

---

① 可以参见霍建国的评论,网址为:http://finance.people.com.cn/GB/12255645.html 和 www.chinanews.com/gn/2013/07 - 20/5064630.shtml。

第十章　中国参与G20：回顾、展望、战略与议程

总而言之，中国过去十年对外经济政策的一贯风格意味着它不太可能立即采取更积极主动或更为激进的立场。相反，中国更有可能在展示其作为负责任大国能力的同时，继续保持当前姿态，即继续在积极参与国际事务的同时避免承担与其发展中国家地位不符的责任，避免那些损害国家利益的倡议。这也与中共十八大报告相吻合。

然而，部分学者强调中国曾面临欧元区债务危机复苏与全球金融危机复苏的历史机遇，认为中国无法避免其在国际经济事务中发挥领导作用（可以参见Pangand Wang 2013）。这些学者中的许多都坚持认为上述事件使西方国家经济严重受损，中国应抓住机会，发挥领导作用。

还有些情况下，一些人认为中国就像一头大象，无法再在樱桃树后躲躲藏藏，他们认为中国的GDP预计到2020年会赶超美国，使其必须承担更大的国际责任。这些学者猜测，为保护快速扩张的海外经济利益，中国将不得不发挥更为积极主动的作用。而且，他们还认为，与当前的论坛形式相反，中国应推动G20成为一个治理世界经济事务的正式国际机构（China 2020 Research Team 2013）。

中国最后采取的道路在很大程度上将取决于国内关于中国国际地位的讨论。自20世纪70年代末提出"改革开放"政策以来，中国相关外交政策的根本目标一直都是通过构建有利的国际环境来持续推动国内的经济发展和社会发展。最近，这一目标已经变为"维护国家核心利益"（Information Office of the State Council, People's Republic of China 2011）与"中华民族的伟大复兴"（Xinhua 2012）。目前，可持续发展仍是中国的根本利益，因此中国在G20中的参与程度将取决于G20这一经济论坛如何满足中国这一发展中国家的国家利益。

中国在G20中的战略

积极参与，避免挑战美国

G20为中国提供了一个独特的机会，使中国能够与美国及其他大国进行协调、磋商与合作，从而避免了直接的对抗。G20对中国而言

是有利的，因为它契合了中国外交政策的原则，在世界范围内促进了国家间的合作与联系。

在金融体系方面，中国并不寻求彻底改革，而是争取平等的份额与进一步的整合。庞（Pang 2013）提出"中国对提高 IMF 配额与推动人民币入篮表现出强烈的兴趣，这表明中国对现有制度十分满意，无意在全球治理方面寻求其他方式。"

此外，一些学者提出，事实上，反对在世界银行与国际货币基金组织等国际机构中全面发动管理改革的主要是欧洲国家而非美国。因此，在与美国的关系方面，中国如果寻求与美国的"最合适的共同立场"而非挑战美国、与之争霸，那么中国就会发展得更好（China 2020 Research Team 2013）。中国能够从参与 G20 中收获很多，只要它能够避免在关键问题上被孤立，避免被其他国家认为在单方面挑战美国（尤其是在美国主导的国际金融领域）。与西方的流行观点相反，中国对美元霸权的态度并不意味着中国在挑战美国，事实上，这反映了中国为积极参与 G20 所做的努力。2009 年，中国提议用 SDR 取代美元成为主要国际储备货币，这就是一个很好的例证。

在伦敦峰会之前，中国人民银行行长周小川发表了一篇文章，提出要用 SDR 来取代美元，这震惊了国际社会。[①] 外界最初将这篇文章解读为对终结美元霸权的号召，随后，中国外交部工作人员立即表示这是一种误解。这篇文章仅希望探究全球金融危机的根源，鼓励学术讨论，这也在时任外交部副部长何亚非的评论中得到了证实。何亚非称，在这件事上，用 SDR 或其他货币取代美元地位最多属于"学者之间的探讨"，绝对不是"中国政府的立场"（China Daily 2009）。此外，中国社会科学院（CASS）世界经济与政治研究所所长、中国权威经济学家张宇燕也发表了他的见解。在他看来，SDR 作为一种储备货币是一个理想的选择，但从中短期来看，其取代美元的可能性微乎其微（Tan 2009）。由于周小川的这篇文章仅仅反映了中国对美元在国际货币体系中的地位及其造成的危机感到不安，因此何亚非发表

---

① 参见 Zhou（2009）。

第十章 中国参与 G20：回顾、展望、战略与议程

这一阐述性的评论，表明了中国希望其积极参与 G20 的热情不要被误解。这并不等同于一项挑战美元主导地位的具体举措。

中国相信，一条通往 G20 的坚定（而非僵硬）的"斗而不破"（基本上可以解释为弯而不折）道路能够构建并推动健康的国际关系。一直以来，中国都积极参与并培养自身对多边外交的敏锐度，同时拒绝不合理要求，避免直接冲突。中国在多伦多、首尔和戛纳峰会上对其汇率政策的辩护与妥协就是一个最好的例子。

虽然参与 G20 是中国外交政策的最高目标之一，但是一旦发生矛盾，中国在 G20 及其他多边机制中的外交都退居次要地位，中美关系则将处于最优先的地位。自 20 世纪 90 年代以来，情况的确如此，因此，一些中国学者反对挑战美元地位，也反对在 G20 中争取有力的领导地位（Pang 2013；China 2020 Research Team 2013）。在这方面，中国同样采取了"斗而不破"的道路，最引人注目的就是表示其对美元霸权保留意见。中国没有挑战美国，而是表达了它对美国采取负责的财政政策与货币政策的强烈愿望。这也就是说，发展中国家尤其要认清负面的全球影响，考虑推动贸易与反贸易保护主义的可能性。[①]

与金砖国家的合作是中国参与 G20 的关键

习主席指出："全球经济治理体系必须反映世界经济格局的深刻变化，增加新兴市场国家和发展中国家的代表性和发言权。"（引自 MoFA 2013）这句话说得极好。中国作为世界上最大的发展中国家，需在代表其他发展中国家中发挥重要作用。此外，中国可以运用其身份与经济力量来推动与其他新兴经济体（尤其是金砖国家）的合作，从而增强他们在国际经济治理中的声音。

西方国家在全球经济治理中的影响力很大，但随着新兴经济体的

---

① 在中国分析者看来，美元霸权以及与之相伴的非常规货币政策（主要指第二轮量化宽松政策与第三轮量化宽松政策）导致了全球经济不稳定。参见《人民日报》海外版（2013）。

发展，权力可能会逐渐向东方和南方转移，IMF 和世界银行就已经出现了这种情况。全球治理中相关方的数量已经增加，处理重大经济挑战需要各方的积极参与，其中就包括新兴市场。虽然短期内 G20 不太可能出现这一权力的转移，但代表发展中国家的统一声音可以加速这一进程。在新开发银行的支持下，对基础设施建设进行投资或许可以加强共同利益。在各国中达成广泛的政治共识将会成为这一转变的关键因素，中国也可以利用这一点来获取其在 G20 中的支配权。

这种共同战略的最大障碍来自于金砖国家表现出的不同利益。金砖国家缺少一个正式的协调机制，目前只有组织非常松散的金砖国家峰会，以及 G20 财长和央行行长会议期间召开的金砖国家间的调度会。学者们[1]建议中国要促进协调、交流、自由贸易，以及建立金砖国家开发银行和储备基金[2]，从而使金砖国家机制制度化。

在发达国家与新兴市场间充当桥梁作用

中国除了维护与美关系以及构建金砖国家基础，还存在第三条途径。这一辅助性的策略即在发达国家与发展中国家之间发挥桥梁作用。[3] 尽管中国是一个发展中国家，但在这一问题上中国有其独特的立场，即中国拥有与发展中国家相同的特点——经济规模。中国的这一职责与中国加入 G20 以及拒绝加入 G8 的潜在原因一致：发展中国家能在 G20 中拥有一席之地，但 G8 更像是一个经济富裕国间的非法论坛。

G20 是推进国内议程的工具

从以毛主席为代表的第一代领导集体到如今的第五代领导集体，中国的领导人都十分重视中国在国际舞台上的国家形象（Jinand Xu

---

[1] 参见 Pang and Wang（2013）和 Huang、Gong and Kai（2013）。

[2] 2014 年 7 月 15 日，第六次金砖国家峰会在巴西福塔雷萨召开，成员国签署了一份期待已久的文件，宣布成立金砖国家开发银行和储备基金。

[3] 中国学者的讨论（中文）可见 http://live.people.com.cn/bbs/note.php? id = 57130904124705_ ctdzb_ 062。

2010；Xinhua 2013）。此外，中国领导人认为，如果他们在类似 G20 的国际论坛上遭到点名批评，那么中国的国际声誉就会受到损害。基于以上原因，改革人士将 G20 视作重要的影响力来源，且未来仍会继续这么做。

近年来，一些思想开放的中国高层利用国际论坛来实现国内改革。例如，中国加入 WTO 也是为了推动市场化改革，如果中国没有入世，那么从政治角度来看，市场化改革几乎无法开展。2015 年人民币加入 SDR 货币篮子以及最高领导人的 G20 声明与之类似，都是促进国内改革攻坚战略的组成部分。

建立利益共同体

美国学者伊恩·布赖默（Ian Bremmer）和鲁里埃尔·鲁比尼（Nouriel Roubini 2011）将目前的国际形势描述为"零重力"世界，这意味着世界上没有一个国家或集团有经济实力或政治权力来拥护真正的全球议程。此外，在目前的环境下，即使是 G20 这一全球经济治理的重要论坛也很难有效管理宏观经济协调、金融监管改革、贸易政策和气候变化等全球问题（同上）。因此，应优先考虑的解决方案就是逐一讨论这些议题，然后逐渐达成共识，这或许也是最可行的解决办法。这也就是说，只有达到系统重要性高度的危机才能促成核心问题的共识与进展，这一点也正变得愈来愈明显（金融危机后各国的一致反应就是这一动态的一个例子）。

郑必坚曾提出中国的"和平发展战略"，他将这一外交政策的战略基础解释为推动建设利益共同体，最终达成利益一致（Zheng 2013）。到目前为止，中国在 G20 成员国中并没有拥有共同利益的强大盟友。而且，中国目前也没有与 G20 成员国签订自由贸易协定（FTA）（印度尼西亚除外）。[1]

---

[1] 2010 年 1 月 1 日，中国—东盟自由贸易区正式启动。2015 年 6 月 1 日，中韩两国签署自由贸易协定，该协定将于 2015 年底生效。中澳自贸协定也预计将于 2015 年签订并生效。

虽然中国与除美国外其他国家的关系愈来愈重要，但自中国参与G20峰会以来，优先考虑中美关系一直都是中国最重要的战略。中国的决策者将G20视为与美国接触的重要平台，由此反对任何让中国在G20中扮演极其强势的领导角色的想法。2016年中国将主办G20，与此同时中国也正在将其外交优先方向从美国和其他大国转移到邻国及其他新兴国家。① 在这一情况下，中国可以采取更加坚定的外交战略，无须像现在一样总是在全球经济治理中将中美关系置于优先地位。这一改变是否发生（如果发生，那么从长期来看它将如何有利于中国的国家利益）将取决于战略制定的谋略与中国领导人的政治敏感度。目前，G20是一个讨论全球治理议题卓有成效的论坛，在将来，坚持上述外交布局所带来的成果（或隐患）将在很大程度上决定G20的未来。

中国在G20中的议程

宏观经济政策协调：G20相互评估程序

相互评估程序启动于2009年G20匹兹堡峰会，它是G20"强劲、可持续和平衡增长框架"（类似于论坛的章程）的一部分。相互评估程序是一项以同行评审为基础的机制，旨在推动与支持G20成员国间的宏观经济政策。②

中国与德国的反对确保了2011年戛纳峰会不会在经常账户差额上设置共同的数值基准。③ 中国与其他发展中国家一道，在相互评估程序的独立性及IMF工作人员对此的分析、美联储与欧洲央行出台

---

① 在2014年11月的中央工作会议上，中国国家主席习近平改变了中国外交关系总框架中的优先级，提高了周边国家和其他发展中国家的地位，从而中国与美国和其他大国关系的战略优先地位被相应削弱了。

② 2010年首尔峰会通过的（以加拿大和印度为首的）框架工作组所提出的"指标性指导方针"加强了相互评估程序。框架工作组的首要目标是确认出现系统重要性失衡的国家。

③ 2010年，美国财务部长蒂莫西·盖特纳提出要在经常账户差额上设置共同的限制，为+/-GDP的4%。

第十章 中国参与 G20：回顾、展望、战略与议程

宽松货币政策的背景等方面提出了问题（Chin 2011）。而且，中国坚信 2012 年美联储第三轮量化宽松政策与 2013 年日本非常规货币政策都是一种"以邻为壑"的政策，这在中国看来会使相互评估程序这一同行评审与压力手段丧失其信誉。此外，新兴经济体（包括中国）认为发达国家的一些政策是不负责任的，但相互评估程序并没有承认这一点。这一事实与相互评估程序对盈余新兴经济体增加国内需求、加大汇率弹性的极度重视，都让中国高层反思相互评估程序是不是一种限制新兴经济体崛起的手段。

即便如此，中国近来正在渐渐接受相互评估程序，因为它与中国的国内目标，即减少国际金融危机后中国外部盈余相一致，且中国没有再在 G20 中听到有关其经常账户失衡的批评声音。中国虽然仍在为发达国家收紧货币政策而奋斗，但它仍承诺会拉动国内需求（Xi 2013；Central People's Government of the People's Republic of China 2013），这与相互评估程序、IMF 工作人员的建议，以及中国自身的目标（包括中共十八大三中全会上宣布的要向经济驱动型增长转移）相一致。

此外，中国学者建议中国要在 G20 中提出一个新的综合框架，以此管理国际资本流动，确保资本的稳定性与高效分配（Li Shicai 2011；He, Feng and Xu 2013）。更准确地说，这一框架将成为一个全球危机防御机制与应对机制，它能进行国际协调、监管主要储备货币国的宏观经济政策，以及和 IMF、G20 成员国的央行合作，从而防止将来出现有关资本无限制流动的问题（Xu 2011；Huang、Gongand Kai 2013；Chen Weiguang 2014）。这一提议主要针对的是来自发达国家宽松货币政策的外溢，因为外溢导致了美元汇率的剧烈波动和短期内的资本流动，而这一资本流动使中国人民银行中国汇率机制自由化的希望落空。

全球金融危机与欧元危机后中国领导人的另一关注点就在于主权债务的可持续性。部分中国学者强调发达国家不可持续的财政政策会威胁（而且可能会持续威胁）中国的发展，并且会危及全球宏观经济稳定和金融稳定（Jin and Chen 2013；Chen Yulu 2014）。这些专家

建议建立一个正式的机制来监管与评估所有 G20 成员国的公共资产，并重新考虑完善当前主权债务重组方式（Jin et al. 2014）。

此类建议或许能赢得其他财政盈余大国（即日本与新加坡）以及资源丰富的国家（如沙特阿拉伯、巴西与俄罗斯）的支持，因为这些国家也持有大量美国债券与欧洲债券，所以与中国同样担心这些国外资产的安全性（同上）。虽然其他国家的支持在理论上有助于 G20 将这些问题纳入其讨论范围，但与美国交流这些问题，以及有关的宏观经济稳定性问题，却能快速推动这一进程。

推动国际金融体系改革与国际货币体系改革

在国际金融体系改革与国际货币体系改革的问题上，中国有两个主要目标：持续推动 2010 年首尔峰会 IMF 配额与治理改革的一揽子计划，以及人民币加入 IMF 的 SDR 货币篮子。中国意识到，与 IMF 相比，G20 是推动这些目标的有利平台，因为 G20 成员国更少，能进行更好的协调，而且 G20 一致通过的政策也能推动 IMF 进行改革。

在中国看来，一揽子改革方案是一项重要的外交成果（Xie and Qu 2010）。[①] 改革方案除了能使 IMF 的配额资源（quota-based resources）翻倍至 7200 亿美元，还能将总配额的 6% 转移至发展中国家，从而（在削减西欧份额的同时）有效使中国拥有第三大份额的地位。美国由于拥有唯一的否决权，一直以来都没有批准这一改革，最近一次就发生在 2014 年 3 月 25 日。因此，中国与其他 G20 国家不停指责美国的这一行为，并通过 IMF 会议声明间接表达了强烈不满。[②] 虽然（由美国财政部领头的）奥巴马政府强烈希望通过必要的相关法律，但中国仍认为美国的这一阻碍行为意味着美国企图在全球经济治理方面阻碍新兴经济体的崛起。中国认为延迟通过改革方案为 IMF 的合法性与国际声望，以及美国在 IMF 中领导的可信度留下了隐患（同上）。显而易见的是，中国可以选择继续争取新兴市场的支

[①] 还可参见 Yu (2010)。
[②] 参见 Reuters (2014)。

第十章 中国参与G20：回顾、展望、战略与议程

持，但是这一改革僵局显然将持续存在，至少在这一问题上预示着加快改革的可能性并不大。

中国第二场战役的目标为将人民币放入SDR货币篮子。此战打响于2011年戛纳峰会，当时法国提议要改革SDR篮子的货币组成。与上面提到的改革提议相类似，这一动议以及随后提出的动议获得了中国与其他发展中国家的支持。调整SDR篮子货币及其相对权重的标准为货币所在国出口商品与服务的价值，以及货币在其他IMF成员国中的储备量（IMF 2014）。最后一次调整时间为2010年。中国有关国际货币体系改革的目标为在2015年IMF对SDR进行重新考量时让人民币加入SDR货币篮子。然而，中国在确保人民币达到SDR外汇（FX）储备要求上还有很长的路要走。为加入SDR货币篮子，中国必须加速人民币国际化以及资本账户自由化进程。因此，这一目标不仅与国内政策有关，也与外交政策有关。

国际金融管理：金融稳定委员会（FSB）

金融稳定董事会成立于2009年的伦敦峰会，其前身为金融稳定论坛（FSF）。金融稳定董事会的职权为促进与监管金融的稳定性。自其行使权力以来，金融稳定董事会已经发展成为G20金融监管事务的政策制定机构，其与IMF的金融部门评估规划相同，都在G20成员国中发挥着极小的政策牵引作用（Nolle 2012）。从当前情况来看，金融稳定董事会是管理全球金融部门的核心组织，它负责制定标准，而这些标准G20成员国（理论上）必须遵守。

中国学者意识到，美国是发展与贯彻全球金融标准的推动力量（Li Minjiang 2011）。他们将金融稳定董事会视为美国的一种手段，用来维护其在全球金融体系中的地位（中国社科院财贸研究所课题组 2009）。此外，巴塞尔委员会近来采取了银行业监管框架，即《巴塞尔协议Ⅲ》，[①] 这虽然标志着G20成功建立了银行业监管框架，但也让美国实现了重要的对外经济政策目标。

---

① 《巴塞尔协议Ⅲ》属于国际综合框架，用于加强银行资本与流动性标准。

在这方面，中国接受事实，并不挑战美国的主导地位。与之相反，中国认为自己正在学习如何深化其对国际金融监管的认识与知识。"与国际接轨"这一中国流行语表示"赶上（现代）世界的潮流"，它精准地描述了中国对其在金融稳定董事会中地位的推论，以及争取这一地位的途径。中国积极参与金融稳定董事会，并与相关标准制定机构进行讨论。这一参与为中国提供了一个机会来学习国际标准，并使自身适应于其渴望的国内金融部门改革。

贸易

中国自 2001 年以来的经济增长很大一部分应该归功于其加入 WTO。中国曾经是多边贸易体制的挑战者，但如今，中国已经转变成为支持者，并成了经济全球化最大的受益国家。由于中国的贸易总量在世界范围内位居第一，因此其从开放、稳定的世界市场中获益匪浅。此外，中国应使世界相信，一个开放的多边贸易体系有利于所有国家，这也最为符合中国的国家利益。

中国有关国际贸易的最大担心就在于《泛太平洋伙伴关系协定》以及《跨大西洋贸易与投资伙伴关系协定》这两大由美国主导的区域性自由贸易协定。中国担心的是与这些协定相关的高科技知识产权、劳动与环境标准实际上会阻碍中国与大部分新兴经济体参与国际贸易。正因如此，一些中国学者强调要在 G20 的支持下推进 WTO 多哈回合谈判[①]的全面解决（Wang 2013；Huang, Feng and Kai 2013）。

相对于 G20 中 IMF 和世界银行等其他参与方，WTO 较少参与全球议题。中国需要 21 世纪的 WTO 更加坚决、自信，承认贸易与投资中存在发展以及投资者贸易保护主义、竞争中立等一些新出现的问题（同上）。在反贸易保护主义问题上，虽然中美两方存在共同利益，但两者之间互相指责对方的贸易保护主义要多于两者之间的合作。或

[①] 正式于 2001 年在卡塔尔首都多哈启动。多哈回合是 WTO 成员间贸易协商最久的一个回合，旨在通过引入更低的贸易壁垒与修订过的贸易规则来实现国际贸易体系中的重大改革。

第十章 中国参与 G20：回顾、展望、战略与议程

许在将来，G20 能够成为中美两国在这些问题中信息交换、促进协调的媒介。

发展

中国在 G20 发展问题中的利益与参与来源于其发展中大国的立场。在 2010 年的首尔峰会上，各国通过构筑并认可首尔发展共识，将发展问题提上了 G20 的议事日程。[①] 这标志着 G20 从一个应急机制转变为了一个全球"领航组织"。

有效推动协调与发展问题必然会要求动用大量金融资源、承担一定风险。中国可以通过投资与多边融资立足于九大支柱[②]之首的基础设施领域。基础设施投资也已成为同类发达国家与发展中国家一个关键的政策焦点。此外，在 G20 内，中国若能在构思基础设施投资倡议中发挥领导作用，则将获得许多好处，或者更确切地说，这能为中国过度的储蓄和资本提供一个出口，同时也能提升中国的国际形象。

第一，来自中国的国外投资为中国过多的储蓄提供了另一个出口，即中国不一定要持有外汇储备，从而承担相关的费用，它可以（用美元或人民币）在国际上进行投资。这也将推动人民币的国际化进程。第二，这也为中国出口设备、劳动力与建筑材料提供了一个窗口，从而使中国从中获利。第三，基础设施投资是一种对外援助，能够有效提升中国的国际形象、帮助确保资源安全与能源安全，并加强经济政治联系（Jin 2012；An 2012）。

能源

G20 成员国包括几大能源、食品、商品的生产国和消费国，其中包含了对全球资源和能源进行严格治理的所有要素。2013 年的圣彼

[①] 这一共识是一系列的原则和指导方针，旨在通过可持续的、共同的、合理的增长来减少不平等现象，解决全球贫困问题。它与现存的发展承诺（如联合国的千年发展目标）形成互补关系。

[②] 九大支柱是指基础设施、私人投资和增加就业、人力资源开发、贸易、普惠金融、抗风险增长、粮食安全、国内资源和发展经验分享。可以参见 www.g20dwg.org/。

得堡峰会将会推动一个稳定的全球能源市场被提上议程，二十国集团承诺加强有关石油问题的《联合组织数据倡议》（JODI）[①]。此次峰会还关注了推动能源效率、包容性绿色增长、能源安全、逐步取消低效化石燃料的补贴、能源基础设施投资，以及推动可再生能源和（或）核能等能源问题。即便如此，能源领域仍缺少正规的合作机制，且在G20中关注甚少。

中国是最大的能源消费国之一，鉴于其将来的预期增长率，中国将持续扩大其能源足迹的规模。2012年，第五届世界未来能源峰会在阿布扎比召开，时任中国国务院总理温家宝鼓励中国在G20的多边能源合作机制中发挥领导作用。[②] 中国期待一个完善的框架，该框架可以通过对话与协商形成合理、有约束力的国际规则、预警机制、价格协调，以及金融监管。这样的机制能够通过各大现存多边机构促进主要能源国之间的合作：上海合作组织能够推动与俄罗斯的协同合作，金砖国家会议能够推动与其他金砖国家的协调合作，G20能推动与美国及欧洲成员国之间的协同合作（Huang, Fengand Kai 2013）。

中美在G20全球能源机制问题上的协作有利于两国的国家利益。中国有必要重新考虑其海外能源供应战略，并考虑与美国积极合作，共同确保全球能源供应，这包括提高主要海上石油运输路线的安全性。

G20的制度化

部分中国学者建议二十国集团若能正式成立一个永久性的秘书处，那么它就能提高自身的合法性与执法能力。[③] 部分学者同意这一

[①] 2001年，APEC、欧盟统计局、国际能源署、拉丁美洲能源组织、石油输出国组织和联合国统计司这六大国际机构出台了《联合组织数据倡议》，其前身为《联合石油数据倡议》，旨在提供可靠的石油数据、提高石油数据透明度，它是石油价格波动的一个关键因素。在2002年的第八届国际能源论坛上，六大机构成员国就建立永久性报告机制达成一致，《联合组织数据倡议》由此诞生，它是生产国—消费国能源对话的成果。

[②] 温家宝的发言稿可见 http://news.xinhuanet.com/world/2012-01/16/c_111442816.htm。

[③] 参见Wangand Li（2012）。

第十章　中国参与 G20：回顾、展望、战略与议程

观点，并指出这同时能增强新兴国家的声音（Chen 2013）。另一方面，其他学者则认为 G20 所具有的形成政治共识的能力有赖于其非正式的性质，以及其在各大国际机构中的连接作用。他们强调 G20 的作用在于促进灵活的讨论而非执法，执法的任务应交由 IMF、世界银行及 WTO 等组织执行。

后一种观点似乎得到了更多的支持。虽然中国的"官方"意见很少，但是中国人民银行国际司司长何建雄表示，实际上中国领导人或许正在适应 G20 论坛的非正式的特点，尤其是 G20 推进重大国际组织（及其领导人和主要利益相关者）参与讨论的作用，如果没有 G20 的推动，这些组织间的协调就很难达成。①

结　语

一直以来，中国领导人都十分重视 G20 峰会，且预计会在 G20 的全球经济治理方面发挥一定作用。2016 年，中国将成为 G20 的主办国，因此中国将进一步推进其首要目标，或许会使用其设置议程的职能，开始在 G20 的宏观经济协调、贸易、能源、发展与制度化领域发挥领导作用。

然而，在有能力于全球货币治理、国际金融监管及其他 G20 重要议程中发挥领导作用之前，中国还有很长的路要走。即便如此，2016 年中国将主办 G20 峰会，它将持续支持 IMF 的配额改革和治理改革，并推动人民币在 2015 年加入 SDR 货币篮子。此外，由于美国及其他西方国家持续在国际金融体系中发挥主导作用，因此中国在转型成为领导角色方面将采取谨慎的方式。

可以预见，中国未来将继续支持 G20，并可能在其中的关键领域发挥领导作用。而且，从其与亚洲基础设施投资银行、金砖国家新开发银行联合提出倡议，并在 2014 年最终确定的"一带一路"战略来看，中国将推进双边投资项目与区域性投资项目，有效提高其在全球

---

① 其评论见 http://jingji.21cbh.com/2013/8-24/1MNjUxXzc0ODg1Mg.html。

治理中治理贸易、能源以及有关发展问题的能力。中国也正在制定其在全球治理中的双线战略。那么,在 G20 特定议题中发挥领导作用方面,中国将如何协调其新提议、新战略与其能力、意愿之间的关系?让我们拭目以待。在亚洲基础设施投资银行与金砖国家新开发银行的支持下,中国的基础设施投资提议将如何与 G20 布里斯班峰会上提出的全球基础设施中心相协调,这一点让各国倍感兴趣。

参考文献:

An, Wenbo. 2012. "国际金融格局调整及中国对策研究" ["A Study on Adjustment of the International Financial Regime and China's Strategy."]. Ph. D. thesis, Party School of the CPC Central Committee.

Associated Press. 2012. "Syria Should Not Be on Agenda at G20, Says Chinese Official." *The Independent*, June 11. www. independent. co. uk/news/world/politics/syria-should-not-be-on-agenda-at-g20-sayschinese-official-7835550. html.

Beattie, Alan. 2010. "US Shifts G20 Currency Focus to Trade Deficits." *Financial Times*, November 1. www. ft. com/intl/cms/s/0/13b5c364-e5fc-11df-af15-00144feabdc0. html#axzz2wd4sDjDc.

Bloomberg News. 2011. "China Can't Use Reserves to 'Rescue' European Countries, Minister Fu Says." Bloomberg News, December 3. www. bloomberg. com/news/2011 – 12 – 02/china-can-t-use-its-reserves-torescue-countries-vice-minister-fu-says. html.

Bremmer, Ian and NourielRoubini. 2011. "A G-Zero World: The New Economic Club Will Produce Conflict, Not Cooperation." *Foreign Affairs*, March/April.

Carin, Barry. 2015. "China and G20." In*China and the G20: The Interplay Between an Emerging Power and an Emerging Institution*, edited by Catrina Schläger and Dongxiao Chen, 3 – 17. Shanghai: Shanghai People's Publishing House. library. fes. de/pdf-files/bueros/china/11433. pdf.

Central People's Government of the People's Republic of China. 2013. "Xi Jinping Attends Informal Meeting of BRICS Leaders in St. Petersburg." [In Chinese.] September 6. www. gov. cn/ldhd/2013 – 09/06/ content_ 2482275. htm.

Chen, Dongxiao. 2011. "China's Perspective on Global Governance and G20." *China-US Focus*, February 16. www. chinausfocus. com/political-socialdevelopment/

china% E2％80％99s-perspective-onglobal-governance-and-g20/.

Chen, Fenying. 2009. "G20 与国际秩序大局." ["G20 and the Great Change of International Order"].《现代国际关系》[Contemporary International Relations] no. 11: 8 – 9.

Chen, Jia. 2013. "Think Tank Seeks G20 Secretariat." *China Daily*, September 7. www.chinadaily.com.cn/china/2013xivisitcenterasia/2013 – 09/07/content_ 16950939.htm.

Chen, Tongkui. 2011. "G20 舞池，法中若即若离" ["A Subtle France-China Relations in the G20"].《南风窗》*Nanfengchuang* [South Reviews] no. 10.

Chen, Weiguang. 2014. "全球治理与全球经济治理：若干问题的思考" ["Global Governance and Global Economic Governance: Some Thoughts"].《教学与研究》[Teaching and Research] no. 2.

Chen, Yulu. 2014. "中国可积极申办 2016 年 G20 峰会" ["China Should Actively Bid to Host 2016 G20 Summit"].《环球时报》[Global Times], April 8. http://opinion.huanqiu.com/opinion_ world/2014 – 04/4957531.html.

Chin, Gregory. 2011. "What Next for China in the G20? — Reorienting the Core Agenda." CIGI Commentary, November 9. www.cigionline.org/publications/whatnext-china-g20-reorienting-core-agenda.

China 2020 Research Team. 2013. "2020: ZhongguozaiShijie de Dingwei" ["Repositioning China in 2020"]. *GuojiJingjiPinglun* [International Economic Review] no. 3: 9 – 43.

China.com. 2008. "Foreign Media Comment on China's 4 Trillion Fiscal Stimulus Plan: Greatly Boost the Global Economic Growth." China.com, November 11. www.china.com.cn/international/txt/2008 – 11/11/ content_ 16746528_ 2.htm.

China Daily. 2009. "China Reassures on Dollar Debate before G8." China Daily, July 6. www.chinadaily.com.cn/china/2009 – 07/06/content_ 8381924.htm.

China News Week. 2011. "中国不愿成为欧洲的'傻钱来源'." ["China Won't Be the Source of 'Stupid Money' for Europe."] *China News Week*, November 3. http://newsweek.inewsweek.cn/ magazine.php? id=3262&page=3.

Cui, Liru. 2009. "G20 开启了探索'全球治理'新路径的机会之窗" ["G20 Started a New Window of Opportunity for a New Way of Global Governance"].《现代国际关系》[Contemporary International Relations] no. 11, 1 – 3.

Davis, Bob. 2011. "Political Overlords Shackle China's Monetary Mandarins."

The Wall Street Journal, April 15. http：//online. wsj. com/news/articles/ SB1000 142405274870341 060457621755 3508821290.

Davis, Bob and Lingling Wei. 2013. "Meet Liu He, Xi Jinping's Choice to Fix a Faltering Chinese Economy." *The Wall Street Journal*, October 6. http：//online. wsj. com/news/articles/SB10001424052 702304906704579111442566524958.

Dyer, Geoff. 2010. "China Must Beware Scoring Own Goal with QE2 Criticism." *Financial Times*, November 10. www. ftchinese. com/story/001035466/en/？print = y.

Edwards, Nick and Benjamin Kang Lim. 2011. "Beijing Risks Public Backlash if It Rescues Europe." Reuters, November 3. www. reuters. com/article/2011/11/03/us-china-europe-newspro-idUSTRE7A236S20111103.

Geithner, Timothy. 2009. "Press Briefing by Treasury Secretary Tim Geithner on the G20 Meeting." Pittsburgh, PA, September 24.

Guo, Xuejun. 2013. "Chapter One：Introduction." 载《基于G20视角的我国国际经济金融战略问题研究》[*China's Economic and Financial Strategy Study in View of the G20*]. China Finance 40 Forum Research Report, September. www. cf40. org. cn/uploads/PDF/20139163. pdf.

He, Fan. 2004. "中国是否要加入七国集团."["Should China Join the G7？"].《国际经济评论》[*International Economic Review*] no. 5：13 – 16.

——2010. "G20 Xiang Hechu Qu"["Where Does the G20 Go？"]《国际经济评论》[*International Economic Review*] no. 4：149 – 51.

He, Fan, Feng Weizhuang and Xu Jin. 2013. "全球治理面临的挑战及中国的对策"["Challenges for Global Governance Mechanism and China's Strategy"].《世界经济与政治》[*World Economics and Politics*] no. 4.

Hu, Angang. 2013.《中国集体领导体制》.[*China's Collective Leadership System*]. Beijing：China Renmin University Press.

Huang, Wei, Feng Gong and Kai Guo. 2013. "Chapter Three：Proposals for China's Agenda in the G20." 载《基于G20视角的我国国际经济金融战略问题研究》[*A Study on China's Economic and Financial Strategy in View of the G20*, *China Finance 40 Forum Research Report*], edited by JinZhongxia. September. www. cf40. org. cn/uploads/PDF/20139163. pdf.

Huanqiu. com. 2013. "International Think-tanks Suggested China Play a Leading Role in the G20."[In Chinese.] http：//world. huanqiu. com/ exclusive/2013 – 09/ 4317903. html.

IMF. 2014. "Factsheet: Special Drawing Rights (SDRs)." March 25. www.imf.org/external/np/exr/facts/sdr.htm.

Information Office of the State Council, People's Republic of China. 2011. "China's Peaceful Development." September 6. http://news.xinhuanet.com/english2010/china/2011-09/06/c_131102329.htm.

Jiang, Shixue. 2012. "The European Debt Crisis in a Chinese Perspective." Working Paper Series on European Studies, Institute of European Studies, CASS 6 (3).

Jin, Minmin, Xie Peng and Hang Mo. 2013. "G20 St. Petersburg Fenghui De Zhenggui" ["The Right Track of G20 St. Petersburg Summit"]. Xinhuanet.com, September 6. http://news.xinhuanet.com/world/2013-09/06/c_117258879.htm.

Jin, Zhengkun and Xu Qingchao. 2010. "国家形象的塑造：中国外交新课题." ["National Image Building: The New Task for China's Diplomacy."] *Journal of Renmin University of China* (2): 119-27.

Jin, Zhongxia. 2012. "中国的'马歇尔计划'——探讨中国对外基础设施投资计划" ["China's Marshall Plan — A Discussion on China's Overseas Infrastructure Investment Strategy"]. *International Economic Review* no. 6.

Jin, Zhongxia and Chen Fengying. 2013. "Jing Zhongxia and Chen Fengying Interpret Highlights of the Eighth G20 Summit." [In Chinese.] http://live.people.com.cn/bbs/note.php?id=57130904124705_ctdzb_062.

Jin, Zhongxia et al. 2014. 《中国与G20：全球经济治理的高端博弈》[*China and G20: High End Gaming in Global Economic Governance*]. Beijing: China Economic Publishing House.

Li, Yonghui. 2009. "'G时代'的国际新秩序：变局与变数" ["New International Order in the G Era: Change and Uncertainty"].《现代国际关系》[*Contemporary International Relations*] no. 11: 11-13.

Li, Minjiang. 2011. "Rising from Within: China's Search for a Multilateral World and Its Implications for Sino-U.S. Relations." RSIS Working Paper, March 25. www.rsis.edu.sg/publications/WorkingPapers/WP225.pdf.

Li, Shicai. 2011. "全球治理视野下的G20研究" ["The G20 Study with a Vision of Global Governance"]. Ph.D. thesis, Shanghai Academy of Social Sciences.

MoFA of the People's Republic of China. 2013. "President Xi Jinping Gives Joint Interview to Media from BRICS Countries." March 19. www.fmprc.gov.cn/mfa_eng/wjdt_665385/zyjh_665391/t1023070.shtml.

Nolle, Daniel E. 2012. "Global Financial System: The Dodd Frank Act and the G20 Agenda." *Journal of Financial Economic Policy* 4 (2): 160 – 97.

Pang, Zhongying. 2013. "全球治理的'新型'最为重要：新的全球治理如何可能" ["The 'New Modalities' of Global Governance Matter: On the Shaping of the Transformation of Global Governance"]. 《国际安全研究》 [*Journal of International Security Studies*] 31 (1).

Pang, Zhongying and Wang Ruiping. 2013. "全球治理：中国的战略应对" ["China's Strategic Response to Global Governance"]. 《国际问题研究》 [*China International Studies*] no. 4.

PBoC. 2012. "China Announced Participation in IMF Resources Boost." www. pbc. gov. cn/publish/english/ 955/2012/20120628155805079171579/20120628 155805 079171579_ . html.

People's Daily Overseas Edition. 2013. "US Dollar Overflow Will Pose a Danger to Global Economy." *People's Daily Overseas Edition*, November 29.

Reuters. 2011. "Political Deadlock Derails China's EU Aid Offer." Reuters, November 11. www. telegraph. co. uk/finance/financialcrisis/8883851/Political-deadlock-derails-Chinas-EU-aid-offer. html.

—— 2014. "China Urges IMF to Give More Power to Emerging Markets." Reuters, January 15. www. reuters. com/article/2014/01/15/us-china-imfidUSBREA0E1PT20140115.

Tan, Zhe. 2009. "张宇燕：G20是世界与中国的转折点." ["Zhang Yuying: The G20 Is the Turning Point for the World and China"]. 《中国社会科学院报》 [*Chinese Academy of Social Sciences Review*], April 16.

Task Group of the Institute of Finance and Banking at the CASS. 2009. "Zonglun-QuanqiuJinrongJianguang: ZhougguoJinrongChuangxinBunengYinyufeishi." ["On the Reform of Global Financial Regulation: China's Financial Innovation Cannot Stop for Fear of Possible Risk."] *ZhongguoZhengquanBao* [*China Securities Journal*], October 20. http://finance. ifeng. com/opinion/jjsh/20091020/1353703. shtml.

Truman, Edwin M. 2010. "The G – 20 and International Financial Institution Governance." Peterson Institute Working Paper 10 – 13. www. piie. com/publications/wp/wp10 – 13. pdf.

Walter, Andrew. 2012. "Global Economic Governance after the Crisis: The G2, the G20, and Global Imbalances." Bank of Korea Working Paper. http://personal. lse. ac. uk/wyattwal/images/ Globaleconomicgovernanceafterthecrisis. pdf.

Wang, Ying and Li Jiguang. 2012. "China and the G20." *Contemporary International Relations* 22 (July/August).

Wang, Yong. 2011. "China in the G20: A Balancer and a Responsible Contributor." East Asia Forum, October 31. www. eastasiaforum. org/2011/10/31/ china-in-the-g20-a-balancer-and-a-responsiblecontributor/.

Wang, Yong. 2013. "The G20's Role in Addressing the WTO's Predicament: Seeking Political Compromise and Strengthening the Multilateral Trading System." In *Think20 Papers 2014: Policy Recommendations for the Brisbane G20 Summit*. Lowy Institute for International Policy. December 5.

Wu, Jiao and Li Xiaokun. 2011. "President Hu Confident in Europe." *China Daily*, November 1. http://usa. chinadaily. com. cn/china/2011 - 11/01/ content_14012188. htm.

Xi, Jingping. 2013. "Speech in the First Session of the Eighth Summit of the G20 in St. Petersburg." Xinhua News, September 6. http://news. xinhuanet. com/ politics/2013 - 09/06/c_ 117249618. htm.

Xie, Shiqing and Qu Qiuying. 2010. "世界银行投票权改革评析" ["An Analysis on the Reform of Voting Share in World Bank"]. *HongguanJingjiYanjiu* [*Macroeconomics*] no. 8.

Xie, Ye. 2010. "China to Cut Current Account Surplus through Gradual Adjustment, Yi Says." Bloomberg News, October 9. www. bloomberg. com/news/2010 - 10 - 09/china-to-cut-current-account-surplus-throughgradual-adjustment-yi-says. html.

Xinhua News. 2008. "International Society Positively Praise China's Policy to Promote Economic Growth." Xinhua News, November 11. http://news. xinhuanet. com/ world/2008 - 11/11/content_ 10339183. htm.

——2012. "Xi Pledges 'Great Renewal of Chinese Nation.'" Xinhua News, November 29. http://news. xinhuanet. com/english/china/2012 - 11/29/c_ 13200 8231. htm.

——2013. "Xi: China to Promote Cultural Soft Power." Xinhuanet. com, January 1. http://news. xinhuanet. com/english/china/2014 - 01/01/c _ 125 941955. htm.

Xu, Hongcai. 2011. "二十国集团框架下的国际货币体系改革" ["International Monetary System Reform under the G20 Framework"]. *Quanqiuhua* [*Globaliza-*

tion] no 2. www. cciee. org. cn/NewsInfo. aspx? NId = 2338.

Yang, Qingchuan and Dahai Chong. 2013. "China and the G20: From 'Savior' to Leading Actor. " *International Herald Leader*, September 11. http://news. ifeng. com/shendu/gjxqdb/detail_ 2013_ 09/11/29512110_ 0. shtml.

Yu, Huifeng. 2010. "Only the First Step: China's Voting Shares in World Bank Enhanced. " [In Chinese.] China. com. cn, April 28. http://news. china. com. cn/comment/2010 - 04/28/content_ 19922335. htm.

Zhang, Mingzhi. 2012. "从'中国威胁论'到'中国责任论':西方冷战思维定势下的中国发展安全" ["From China Threat Theory to China's Reponsibility Theory: China's Development under the Western Countries' Cold-War Mentality"]. 《中国外交》[*China's Diplomacy*] no. 9.

Zheng, Bijian. 2013. "21世纪第二个十年的中国和平发展之路" ["China's Path of Peaceful Development in the Second Decade of the 21st Century"]. 《国际问题研究》[*China International Studies*] no. 3.

Zhou, Xiaochuan. 2009. "Reform the International Monetary System. " B*IS Review* 41, March 23.

Zhou, Xiaoyuan. 2013. " ZhongguoTiaobudongQuanqiuFusu 'Qianjindan'" ["'The Heavy Burden' of Global Recovery Is Too Heavy for China to Carry Alone"]. *People's Daily Overseas Edition*, July 20, section 2. http://paper. people. com. cn/rmrbhwb/html/2013 - 07/20/content_ 1271116. htm.

Zhu, Jiejin. 2013. "复合机制模式与G20机制化建设" ["The Compound Mechanism and the Institutionalization of the G20. "]. 《国际观察》[*International Review*] no. 3: 6 - 12.

第十一章

2007—2009 年金融危机后中国在金融标准制定中的角色

——关于《巴塞尔协议 III》与影子银行改革的案例

大卫·肯普索恩

2007—2009 年全球金融危机是全球金融治理的一个重要转折点。它使国际金融标准制定机构（SSB）——新兴市场排除在这些机构之外，变得越来越具有包容性、代表性和多样性。自 2009 年初起，SSB 扩大了其成员结构，从而涵盖包括中国在内的 G20 成员。SSB 成员结构的扩大有助于应对侵蚀金融标准制定的合法性和有效性的"民主赤字"问题（Porter 2001）。通过这些改革，中国和其他新兴市场国家最终在会议桌上获得一席之地，并能参与标准制定进程。但是，对危机后中国在 SSB 中的角色仍然存在疑问。虽然中国在 SSBs 获得了正式的代表席位，但它有足够的实力来影响金融标准的内容吗？而且，也许更重要的是，相对于七国集团（G7）成员来说，中国拥有独特的监管偏好吗？它对全球监管的现状满意吗？

为了分析和理解危机后中国在 SSB 中的角色，本章将解析中国遵守巴塞尔银行监管委员会（BCBS）的协议 III 的资本充足率标准以及金融稳定委员会（FSB）的影子银行改革的方式。关于这些标准的分析显示中国不是故意在危机后挑战金融标准，而是在国内做出了一系列的监管改革，目的在于遵守金融标准以及解决中国监管框架中存在的大量监管空白问题。在中国致力于开放国内金融体系时，金融标准已为其提供了一条重要的改革路线图。与此同时，中国展现了自主性，并在逾期贷款处理、银行资产负债表和企业债券市场违约等关键问题上与金融标准相偏离。中国偏离金融标准体现了它在金融标准制定上一定程度的自主性。但是，中国在危机之后大体上是遵守甚至是过度遵守金融标准。中国的监管者将国际金融标准作为一种应对日益复杂的国内金融体系监管挑战的工具。

危机后中国在 SSB 中所扮演的维持现状的角色可以由以下两个因素加以解释。首先，正如国际政治经济学（IPE）学者指出的那样，代表权并不保证有影响力（Chey 2015，Walter 2015）。中国在 SSB 中的相对实力仍然受到它在全球金融体系中有限的金融实力的影响（Kapstein 1989，1992；Simmons 2001，Drezner 2007，2010；Bach 2010；Bach and Newman 2010；Helleiner and Pagliari 2011）。而且，中国国内金融体系的最新进展以及它致力于控制国内金融市场的规模、影响力和灵活度的行动导致监管能力和知识的匮乏。这种能力和知识对于赋予中国一种影响与 G7 成员国有关的金融标准的技术权威是必要的（Baker 2009，Chwieroth 2008，Tsingou 2014）。

其次，国际金融标准大体上和中国国内的金融利益是一致的，中国的偏好与 G7 成员国并非截然对立。中国做出了全方位的努力来开放其国内金融体系使它更具有竞争性和灵活性。这潜在地威胁到国内金融市场的安全与稳固。金融标准告诉中国如何应对国内的监管挑战。通过参与标准制定进程以及担负遵守金融标准的潜在义务，中国的监管者已能够为国内改革动员更多的支持。中国在金融标准上的偏离显示中国国内监管体制仍然受到国内政治利益的约束。中国已开始向一个以市场为基础的金融体系的转变，但这一进程仍未完成，因为中国产业和经济发展模式将继续影响金融监管偏好。

本章的结构如下：第一部分回顾了 SSB 的历史，以分析危机爆发之前标准制定的政治原动力和发达工业经济体决定扩大成员结构从而包括新兴市场的政治驱动因素。第二部分分析了现有的 IPE 文献，以发现中国在危机后缺乏监管制定的影响力以及它遵守金融标准的方式的原因。第三、四部分分别分析了中国遵守 BCBS《巴塞尔协议

第十一章　2007—2009年金融危机后中国在金融标准制定中的角色

III》的资本充足率要求和FSB的影子银行改革的方式。最后一部分总结了主要研究成果，并评估了其对未来中国在金融标准制定方面的作用的潜在影响。

金融标准制定的历史：从1974年到后危机时代标准制定体制

自从20世纪70年代以来，金融标准制定的一个重要特征是SSB的排他性以及发达工业经济体不成比例的影响力。在危机之前，SSB作为监管俱乐部，由十国集团（G10）成员国组成。SSB狭隘的成员结构反映了全球金融市场历史发展的独特背景以及在全球金融中美国、英国和欧洲的金融中心不成比例的影响力。2007—2009年全球金融危机克服了这些组织狭隘的成员结构。在国内实质性的监管改革面前，发达工业经济体需要确保新兴市场符合危机后的改革要求。对于新兴市场，危机提供了一个进入标准制定进程的难得机会，以反映它们在全球经济和金融体系中日益提高的地位。但是，正如下面部分所显示的那样，代表权并不能保证新兴市场能够在危机后的金融标准制定中扮演一个具有影响力的角色。

全球金融危机之前的金融标准制定

金融标准制定最早产生于20世纪70年代，它回应了布雷顿森林国际货币秩序的崩溃及其对愈演愈烈的国家金融市场一体化和关于全球金融稳定的创新的冲击。在布雷顿森林体系下，跨境资本流动的严格限制体现了战后国际货币秩序的特征，而20世纪60年代和70年代国家资本账户和国内金融市场越来越开放。其结果是，国内金融市场变得日益一体化和相互依赖，这导致金融市场的动荡跨越国境快速传播。

作为对1974年德国、英国和美国部分银行强行关闭的回应，首次出现了金融标准。外汇市场的动荡和审慎监管的不充分导致这些银行的倒闭以及之后长时间的全球金融动荡（Alexander, Dhumale and

Eatwell 2006，22）。作为回应，13位来自G10成员国的中央银行官员和银行业监管者成立了BCBS，并制定了一系列措施来应对金融市场全球化产生的问题。1975年，BCBS首次发布了《巴塞尔协议》以协助对跨国金融公司的监管；1988年发布了《巴塞尔协议I》的资本充足率标准来协调两国同时拥有管辖权的银行的审慎监管要求（参见Kapstein 1989，Oatley and Nabors 1998，Wood 2005，Alexander，Dhumale and Eatwell 2006，Singer 2007）。经过一段时间之后，国际标准制定体制有所扩大，涵盖了应对金融体系中其他问题的新的SSB，包括1980年的支付和清算体系委员会（CPSS）、1983年的国际证券委员会组织（IOSCO）、1994年的国际保险监督官协会和2001年的国际会计准则理事会（IASB）。

最初，金融标准制定者的狭隘成员结构反映了全球金融体系治理挑战的本质。大体上，这是针对20世纪70年代和80年代开放了资本账户和金融体系的发达工业经济体。例如，BCBS的资本充足率标准目的是针对激烈的全球竞争和弱化审慎监管要求的威胁，协调G10成员国银行的要求，从而方便在国际上活跃的国内金融公司的扩张（Kapstein 1989）。在国际证券委员会组织中，证券监管者主要兴趣在于通过建立治理机制应对跨境金融犯罪的威胁，这些机制有助于克服法律障碍来调查和起诉外国管辖权范围内的内幕交易行为。这些行为主要发生在发达工业经济体内部以及发达工业经济体之间（Bach 2010，Kempthorne 2013）。创建SSB主要是处理发达国家的金融中心之间产生的协调和合作问题。这些问题在新兴和发展中市场中并不那么突出。[①] 这一点到20世纪90年代中期才发生变化。

20世纪90年代，新兴市场经受了一系列备受关注的经济和金融

[①] 国际证券委员会组织是一个显著的例外。国际证券委员会组织源自美洲证券委员会协会，它旨在通过创建公平、有效和高效的资本市场监管框架来促进美洲证券市场的发展。因此，国际证监委员会组织对于欠发达国家的金融中心的利益和监管问题相对更为敏感，这反映在一个更具包容性的决策结构和早期建立的致力于讨论新兴和发展中市场问题的委员会。尽管金融标准制定仍深受发达经济体的影响，发达经济体通过该组织的技术委员会制定和谈判金融标准，但该组织的危机后理事会采用了一种在金融标准制定方面最为多样化的代表形式（参见Sommer 1996；Kempthorne 2013）。

第十一章　2007—2009年金融危机后中国在金融标准制定中的角色

危机，包括1994年的墨西哥比索危机、1997—1998年的东亚金融危机和1998年的俄罗斯卢布危机。这些危机使世界上主要国家的领导人、金融监管者和国际金融机构更关注新兴经济体的金融市场的治理和监管。在经济和金融危机面前，新兴市场接受了大量的双边和多边融资方案来稳定国内经济和支撑金融体系。例如，1994年美国财政部、美联储、加拿大银行和IMF向墨西哥提供了贷款和信贷措施来帮助其稳定经济；1997年，一些东亚经济体也接受了IMF的援助。这些危机对全球金融体系造成了广泛影响。美国的一家对冲基金——美国长期资本管理公司在俄罗斯卢布危机中几近倒闭，幸好得到了几家美国金融公司的注资援助。新兴市场爆发的金融危机对发达工业经济体及其金融体系造成的影响和损失导致G7、国际金融机构和SSB巩固了国际标准制定机制（Simmons 2001，Drezner 2007）。

1995年，G7领导人在加拿大新斯科舍省哈利法克斯举行峰会，并开启了政策制定的进程。G7公报宣称："鉴于今天高度一体化的金融市场，金融动荡快速传播的机率会更大。紧密的国际市场监管合作对于保护金融体系和防止侵蚀审慎标准来说必不可少"（G7 1995）。其后，G7引导SSB发展出一系列核心原则，这些原则在1995年形成了一个执行金融标准的路线图。在东亚金融危机后，G7配合刚刚创立的金融稳定论坛（FSF）、IMF和世界银行批准建立了一个在IMF的金融部门评估规划（FSAP）和《关于遵守标准和守则的报告》（ROSC）框架下的监管和合规方案。通过这种评估遵守金融标准程度的半正规的机制，G7认为外部政治压力和市场约束一起能够促使更多的外围金融中心进行国内监管改革，以强化其国内审慎监管框架。G7同样尽量使遵守金融标准成为接受IMF贷款的一个条件，但是新兴市场和发展中国家的抵制成功地挫败了这一举措（Helleiner 2014，134）。

20世纪90年代中期，国际金融架构的强化行动产生了一个问题。金融标准之前是应用于参与规则制定过程的G10成员国。未参与的国家可以自愿选择是否采用金融标准来改善国内监管或吸引外国资本。例如，1994年巴西自愿遵守《巴塞尔协议I》的资本充足率要求。巴西那时并不是 BCBS 的成员国，而且巴西国内的银行在国际上并不活跃，这表明巴西遵守《巴塞尔协议I》的要求是出于自身强化审慎监管框架的利益（Bandeira 2015，5）。但是自20世纪90年代后期开始，新兴经济体和发展中国家屈服于越来越大的外部政治压力而采用它们没有参与起草或者讨论的金融标准。在墨西哥和东亚金融危机期间，加拿大时任财政部长保罗·马丁（Paul Martin）曾经表达过他的担心，他说没有把新兴市场纳入金融标准的起草过程可能会破坏这些标准的执行。马丁认为，从最近成立的二十国集团（G20）中吸纳一些新兴经济体能够提高这一机制的有效性，但由于其他G7成员国的反对，这一措施未能推行（Blustein 2013，39）。

马丁的估计看起来是很有预见性的。尽管监管机制得以巩固，不同国家以及国家内部不同的金融机构对金融标准的遵守情况不一。包括中国和美国在内的很多国家拒绝接受IMF的评估。有讽刺意味的是，在危机前，一些亚洲经济体在IMF的FSAP和ROSC谈判进程中参与度是最低的（IMF 2009，2012）。许多行政辖区参与了"模拟合规"，意思是这些国家通过立法改革采纳了金融标准，但是并没有投入足够的资源和才干去有意执行这些标准（Walter 2008）。正如埃里克·赫莱纳（Eric Helleiner）所认为的那样，G7希望市场法则会加强这些国家遵守金融标准的意愿并没有成为现实。金融市场在作出对外投资决策时并不很在意这个国家遵守金融标准的记录（Helleiner 2014，135）。虽然新兴市场确实强化了国内审慎性监管机制，但这主要是受20世纪90年代金融危机的集体经验的驱使，同时也是受其自身利益驱动的结果，即一种发展资本充足的国内金融体系作为抵抗全球金融市场的动荡和国际资本流动方向突然逆转的自我保护方案（Lane 2012，Helleiner 2014，Walter 2010）。

危机前标准制定的历史概括性地论述了一系列影响危机后改革进程的重要政治动力。令人不满的是，金融标准制定在历史上一直是具有庞大体量的完善金融体系的发达工业经济体的专属领域。G10成员国利用标准制定过程来向边缘地区的金融中心输入它们国内的监管框架，从而降低金融体系监管不足带来的潜在成本并减轻其后果。这种

第十一章 2007—2009 年金融危机后中国在金融标准制定中的角色

排他性是新兴经济体受挫的主要原因。全球金融危机提供了一个极其难得的变革机会。

全球金融危机与金融标准制定机构改革

2008 年 11 月，时任 FSF 主席马里奥·德拉吉（Mario Draghi）宣布 FSF 支持"吸纳重要的新兴市场经济体以扩大 FSF 成员范围的号召，而且会着手在较短时间内实现上述目标"（FSB 2008）。德拉吉是在第 1 次 G20 华盛顿领导人峰会召开的前一天做出这一宣告的，人们希望这次会议能处理全球金融危机造成的全球经济金融影响。SSB 在德拉吉的宣告后开始改革它的成员结构，吸纳中国和其他新兴市场国家。作为这次改革的一部分，中国被授予 3 个 FBS 全体会议席位，1 个有影响力的 FBS 指导委员会席位。中国同时被邀请加入 BCBS、CPSS、IOSCO 技术委员会（现为 IOSCO 董事会）和非官方管理的 IASB 公共监督委员会。通过这些改革，中国在每一个主要的 SSB 中获得了代表资格，而且在这些机构中占据掌握实权的关键岗位。

虽然很可能这些改革的目标是解决损害了 SSB 的合法性以及影响危机前金融标准的执行的"民主赤字"（Porter 2001）问题，但这些国家的加入前后发生的事件意味着情况可能不是这样。具有讽刺意味的是，全球金融危机主要起源于发达工业经济体国家。美国、英国和欧盟面临强大的内部政治压力，在范围广泛、危害长久的金融动荡后强化了国内金融公司和市场的审慎监管。G7 成员国担心，如果外国金融中心没能跟进，金融市场活动将会转移到监管成本更低的外国金融中心，从而影响它们自己国内金融市场的利润率和竞争力。正如赫莱纳（Helleiner 2014, 111, 154）所指出的那样，决定吸纳新兴市场为成员主要是受 G7 成员国利益的驱动，以确保新兴市场也采纳后危机改革方案（也可参见 Singer 2007）。

新兴市场国家的政治机会主义也能解释 SSB 成员结构改革。在第 1 次 G20 领导人峰会的前几天，巴西在圣保罗举办了 G20 财政部长和央行行长会议。巴西的主持人告诉马里奥·德拉吉，他只能以意大利央行行长而不是 FSF 主席的身份发言（Helleiner 2014, 138）。巴西清楚地传达了新兴经济体的信念：在巴西看来，这些机构不再具有合法性，而且巴西不再遵守一系列它没有参与制定的标准。中国总理温家宝也向 G7 和 SSB 施压，要求扩大其成员结构。2008 年 10 月，温家宝总理声称，"为了改善国际金融机构的运行，以便对维护国际和地区金融稳定做出更灵活的反应以及强化金融监管，新兴市场国家应该更多地参与决策和规则制定过程"（引自 Luo 2008）。在发达国家而不是新兴市场国家爆发金融危机后，中国及其新兴经济体盟国将它们被纳入金融标准制定进程看做全球金融治理接下来必须要走的一步。

在危机后，围绕决定扩大 SSB 成员结构的系列活动意味着发达国家和新兴市场国家对这一倡议有着共同利益。对于新兴市场来说，在 SSB 中获得代表权反映了它们在全球经济中的影响力，为它们参与标准制定和决定金融标准的内容提供了机会，而之前的标准是 G10 主导的 SSB 强加给它们的。对于发达经济体来说，新兴市场国家的参与对于支持它们采纳危机后的改革方案是必要的。排他性已导致金融体系的分裂，并造成全球资本流向对审慎监管不甚严格的边缘区域的金融中心。虽然危机后对 SSB 进行改革是应对危机前标准制定机制的局限性的关键性的第一步，但是人们对实质性地改革标准制定仍然存疑。正如崔亨圭（Hyoung-kyu Chey 2015, 4）所解释的那样，新兴经济体"最终被给予机会，作为一个正式的规则制定者在国际标准制定中扮演重要的角色。但它们能在多大程度上实际利用这个机会也是一个问题"。如以下部分所言，虽然中国获得了正式代表权，但由于它缺乏建构国际金融体系的能力和监管才能，它对金融标准制定的影响力仍然有限。最重要的是，中国大体上对遵守金融标准感到满意，并且没有从本质上对发达工业经济体的监管偏好提出质疑。危机后，中国大体上是一个维持 SSB 现状的政治行动者。

IPE 视角下的中国实力和利益

自从 20 世纪 70 年代和 80 年代金融标准出现以来，IPE 文献已

第十一章 2007—2009年金融危机后中国在金融标准制定中的角色

探讨了金融标准制定背后的政治动力,并认为金融标准的创立和强化有赖于国家、国内政治行为体和SSB的金融监管者等在标准制定过程中相互竞争的利益相关者的权力和利益。虽然文献主要集中于美国、英国和欧洲政治行为体的作用和影响,但它也为理解中国的作用提供了一个重要的基础。

两类文献存在特别明显的相关性。第一类文献以国家为中心,认为国家建立和影响金融标准内容的权力取决于该国国内金融市场的规模和结构性权力。通过控制准入规模巨大、流动性强和基本稳定的金融市场,并通过排除于市场之外的潜在威胁,拥有大型发达金融中心的国家能够强制遵守金融标准并在标准制定过程中获取它们的利益(Kapstein 1992,Simmons 2001,Singer 2007,Drezner 2007,Posner 2009,Bach 2010,Bach and Newman 2010;还可参见 Helleiner and Pagliari 2010,Helleiner and Pagliari 2011,Chey 2015)。主导国在控制金融标准的内容和创立上的利益有助于解释为什么G7和G10成员国通过监管俱乐部而不是跨国机构来治理金融市场。通过限制成员的准入,G7和G10能够确保金融标准的内容与其物质利益和国内政治利益相一致(Drezner 2007,Wade 2008)。如崔亨圭(Chey 2015,6)所认为的那样,缺乏与发达工业经济体相关的金融市场权力仍然是新兴市场国家影响金融标准制定以及利用新取得的权力地位去推动符合其自身利益的改革的能力的重要限制因素。

尽管中国的国内经济以及持有的外汇资产持续增长,但它的金融实力仍然有限。最近,中国持有的外汇资产快速增长,从2004年1万亿美元增长到2013年底的5.93万亿美元(Haneman 2014)。但是,美国整个外国金融资产在2014年第三季度只有24.6万亿美元(US Department of Commerce 2014)。而且,欧盟同期整体外汇持有量达到9.45万亿欧元(约24.6万亿美元)(ECB 2015)。中国在全球金融市场上的地位不仅绝对来说非常低下,而且其外汇持有量的组成也限制了它的权力。2013年底,中国6万亿美元外国金融资产中的3.8万亿美元是现金储备,只有8650亿美元是对外直接投资或者证券投资。这些数据简单描述了对外投资多大程度上依赖于中国资本。相反，2014年美国和欧盟的对外直接投资和证券投资总额分别达到了16.9万亿美元（US Department of Commerce 2014）和4万亿欧元（约合17.7万亿美元）（ECB 2015）。这些数字显示，中国对外金融资产持有量与美国和欧盟相比仍相形见绌。虽然中国在全球金融中的实力在未来可能继续增长，但金融危机后它在全球金融中的地位仍然受到它未能融入全球金融体系的限制。

第二类文献关于跨政府网络理论，该理论认为影响金融标准的实力取决于技术权威和专业知识。早期学术文献不重视金融标准之间的竞争关系，认为金融标准是金融监管者维护金融稳定的原则性和专业性利益的体现（Porter 2005a，2005b）。但是，最近的文献认为这些网络是排他性的，而且监管者在跨政府网络中的偏好受到共同的教育背景、专业规范和技术才能的影响（Baker 2009，Chwieroth 2008，Tsingou 2014）。这表明监管网络重视某些观念和知识，而且监管者影响金融标准内容的能力是"专业知识、物质资源和观念力量"的体现。对于新兴市场国家来说，缺乏监管专业知识仍然是一个重要的限制因素（Chey 2015，Walter 2015，Bandeira 2015）。

如费尔南多·马丁斯·班德拉（Fernanda Martins Bandeira 2015，3）所强调的那样，尽管新兴市场国家监管者知道参与国际改革进程的物质利益，但是他们仍然局限于缺乏"独立性、实力以及……获取信息、工具和人力资源的能力"。安德鲁·沃尔特（Andrew Walter 2015，6）认为，"知识和资源限制"影响了"新兴市场国家行为者在国际标准制定上本来就很低调的话语权"。例如，国际金融协会某个工作组的参与者，一位有影响力的私人金融与BCBS的协调人说道："新兴国家银行的代表很少参与，而且看起来'在绝大数问题上都一无所知'。"（Walter 2015，6-7）

相对于G7成员国的监管者，中国缺乏监管技能、知识储备和经验持续限制其在SSB中的影响力。虽然中国人民银行（PBoC）、中国银监会（CBRC）和其他监管机构中个别人员在某些关键问题领域显示出了他们的知识和才能，但中国金融监管体系仍然知识储备不足，在风险控制和审计这些重要领域的才能仍然存在缺口（IMF 2011，

第十一章 2007—2009年金融危机后中国在金融标准制定中的角色

2012）。而且，直到20世纪70年代晚期和80年代中国一直维持一种封闭式的经济，在1988年《巴塞尔协议 I》创立时中国只有少数几家银行，那时中国人民银行成立才刚刚4年（Knaack 2015）。因此，中国在必要的才能提升和机构发展上比较落后，从而在关键的监管问题上不能发出有效和有影响力的声音。

已有的研究文献表明，中国影响金融标准的实力仍然有限。但中国是否想影响金融标准或者它的偏好是否在本质上与发达工业经济体相偏离的还有待观察。以国家为中心的理论坚持认为答案是肯定的。这些学者认为，金融标准的创建是受发达工业经济体及其监管者和有影响力的国内政治行为体向外国金融市场输出其国内监管框架的利益的驱使。金融标准向其他金融区域转移监管调整成本，从而在每个国家的管辖范围之间创设一个公平的活动平台，使占主导地位的金融中心在全球金融范围内维持其主导地位（Oatley and Nabors 1998, Singer 2007, Wood 2005, Helleiner 2014）。或者，金融标准历史上作为一种应对新兴市场和发展中市场经济体中的金融市场不稳定的经济成本和后果的治理机制，而不是一种提升外国金融市场的稳定性、效率和有效性的机制（Simmons 2001, Drezner 2007, Bach and Newman 2010）。丹·德雷兹内（Dan Drezner 2007, 122）认为，发达经济体在享受改善协调的好处的同时，却要求新兴市场和发展中国家消化高额的改革调整成本。

IPE学者也强调金融标准没能反映新兴市场国家当地的具体情况。金融标准反映的是金融监管的盎格鲁—撒克逊模式，这种模式强调以市场为中心的风险评估和披露体系以及金融和投资相分离的状态（Walter 2008, Rodrik 2009, Helleiner 2010）。最近，一些学者和非政府组织认为，国际金融机构和SSB应该把合理性原则应用于评估金融标准的遵守情况以及向新兴市场和发展中国家提出监管建议（de Sousa 2015, 5; Global Partnership for Financial Inclusion 2014）。这些进展继续强调发达市场和新兴市场之间由于金融体系处于不同的发展阶段这一事实而具有不同的、竞争性的偏好。竞争性偏好有助于解释为什么新兴市场在危机前不遵守金融标准（参见Walter 2008）。

以国家为中心的研究文献认为中国会反对金融标准，并试图利用它日益扩展的权力来寻求建立另外一套标准。约翰·艾肯伯里（John Ikenberry 2008, 23）总结了现实主义者的观点，说现实主义者预计"中国会尽量使用它与日逐增的影响力来重塑国际体系的规则和制度来更好地服务于自身利益以及体系中其他国家"。作为这一问题的现实主义立场的代表，德雷兹内（Drezner 2010）认为，中国日益增长的结构性权力可能会导致创建与发达工业经济体和碎片化的国际监管机制相对抗的标准。本杰明·科恩（Cohen 2008, 456）提供了另外一个视角来强调自治权力而不是影响力。科恩认为，新兴市场国家在危机前快速的发展导致了"免于外部压力而自由行动"的自治越来越重要。其后，中国（还有其他新兴市场大国）可能行使自治权而不遵守金融标准，以作为金融达到自立程度的表现。实际上，中国在成为 FBS 成员之前拒绝接受 IMF 的 FSAP 和 ROSC 评估，而利用自治权来反击评估中国遵守金融标准情况的外部政治压力。

IPE 研究文献也对这些论断提出了质疑。艾肯伯里（Ikenberry 2008）认为，中国已经成长起来了并成功地在现有国际秩序中占据了重要地位，并且各国经济日益相互依赖意味着中国有动力融入而不是挑战现有的国际自由主义秩序。关于金融标准制定，安德鲁·沃尔特（Andrew Walter 2010）和彼得·纳克（Peter Knaack 2015）分析了中国关于《巴塞尔协议Ⅱ》和《巴塞尔协议Ⅲ》资本充足率标准的立场，认为中国不是对抗金融标准，而一直是改革的热情接受者。沃尔特（Walter 2010, 163）认为，中国传统上一直接受西方经济体的金融监管标准，而且中国的监管者利用这些金融标准来推动国内监管改革。纳克（Knaack 2015）提供了一个不同的解释，他认为中国监管者积极推行改革来巩固中国作为一个负责任的和信誉良好的金融监管区的名声，以便未来获得金融标准制定上的影响力。一位中国香港的监管者说道："我认为他们已热衷于在国内执行那些国际标准，比起其他发展中地区中国更严格对待它们，其目的是在国际舞台上为中国争取一个主角地位"（引自 Knaack 2015, 16）。安德鲁·贝克（Andrew Baker）也对中国会否寻求另外一套金融标准进行了回答。

第十一章 2007—2009年金融危机后中国在金融标准制定中的角色

贝克（Baker 2009, 211-12）说：来自新兴市场的财政部长和央行行长通常会拥有共同的监管偏好，"为的是让来自 G7 成员国的同僚认真对待这些偏好"。这表明，与其说中国是监管的破坏者，不如说中国更可能接受监管的现状。

已有的研究文献表明，中国影响金融标准的力量还很有限，而且即使中国是一个有实力的行动者，它寻求实质性地影响金融标准的内容并非直接明了。关于危机后中国遵守金融标准的方式的分析给这种视角提供了更多的证据。大体上，中国是遵守金融标准的，但它认为这些标准应该尊重不同国家金融体系之间实质性的区别。在一些关键问题上，中国也会不遵守标准。特别需要指出的是，它在处理违约、银行资产负债表上的逾期贷款和企业债券市场方面仍然是一个落后者。

国内政治理论强调国际金融标准的国内起源或者金融 SSB 中的国家行为，它有助于解释中国遵守金融标准的形式。戴维·辛格（David Singer 2007）的理论框架特别指出，金融监管者是官僚政治行为体，他们的决定受到维护其自主权、声誉和未来职业机会的影响。监管者的官僚政治利益解释了为什么在金融市场动荡期间提高了审慎监管要求。一些其他学者强调国内立法机构和监管者提高对金融公司的监管要求以回应其国内选民的需要（Oatley and Nabors 1998, Helleiner and Pagliari 2010）。一些其他人也同样认为，金融监管者或者政策制定者贯彻改革的能力是国内竞争性利益团体力量平衡的体现；监管的结果反映了支持改革和维持现状的政治行为体之间的力量平衡（Helleiner and Pagliari 2010, Fioretos 2010, Walter 2008）。这类文献着重指出，竞争性利益和国内不同政治利益相关者的相对实力通常能解释金融监管结果。金融监管改革和遵守金融标准在某些利益团体中也产生重要的分配效应。

下一部分将显示，改革中国的金融市场一直得到金融监管者和中国人民银行的支持，而且中国政府通过采用可测量的方法来开放金融市场显示出对改革的支持。中国不是把金融标准作为一种拥有高额调整成本的没必要的监管负担，而是作为一个有价值的改革路线图。中国遵守《巴塞尔协议 III》和影子银行改革反映了这些标准与中国的国内政治利益相符。遵守金融标准有助于确保中国金融市场更有活力，也有助开放金融市场。与此同时，中国不遵守某些金融标准也表明金融监管继续受到国内政治压力和一个以国家为中心的工业发展模式的影响。

中国遵守《巴塞尔协议 III》

危机之后，BCBS 的任务是改革资本充足率标准。为了应对金融体系新的发展形势，BCBS 通过《巴塞尔协议 III》加强了银行持有资本的质量和数量，并改革了风险管理要求。中国不仅不反对《巴塞尔协议 III》的改革，反而在法国和德国反对的情况下支持了美国、英国、瑞士以及其他新兴市场国家加强资本充足率的要求（Bair 2012；Drezner 2014，95；Helleiner 2014，104）。新兴市场国家由于在危机前接受了更高的资本充足率要求所以并没有面临巨量的调整成本，这解释了它们支持更高的审慎监管要求的原因。[①] 中国利用这次危机以及参与 BCBS 的机会来积极推进一系列国内改革，这些改革措施既用来解决中国国内监管机制落后的问题，也加强了股份制银行的活力。

自 2008 年 9 月起，中国的监管者开始推出一系列使自身监管框架和《巴塞尔协议 II》保持一致的改革措施。在中国应邀成为 FBS 和 BCBS 成员之前，中国银监会就发布了 8 份监管指导方针的草稿书，要求中国银行加强内部控制和风险管理程序，提高资本充足率要求（KPMG 2009）。在《巴塞尔协议 III》达成之后，中国银监会推进

---

① 相比之下，德国和法国监管机构面临的国内政治压力弱化了监管要求，这是因为银行部门的贷款相当集中，并且中小企业（SMEs）依赖于作为资金和投资来源的银行中介信用。欧盟后来降低了资本要求指令和监管 IV（CRD IV）框架下的流动性和风险测量要求。正如 BCBS（2014，4）在评估《巴塞尔协议 III》的遵守情况时指出的，CRD IV 给予"中小企业（贷款）以优惠风险权重"。这与 CRD IV 的其他方面一起使欧盟"实质上不符合巴塞尔框架下的最低标准"。

第十一章 2007—2009年金融危机后中国在金融标准制定中的角色

了更加深入的改革。2012年6月，中国的金融监管者发布了资本金规则，改革了国内资本充足要求和风险测量要求，而这些要求大体上与《巴塞尔协议III》中提出的监管要求一致或者比之更严格。股份制银行被要求在2013年1月1日前执行这些要求（CBRC 2012）。中国银监会还发布通知提高披露要求，并且提供更多的公开范围以确保2012—2013年达到《巴塞尔协议III》的要求（BCBS 2012，6）。通过这些改革，中国的股份制银行开始遵守或者过于遵守《巴塞尔协议III》。BCBS评估中国遵守《巴塞尔协议III》的报告书得出如下结论：中国完全遵守15个主要类别中的13个，且大体上遵守另外2个。中国的银行的平均总资本比率达到13%，一级核心资本比率为10%，远远高于8%和6%的最低资本率要求（BCBS 2012，7）。

与此同时，中国将推行更严格的监管要求作为一种经济政策而不是风险管理工具。例如，BCBS对中国的审慎监管机制做出的同行评估强调，中国银监会的资本金规则对商业银行股权投资的风险权重适用于1250%。《巴塞尔协议III》仅仅要求100%的风险权重（BCBS 2012，69-70）。高风险权重刺激银行通过直接的信用贷款来提供融资，而不是以股权为基础的借贷。中国也使用更高的风险权重来降低抵押和房产市场的风险。中国银监会在抵押贷款上适用50%的风险权重，而《巴塞尔协议III》的风险权重为35%（BCBS 2012，69-70）。

中国的监管者和政策制定者通过推行高资本充足率要求以及保守处理信贷风险权重来增强股份制商业银行的活力，这其中的利益也解释了中国采用金融标准的原因。中国的监管者在加强审慎监管要求上的利益和国内政策制定者在开放金融体系上的利益促进了这些改革。2011年，中国发布了第十二个五年规划，表明其放开利率管制和促进私人投资于银行金融业的意向（Xinhuanet，2012）。《巴塞尔协议III》为中国的股份制商业银行提供了一个加强风险测量、内部控制和资本充足率要求的有用机制，进而促进一个更加以市场为基础的金融体系，并管控金融自由化给金融稳定带来的挑战。放开存款和贷款利率控制将会增加股份制商业银行的竞争压力，使利差承受下行压

· 315 ·

力，并且可能导致资本充足率水平下降，股份制商业银行更容易受到中国金融体系中的风险的冲击。通过改革风险测量要求和内部控制要求，中国的监管者能够推动形成更为透明的银行体系，它既鼓励私人投资于中国的银行业，也将促进更严格的市场纪律。在中国领导人试图明确如何从出口导向型增长朝着构建更强劲的、更成熟的国内经济转变时，这么做将会使中国的银行更为高效和灵活。2011年，中国银监会与中国新闻界关于《巴塞尔协议Ⅲ》的讨论反映了这一点：遵守《巴塞尔协议Ⅲ》是"一个必要的、促进银行发展模式变革的举措，是提高金融部门应对外部冲击能力的举措，是保证金融部门长期稳健运转的举措，是防御系统性金融风险的举措。而且，这样做也是很有必要的，如果我们想要推动金融业实施第十二个五年计划，想要提高金融资源配置的效率，想要推进经济结构的战略性调整和中国经济的可持续发展的话"（CBRC 2011）。

中国银监会将《巴塞尔协议Ⅲ》视作一个推动中国金融体系发展和确保股份制银行拥有持续活力的有用蓝图，而这是旨在提高依赖工业经济增长的中国经济的灵活性和再调整能力的更为广泛的战略的组成部分。

利用危机以及借力国际金融标准来推动改革并不是什么新鲜事。正如沃尔特（Walter 2010）所强调的那样，中国利用亚洲金融危机来推进一系列国内改革以应对国内监管框架滞后的问题。金融标准有助于克服国内政治对接受更多地以市场为基础、对风险敏感的监管机制的阻力（Walter 2010, 162）。这些改革使不良贷款（NPL）占总贷款的百分比快速下降，从2000年的22.4%下降到2008年的2.5%（Asian Development Bank 2009, 63）。

BCRC的同行评议也着重指出了中国法律和监管框架在处理违约和逾期贷款方面的不足。BCBS的结论是，中国一直不服从逾期贷款准备金要求。监管者无须评估那些对违约的定义偏离既有定义的银行（2012, 65）。中国过去一直利用国有资产管理公司（AMC）从商业银行手中收购不良贷款，这改善了中国银行的健康状况但使不良投资的损失变得模糊。《华尔街日报》的卡尔·沃尔特（Carl Walter）和

第十一章　2007—2009年金融危机后中国在金融标准制定中的角色

弗雷泽·霍伊（Fraser Howie 2014）写道："资产管理公司被列入中国共产党应对各种金融损失的措施之中。它不仅包括银行贷款，还有垃圾债券以及不能兑付的理财产品（WMP）"。资产管理公司的存在以及中国的金融部门处理不良贷款不透明表明国家和股份制商业银行仍然紧密纠缠在一起。中国仍然希望为国有企业和中国工业提供隐性担保。

中国也曾公开批评《巴塞尔协议III》，它重复强调金融标准适应中国特殊情况的重要性。例如，2010年中国银监会主席刘明康就对《巴塞尔协议III》提出了批评：

> 两份文件（《巴塞尔协议III》的咨询文件）的监管标准设计主要考虑的是欧洲经济体和美国的银行业实践，而对中国这样的新兴市场经济的实际情况关注不多。因此，考虑到不同经济体金融体系的结构和金融市场的完善程度很不一样，我们建议BCBS不应为这些标准制定过于严厉和规范的规则。在这里，问题是如何去很好地平衡国际趋同和国家自主，如此一来，国家监管机构就拥有更多的灵活性去反映自己国家的银行业实践并提高银行业监管的效率。（CBRC 2010, 1）

中国的银行部门也对《巴塞尔协议III》给予发达国家主权债券零风险权重提出了批评。《巴塞尔协议III》要求银行持有大量的主权债券，作为流动性强的资产。在给予西方经济体主权债券优势地位的同时，《巴塞尔协议III》降低了发达工业经济体国家中银行的融资成本，却把额外的成本强加给中国的银行，尽管政府违约的可能性比较低（Chen 2010）。2015年1月，BCBS宣布它将评议西方主权债务的零风险权重，并考虑将主权债券的风险权重与主权债务风险更加紧密地联系在一起（Reuters 2015a）。这表明，中国和其他新兴市场国家可能在危机后对金融标准的变化产生一定程度的影响。

金融危机后，中国采取积极措施来改革危机前后的国内监管机制。中国监管者利用这一机会推进提高审慎性监管要求和改善风险管理体系的国内监管改革。与此同时，中国也背离了一些金融标准，在处理违约和逾期贷款问题上保持了一种不透明的方式。中国也批评 BCBS 没能考虑各国金融市场之间的独特区别，并支持一种非强制性的金融标准，在标准的遵守上给予新兴市场国家更大的灵活性。然而，中国并没有提出另外一套金融标准，尽管它选择行驶自治权，并在一些核心问题上维护国内监管的现状。在危机后的改革进程中，很多发达工业经济体国家也是这样做的。几乎没有证据显示中国在实质意义上改变了金融标准的内容。相反，中国一直将《巴塞尔协议 III》作为国内改革的路线图，以支持中国开放国内金融部门的努力。

中国执行影子银行改革

影子银行改革是危机后监管改革进程中一个重要的问题。FBS（2014a）将影子银行定义为"涉及常规银行体系之外的实体和活动的信贷中介"，特别强调那些通过将短期融资转变成长期信贷的"履行类似银行功能"的实体。很多人相信非银行信贷中介以及影子银行体系和传统金融部门之间的勾联在 2007—2009 年全球金融危机中起到了推波助澜的作用。在危机前，影子银行体系的规模翻了一番，从 2002 年不足 20 万亿美元达到 2007 年的 60 亿美元。虽然危机后影子银行的增长很快就放缓了，在 2008 年中期重新获得增长动力，到 2013 年年末总资产达到 75 万亿美元（同上）。

2010 年 11 月，G20 领导人峰会在韩国首尔召开，会议强调了影子银行体系问题。G20 要求 FBS 在 2011 年中期前提出加强影子银行体系的管理和监督的建议。作为回应，FBS 和其他的 SSB 提出了一系列改革措施，包括以下五大措施："（1）降低银行和影子银行机构相互联系所产生的风险；（2）降低货币市场基金（MMF）'出逃'的敏感性；（3）提高证券化过程的透明度和调整激励；（4）抑制回购协议和证券借贷等证券融资领域的顺周期性和其他影响金融稳定的风

第十一章 2007—2009 年金融危机后中国在金融标准制定中的角色

险；(5) 评估和降低其他影子银行实体和活动带来的金融稳定风险"(FSB 2014b, 1)。

FBS 的影子银行标准与中国的金融体系尤其相关，在过去 5 年中影子银行发展迅猛，这也是中国的银行借贷快速扩张的时期。由于中国政府于 2008 年 11 月推出了 4 万亿元人民币 (约合 5680 亿美元) 的经济刺激计划 (Barboza 2008)，在 2008—2014 年，中国的信贷占 GDP 的百分比从 150% 增长到 250% (Anderlini 2014)。存款和贷款利率的长期限制、中小企业和家庭信贷不能得到满足导致信贷从传统的银行体系转移到影子银行体系。虽然对中国的影子银行体系的估量差别很大，但根据摩根大通的估计，中国影子银行的规模为 36 万亿元人民币 (约合 5.7 万亿美元)，占 GDP 的 69% (Zhu, Ng and Jiang 2013)。影子银行的增速从 2011 年的 28% 上升到 2012 年的 42% (Wen and Arias 2014)。尽管影子银行的体量在增长，但相对于其他国家和地区，它的绝对规模占全球影子银行资产的比例仍然较小，占中国金融总资产的比例更小。①

但是，外国评论人士表达了他们的担忧——中国的影子银行体系给金融稳定带来了明确而现实的危险。由于担心中国信贷的快速增长以及影子银行造成的系统性风险，穆迪于 2013 年调低了中国的信用展望，从积极转向稳定 (Bloomberg 2013)。2014 年，IMF 关于影子银行的报告也注意到了中国影子银行的快速发展，特别是通过理财产品资产的表外活动的增加，而理财产品被视为中国金融体系的系统性风险的潜在来源 (IMF 2014, 77)。相比之下，FBS 却对中国影子银行体系的发展保持相对沉默。2012 年，FBS 建议中国完善影子银行数据采集 (FSB 2012, 5)，并在 2013 年着重指出中国缺少非银行中介和银行中介之间关系的报告资料 (FSB 2013, 5)。

危机后，中国对影子银行采取了一种平衡的方式。中国的监管者

---

① 2013 年底，全球影子银行资产为 75 万亿美元，中国的影子银行体系仅占全球的 4% (FSB 2013, 2)。相比之下，荷兰、英国、瑞士和美国影子银行资产分别占各自 GDP 的 760%、348%、261% 和 170% (FSB 2014a, 11)。

一方面支持影子银行的发展，另一方面也在应对因规模和系统重要性的提升而带来的风险。2008年后，同其他国家一样，[①] 中国也向日益发展的影子银行体系提供了有条件的支援，并将这一系统看做开放中国金融市场的工具。中国人民银行和中国政府一直都很看重影子银行给中国的金融体系带来的积极成果。中国国务院将影响银行作为"传统金融体系的补充，影子银行在服务实体经济、丰富普通居民的投资渠道上发挥了积极的作用"（引自Parker 2014）。2013年，中国人民银行也给影子银行体系提供了支持，它认为"（影子银行）满足了实体经济的融资需求，并给居民和企业拓展了新的投资渠道。影子银行为整个金融市场的流动性和发展动力打了一剂强心针"（PBoC 2013，204）。

中国政府也试图低调处理影子银行风险。通过使用一个非常狭窄的定义，中国在2012年宣称其影子银行只拥有0.4万亿美元的资产（FSB 2012，8）。它强调，相对于国际上其他国家，中国的影子银行占比仍然较小。中国人民银行发布的《2013年金融稳定报告》也对影子银行的风险进行了低调处理："在规模和风险上，中国影子银行与国际上其他国家相比都相对较小。影子银行的融资渠道和传统银行业相似，并且从传统银行体系中获取的资本和信贷很有限"（PBoC 2013，203）。

中国的监管者过去一直支持影子银行体系的发展，但是针对它的快速发展，自2013年开始制定了一系列改革方案，其目的是提高影子银行体系的透明度和活力以及股份制银行的风险敞口。中国银监会发布指令，要求股份制银行公开其表外工具的范围，其中绝大多数是以理财产品形式呈现的，并在当地监管部门进行登记（Rabinovitch 2013）。同年，中国国务院发布了第107号文件，规定银行的资本充足率要求要反映它们在影子银行资产、信托和理财产品上的实际风险

[①] 虽然各个地区都担心贷款证券化的发展，但许多地区也推动了贷款证券化的重新兴起，这是影子银行体系的一个重要组成部分。2014年3月，英国央行和欧洲央行发布了一份文件，讨论如何推动证券化在欧元区的重新兴起（欧洲央行和英国央行 2014）。

第十一章 2007—2009年金融危机后中国在金融标准制定中的角色

敞口（Clifford Chance 2015）。2014年，中国银监会发布了第99号文件，该文件对信托公司进入市场设置了严格的审批程序，要求股东在信托出现亏损时补充资本并对信托进行重组，从而对信托行业进行了全面改革。这样一来，信托公司就不用承担风险负担，而只是充当一个风险的分配者（Asian Banking and Finance 2014，Bloomberg 2014a）。

中国人民银行也试图管理新出现的风险，并增加该行业的透明度。2013年，中国人民银行通过两次诱发货币市场的流动性紧张，试图放缓影子银行体系的发展速度以及减少它对短期融资的依赖（Davis and Wei 2013；Parker 2013）。中国人民银行对影子银行业进一步施压，它宣布将把借给非银行揽存机构的资金计入股份制银行的贷款，以确定借款机构在多大程度上成为非银行中介债务的流动性来源。中国人民银行阐述了这一措施的合理性，它指出，"存贷款项目计算的调整目的在于使（中国标准）慢慢与国际上的惯例做法相一致"（Reuters，2015b），进一步显示了利用金融标准赋予国内改革以活力。

有时候改革进程也会出现倒退。2014年，中国工商银行（ICBC）宣布它不会补偿投资者在一个中国煤矿项目的授信额度上遭受的损失。该理财产品由中国信贷信托有限公司发行、中国工商银行承销（Reuters 2014a）。8天后，中国工商银行宣布它将重组该项业务，允许债务人晚些时候履行相关义务，这表明中国政府不会接受完全违约（Bloomberg 2014b，Reuters 2014b）。这一措施引发了外界对中国是否愿意灌输市场约束意识以及中国股份制商业银行的风险程度和透明度的关注。中国也没有推行货币市场基金改革，而是继续保留一种稳定的资产净值方法，这使它更容易受到挤兑的影响；而美国和欧洲已经推行了要求货币市场基金采用可变资产净值方法的措施（Clifford Chance 2015）。

中国在提高影子银行体系的监督和管理水平上做出了巨大的努力，并于2014年末开始取得成效，按照穆迪报告该体系的发展开始放缓（Moody's 2015）。穆迪亚太区域首席信贷官迈克尔·泰勒（Michael Taylor）说："虽然影子银行仍在继续发展，但最近几个季度发展速度有所放缓，这是因为遏制该体系发展速度的措施开始发挥作用……更严格的监管使信贷活动回归到正规银行体系，总体信贷的增长被遏制住了，略微高于名义 GDP 增长的速度。"改革不但放慢了影子银行的发展速度，而且让资金重新回到传统的银行体系之中。

根据郑联盛的观点，中国在 FBS 的标准制定过程中并非扮演消极角色。他说，中国利用其在 FBS 监督和管理合作常设委员会（SC-SRC）的地位为 FBS 影子银行改革做出了重要的贡献。2012 年 1 月 31 日，监督和管理合作常设委员会会议在伦敦召开，中国提出了一系列原则来指导规则制定过程。重要的是，中国强调指出改革"应该尊重不同国家的监管当局根据 FBS 确定的经济功能和国家的现实情况做出的判断和制定的标准"，并且改革应该考虑影子银行和传统银行体系之间的关系（Zheng 2015，9）。虽然中国积极地参与标准制定过程，但它的偏好并没有从根本上背离发达工业经济体的偏好。中国的监管者不仅不反对 FBS 的标准，而且还将标准制定过程看做一种"更好地理解影子银行监管的动态发展，更好地吸收其他国家的经验以及实现更全面、更实际和更高效的监管"的方式。这表明中国会维持监管现状，而不会反对 FBS 金融标准的内容。

结 论

全球金融危机后 SSB 扩大成员引发了一个重要问题，即中国和其他新兴市场国家在多大程度上能够或者愿意选择去影响金融标准的内容。IPE 学者认为，由于中国在全球金融体系中金融实力的不足以及相对于发达工业经济体来说有限的监管能力和专业知识，中国在 SSB 中的相对权力仍受到限制。但是，金融危机后，中国在 SSB 中的作用最为重要的方面是，中国的监管者将金融标准视为改革的机会。在努力推进开放中国金融部门以及打造更有实效的、更为高效的国内金融体系的过程中，金融标准为改革提供了一个路线图。对中国遵守《巴塞尔协议 III》的资本充足率标准和 FBS 的影子银行标准的形式的分析显示，金融标准大体上符合中国的国内政治偏好。中国也对标准

第十一章　2007—2009年金融危机后中国在金融标准制定中的角色

制定过程没能够考虑发达经济体和新兴市场经济体的金融体系之间的重要差别提出了批评，并倡导一种制定金融监管标准的更加灵活的方法。尽管如此，中国大体上遵守甚至是过于遵守国际金融标准，并且是改革的热心接受者。

中国遵守金融标准的形式表明，它可能是SSB中一个保守的政治行为体。中国影响金融标准的实力将依赖于很多因素，包括它在全球金融体系中的结构性权力，它的金融监管者的成熟、经验和才能以及金融部门在国内政策制定过程中在多大程度上成为有影响力的行为体。更为重要的是，中国对金融标准制定发挥影响力的程度将取决于中国是否会形成另外一套金融监管偏好。中国是否会形成一套自己的、独特的监管偏好，并在未来制定一系列竞争性的全球金融监管标准，我们还需拭目以待。

参考文献

Alexander, Kern, Rahul Dhumale and John Eatwell. 2006. *Global Governance of Financial Systems*. Oxford, UK: Oxford University Press.

Anderlini, Jamal. 2014. "China Debt Tops 250% of National Income." *Financial Times*, July 21. www.ft.com/intl/cms/s/0/895604ac-10d8-11e4-812b-00144feabdc0.html#axzz3Qi2OSW9P.

Asian Banking and Finance. 2014. "Here's the Potential Impact of China's New Trust Regulation on Banks." April 16. http://asianbankingandfinance.net/wholesale-banking/news/heres-potential-impact-chinas-new-trust-regulation-banks.

Asian Development Bank. 2009. "Beyond the Crisis: Regulatory Reform in East Asia." http://aric.adb.org/pdf/aem/jul09/Jul_AEM_special.pdf.

Bach, David. 2010. "Varieties of Cooperation: The Domestic Institutional Roots of Global Governance." *Review of International Studies* 36 (03): 505–28.

Bach, David and Abraham L. Newman. 2010. "Transgovernmental Networks and Domestic Policy Convergence: Evidence from Insider Trading Regulation." *International Organization* 64 (3): 561–89.

Bair, Sheila. 2012. *Bull By the Horns: Fighting to Save Main Street from Wall Street and Wall Street from Itself*. New York, NY: Free Press.

Baker, Andrew. 2009. "Deliberative Equality and theTransgovernmental Politics of the Global Financial Architecture." *Global Governance* 15 (2): 195–218.

Bandeira, Fernanda Martins. 2015. *Emerging Countries and Implementation: Brazil's Experience with Basel's Regulatory Consistency Assessment Programme.* New Thinking and the New G20 Series Paper No. 3. March. www. cigionline. org/publications/emerging-countries-and-implementation-brazils-experience-basels-regulatory-consistency.

Barboza, David. 2008. "China Plans $586 Billion Stimulus." *The New York Times*, November 9. www. nytimes. com/2008/11/09/business/worldbusiness/09iht-yuan. 4. 17664544. html? _ r = 0.

BCBS. 2012. "Regulatory Consistency Assessment Programme: Assessment of Basel III Regulations — China." September. www. bis. org/bcbs/implementation/l2_cn. pdf.

—— 2014. "Regulatory Consistency AssessmentProgramme: Assessment of Basel III Regulations — European Union." December. www. bis. org/bcbs/publ/d300. pdf.

Bloomberg. 2013. "China Shadow Banking Poses Systemic Risks to Banks, Moody's Says." May 13. www. bloomberg. com/news/2013 - 05 - 13/china-shadow-banking-poses-systemic-risks-to-banks-moody-s-says. html.

—— 2014a. "China Tightens Oversight of Trusts as Default Risk Rises." April 14. www. bloomberg. com/news/articles/2014 - 04 - 14/china-tightens-oversight-of-trust-companies-document-shows.

—— 2014b. "China Credit Says It Reached Pact on Troubled Product." January 27. www. bloomberg. com/news/2014 - 01 - 27/china-credit-trust-says-it-reached-accord-on-troubled-investment. html.

Blustein, Paul. 2013. *Off Balance: The Travails of Institutions That Govern the Global Financial System.* Waterloo, ON: CIGI.

CBRC. 2010. "CRBC Feedback on the BCBS Documents." April 10. www. bis. org/publ/bcbs165/cbrc. pdf.

—— 2011. "The CBRC Responds to Questions of the Press Relating to theGuiding Opinions on the Implementation of New Regulatory Standards in China's Banking Industry." www. cbrc. gov. cn/EngdocView. do? docID = 20110613FCE47ABD05FA4204FF5BCBC854991A00.

—— 2012. "Decree of China Banking Regulatory Commission." June 7.

www. cbrc. gov. cn/EngdocView. do? docID = 86EC2D338BB24111B3AC5D7C5C4F1B28.

Chen, Wenxian. 2010. "Basel III and China's Potential Interests: Interview with Ge Qi, the CEO of Bank of China (Britain) ." [In Chinese.] *Ennweekly*, April 26. www. ennweekly. com/2010/0426/1554. html.

Chey, Hyoung-kyu. 2015. *Changing Global Financial Governance: International Financial Standards and Emerging Economies since the Global Financial Crisis*. New Thinking and the New G20 Series Paper No. 1. Waterloo, ON: CIGI. February. www. cigionline. org/publications/changing-global-financial-governance-international-financial-standards-and-emerging-eco? .

Chwieroth, J. M. 2008. "Normative Change from Within: The International Monetary Fund's Approach to Capital Account Liberalisation." *International Studies Quarterly* 52 (1): 129 – 58.

Clifford Chance. 2015. "Shadow Banking and Recent Regulatory Developments in China." January. www. cliffordchance. com/briefings/2015/01/clifford_ chance_ clientbriefing-shadowbankin. html as of 3 February 2015.

Cohen, Benjamin J. 2008. "The International Monetary System: Diffusion and Ambiguity." *International Affairs* 84 (3): 435 – 70.

Davis, Bob and Wei, Lingling. 2013. "China's Central Bank Acts on Cash Crunch." *The Wall Street Journal*, June 26. www. wsj. com/articles/SB10001424127887323683504578566842205728724.

De Sousa, MarianaMagaldi. 2015. "Financial Inclusion and Global Regulatory Standards: An Empirical Study Across Developing Economies." New Thinking and the New G20 Series Paper No. 7. Waterloo, ON: CIGI. March. www. cigionline. org/publications/financial-inclusion-and-global-regulatory-standards-empirical-study-across-developing-e.

Drezner, Daniel. 2007. *All Politics Is Global: Explaining International Regimes*. Princeton, NJ: Princeton University Press.

—— 2010. "Afterword: Is Historical Institutionalism Bunk?" *Review of International Political Economy* 17 (4): 791 – 804.

—— 2014. *The System Worked: How the World Stopped Another Great Depression*. Oxford, UK: Oxford University Press.

European Central Bank and Bank of England. 2014. "The Impaired EU Securitisation Market: Causes, Roadblocks and How to Deal With Them." www. ecb. europa. eu/pub/pdf/other/ecb-boe_ impaired_ eu_ securitisation_ marketen. pdf.

ECB. 2015. "Statistics Data Warehouse: Financial Data." February 5. http://sdw. ecb. europa. eu/reports. do? node = 1000004817.

Fioretos, Orfeo. 2010. "Capitalist Diversity and the International Regulation of Hedge Funds." *Review of International Political Economy* 17 (4): 696 – 723.

FSB. 2008. "Financial Stability Forum Chairman Supports the G20 Call to Broaden the FSF's Membership." November 13. www. financialstabilityboard. org/wp-content/uploads/pr_ 081113. pdf.

——2012. "Global Shadow Banking Monitoring Report 2012." November 28. www. financialstabilityboard. org/2012/11/r_ 121118c/.

——2013. "Global Shadow Banking Monitoring Report 2013." November 14. www. financialstabilityboard. org/wp-content/uploads/r_ 131114. pdf.

——2014a. "Global Shadow Banking Monitoring Report 2014." November 4. www. financialstabilityboard. org/wp-content/uploads/r_ 141030. pdf.

——2014b. "Transforming Shadow Banking into Resilient Market-based Financing: An Overview of Progress and a Roadmap for 2015." November 14. www. financialstabilityboard. org/wp-content/uploads/Progress-Report-on-Transforming-Shadow-Banking-into-Resilient-Market-Based-Financing. pdf.

G7. 1995. "Halifax Summit Communiqué." June 16. www. g8. utoronto. ca/summit/1995halifax/communique/index. html#strengthen.

G20. 2010. "The Seoul Summit Document." November 12. www. g20. utoronto. ca/2010/g20seoul-doc. html#finsector.

Global Partnership for Financial Inclusion. 2014. "2014 Financial Inclusion Action Plan." September. 2. www. gpfi. org/sites/default/files/documents/2014_ g20_ financial_ inclusion_ action_ plan. pdf.

Hanemann, Thilo. 2014. "China's International Investment Position: 2014 Update." Rhodium Group, April 9. http://rhg. com/notes/chinas-international-investment-position-2014-update%29.

Helleiner, Eric. 2010. "A Bretton Woods Moment? The 2007 – 2008 Crisis and the Future of Gobal Finance." *International Affairs* 86 (3): 619 – 36.

——2014. *The Status Quo Crisis: Global Financial Governance After the* 2008 *Meltdown*. Oxford, UK: Oxford University Press.

第十一章 2007—2009 年金融危机后中国在金融标准制定中的角色

Helleiner, Eric and Stefano Pagliari. 2010. "Crisis and the Reform of International Financial Regulation." In *Global Finance in Crisis: The Politics of International Regulatory Change*, edited by Eric Helleiner, Stefano Pagliari and Hubert Zimmerman, 1 – 18. London, UK: Routledge.

—— 2011. "The End of an Era in International Financial Regulation? A Postcrisis Research Agenda." *International Organization* 65 (Winter): 169 – 200.

Ikenberry, John. 2008. "Rise of China and the Future of the West: Can the Liberal System Survive?" *Foreign Affairs* 87: 23.

IMF. 2009. "The Financial Sector Assessment Program After Ten Years: Experience and Reforms for the Next Decade." August 28. www.imf.org/external/np/pp/eng/2009/082809B.pdf.

—— 2011. "People's Republic of China: Financial Stability Assessment." November. www.imf.org/external/pubs/ft/scr/2011/cr11321.pdf.

—— 2012. "People's Republic of China: Detailed Assessment Report: IOSCO Objectives and Principles of Securities Regulation." April. www.imf.org/external/pubs/ft/scr/2012/cr1280.pdf.

—— 2014. "Shadow BankingAround the Globe: How Large, and How Risk?" www.imf.org/external/pubs/ft/gfsr/2014/02/pdf/c2.pdf.

Kapstein, Ethan. 1989. "Resolving the Regulator's Dilemma: International Coordination of Banking Regulations." *International Organization* 43 (2): 323 – 47.

—— 1992. "Between Power and Purpose: Central Bankers and the Politics of Regulatory Convergence." *International Organization* 46 (1): 265 – 87.

Kempthorne, David. 2013. "Governing International Securities Markets: IOSCO and the Politics of International Securities Standards." Ph.D. dissertation, University of Waterloo.

Knaack, Peter. 2015. "From Laggard to Primus — Why Is China Exceeding Global Banking Standards?" Paper Prepared for the Annual Meeting of the International Studies Association, February 18 – 21.

KPMG. 2009. "China Board Room Update: Regulatory Developments." January. www.kpmg.com/CN/en/IssuesAndInsights/ArticlesPublications/Newsletters/China-boardroom-update/Documents/China-boardroom-update-0901 – 01.pdf.

Lane, Philip. 2012. "FinancialGloblisation and the Crisis." BIS Working Papers: No. 397. December. www.bis.org/publ/work397.pdf.

Luo, Ping. 2008. "Enhancing Risk Management and Governance in the Region's Banking System to Implement Basel II and to Meet Contemporary Risks and Challenges Arising from the Global Banking System." Presentation given at APEC summit, December 8 - 12. www. apec. org. au/docs/08_ TP_ BRM/2. 1_ Luo. pdf.

Moody's. 2015. "China's Shadow Banking Growth Slows on Regulatory Tightening, But New Areas Emerge." January 22. www. moodys. com/research/Moodys-Chinas-shadow-banking-growth-slows-on-regulatory-tightening-but--PR_ 316856.

Oatley, Thomas and Robert Nabors. 1998. "Redistributive Cooperation: Market Failure, Wealth Transfers, and the Basle Accord." *International Organization* 52 (1): 35 - 54.

Parker, James. 2013. "China Faces Cash Crunch Again." *The Diplomat*, December 23. http: //thediplomat. com/2013/12/china-faces-cash-crunch-again/.

——2014. "China's Shadow Banking Challenge." *The Diplomat*, January 20. http: //thediplomat. com/2014/01/chinas-shadow-banking-challenge/? allpages = yes.

PBoC. 2013. "Financial Stability Report 2013: Financial Stability Analysis Group of the People's Bank of China." www. pbc. gov. cn/image_ public/UserFiles/english/upload/ File/% E4% B8% AD% E5% 9B% BD% E9% 87% 91% E8% 9E% 8D% E7% A8% B3% E5% AE% 9A% E6% 8A% A5% E% 91% 8A2013% EF% BC% 88% E8% 8B% B1% E6% 96% 87% E7% 89% 88% EF% BC% 89. pdf.

Porter, Tony. 2001. "The Democratic Deficit in the Institutional Arrangements for Regulating Global Finance." *Global Governance* 7 (4): 427 - 39.

—— 2005a. *Globalization and Finance*. Cambridge, UK: Polity Press.

—— 2005b. "Private Authority, Technical Authority, and the Globalization of Accounting Standards." *Business and Politics* 7 (3): 1 - 30.

Posner, Elliot. 2009. "Making Rules for Global Finance: Transatlantic Regulatory Cooperation at the Turn of the Millennium." *International Organization* 63 (4): 665 - 99.

Rabinovitch, Simon. 2013. "China to Tighten Shadow Banking Rules." *Financial Times*, February 26. www. ft. com/intl/cms/s/0/223777b6 - 7fec-11e2-adbd-00144feabdc0. html#axzz3Q2MzaHlq.

Reuters. 2014a. "China's ICBC Says Won't Compensate Investors in Troubled Shadow Banking Product." January 14. www. reuters. com/article/2014/01/16/china-icbc-idUSL3N0KQ1MT20140116.

―― 2014b. "China's ICBC Says Will Help Repay Investors in Troubled Shadow Banking Scheme." January 23. www. reuters. com/article/2014/01/24/us-china-trust-idUSBREA0N07Q20140124.

―― 2015a. "Update 1: Global Bank Watchdog to Review Rule on Zero-Risk Weighting for Sovereign Debt." January 23. http://uk. reuters. com/article/2015/01/23/basel-sovereign-regulations-idUKL6N0V22Z020150123.

―― 2015b. "Update — China Central Bank Tightens Loan, Deposit Measurement as Shadow Banking Surges." January 15. www. reuters. com/article/2015/01/15/china-economy-pboc-lending-idUSL3N0UU27020150115.

Rodrik, Dani. 2009. "A Plan B for Global Finance." *The Economist*, March 12.

Simmons, Beth. 2001. "The International Politics of Harmonization: The Case of Capital Market Regulation." *International Organization* 55 (3): 589–620.

Singer, David Andrew. 2007. *Regulating Capital: Setting Standards for the International Financial System*. Ithaca, NY: Cornell University Press.

Sommer, A. A., Jr. 1996. "IOSCO: Its Mission and Achievement." *Northwest Journal of International Law and Business* 17 (1): 15–29.

Tsingou, Eleni. 2014. "Club Governance and the Making of Global Financial Rules." *Review of International Political Economy* 19 (3): 1–32.

US Department of Commerce. 2014. "International Data: International Transactions, International Services, and International Investment Position Tables." December 30. www. bea. gov/iTable/iTable. cfm? ReqID = 62&step = 1 # reqid = 62&step = 6&isuri = 1&6210 = 5&6200 = 144.

Wade, Robert. 2008. "A New Global Financial Architecture?" *New Left Review* 46: 113–29.

Walter, Andrew. 2008. *Governing Finance: East Asia's Adoption of International Standards*. Ithaca, NY: Cornell University Press.

―― 2010. "Chinese AttitudesTowards Global Financial Regulatory Co-operation: Revisionist or Status Quo?" In *Global Finance in Crisis: The Politics of International Regulatory Change*, edited by Eric Helleiner, Stefano Pagliari and Hubert Zimmerman, 153–169. London, UK: Routledge.

―― 2015. *Emerging Countries and Basel III: Why Is Engagement Still Low?* New Thinking and the New G20 Series Paper No. 4. Waterloo, ON: CIGI. March. www. cigionline. org/publications/emerging-countries-and-basel-iii-why-engagement-still-low.

Walter, Carl E. and Fraser J. T. Howie. 2014. "China's Disappearing Bad Loans." *Wall Street Journal*, September 4. www.wsj.com/articles/chinas-disappearing-bad-loans - 1409845549.

Wen, Yi and Maria Arias. 2014. "How Risky Is China's Shadow Banking System?" The Federal Reserve Bank of St. Louis, March 17. www.stlouisfed.org/on-the-economy/2014/march/how-risky-is-chinas-shadow-banking-system.

Wood, Duncan. 2005. *Governing Global Banking: The Basel Committee and the Politics of Financial Globalisation*. Aldershot, UK: Ashgate.

Xinhuanet. 2012. "China Unveils Financial Reform Plan for 12th Five-Year Plan Period." September 24. http://news.xinhuanet.com/english/indepth/2012 - 09/24/c_ 131900170.htm.

Zheng, Liangsheng. 2015. *The Shadow Banking System of China and International Regulatory Cooperation*. New Thinking and the New G20 Series Paper No. 6. Waterloo, ON: CIGI. March. www.cigionline.org/publications/shadow-banking-system-of-china-and-international-regulatory-cooperation.

Zhu, Haibin, Grace Ng and Lu Jiang. 2013. "Economic Research Note: Shadow Banking in China." May 3. https://markets.jpmorgan.com/research/EmailPubServlet? action = open&hashcode = bu8r06sj&doc = GPS - 1114535 - 0.pdf.

第十二章

中国参与小多边金融合作：动机与影响

王红缨

2015年春季，全球目光聚焦于一家由中国提议筹建的新兴发展银行——"亚洲基础设施投资银行"（以下简称"亚投行"）。2014年10月，中国与其他20个亚洲国家签署了《筹建亚投行谅解备忘录》，以期为该地区的基础设施建设与发展提供资金支持。起初，此举被视为是为了满足该地区巨大的基础设施需求而作出的尝试，并无危害。然而，随着2015年3月31这一申请加入亚投行的截止日期的临近，亚投行彰显出了快速发展的势头。英国不顾美国反对的声音，仍宣布将加入这一由中国主导的银行。在随后的数周内，欧洲及其他地区的主要经济体都争先恐后地加入亚投行，使美国陷入震惊而尴尬的境地。全球的专家和记者做出快速反应，将亚投行的建立描述为国际金融/经济新秩序的出现（参见 Chhibber 2015；Zhang Zhongkai 2015）以及世界权力中心由日渐衰落的美国向快速崛起的中国转移的标志（参见 Merry 2015；Shen 2015）。

尽管亚投行的建立并不一定意味着新的布雷顿森林体系的出现或标志着美中权力的转移，但此举确实凸显了中国更加主动的金融外交。在亚投行成立前不久，于2014年7月，中国与其他金砖国家——巴西、俄罗斯、印度和南非——共同建立了新开发银行（NDB），成立了"应急储备安排"（CRA）。这些新的协议共同彰显出中国在小多边金融合作方面日益增长的兴趣及能力。本章分析了中国外交政策中出现的这种新现象。文章首先简要地回顾这一发展的背景，而主要篇幅将分析中国参与小多边金融合作的动机，探讨这一发展对现存的国际金融治理框架以及对中国自身经济发展的影响。

背　景

20世纪90年代初期，正逢东欧共产主义支离破碎之际，中国政府面临着国内外诸多严峻的考验。当时的中国领导人邓小平制定了"韬光养晦"、"有所作为"的外交战略。他指出，中国应该努力发展经济，在力所能及的范围内对国际事务发挥一定的影响作用，而不是寻求国际领导地位（Wang 2011a）。多年来，中国一直在深入贯彻"韬光养晦"的政策，避免在无关中国切身利益的国际问题上深入参与或表明鲜明的立场。因此，在这一时期，中国在全球治理各方面的参与程度与其日益增长的经济实力并不匹配（Wang and French 2013）。

但在最近几年，中国的政策制定者以及分析人士开始重新思考"韬光养晦"这一策略的优势及其价值（Chen and Wang 2011）。中国外交政策在一些事务上显露出更强烈的自信感，特别是在处理与邻国的领土争端问题上（Johnston 2013）。中国在全球经济治理中也愈发活跃（Wang and French 2014）。可以清晰地看到中国在实施执行外交政策时，已经从"韬光养晦"向"有所作为"转变。中国在金融领域小多边主义参与度的不断提高正是这个大趋势的一个方面。

小多边主义是指在多边机构成员国之间无法达成一致时，在多边机构内部或外部形成的国家次团体来解决问题。它是近年经济外交中越来越明显的趋势（Naim 2009，Brummer 2014）。例如在世界贸易组织（WTO）"多哈回合"谈判进程停滞不前，无法达成新的多边贸易协定时，一些国家自发地聚集在一起，在其内部推进贸易自由化。除此之外，《跨太平洋伙伴关系协定》（TPP）和《跨大西洋贸易和投

第十二章 中国参与小多边金融合作：动机与影响

资伙伴关系协定》（TTIP）等也都是很好的例证。[1]

金融小多边主义并非新事物，它包括各种次全球金融合作框架，例如七国集团和二十国集团。它也并非首次出现在中国的外交经济政策中。2000年中国与邻国发起《清迈倡议》（CMI），推出的一系列双边货币互换政策为面临清偿危机的国家提供支持。同时，在2002年，中国成了《亚洲债券市场发展倡议》（ABMI）背后的主要力量。这一倡议致力于推动区域债券市场的发展。随后中国又在扩张《清迈倡议》的过程中扮演了重要角色，将双边互换转变为多边体制，即《清迈倡议多边化协议》（CMIM）。如今，《清迈倡议多边化协议》已经发展成为一个价值高达2400亿美元的地区性外汇储备池。

在过去的一年里，中国加快了参与金融小多边主义的步伐。这点可从"新开发银行"、"应急储备安排"以及"亚投行"的建立中瞥见一二。拥有500亿美元的首次认购资本和1000亿美元法定资本的新开发银行，旨在为成员国和其他发展中国家的基础设施以及可持续发展项目投资调动资源。外汇储备金额为1000亿美元的"应急储备安排"，目的是帮助成员国缓解短期国际收支压力，减缓因流动性问题而造成的金融不稳定现象。根据中国的提议，亚投行的首次认购资本为500亿美元，初始注册资本将达到1000亿，主要为亚洲率先发展基础设施建设提供支持。

对比早期的区域金融组织——《清迈倡议》《亚洲债券市场发展倡议》和《清迈倡议多边化协议》，近期的小多边金融合作框架体现出更以中国为中心和由中国主导。中国参与小多边合作以及在更近期内领导小多边合作的动机何在？中国近期一系列小多边倡议有何影响？本章余下的篇幅将会对这些问题进行探讨。

中国的动机

改革多边金融机构

中国和其他发展中国家经常批判现行的国际金融体系是由西方主

---

[1] 一些学者使用"plurilateral"这一术语描述小多边合作（参见 Baker 2000; Cerny 1993; Reich 1997）。中国学者使用"小多边""少边"或"诸边"来指代"minilateral"。

· 333 ·

导的，对发展中国家不公平。他们特别要求多边金融机构赋予南方国家更大的话语权。西方国家也确实采取了一些措施迎合它们的这一需求。1999 年亚洲金融危机之后，最大的工业化国家和一些活跃的新兴经济体组成了二十国集团（G20）。2008 年全球金融危机爆发后，原先仅由财政部长和中央银行行长参加的会议升级到国家领导人峰会。尽管这些峰会的议程也随之扩大囊括更多的问题，但经济合作和金融改革仍是其主要的关注点。与此同时，由于发展中国家在世界经济中扮演着越来越重要的角色，世界银行和国际货币基金组织（IMF）提出了"话语权改革"，以图为发展中国家提供与其在世界经济中日益增长的重要性相匹配的代表权。两大机构于 2010 年达成协议，将表决权从发达国家向发展中国家尤其是新兴经济体转移。

然而，这些改革并没有走远，所取得的成果也没达到国际社会的期望。二十国集团早期的几个峰会确实收到了实质性成效，包括协调了经济刺激计划以应对全球经济危机，以及达成了加强金融监管的协议。然而，近期的会议则经常出现分歧并屡屡陷入僵局。有些人担心作为全球经济治理的论坛，二十国集团就此会失去其发展的势头。而世界银行和国际货币基金组织的"话语权改革"也没有改变发达国家与发展中国家影响不平衡的局面。世界银行关于"投票权转移"的提议也是雷声大，雨点小，并没有得到很好的落实，这使得包括中国在内的发展中国家依旧处于代表不充分的地位（Vestergaard and Wade 2013）。而国际货币基金组织方面，投票权的重新分配也由于美国国会的阻挠而拖了五年才得以实施。

中国和其他新兴经济体对多边金融机构缓慢的改革步伐深感失望。一方面，中国官员继续呼吁这些机构履行承诺，如更具包容性、赋予发展中国家更多的代表权（参见 Zhou 2014）；另一方面，他们通过创建替代机构倒逼现行机构改革（Lu 2013；Zhu 2014）。中国官方观点及主流言论的核心思想是将小多边活动作为提高中国在这些全球机构中话语权的手段。

例如，在 2014 年 7 月的记者招待会上，中国人民银行的发言人认为创建"应急储备安排"是一个具有里程碑意义的事件，因为它

第十二章　中国参与小多边金融合作：动机与影响

能为金砖国家参与全球经济治理，提高自身影响力和话语权提供一个平台（新华社，2014a）。在2014年8月东盟"十加三"（APT）外长会议上，中国外交部长王毅指出，通过实施亚洲融资体系、货币稳定系统和信用体系的计划，亚洲国家将在世界经济治理中提高话语权（新华社，2014b）。在中国的媒体报道中，随处可见政治分析者对新开发银行、"应急储备安排"以及亚投行发表的类似评论（参见 Xu 2014；Ding 2014；Li 2015）。

除了在地区经济和金砖国家金融合作中有着活跃的表现，中国同样也是其他国际金融组织的成员，如二十国集团、金融稳定委员会和国际清算银行。中国人民银行副行长易纲在2011年曾表示，中国参与这些金融机构"清楚地表明了中国在国际金融事务中的影响力和发言权"。在当前阶段，中国没有给出全球金融治理框架的详细蓝图，只是指出在未来的框架下天平应更偏向于发展中国家，特别是新兴经济体，并将有助于推进南北政治影响力的再平衡之外。可以设想多边金融机构里权力的重新分配将会促使它们采取一些对发展中国家更为有利的政策。

提供"公共产品"

中国参与金融小多边主义的另一个目的是为本地区和发展中国家提供一些他们很需要却又一直供给匮乏的"公共产品"[①]。在区域层面，《清迈倡议》/《清迈倡议多边化协议》《亚洲债券市场发展倡议》和"亚投行"拥有共同的目标，即保障金融安全，鼓励经济共同发展。《清迈倡议》和《清迈倡议多边化协议》在20世纪90年代末的亚洲金融危机后应运而生。席卷该地区的金融危机所带来的毁灭性的经济和政治影响震撼了中国及周边国家。而更令它们失望的是，国际货币基金组织为亚洲经济体应对收支不平衡问题提供的帮助滞后

[①] "公共产品"一词在此处的用法较为宽泛，泛指对多个国家有益的产品。金融合作倡议所提供的一些产品具有非排他性和非竞争性的特点（例如，预防金融危机），而其他产品则不符合这些标准（例如，基础设施贷款）。描述后者更为准确的术语是"俱乐部产品"（Buchanan 1965）。

而又不到位（Higgot 1998；Wade and Veneroso 1998）。尽管中国率先拒绝了日本在1997年提出的成立亚洲货币基金组织的提案，但在2000年《清迈倡议》被提出时则表现出欢迎的态度。中国领导人在那时就认识到，区域合作对长期的国家金融安全和经济发展是必不可少的（Jiang 2010）。在随后的数年中，中国积极推动《清迈倡议》的发展，并在2010年促成了《清迈倡议多边化协议》。

除了《清迈倡议》和《清迈倡议多边化协议》，对区域金融合作来说另一个重要的步骤就是东盟与中日韩（APT）在2002年创立了《亚洲债券市场发展倡议》。在此前的多年里，由于该地区债券的不良发展，东亚国家一方面从国际银行大举借贷，另一方面将国内的储蓄引至西方债券市场。该地区内外诸多分析人士都指出，这一方式导致了东亚资源浪费，同时还引发了"双重错配"的问题，即为长期项目借入短期贷款，用美元贷款而用本地货币创收。事实上，这也是亚洲金融危机爆发的主要成因之一。而《亚洲债券市场发展倡议》寻求的是发展区域债券市场，从而更好地利用区域自身的金融资源，减少对西方市场的依赖以及降低相关的汇率风险。

亚投行的建立是为了弥合该地区基础设施建设资金匮乏鸿沟的一次尝试。据亚洲开发银行（ADB）的一项研究表明，在2010—2020年，亚洲需要8万亿美元为其基础设施建设融资（ADB and ADBI 2009）。汇丰银行（HSBC）在近期的一项研究中做出估算，认为该地区在2015—2030年需要11万亿美元发展基础设施（French 2014）。虽然基础设施建设对长期经济增长至关重要，但项目的巨大规模与收益的耗时较长使得此类投资对大部分私人投资者来说毫无吸引力。虽然包括中国在内的一些国家已经积累起了大量的公共资金支持它们自己的基础设施建设，但其他很多国家就没那么幸运了。此外，在过去的几十年里，发达国家的注资者和多边发展银行不断减少对发展中国家基础设施项目的资金支持（Chin 2012）。因此，这些发展中国家迫切需要其他的资金资源。中国官员指出，世界银行和亚洲开发银行（ADB）的关注点落在减贫上，对基础设施的投资十分有限。他们声称新银行将对该地区的发展中国家，特别是低收入国家伸出援助之手，以满足

第十二章　中国参与小多边金融合作：动机与影响

它们在基础设施方面的资金需求（新华社 2014c）。一位中国学者提出："随着中国经济实力的增强，顺其自然，中国就会在该地区扮演更加重要的角色，为其他国家提供更多的支持。现在的中国有能力拿出这些现款"（Bloomberg 2014）。与亚投行类似，新开发银行也为新兴经济体和其他发展中国家发展基础设施融资提供可供选择的资源。

与《清迈倡议》和《清迈倡议多边化协议》类似，"应急储备安排"可以在金砖国家处于流动性危机时提供又一个金融安全网。据中国政府官员称，"应急储备安排"汲取了《清迈倡议多边化协议》的成功经验（新华社，2014a）。如果说《清迈协议多边化协议》是亚洲金融危机的产物，那么"应急储备安排"在某种程度上来说就是为回应全球金融危机和近期的欧洲债务危机而成立的。在亚洲金融危机之后，国际货币基金组织对亚洲国家的处境反应缓慢且态度傲慢，使得亚洲国家不得不寻求发展自我帮助机制。形成鲜明对比的是，在应对欧洲债务危机时，国际货币基金组织甚至不惜篡改自己的贷款规定，为希腊慷慨解囊，以对其提供帮助。[1] 尽管金砖国家的领导人并没有明确表示"应急储备安排"的建立是和国际货币基金组织对西方国家的明显偏袒有关，但仍然难免不让人产生这样的联想。中国官员称，"应急储备安排"是一个新的帮助机制，是为了保护其他新兴经济体的金融稳定并间接保障中国经济利益（来源同上）。

增进中国的利益和影响力

除了倒逼全球金融机构改革，为发展中国家提供匮乏的公共产品外，小多边主义金融合作的另一个目的就是更直接地促进中国的经济利益，提高中国的政治影响力。

---

[1] 2010 年，为了应对欧元区债务危机，国际货币基金组织在现行的借贷框架下引入了"系统性豁免"。豁免允许一些国家接受资金援助，即使是在 IMF 看来这些国家没有经济能力保证债务偿还的高度可能性，希腊就是如此。豁免的逻辑依据是为了避免希腊危机扩散，从而导致欧洲及外部世界的系统不稳定。中国及其他地区的观察员认为豁免是不公平的，因为主要货币区以外的国家基本不可能满足豁免条件（House, Wang and Xafa 2014; Wang 2014a）。

在发展融资领域，新开发银行和亚投行都致力于诸如能源、交通等基础设施项目的投资，其主要的受益者为发展中国家。这与中国经济发展的优先次序一致。在过去的十年里，中国自己的开发银行和进出口银行已将大笔资金投入到亚洲、非洲和拉丁美洲，用于相关国家建设电厂、铁路、公路、港口和机场（Bräutigam and Gallagher 2014）。2013年，中国政府启动"一带一路"项目，以构建一个以中国为中心的跨国经济发展网络。"丝绸之路经济带"东起中国，向西经中亚到达欧洲。"21世纪海上丝绸之路"则向南跨过印度洋达到非洲，随后转向北方与陆地丝绸之路相连。中国政府正寻求建立起这样一个连接中国经济和沿线经济体的高速公路和高铁网络，并扩大中国在这些地区的贸易和投资（Sun 2014; Ye 2014）。随着中国在新开发银行和亚投行（AIIB）中发挥主导作用，它可能会将银行的部分金融资源投入这些基础设施的建设项目，以推动中国的海外经济利益不断增长。

中国在基础设施建设领域有着明显的竞争优势和过剩的生产能力。而新开发银行和亚投行将服务于中国在这一领域的商业利益。中国领导人经常说中国希望能与其他发展中国家分享基础设施建设的成功之道，帮助它们谋求发展，但政策分析人士和评论家们都更多地强调这种"分享"为中国带来的益处。由于中国企业拥有丰富的经验和强大的竞争力，它们很可能承包这些基础设施项目中的大部分。在中国国家主席习近平宣布亚投行成立后不久，中国的企业就对这顿即将到来的"盛宴"表现出了极大的兴趣（《中国日报》，2013）。海外项目将为中国的建设能力提供了迫切需要的出路。很多官员和分析人士都指出中国在基础设施建设方面面临着产能过剩。正如中国一位著名评论员所说，"仅仅通过增加国内需求是不可能解决结构性问题的；相反，中国必须寻求海外市场，输出过剩的产能"（Hu 2013）。

新开发银行和亚投行还可以成为中国短期和长期货币政策的工具。短期看来，二者可以帮助中国减少大量的微利的储备。在过去的十几年中，管理快速增加的外汇储备已成为中国政府面临的日益严重的挑战。迄今，大部分的中国的外汇储备投资于美国国债（2015年1月总价值达12.4万亿美元），但收益很低。中国分析人士坚信投资海外的基础设施项目能够为此问题提供部分的解决方法（参见 Tang 2014）。而从长期来看，新开发银行和亚投行将会为人民币的国际化做出贡献。尽管初期所有成员国对这些银行的投资都是用美元进行的，但人们希望，随着时间的推移，银行会越来越多地使用本地货币借贷从而推动本地货币国际化，包括人民币。此举也会降低新兴经济体贸易和投资中的汇率风险（Xinhua 2014d）。

在货币政策方面，《清迈倡议多边化协议》和"应急储备安排"可以在多方面促进中国的经济利益和政治影响力。首先，中国认识到区域和全球金融稳定对中国自身的经济增长是至关重要的。亚洲金融危机和全球金融危机使中国清楚地看到金融动荡对外贸和投资的影响。尽管中国已经建立了巨额的外汇储备以增强自我保障，但中国政府仍把区域和双边互换看做是保护对其他自保能力较低国家的安全网（Wang and Lu 2012）。

第二，与新开发银行和亚投行类似，《清迈协议多边化协议》和"应急储备安排"也能够促进中国货币在地区和全球范围内的流通。在《清迈协议多边化协议》的框架和其他大背景下，中国已与其他国家和地区签署了大量的货币互换协议。这些协议中有些是以美元为计价标准的，但越来越多的协议开始使用本地货币计价。自 2008 年起，中国已经签订或修订了 35 个本地货币互换协议，总值为 2.8 万亿人民币（大约 0.44 万亿美元）。[①] 在中国官员和分析人士看来，这些安排有益于跨境使用人民币进行贸易和投资。反过来，人民币的国际化也将促进中国与其他国家的贸易关系，并有助于中国企业实施"走出去"策略（同上）。

除了经济利益之外，中国参与小多边金融合作还受到潜在政治利益的驱动。回顾中国与亚洲、非洲、拉丁美洲以及加勒比海地区开展的金融合作，中国人民银行副行长易纲（2001）曾清楚地表明这些金融倡议是"与国家整体的外交政策战略协同一致的"。

[①] 根据中国人民银行所提供的数据进行计算（www.pbc.gov.cn：8080/publish/huobizhengceersi/3135/index_ 2.html）。

实际上，与政治考虑相比，经济利益都是次要的。因为在促进海外经济利益上，中国自己的发展银行和进出口银行与新开发银行和亚投行并无二致，五年前，这两家银行向发展中国家提供的借款额度已经超越了世界银行。而中国自身高达4万亿美元的外汇储备使得《清迈倡议多边化协议》和"应急储备安排"都相形见绌。所以当需要抵御金融危机对中国经济造成直接的影响之际，中国也不大可能寻求向小多边或多边机构借贷作为解决措施。

中国在各种金融机构中的作为应被视为其提高国际形象和政治影响力的全面外交战略的一部分。比如，中国最初对亚洲地区金融合作持消极态度，但当东南亚国家在亚洲金融危机爆发后清楚地表明支持金融合作时，中国决策者改变了想法。他们意识到无论中国参与与否，此类合作协定终究会达成。因此，他们认为中国应该支持《清迈倡议》，并以此塑造中国作为负责可靠的伙伴形象（Jiang 2010）。近期，中国与邻国持续开展金融合作，积极参与金砖国家的金融事务，这些都在部分程度上归因于中国渴望被其他国家视为一个"负责任的大国"的愿望（Huang, Tan and Lei 2013）。

金融小多边主义也会潜在地削弱中国活跃的外交政策的锋芒，例如"走出去"战略。"走出去"战略在20世纪90年代末就已提出，近几年中国在非洲和拉丁美洲一些国家投资，引起了来自世界各地的关注和戒备，外国政府对中国的地缘政治获益表示关注。通过小多边机构和倡议，中国可能有机会改良类似的负面反应。日本评论员对亚投行尤为不信任，称其是披着多边银行外衣的中国银行，其目的只是为了中国的一己私利（*Asahi Shimbum* 2014a, 2014b）。

中国官员很少提及亚投行的安抚效应。中国的财务部部长曾暗示，亚投行能够缓解东亚地缘政治的紧张局势，促进中国东海和南海资源的共同开发（Lou 2014）。在一些评论员眼里，亚投行是中国有意从双边经济关系中撤步的努力，这样可能会减弱中国的影响力，但可能会换来更多的合法性（Hung 2015）。

最后，这些小多边金融协议为中国证明其领袖才能提供了阵地。作为一个快速崛起的大国，中国面临着"一条陡峭的学习曲线"，即如何将其新的经济实力转换成为合理高效的领导力。中国发起建立的开发银行和储备库都承诺为那些比中国更贫穷或更脆弱的国家提供资源和保护。通过助力这些机构，中国不但希望能满足自身更加广泛的经济利益，还希望能培育自己的政治声誉（Li 2012）。

与早期的地区金融协议如《清迈倡议》/《清迈倡议多边化协议》和《亚洲债券市场发展倡议》相比，近期的小多边框架诸如新开发银行，"应急储备安排"和"亚投行"则体现出明显的以中国中心和中国主导的特征。之前的区域金融合作中，中国有一个强劲的竞争对手——日本。例如，《亚洲债券市场发展倡议》最初承诺拥有1200亿美元储备，其中，中国和日本分别贡献384亿美元。信贷担保和投资基金机制是《亚洲债券市场发展倡议》的重要组成部分，总价值7亿美元，中国和日本一样都承诺出资2亿美元。

与此相反，在金砖国家中，中国的经济遥遥领先于其他四个成员国（参见表1）：中国国内生产总值（GDP）远高于巴西、俄罗斯、印度和南非四国的国内生产总值总和；经济增长速度一马当先；外汇储备远远超过其他四国的总和。在"应急储备安排"中，中国目前无疑是最大的投资者，在总价值1000亿美元的储备池中，中国出资高达410亿美元且享有将近40%的投票权。而谈及新开发银行，该行总部坐落于上海，这使得中国在金砖国家开发银行中具有各种显性和隐形优势。说到亚投行，作为创始国的中国是最大的股东，北京已成为该银行的总部所在地。

表1　　　　　　　　　金砖国家的经济指标（2013）

国家	巴西	俄罗斯	印度	中国	南非
国内生产总值（单位：十亿美元）	2246	2097	1877	9240	351
经济增长速度（%）	2.5	1.3	5.0	7.7	1.9
外汇储备（单位：十亿美元）	358.8	509.7	289.1	3880.4	49.7

资料来源：世界银行数据库。

很有意思的是，尽管中国在小多边金融合作中地位显著，中国官员和学者仍然小心翼翼地指出中方并不会追随其他超级大国的步伐。在探讨金砖国家的合作之时，中国的身份一直饱受争议。一种声音宣称中国与其他国家处于平等地位，另一种则是暗示中国应当在合作中肩负起指导和领导的责任（参见 Lu 2013）。虽然中国在"应急储备安排"中明显占优势，但它对新开发银行的态度是更加主张平等主义。中国有巨大的金融资源，很容易便可以出资超过每个成员国分配的 100 亿美元的资本任务，并会因此获得更大的影响力，但中国却没有这么做，以便与其他成员国保持平等（Chen 2014）。在亚投行方面，早期计划中国占股份额高达 50%。但面对其他国家对中国的主导地位的顾虑，中国官员表示中国将减少所占的份额（Xinhua 2014e）。最终，在《亚洲基础设施投资银行协定》签署仪式系列活动于 2015 年 6 月在北京举行之际，中国的占股份额减至 30%（Zheng 2015）。中国的官方说法指出，即使中国的身份从规则遵循者转变为规则制定者，其领导方式与传统的超级大国有着根本的区别。中国的领导是商议而非霸权的；是开放包容而非专制独裁的（Xia 2015）。时间将会证明中国的言行是否一致。

中国参与金融小多边主义的影响

对全球金融治理的影响

中国提出的小多边金融倡议是否会威胁现行的全球金融治理框架？这是很多人考虑的问题。虽然世界银行和国际货币基金组织对于新开发银行、"应急储备安排"和亚投行的到来礼貌地表示了欢迎。但与此同时，在西方媒体的报道中，可以轻易察觉到对于这些新型倡议的担忧。虽然没有总是明说，他们担心这些新机构在现有的多边金融机构之外提供了选择，由此可能削弱传统机构在借贷国中的影响力，并瓦解自由主义的国际经济秩序（参见 Von Sant 2014）。在亚投行的筹建过程中，美国政府官员极力劝阻其他国家的参与，其官方给出的理由是中国主导的基础设施投资银行可能不遵守善治的原则以及国际劳工或环境标准（Perlez 2014）。而潜在的真正理由是，他们害怕中国挑战美国主导的国际秩序。在 2015 年 4 月初,众多国家不顾美国反对纷纷申请加入亚投行,美国前财政部长劳伦斯·萨默斯(Larry Summers 2015)对此评论道:"过去的一个月也许将作为一个重要的时刻而被人所铭记,这一时刻标志着美国失去其全球经济体系担保人的地位。"

中国决策者和分析人士充分意识到,中国倡导的金融小多边主义被许多人视为对现有多边金融体系的一大威胁。他们不遗余力地安抚此类恐慌情绪,强调这些新机构是对现存机构的补充,填补现存机构工作中的空缺(参见 Lu 2013, Zhu 2014, Ministry of Finance of the PRC 2014)。2015 年 4 月,中国国务院总理李克强接受《金融时报》专访时强调,中国将继续遵循现行的全球金融秩序,还特别指出亚投行是对现存国际金融体系的补充(Barber, Pilling and Anderlini 2015)。

中国提出的金融小多边主义是否会威胁现存的全球金融治理框架?要回答这个问题,首先很重要的一点是要在大的框架下看小多边协议。表 2 比较了不同机构在认购资本上的差距,《清迈协议多边化协议》和"应急储备安排"无法与国际货币基金组织相提并论,亚投行和新开发银行的认购资本也明显少于世界银行和亚洲开发银行。而且,传统的多边金融机制比新的小多边机制享有更高的信用级别,能够以更容易的方式且以更低的成本在国际资本市场筹集资金。一些人认为新兴的小多边机构是无力削弱现存的布雷顿森林机构和体系(参见 Steil 2014)。

表 2 小多边机构比较研究

机构	清迈主义多边化	应急储备安排	国际货币基金组织
资本总额(单位:十亿美元)	240	100	327(配额)515(借款新安排)

机构	亚洲基础设施投资银行	新开发银行	世界银行	亚洲开发银行
认购资本(单位:十亿美元)	50	50	223.2	162.2

资料来源:世界银行数据。

除此之外，这些新机制的基础可能是不稳定的。比如《清迈协议多边化协议》和"应急储备安排"是建立在金砖国家合作的基础上，但成员国之间都大相径庭。除了上述谈到的规模问题，它们还拥有着迥然不同的政治体系和经济利益。巴西、俄罗斯和南非是大宗商品的主要出口国，反之中国和印度则是大宗商品进口国。各国的人均GDP也存在很大悬殊，印度仅为4000美元，俄罗斯则高达24000美元（购买力平价）。因为成员国之间很有可能没有足够的凝聚力来保障可持续的强力合作（O'Neill 2013；Runde 2014）。

对于新型小多边金融机构给现行全球金融秩序带来什么样的影响下定论还为时过早。新开发银行、"应急储备安排"和亚投行运营过程中的治理结构和规则还未有机会得到全面执行。相对而言，我们有更多的时间观察中国参与的区域机构。迄今为止的观察表明，新兴机构与布雷顿森林体系关联密切。例如，在《清迈协议多边化协议》框架下，70%的贷款基于国际货币基金组织给这些国家提供的项目。也就是说，借款国必须与国际货币基金组织之间有正常运行的贷款安排：国际货币基金组织承诺提供资金，借款国保证遵守此项借款安排的条款和条件。剩下的与国际货币基金组织无关的款项份额（30%）是否有用还存在疑问。有一例证可以说明一二，在全球金融危机之际，亚洲国家面临着流动性危机，但它们并未求助于"清迈协议"/《清迈协议多边化协议》，而是通过与美国和其他国家建立双边货币互换来获得援助。近期创立的"应急储备安排"也采用了与国际货币基金组织同样的关联性。

亚投行则比新开发银行和"应急储备安排"受到更多的非议。负责建立亚投行的中国官员不遗余力地强调这一新银行将会"遵守规则"。中国外交部发言人称："亚投行将遵循开放、包容、透明、负责和公平的原则设计其治理结构和运营政策"（Ministry of Foreign Affairs 2015）。事实上，根据亚投行的官方简介（AIIB 2015a），"其核心理念是精干、廉洁、绿色。精干体现在小型高效管理团队和高素质员工；廉洁意味着这个尊重道德规范的组织对腐败零容忍；绿色则代表了该组织建立在尊重环境的基础之上"。近期关于亚投行员工招募的新闻报道表明了中国有意引进有着多边金融组织丰富工作经验的

第十二章 中国参与小多边金融合作：动机与影响

人才，一些观察员从而得出结论，即中国真切希望依据国际普遍模型建立这一新银行（Zhang Han 2015）。亚投行协议特别表明这一新银行将"在处理发展挑战时，通过与其他多边或双边开发机构紧密合作，从而推动区域合作和伙伴关系"（AIIB 2015b）。

中国没有准备脱离布雷顿森林体系，除了这些小多边金融倡议之外，还有其他例证可以说明这一点。这一结论就会不那么令人震惊，因为中国从现行的经济秩序中获得了巨大的利益，其利益也不断趋同于原先占主导地位的西方大国的利益。例如，在近年，中国已经成为主要的国际债权人，为世界上其他国家提供贷款。不同于国际社会对国际货币基金组织的广泛批判，中国中央银行行长曾对该组织的贷款条件性表示支持，认为贷款条件性对借款国是一种约束（Zhou 2012）。在不同的金融监管问题上，中国也一直热切希望能够达到由西方国家主导的国际机构所设立的标准。

对中国的影响

表面上看，中国参与小多边金融协议意味着中国成了一个更加自信、更具影响力的金融强国。特别是亚投行的建立被大力宣扬为中国的巨大胜利，同时也是美国外交上的一大滑铁卢，表明了美国对其他国影响力的衰弱。然而，这些协议也揭露出中国所面临的根深蒂固的问题，而且很可能会推迟对这些问题的根本解决。

从 21 世纪初期起，受到多种不同的经济政治利益的驱动，中国的对外经济政策变得愈发活跃。主要的经济动机是渴求能够确保其获取能源和原材料的途径，出口中国的过剩产能，改善中国对外资产的金融收益。所有这些经济需求都与中国依赖投资和出口的经济发展模式密切相关。

中国对能源消费很大一部分是投资主导的，特别是在制造业方面的投资（Fu et al. 2014）。在近几十年里，中国对资源的需求很大程度上来源于其大规模出口制成品（Roberts and Rush 2012）。中国的产能过剩与其高投资和低消费水平间的差距密切相关，特别是在国家所大力支持的部门的高投资（Cai 2015）。中国巨额的外汇储备——多是低收益的美国政府债务——源于近年来持续的经常账户盈余,而这最终归咎于中国的高储蓄率和低消费现状（Pettis 2014；Wang 2014a）。这些问题都威胁着中国的可持续发展。最后,美元资产的积累也给中国带来了巨额的金融损失,中国的正净投资地位近年来持续带来的是负国际净收入。

在过去的十多年里,中国领导人都在呼吁发展模式的转型——向国内消费主导型的经济发展模式转变。这需要改革金融领域,放宽汇率和利率,改革公共财政体制,重视社会福利。尽管中国也不时地采取一些这方面的措施,但由于既得利益带来的强劲政治阻力,其改革的整体步伐是缓慢的。

中国政府没有对中国经济进行基础结构性改变,而是试图用海外投资产多元化的办法来缓解当前经济模式的问题,包括产能过剩的现状和管理巨额外汇储备的重担。新出台的政策简化了中国企业对外投资的程序。到2014年,中国已经成为第三大对外直接投资国。中国政府筹建了一系列国家主权财富基金以寻求海外投资的良机。诸如亚投行和新开发银行等小多边金融机构的设立也是中国全面战略的组成部分。除此之外,中国还在近期以400亿美元成立了"丝绸之路基金",其目标与亚投行和新开发银行相似。中国还积极与上海合作组织的成员国研究成立上合组织开发银行事宜。

就此而论,新开发银行和亚投行以及很多海外投资的单边和双边框架的成立,都为这一个极为复杂的问题提供了短期的、部分解决方法。在某种程度上,它们成功地帮助中国出口过剩产能,改善中国外资的收入,但很可能会推迟中国所必须进行的结构性改革,推迟中国向新的、更具可持续发展能力的模式的转变。这样做可能会对中国政府和一些参与此类投资项目的中国企业有益,但不有利于中国经济长期健康的发展以及社会大众的福祉。

展望未来

多年来,中国政府一直致力于通过学习和有选择地遵循西方建立

第十二章　中国参与小多边金融合作：动机与影响

的国际规则，以寻求"融入世界"（Economy and Oksenberg 1999）。但现如今，中国和世界的关系已经进入了一个新的阶段，中国正在积极尝试着去制定国际规则。其外交政策战略正逐步从"韬光养晦"向"有所作为"转变。中国对金融小多边主义表现出的极大热情，也是这一大趋势下的一方面。本章节分析了中国推进小多边金融合作背后的动机和迄今所带来的影响。展望未来，有两大问题需要考虑：中国领导的小多边协议能否有效完成其承诺的任务？这些协议能否继续与现行的国际金融体系兼容？这两个问题的答案都不一定是肯定的。

谈及第一个问题，我们有理由对小多边金融协议能取得多大的成功表示怀疑。正如上文述所说，在全球金融危机中，亚洲国家向美国的美联储而非《清迈协议多边化协议》寻求帮助来解决流动性问题。这清楚地印证了学者长期探讨的美国经久不衰的结构性权力（Strange 1997，Helleiner 2006）。"应急储备安排"在应对下次危机时能否有所作为还存在疑问，原因是其规模还明显小于《清迈协议多边化协议》。

同样地，新开发银行和亚投行也面临着严重的挑战。众所周知，在中国国家资本主义经济模式下的投资一直效率不高（Chen et al. 2011）。近期，《金融时报》报道称，中国国家发改委的调查人员透露，中国的投资浪费额从 2009 年以来高达 68 亿美元。中国政府从 2008 年全球金融危机爆发以来，实施了大规模的一揽子刺激计划。然而，大部分资金投入的项目都以废弃的高速公路、封存的炼钢厂和彻底的鬼城收尾（Anderlini 2014）。新开发银行和亚投行能否摆脱这一模式？一些中国的评论员已经表达了怀疑（参见 *Dongfang Ribao* 2015）。确实，其他金融机构在发展中国家的基础设施融资方面的表现也是喜忧参半的。给发展中国家的双边和多边借贷用以发展基础设施的结果也常常不尽如人意以及出现违约事件。如何确保中国领导的开发银行实现高效运作仍然不清楚（Pettis 2015）。

第二个问题，如上所述，迄今为止新兴小多边机构还没有直接对现行的国际金融秩序造成威胁。然而，随着中国国内经济和政治的发展,这一现状可能会随着时间的流逝发生变化。数年来,关于中国是否应该挑战由美国主导的国际秩序一直存在争论(Shambaugh 2011)。

它们对全球金融治理框架的影响主要取决于西方国家对中国意愿的反应。正如中国一位著名的国际关系学者所说的:"如果国际社会不理解中国的渴望……中国人民可能会问自己,为什么中国要被实质上是西方国家所制定的规则束缚呢?"(Wang 2011b)在金融治理领域,如果多边机构的改革持续被推迟,如果西方国家——特别是美国——对中国领导的协议继续保持怀疑甚至敌对态度,将会招致中方的怨恨和敌意。另一方面,如果西方国家及其主导的多边金融机构正视中国(和其他新兴经济体)要求更多代表权的合理需求,如果它们与中国培育的小多边机构携手共进,如果它们能够说服中国的政策制定者,他们并不打算阻挠中国追求更大的经济和政治影响力,中国很可能会继续支持而非设法取代这些现行的多边机构。

此外,正如美国和其部分盟国对中国的小多边主义表示担忧,中国对美国主导的小多边项目,如《跨太平洋伙伴关系》(TPP)和《跨大西洋贸易和投资伙伴》(TTIP),也抱有怀疑态度〔《国际关系学会协定》(Institute of International Relations),2014〕。如果双方的疑虑继续加深,将会威胁全球范围内的多边合作。为了确保中国倡导的小多边倡议能够对全球层面的多边合作起到改善而非破坏性作用,国际社会应该努力适应中国的改革议程,与此同时还应鼓励中国保持小多边主义的开放形式。最好的方式就是确保西方小多边组织也对中国开放。中美都宣称自己的小多边项目——诸如 TPP 和亚投行——都是向所有国家开放的,并寻求与对方建立合作。但重要的一点是要把这一说法具体落到实处。

参考文献:

ADB and ADBI. 2009. *Infrastructure for a Seamless Asia.* Tokyo: ADBI. www. adbi. org/files/2009. 08. 31. book. infrastructure. seamless. asia. pdf.

AIIB. 2015a. "The Asian Infrastructure Investment Bank." www. aiibank. org/html/aboutus/AIIB/.

第十二章 中国参与小多边金融合作：动机与影响

—— 2015b. "Asian Infrastructure Investment Bank Articles of Agreement." www.aiibank.org/uploadfile/2015/0629/20150629094900288.pdf.

Anderlini, Jamil. 2014. "China Has 'Wasted' $6.8tn in Investment, Warn Beijing Researchers." *Financial Times*, November 27. www.ft.com/intl/cms/s/0/002a1978 – 7629 – 11e4 – 9761 – 00144feabdc0.html#axzz3WYRLTtyz.

Asahi Shimbun. 2014a. "亚洲基础设施投资银行中国的政治博弈." *Asahi Shimbun*, May 19. http：//asahichinese.com/article/opinion/AJ201405190008.

—— 2014b. "中国主导国际组织挑战布雷顿森林体系." *Asahi Shimbun*, September 27. http：//asahichinese.com/article/opinion/AJ201409270001.

Baker, Andrew. 2000. "The G – 7 as a Global 'Ginger Group'：Plurilateralism and Four-Dimensional Diplomacy." *Global Governance* 6 (2)：165 – 89.

Barber, Lionel, David Pilling and Jamil Anderlini. 2015. "Interview：Li Keqiang on China's Challenges." *Financial Times*, April 15. www.ft.com/intl/cms/s/2/38307b3e – e28d – 11e4 – aa1d – 00144feab7de.html#axzz3Yd8hLOZ8.

Bloomberg. 2014. "China's $50 Billion Asia Bank Snubs Japan, India." *Bloomberg*, May 12. www.bloomberg.com/news/2014 – 05 – 11/china – s – 50 – billion-asia-bank-snubs-japan-india-in-power-push.html.

Bräutigam, Deborah and Kevin P. Gallagher. 2014. "Bartering Globalization：China's Commodity-backed Finance in Africa and Latin America." *Global Policy* 5：346 – 52.

Brummer, Chris. 2014. *Minilateralism：How Trade Alliances, Soft Law and Financial Engineering Are Redefining Economic Statecraft*. Cambridge：Cambridge University Press.

Buchanan, James M. 1965. "An Economic Theory of Clubs." *Economica* 32 (125)：1 – 14.

Cai, Fang. 2015. "Haste Makes Waste：Policy Options Facing China after Reaching the Lewis Turning Point." *China & World Economy* 23 (1)：1 – 20.

Cerny, Philip G. 1993. "Plurilateralism：Structural Differentiation and Functional Conflict in the Post-Cold War World Order." *Millennium-Journal of International Studies* 22 (1)：27 – 51.

Chen, Dingding and Jianwei Wang. 2011. "Lying Low No More? China's New Thinking on the Tao Guang Yang Hui Strategy." *China：An International Journal* 9 (2)：195 – 216.

Chen, Jibing. 2014. "金砖银行要干什么？" Tencent, August 10. http：//dajia. qq. com/blog/427371068364007.

Chen, S., Z. Sun, S. Tang and D. Wu. 2011. "Government Intervention and Investment Efficiency：Evidence from China." *Journal of Corporate Finance* 17（2）：259 – 71.

Chhibber, Ajay. 2015. "New World Bank Order." *The Indian Express*, April 3. http：//indianexpress. com/article/opinion/columns/new-world-bank-order/.

Chin, Gregory. 2012. "China as a 'Net Donor'：Tracking Dollars and Sense." *Cambridge Review of International Affairs* 25 4：579 – 604.

China Daily. 2013. "亚洲基建投资银行预热工程承包商的盛宴." *China Daily*, October 23. www. chinadaily. com. cn/hqcj/2013 – 10/23/content_ 17053992. htm.

Ding, Xin. 2014. "金砖五国办银行 国际话语权将更加稳固." People. cn, July 17. http：//finance. people. com. cn/bank/n/2014/0717/c202331 – 25292219. html.

DongfangRibao（《东方日报》）. 2015. "习大大杰作'一带一路'要成最大烂尾楼？" www. backchina. com/news/2015/03/30/354324. html#ixzz3WZQzMtpb.

Economy, Elizabeth and Michel Oksenberg, eds. 1999. *China Joins the World：Progress and Prospects*. New York：Council on Foreign Relations.

French, Gordon. 2014. "How Asia Should Pay for $11tn in Infrastructure Needs." Beyondbrics（*Financial Times* blog）. http：//blogs. ft. com/beyond-brics/2014/11/26/guest-post-how-asia-should-pay-for-11tn-in-infrastructure-needs/.

Fu, Feng, Linwei Ma, Zheng Li and Karen R. Polenske. 2014. "The Implications of China's Investment-driven Economy on Its Energy Consumption and Carbon Emissions." *Energy Conversion and Management* 85：573 – 80.

Helleiner, Eric. 2006. "Below the State：Micro-Level Power." In *International Monetary Power*, edited by David M. Andrews. Ithaca, NY：Cornell University Press.

Higgott, Richard. 1998. "The Asian Economic Crisis：A Study in the Politics of Resentment." *New Political Economy* 3（3）：333 – 56.

House, Brett, Hongying Wang and Miranda Xafa. 2014. "Chinese Perspectives on Sovereign Debt Restructuring." CIGI Commentary, July. www. cigionline. org/publications/chinese-perspectives-sovereign-debt-restructuring.

Hu, Shuli. 2013. "China Will Benefit from Investing in Others' Infrastructure Development." *South China Morning Post*, December 4. www. scmp. com/comment/

insight-opinion/article/1372991/china-will-benefit-investing-others-infrastructure.

Huang, Zhiyong, Tan Chunzhi and Lei Xiaohua. 2013. "筹建亚洲基础设施投资银行的基本思路及对策建议."《东南亚纵横》, 第10期. http://mall.cnki.net/magazine/Article/DLYZ201310001.htm.

Hung, Ho-fung. 2015. "China Steps Back." *The New York Times*, April 5. www.nytimes.com/2015/04/06/opinion/china-steps-back.html.

Institute of International Relations (China). 2014. 中国国家安全研究报告.

Jiang, Yang. 2010. "Response and Responsibility: China in East Asian Financial Cooperation." *The Pacific Review* 23 (5): 603–23.

Johnston, A. I. 2013. "How New and Assertive Is China's New Assertiveness?" *International Security* 37 (4): 7–48.

Li, Wei. 2012. "东亚货币秩序的政治基础——从单一主导到共同领导."《当代亚太》, 第6期.

——2015. "亚投行展示大国金融崛起的抱负." http://opinion.china.com.cn/opinion_51_124751.html.

Lou, Jiwei. 2014. "加快筹建亚洲基础设施投资银行."《新商务周刊》, 第3期.

Lu, Jing. 2013. "后危机时期金砖国家合作战略探析." www.cctb.net/llyj/lldt/qqzl/201405/t20140530_307988.htm.

Merry, Brian. 2015. "Will China's New Bank Shift the Global Balance of Power?" Atlantic Council of Canada. March 25. http://natocouncil.ca/will-chinas-new-bank-shift-the-global-balance-of-power/.

Ministry of Finance of the PRC. 2014. "楼继伟谈亚洲基础设施投资银行筹建情况." www.mof.gov.cn/zhengwuxinxi/caizhengxinwen/201404/t20140411_1066633.html.

Ministry of Foreign Affairs. 2015. "2015年3月17日外交部发言人洪磊主持例行记者会." www.fmprc.gov.cn/mfa_chn/fyrbt_602243/t1246296.shtml.

Naim, Moises. 2009. "Minilateralism: The Magic Number to Get Real International Action." *Foreign Policy* 173 (July-August): 135–36.

O'Neill, Jim. 2013. "So What Do the BRICS Countries Want from Their New Development Bank?" *The Independent*, August 8. www.independent.co.uk/news/business/comment/jim-oneill-so-what-do-the-brics-countries-want-from-their-new-development-bank-8751204.html.

Perlez, Jane. 2014. "U.S. Opposing China's Answer to World Bank." *The New*

York Times, October 9. www. nytimes. com/2014/10/10/world/asia/chinas-plan-for-regional-development-bank-runs-into-us-opposition. html? _ r = 0.

Pettis, Michael. 2014. *The Great Rebalancing: Trade, Conflict, and the Perilous Road ahead for the World Economy*. Princeton, NJ: Princeton University Press.

—— 2015. "Will the AIIB One Day Matter?" http://blog. mpettis. com/2015/04/will-the-aiib-one-day-matter/.

Reich, Arie. 1997. "The New GATT Agreement on Government Procurement — The Pitfalls of Plurilateralism and Strict Reciprocity." *Journal of World Trade* 31 (2): 125 – 51.

Roberts, Ivan and Anthony Rush. 2012. "Understanding China's Demand for Resource Imports." *China Economic Review* 23 (3): 566 – 79.

Runde, Daniel. 2014. "The BRICS Bank, Bretton Woods and U. S. Disengagement." *Foreign Policy*, July 20. http://shadow. foreignpolicy. com/posts/2014/07/20/the_ brics_ bank_ bretton_ woods_ and_ us_ disengagement.

Shambaugh, David. 2011. "Coping with a Conflicted China." *The Washington Quarterly* 34 (1): 7 – 27.

Shen, Qing. 2015. "AIIB, A Paradigm Power Shift." Xinhuanet, March 31. http://news. xinhuanet. com/english/2015 – 03/31/c_ 134114065. htm.

Steil, Ben. 2014. "The BRICS Bank Is a Feeble Strike against Dollar Hegemony." *Financial Times*, October 1. www. ft. com/intl/cms/s/0/3c84425c – 48a9 – 11e4 – 9d04 – 00144feab7de. html#axzz3GzQBjTXf.

Strange, Susan. 1987. "The Persistent Myth of Lost Hegemony." *International Organization* 41: 551 – 74.

Summers, Larry. 2015. "Time US Leadership Woke Up to New Economic Era." http://larrysummers. com/2015/04/05/time-us-leadership-woke-up-to-new-economic-era/.

Sun, Xingjie. 2014. "亚投行的前景与挑战."《中国经济和信息化》, 第10期.

Tang, Lingxiao. 2014. "金砖国家开发银行成立的现实动因." www. qstheory. cn/freely/2014 – 08/20/c_ 1112156491. htm.

Vestergaard, Jakob and Robert H. Wade. 2013. "Protecting Power: How WesternStates Retain the Dominant Voice in the World Bank's Governance." *World Development* 46: 153 – 64.

Von Sant, Shannon. 2014. "BRICS Bank Viewed as IMF Competitor." Voice of America, August 12. www.voanews.com/content/brics-launches-new-development-bank/2410633.html.

Wade, Robert and Frank Veneroso. 1998. "The Asian Crisis: The High Debt Model v. the Wall Street-Treasury-IMF Complex." *New Left Review* 228: 3–23.

Wang, Dan and Fengling Lu. 2012. "人民银行货币互换实践."《中国金融》, 第4期.

Wang, Hongying. 2014a. *China and Sovereign Debt Restructuring*. CIGI Papers no. 45, September 29. www.cigionline.org/publications/china-and-sovereign-debt-restructuring.

—— 2014b. "The Limits of the Exchange Rate Weapon in Addressing China's Role in Global Imbalance." In *The Great Wall of Money: Power and Politics in China's International Monetary Relations*, edited by Eric Helleiner and Jonathan Kirshner, 99–126. Ithaca, NY: Cornell University Press.

Wang, Hongying and Erik French. 2013. "China's Participation in Global Governance from a Comparative Perspective." *Asia Policy* 15 (1): 89–114.

—— 2014. "China in Global Economic Governance." *Asian Economic Policy Review* 9 (2): 254–71.

Wang, Jisi. 2011a. "中国的国际定位问题与'韬光养晦、有所作为'的战略思想."《国际问题研究》, 第2期, www.ciis.org.cn/gyzz/download/201102/20110202.pdf.

—— 2011b. "China's Search for a Grand Strategy—A Rising Great Power Finds its Way." *Foreign Affairs* 90: 68–79.

Xia, Nan. 2015. "从跟跑者到领跑者：见证中国的大国领导力." http://www.qstheory.cn/wp/2015-03/29/m_1114799271.htm.

Xinhua. 2014a. "央行：应急储备安排提高金砖国家国际话语权." Xinhua, July 17. http://rmb.xinhua08.com/a/20140717/1357690.shtml.

—— 2014b. "王毅：加强10+3合作，推进东亚共同体建设." Xinhua, August 10. http://news.xinhuanet.com/world/2014-08/10/c_1112007246.htm.

—— 2014c. "亚投行筹备组组长：亚洲基础设施投资供求不匹配." Xinhua, June 29. http://news.xinhuanet.com/fortune/2014-06/29/c_1111368289.htm.

—— 2014d. "金砖银行离我们的生活并不远." Xinhua, July 18. http://news.xinhuanet.com/finance/2014-07/18/c_1111687837.htm.

——2014e."楼继伟：设立亚投行是多赢之举中方出资不一定非达50%."Xinhua, July 3. http：//news.xinhuanet.com/fortune/2014-07/03/c_1111448768.htm.

Xu, Bei. 2014."良好的开端'金砖四国'要求更多话语权."http：//e-magazine.bjreview.com/VOL_003/03_N_c.html.

Ye, Hailin. 2014."中国实施"小多边"对外战略打造权势中心."www.ccwe.org.cn/ccwenew/upfile/file/zhongguoshishi.pdf.

Yi, Gang. 2011."全面参与国际金融体系改革提高中国话语权）."www.pbc.gov.cn/publish/hanglingdao/63/2011/20110113182233985864603/20110113182233985864603_.html.

Zhang, Han. 2015."亚投行今年秋天向全球公开招聘顾问团."http：//news.china.com/domesticgd/10000159/20150406/19482412_all.html#page_2.

Zhang, Zhongkai. 2015. "The World Votes for AIIB, New Economic Order." Xinhuanet, April 1. http：//news.xinhuanet.com/english/2015-04-01/c_134116630.htm.

Zheng, Yangpeng. 2015. "China Gets 30% Stake in AIIB as Bank Takes Shape." *China Daily*, June 29. http：//usa.chinadaily.com.cn/china/2015-06/29/content_21132838.htm.

Zhou, Xiaochuan. 2012. 走出危机僵局需要设计新的激励机制：在中国金融四十人论坛上的讲话．www.pbc.gov.cn/publish/goutongjiaoliu/524/2012/20120919181848888417176/20120919181848888417176_.html.

——2014. "Statement by the Honorable Zhou Xiaochuan, Governor of the IMF for China to the Thirtieth Meeting of the International Monetary and Financial Committee." Washington, DC, October 11. www.imf.org/External/AM/2014/imfc/statement/eng/chn.pdf.

Zhu, Jiejin. 2014."金砖国家合作机制的转型."《国际观察》，第3期．www.chinareform.org.cn/open/governance/201408/t20140826_205298.htm.

结　　论

多梅尼科·隆巴迪　王红缨

中国在国际金融和货币体系的崛起已经成为 21 世纪的一个重大事件。本书探讨了这一进程背后的问题，特别是关于人民币国际化、金融部门的发展以及更广泛意义上中国在国际金融治理中不断演变的作用。本书的作者都集中于不同的问题，并在其研究中运用了多种方法。虽然他们并不总是相互认同，但他们撰写的章节探讨了一些对于理解中国在国际金融和货币体系中的作用来说至关重要的常见问题。在这些问题中，有四个特别值得强调：国际金融权力的复杂性质和来源、中国对现有的金融和货币秩序的态度、中国的对外金融政策与国内政治经济之间的联系以及中国在国际金融体系中崛起的独特性。

国际金融权力的性质和来源

权力概念的不确定性是众所周知的。很多人将权力等同于影响。罗伯特·达尔（Robert Dahl 1957，202—203）的经典定义为："A 对 B 的权力达到 A 迫使 B 做某事的程度，而反过来 B 却不能这样做，这就叫权力。"不过，一些人则认为，权力并不仅仅意味着影响他人的能力，因为它也意味着单方面行动的能力，也就是说，不会受到他人的影响（Carroll 1972）。换句话说，有权力支配他人，并有权力自主行动。学者们还试图区分各种类型的权力，例如直接权力和间接权力、积极权力和消极权力、关系性权力和结构性权力以及硬权力和软权力（Bachrach and Baratz 1962，Lukes 1974，Strange 1988，Nye 2004）。权力的概念仍然是一个重要而有争议的研究问题（参见 Baldwin 2013，Cohen 2015）。正如一些感叹，"越是深入探讨权力问题，权力的概念就变得越发模糊"（Reich and Lebow 2014）。

金融和货币权力的含义更加不成熟。本杰明·科恩（Cohen 2015）在其新书中评论说，许多学者认为金融和货币权力的概念是理所当然的，使用这一概念时无须界定。他参考了试图评估金融和货币权力方面的研究（参见 Armijo, Mühlich and Tirone 2014；Norrlof 2014），并认为，"那些指标忽略了战略考虑或政治背景。他们几乎没有告诉我们能力如何可能或不可能会转化为影响力"（Cohen 2015，第3章）。

我们同意科恩的说法，并认为权力远远超出可量化的资源，而其产生的背景非常重要。以中国的经济规模为基础对其金融和货币权力展开设想，中国在全球贸易中的份额及其庞大的外汇储备已经众所周知。事实上，本书强调了在这些方面中国日益增长的重要性。然而，正如本书有几章所认为的那样，这些因素是否有助于提升中国的金融和货币权力，究竟是否给中国带来了收益，仍有待观察。中国日益增长的经济和金融资源与中国在国际金融和货币体系中的自主权和影响力之间存在一对一的正映射是非常值得怀疑的。

沿着这些思路，斯图尔特·布朗和王红缨的研究表明，近年来中国的净债权国地位并没有像人们所预期的那样给中国带来一些金融收益或的政治影响力。他们对中国的净国际投资头寸（NIIP）和净投资收入（NII）进行了区分。虽然21世纪初期以来中国已经成为一个净债权国，拥有规模庞大的正净国际投资头寸，但其净投资收入一直处于亏损状态。布朗和王红缨认为，产生这种矛盾的一个因素源自中国庞大官方外汇储备的回报率较低。

沿着同样的思路，贝丝玛·莫曼尼和大卫·肯普索恩指出，中国经济实力的通常指标并没有在国际金融机构中带来更大的发言权或影响力。莫曼尼认为，虽然中国在国际货币基金组织的作用有所增加，但只是在治理和决策方面取得显著的进展。这是否可以解释为中国不愿意获取更多的权力，或者西方国家拒绝给予中国更大的影响力，莫曼尼对此进行了探讨。肯普索恩同样探讨了中国与金融标准制定机构之间的关系，并得出结论认为，中国还没有产生任何重大影响。他认为，这源于中国相对于美国和欧盟来说在全球金融市场中缺乏结构性力量。此外，中国缺乏足够的管理经验，以推进自身金融监管偏好。与莫曼尼一样，肯普索恩还认为，目前尚不清楚中国是否一直渴望增加其在金融监管标准制定方面的影响力。

这些研究发现，尽管拥有庞大规模的国内生产总值、贸易额和外国资产，但中国的金融和货币权力非常有限。中国有限的金融和货币权力与美国经久不衰的结构性权力形成了对比，后者也构成了导致前者的部分原因，而美国的权力源于美元在世界及其金融市场的深度和开放度上的主导作用。中国的情况为金融和货币权力的含义和来源提供很多新的内容，回应了科恩呼吁超越可量化的措施，并考虑金融和货币关系的特定背景。

中国对现行国际金融秩序的态度

关于中国在全球经济中的崛起，一个被广泛讨论的问题是，中国是现有国际秩序的挑战者还是支持者。有些学者从现实主义尤其是结构现实主义的角度来看，坚信中国的崛起必然会对现行的国际秩序构成威胁。例如，约翰·米尔斯海默（Mearsheimer 2001）认为，包括中国在内的所有崛起大国都会寻求霸权，为此它们将向当前的霸权国（以及暗含的当前霸权国主导的国际体系）采取进攻性的行动。亚伦·弗里德伯格（Friedberg 2005）认为，一个现实主义者不言自明地必定对中国的崛起持悲观态度，因为它变得更加强大，就会相应地变得更加雄心勃勃，从而挑战现状。一些借鉴自由主义与古典现实主义见解的学者则较为乐观地认为现行的国际秩序能容纳中国和其他新兴大国。例如，约翰·艾肯伯里（G. John Ikenberry 2008）认为，现有的自由秩序以规则为基础，并向后来者开放。这样，对于现有国际秩序来说，加入容易推翻难。因此，它能够吸收中国这样的崛起大国。例如，乔纳森·科什纳（Jonathan Kirshner 2010）认为，尽管中国的崛起可能对现有国际体系构成威胁，但这种结果并不是预先确定的；很大程度上取决于中国的国内政治辩论如何发展以及国际社会如何回应中国的崛起。

关于中国对现行的国际金融和货币秩序的态度，本书的一些章节提供了细致入微的分析。胡安·卡洛斯·马丁内斯·奥利瓦认为，中国不谋求在全球范围内挑战美元的地位，但对建立区域领导地位感兴趣。他承认，国际货币发行国历来都与权力有关。从这个意义上讲，马丁内斯·奥利瓦认为，中国正在利用人民币国际化来增加其在东亚地区的权力，并同时加强对这一地区所有国家的支持和友谊。在此过程中，中国并没有终结现行的国际秩序，而是通过与这一地区邻国分享共同的经济利益巩固了现行秩序。与马丁内斯·奥利瓦类似，何兴强认为，中国认识到其作为补充现有国际货币秩序的角色，尤其是涉及二十国集团（G20）。他认为，从总体上看，中国一直是G20的主要支持者，即便它不时地批评这一机制。他补充说，在G20范围内，中国打算成为一个规则跟随者，而不是挑战者，致力于改善它与成员国的关系以及在国际舞台上获得政治声誉。

与之相似，肯普索恩指出，中国加入各类金融标准制定机构本身并不意味着中国在这些机构中的影响力，并且事实上，中国在大多数的监管问题上一直是模型规则的追随者。他认为，这源于这样一种事实，中国认为现行金融监管框架的价值在于能促进中国国内金融市场的活力和稳定性。同样，在关于中国参与传统多边金融组织之外的小多边金融机构的论述中，王红缨认为中国一直意在改革而不是推翻现有的金融秩序。她认为，中国和其他发展中经济体已对布雷顿森林机构缓慢的改革步伐感到沮丧。通过建立新的金融机构，它们寻求采用"倒逼压力"来促进这些传统机构的变化，而不是要取代这些传统机构。关于新的机构与布雷顿森林机构之间合作，中国已显示出明确的和一贯的兴趣。

总之，这些研究描述了中国对现有国际秩序的方方面面存在的矛盾心理，中国努力推动改革，但远没有寻求以一个全新的秩序来取代

结 论

它。本书的一些作者遵循自由主义的观点,并强调现行秩序在本质上的开放性和灵活性。然而,另外的一些作者采取的古典现实主义方法,强调中国与国际金融和货币秩序关系的偶然性,有赖于综合考虑国内因素和国际因素。但是,所有作者都不赞同结构现实主义的观点,即中国的崛起必然威胁现行国际体系。

布朗和王红缨指出,中国持有的外国资产大部分以美元计价。有人可能会天真地认为,这一状况会赋予中国在美国宏观经济话语中一些政治影响力。但是,作者认为,中国并没有对美国的这些问题产生任何显著的影响,它的净债权国地位反而使其屈服于美国在国际资本市场中的结构性权力。中国的国际债权国地位未能得到人们所预期的经济报酬和切实的政治影响力。正如前面提到的两章所认为的那样,中国大规模持有外国资产,至少对美国资产来说是如此,近年来已经成为一种负担,既产生了经济损失,也使中国更容易受到美国政策的影响。

国内—国际联动

关于国际政治经济的传统学术研究通常忽视国内动力。然而,在最近的数十年中,这种情况已经得以改变。20 世纪 80 年代,国际贸易领域的学者开始注意到国内资源与对外贸易和贸易政策的影响,突出了政治体制和联盟政治发挥的核心作用(参见 Milner 1988, Rogowski 1989)。很快,一些研究国际投资和金融学者也加入其中(参见 Frieden 1991, Haggard and Maxfield 1996, Kirshner 2003)。随着时间的推移,关于国际政治经济以及事实上更为普遍的国际关系的学术研究日益认识到,国际关系与国内政治是不可分割的,由此产生了外交的双层博弈(Putnam 1988)。

关于中国的研究更是受到国内政治与外交政策之间相互作用的影响。在过去大约十年中,越来越多的中国对外关系研究已经考虑到国内政治中的作用(参见 Lampton 2001, Lai 2010, Zhao 2013)。这一方面的学术研究表明了领导权力斗争、官僚政治竞争、利益集团政治和

· 359 ·

公众舆论在塑造中国外交政策上的重要性。在较小程度上，学者们还探讨了中国与外部世界互动的国内影响。例如，一些研究阐述了中国的对外经济关系对其国内经济改革的影响（Moore 2002，Steinfeld 2010）。

本书的许多章节直接讨论了中国有关国际金融和货币体系的政策和行为的国内—国际联系。这一联动关系是双重的。一方面，它涉及中国对外金融政策的国内根源。许多作者解释了不同利益集团之间的争斗以及完善的国内政治和经济制度如何塑造中国的对外金融政策。另一方面，国内国际联动是指中国对外金融政策的国内后果。有几章探讨了中国对外金融政策对国内经济和社会的影响，不管是有意的还是无意的。

在何兴强和大卫·斯坦伯格的研究中，利益集团政治是塑造货币国际化、汇率和资本账户开放等中国对外金融政策的关键。何光强认为，中国人民银行将推动人民币国际化作为寻求国内经济改革的一种方式，特别是克服国内利益集团和官僚政治阻力的方式。斯坦伯格讨论了在外汇和储备政策上改革倡导者和反对者之间复杂的权力斗争，特别是制造业，它们从当前的经济政策中持续获益。根据这种观点，中国对外金融政策的运行轨道依赖于国内不同利益集团之间的相互作用。

本书还探讨了中国对外金融政策特别是人民币国际化和人民币汇率的后果。徐奇渊在所撰写的章节中分析了人民币国际化对中国经济和金融体系带来的各种影响。

总之，本书凸显了国内政治与对外政策的双向影响，巩固了通过"第二意象"（second image）和"颠倒的第二意象"（second image reversed）的视角研究国际关系的优点（Waltz 1959，Gourevitch 1978）。事实上，中国参与国际金融体系为探讨国际政治经济与国内利益、制度和政策之间的复杂联系提供了令人关注的新机会。

中国金融崛起的特殊性

中国官员喜欢强调其政策的"中国特色"，包括中国如何与全球

结 论

经济的其他部分发生联系。在某些方面，中国在国际金融和货币体系的崛起确实是一个独特的现象。不同于以往的崛起中的金融大国，中国是一个发展中国家，根据国际标准其人口仍然非常贫穷。结构现实主义者在国家政策的分析中低估国家特征的作用。但研究国际货币关系的其他学者都非常关注独特的中国特色的影响，包括中国独特的经济和政治体制，并关注这些特色会如何影响中国在国际金融领域的崛起。

在早先的研究中，巴里·艾肯格林（Eichengreen 2013）指出，19世纪和20世纪的国际储备货币——英镑和美元——是民主国家的货币。由于其公民能够限制专制行为，这些国家的政策环境相对稳定和可预测，它们鼓励私人投资者持有其货币。科恩（Cohen 2014）以德意志或德国马克、日元和欧元为例，对第二次世界大战后的金融大国及其货币国际化尝试进行了比较研究并指出，这些国家都具有民主的政治制度、强有力的产权保护和法治。而中国在人民币国际化之路上能够走多远仍是一个大问题。

本书的几位作者综合了历史和比较方法来研究中国在国际金融和货币体系的作用。作为对上述研究的呼应，马丁内斯·奥利瓦和艾肯格林在其关于人民币国际化的研究中都涉及货币国际化的早期案例，并追溯到罗马和西班牙帝国以及更近的英国和美国经验。日耳曼和施瓦茨所撰写的一章提供了最明确和广泛的历史比较。他们关于英镑和美元国际化的政治背景的详细讨论表明，民主政治进程在补偿货币发行国中的受损者方面起到了至关重要的作用。刘东民将中国与世界其他地区的债券市场进行了比较，尤其美国的债券市场。他认为，中国债券市场的独特特征，比如规模小、不同的期限结构和分段监管制度，阻碍了国际化进程，这反过来又限制了人民币的国际化。

关于另一个相关的问题，斯坦伯格的结论是，中国独特的政治和经济结构使其在制定对外金融政策时的行为与其他金融大国完全不同。莫曼尼、肯普索恩和王红缨撰写的章节都提到中国在国际金融体系中独特的双重身份，它既是一个发展中国家，也是一个重要的金融大国，这已导致中国在各种国际治理问题上的含糊立场。这些不合常理的特征如何促进中国在国际金融和货币体系中的崛起是一个值得进一步研究的有意思的问题。

展望未来，我们意识到中国在国际金融体系中角色演进的一系列可能情景。在理想的情景下，成功的国内改革与合理的国际融入相结合将有可能促进中国崛起成为国际体系中负责任的和有效的共同领导者。在最坏的情景下，由于金融自由化的管理不善和/或结构改革的长期拖延，中国可能面临巨大的国内金融和经济危机。考虑到中国经济的规模，这可能会动摇国际金融体系。在这种情况下，中国和世界其他国家都可能面临严重的经济乃至政治挑战。然而，更可能的情景是处于这两个极端之间。正如大多数作者所指出的，通过支持和反对改革的力量之间的竞争和斗争，中国正朝着金融部门开放和经济再平衡的方向谨慎缓慢前进。尽管国际金融领域占主导地位的大国在整合中国在新改革的全球治理安排中的抱负上仍持消极态度，但国际社会已勉强开始接受中国崛起的现实。

参考文献

Armijo, Leslie E., Laurissa Mühlich and Daniel C. Tirone. 2014. "The Systemic Financial Importance of Emerging Powers." *Journal of Policy Modeling* 36 (Supplement 1): S67 - S88.

Bachrach, Peter and Morton S. Baratz. 1962. "Two Faces of Power." *American Political Science Review* 56 (4): 947 - 52.

Baldwin, David A. 2013. "Power and International Relations." In *Handbook of International Relations*, edited by Walter Carlsnaes, Thomas Risse and Beth A. Simmons, 273 - 97. 2nd edition. Los Angeles, CA: Sage Publications.

Carroll, Berenice A. 1972. "Peace Research: The Cult of Power." *Journal of Conflict Resolution* 16 (4): 585 - 616.

Cohen, Benjamin J. 2014. "Will History Repeat Itself? Lessons for the Yuan." Asian Development Bank Institute. www.adbi.org/files/2014.01.17.wp453.will.history.repeat.itself.lessons.yuan.pdf.

——2015. *Currency Power: Understanding Monetary Rivalry*. Princeton, NJ:

Princeton University Press.

Dahl, Robert A. 1957. "The Concept of Power." *Behavioral Science* 2: 201 – 15.

Eichengreen, Barry. 2013. "ADB Distinguished Lecture Renminbi Internationalization: Tempest in a Teapot?" *Asian Development Review* 30 (1): 148 – 64.

Friedberg, Aaron. 2005. "The Future of U. S. – China Relations: Is Conflict Inevitable?" *International Security* 30 (2): 7 – 45.

Frieden, Jeffry A. 1991. "Invested Interests: The Politics of National Economic Policies in a World of Global Finance." *International Organization* 45 (04): 425 – 51.

Gourevitch, Peter. 1978. "The Second Image Reversed: The International Sources of Domestic Politics." *International Organization* 32 (4): 881 – 912.

Haggard, Stephan and Sylvia Maxfield. 1996. "The Political Economy of Financial Internationalization in the Developing World." *International Organization* 50 (1): 35 – 68.

Ikenberry, G. John. 2008. "The Rise of China and the Future of the West: Can the Liberal System Survive?" *Foreign Affairs* (January/February): 23 – 37.

Kirshner, Jonathan, ed. 2003. *Monetary Orders: Ambiguous Economics, Ubiquitous Politics*. Ithaca, NY: Cornell University Press.

Kirshner, Jonathan. 2010. "The Tragedy of Offensive Realism: Classical Realism and the Rise of China." *European Journal of International Relations* 18 (1): 53 – 75.

Lai, Hongyi. 2010. *The Domestic Sources of China's Foreign Policy: Regimes, Leadership, Priorities and Process*. Oxford: Routledge.

Lampton, David M. 2001. *The Making of Chinese Foreign and Security Policy in the Era of Reform*, 1978 – 2000. Redwood City, CA: Stanford University Press.

Lukes, Steven. 1974. *Power: A Radical View*. London: Macmillan.

Mearsheimer, John. 2001. *The Tragedy of Great Power Politics*. New York, NY: Norton.

Milner, Helen V. 1988. *Resisting Protectionism: Global Industries and the Politics of International Trade*. Princeton, NJ: Princeton University Press.

Moore, Thomas Geoffrey. 2002. *China in the World Market: Chinese Industry and International Sources of Reform in the Post-Mao Era*. Cambridge: Cambridge University Press.

Norrlof, Carla. 2014. "Dollar Hegemony: A Power Analysis." *Review of Interna-

tional Political Economy 21 (5): 1042 – 70.

Nye, Joseph S. 2004. *Soft Power: The Means to Success in World Politics.* New York, NY: PublicAffairs.

Putnam, Robert D. 1988. "Diplomacy and Domestic Politics: The Logic of Two-level Games." *International Organization* 42 (3): 427 – 60.

Reich, Simon and Richard Ned Lebow. 2014. *Good-Bye Hegemony! Power and Influence in the Global System.* Princeton, NJ: Princeton University Press.

Rogowski, Ronald. 1989. *Commerce and Coalitions: How Trade Affects Domestic Political Alignments.* Princeton, NJ: Princeton University Press.

Steinfeld, Edward S. 2010. *Playing Our Game: Why China's Rise Doesn't Threaten the West.* New York, NY: Oxford University Press.

Strange, Susan. 1988. *States and Markets.* London: Pinter Publishers.

Waltz, Kenneth. 2001. *Man, the State, and War: A Theoretical Analysis.* New York, NY: Columbia University Press.

Zhao, Suisheng. 2013. "Foreign Policy Implications of Chinese Nationalism Revisited: The Strident Turn." *Journal of Contemporary China* 22 (82): 535 – 53.

缩略语

ABMI 亚洲债券市场倡议

ADB 亚洲开发银行

AIIB 亚洲基础设施投资银行

AMCs 资产管理公司

APEC 亚太经济合作组织

APT 东盟与中日韩（10+3）

ASEAN 东南亚国家联盟（东盟）

BCBS 巴塞尔银行监管委员会

BRIC 巴西、俄罗斯、印度和中国

BRICS 巴西、俄罗斯、印度、中国和南非

CA 经常账户

CBRC 中国银行业监督管理委员会（中国银监会）

CMI《清迈倡议》

CMIM《清迈协议多边化协议》

CNH 离岸人民币市场

CNY 在岸人民币市场

CPC 中国共产党

CPSS 支付清算系统委员会

CRA 应急储备安排

CRD 资本要求指令与监管

ECB 欧洲央行

EER 外部扩张率
ERPT 汇率传递
Ex-Im 进出口
FDI 外商直接投资
FSAP 金融部门评估规划
FSB 金融稳定委员会
FSF 金融稳定论坛
FTA 自由贸易协定
FTA 自由贸易账户
FTN 非居民自由贸易账户
FX 外汇
G7 七国集团
G8 八国集团
G10 十国集团
G20 二十国集团
GFC 全球金融危机
IASB 国际会计准则理事会
ICBC 中国工商银行
IMF 国际货币基金组织
IMFC 国际货币与金融委员会
IOSCO 国际证券事务监察委员会组织（国际证监会组织）
IPE 国际政治经济学
JODI 联合组织数据倡议
MAP 相互评估程序
MBS 抵押支持证券
MMF 货币市场基金
MNC 跨国公司
MoC 商务部
MoF 财政部
MoFA 外交部

NDB 新开发银行

NDRC 国家发展和改革委员会

NII 净投资收益

NIIP 净国际投资头寸

NPC 全国人民代表大会

NPL 不良贷款

OCLGFEA 中央财经领导小组办公室

ODI 海外直接投资

OTC 场外交易

PBoC 中国人民银行

PLA 人民解放军

PPP 购买力平价

PRC 中华人民共和国

PTM 依市定价

QDII 合格境内机构投资者

QE 量化宽松

QFII 合格境外机构投资者

RMB 人民币

ROSC《关于遵守标准和守则的报告》

RQFII 人民币合格境外机构投资者

RRR 存款准备金率

S&P 标准普尔

SAFE 国家外汇管理局

SASAC 国有资产监督管理委员会

SCO 上海合作组织

SCSRC 监管合作常务委员会

SDRs 特别提款权

SFTZ 上海自由贸易与金融区

SIFMA 证券业和金融市场协会

SOE 国有企业

SSBs 标准设立机构
SWIFT 环球银行金融电信协会
TFP 全要素生产率
TPP《跨太平洋伙伴关系协定》
TTIP《跨大西洋贸易和投资伙伴协定》
WMP 理财产品
WTO 世界贸易组织

作者简介

斯图尔特·布朗（Stuart S. Brown），美国雪城大学（Syracuse University）麦克斯韦尔公民和公共事务学院公共管理和国际事务教授。除了在乔治敦大学和史密斯学院担任学术职务外，还曾担任国际货币基金组织（IMF）的经济学家，法国巴黎银行（BNP-Paribas）东欧、非洲和中东地区事务首席经济学家和美国银行首席经济学家。在转型经济体方面的著述广泛，最新著作为帕尔格雷夫·麦克米兰出版公司（Palgrave Macmillan）出版的《美国全球权力的未来：衰落的幻影》。

刘东民，中国社会科学院世界经济与政治研究所国际金融研究室主任、副研究员。在中国社会科学院研究生院获博士学位，清华大学获硕士和学士学位。发表多篇学术论文和政策报告，出版多部著作。研究领域包括国际货币体系改革、人民币国际化、亚洲基础设施投资银行和金砖国家新开发银行、影子银行体系、金融监管和中国的金融中心建设。

巴里·艾肯格林（Barry Eichengreen），加拿大国际治理创新中心（CIGI）高级研究员。1987年起在加州大学伯克利分校任教，现为该校政治学教授、乔治·帕蒂（George C. Pardee）与海伦·帕蒂（Helen N. Pardee）经济学讲席教授。兼任美国国家经济研究局（位于马萨诸塞州剑桥市）研究助理和经济政策研究中心（位于英国伦敦市）研究员。1997—1998年，曾任IMF高级政策顾问。1997年当选为美国艺术与科学学院院士。在CIGI，艾肯格林的研究主要集中于人民币国际化，包括区域化和成熟国际化的比较分析。

兰德尔·日耳曼（Randall Germain），加拿大卡尔顿大学政治学教授，教学和研究集中于全球金融的政治经济学、经济和金融治理相关的问题与主题以及国际政治经济学领域的理论方面。最新著作为《全球政治和金融治理》（帕尔格雷夫·麦克米兰出版公司2010年版）。

何兴强（Alex He），加拿大CIGI访问学者，中国社会科学院（CASS）美国研究所研究员、副教授。在CIGI，重点关注中国利益集团政治及其在中国对外经济政策制定中的作用、中国和二十国集团以及中国与全球经济治理等领域的研究。曾与人合著《中美关系史》一书，并发表了数十篇中英文学术论文和著作章节，还为中国的一些主流杂志和报纸定期撰写国际事务方面的评论文章。在中国社会科学院研究生院获国际政治专业博士学位。攻读博士学位之前，曾在云南省玉溪师范学院讲授国际关系课程。

大卫·肯普索恩（David Kempthorne），2013年9月起在加拿大CIGI任职并担任全球经济项目研究员。在新西兰奥塔哥大学获政治学学士学位（荣誉）和硕士学位，加拿大贝尔斯利国际事务学院获全球治理博士学位。研究主要集中于金融监管改革以及负责制定国际金融标准的国际机构，尤其是金融稳定委员会。

多梅尼科·隆巴迪（Domenico Lombardi），加拿大CIGI全球经济项目主任。此前曾为IMF和世界银行集团执行董事会成员。杰出的职业生涯包括在IMF和世界银行等主要国际金融机构执行董事会任职，学术兴趣集中于全球经济与货币、全球治理、二十国集团与国际金融货币体系改革，研究成果被广泛发表在同行评审学术期刊以及政策出版物。

胡安·卡洛斯·马丁内斯·奥利瓦（Juan Carlos Martinez Oliva），意大利银行经济、统计和研究部主任，中国人民大学国际货币研究所学术委员会委员。曾为经济合作与发展组织（OECD）和欧共体常设委员会及工作组成员、IMF执行董事会成员以及意大利经济部长特别经济顾问。2010—2013年在美国华盛顿特区彼得森国际经济研究所做访问学者。2012年成为意大利国际关系学会会员。曾为加州大学伯克利分校访问学者，意大利多所大学访问教授和常任客座讲师，定期参与亚太经济协会的活动并负责学术活动的组织工作。撰写或编著多部（篇）有关计量国际经济学、货币和汇率政策、区域货币一体化、经济史和地缘政治学方面的书籍，同行评审期刊论文和博客文章。因其杰出的职业表现，2010年被授予意大利共和国骑士勋章。

贝丝玛·莫曼尼（Bessma Momani），加拿大CIGI高级研究员，侧重于国际政治经济学研究的政治学博士，加拿大贝尔斯利国际事务学院和滑铁卢大学副教授。曾为乔治敦大学莫尔塔拉（Mortara）研究中心访问学者和布鲁金斯学会非常驻研究员，皮埃尔·埃利奥特·特鲁多基金会2015年度学者和富布赖特学者。撰写和合作编写了8本书、60余篇同行评审期刊学术论文和书籍章节，探讨了IMF、中东地区以及阿拉伯海湾和中东地区经济自由化方面的问题。目前，在加拿大社会科学与人文研究理事会（SSHRC）的资助下从事IMF和世界银行合作方面的研究，此前曾获该理事会的两项资助从事IMF执行董事会改革和中东城市化方面的研究。

赫尔曼·马克·施瓦茨（Herman Mark Schwartz），美国弗吉尼亚大学政治系教授。撰写了40余篇论文和书籍章节，撰写或合编多部关于经济发展、全球化、丹麦福利国家、就业政策、住房金融的政治学和全球金融危机方面的书籍，最新著作为《次贷国家：美国权力、全球资本与房地产泡沫》（康奈尔大学出版社2009年版）。曾为富布赖特学者以及丹麦奥胡斯大学、加拿大卡尔加里大学、荷兰奈梅亨大学、韩国首尔庆熙大学、挪威奥斯陆管理学院和伦敦城市大学访问学者。

大卫·A. 斯坦伯格（David A. Steinberg），约翰·霍普金斯大学高级国际研究学院国际政治经济学助理教授，著有《苛刻的贬值：发展中世界的汇率政治》（康奈尔大学出版社2015年版）一书，在 *Comparative Political Studies*, *International Studies Quarterly* 和 *World Politics* 等刊物上发表多篇论文。

王红缨，加拿大CIGI高级研究员，滑铁卢大学政治学副教授，研究专长包括国际政治经济学、中国政治和中国对外政策。著有

《软弱的国度、强大的网络:中国对外直接投资的体制动力》(牛津大学出版社 2001 年版)一书,并在 *Asian Survey*, *China Quarterly*, *Global Governance*, *Journal of Contemporary China*, *Review of International Political Economy* 和 *Third World Quarterly* 等期刊发表多篇论文。目前正从事全球经济治理中塑造中国角色的国内和国际政治因素方面的研究。此前在美国雪城大学任教,曾在麦克斯韦尔公民和公共事务学院创办东亚项目并担任项目主任。

徐奇渊,加拿大 CIGI 访问学者,中国社会科学院世界经济与政治研究所经济发展研究室主任、副研究员。在 CIGI 访问期间,主要从事人民币国际化方面的研究。2006 年以来,撰写并出版了四部关于人民币汇率和人民币国际化方面的中文著作,并发表了 30 余篇中英文学术论文和 100 余篇中英文评论文章。在东北师范大学获世界经济专业博士学位。

译 后 记

2008年国际金融危机后，国际货币金融体系改革成为全球经济治理的核心议题之一。随着中国经济实力的迅速提升，国际货币基金组织将中国视为全球系统重要性经济体，认为中国的内部经济政策会通过外溢效应对全球经济产生系统性影响。中国人民银行发布的《2017年人民币国际化报告》显示，人民币在2016年成为全球第三大贸易融资货币、第六大支付货币、第五大外汇交易货币。

为此，中国及其货币在国际货币金融体系中的地位和作用备受关注。我想这也是本书两位主编——加拿大国际治理创新中心（CIGI）全球经济项目多梅尼科·隆巴迪（Domenico Lombardi）主任和王红缨高级研究员组织编写《走进巨龙：国际金融体系中的中国》一书的重要原因之一。

近年来，学界关于中国与国际货币金融体系方面的研究论著颇多，但与现有的论著相比，本书有其鲜明的特色，并因此拥有独特的学术价值。本书是中外专家合作的结晶，也是多视角研究这一问题的良好范例。围绕本书的主题，多名中外专家对人民币国际化、中国的金融国际化以及国际金融治理中的中国等相关重大问题进行了深入探索，从经济、金融、货币以及政治视角向读者全方位展现了中国融入国际货币金融体系的背景、原因、障碍、途径和影响等。为此，我非常乐意将这一视野广阔、研究深入的著作尽早介绍给中国读者。

在翻译过程中，我与本书主编王红缨老师及CIGI访问学者何兴强（Alex He）老师进行了多次交流和沟通。王老师对部分译稿进行了认真审读，提出了许多建设性意见和建议，使最终的译稿避免了很多错漏；何老师也认真审读了自己撰写章节的译稿，修正了其中不恰当的表述，使译文更具可读性。乔玮、耿楠和沈陈分别参与了第五章、第六章以及第二章和第八章的初译工作，陈小勇也参与了第一章、第三章、第十章和第十二章的翻译工作。没有他们的协助，本书翻译工作的完成将会需要更长的时间。在此，对他们的辛勤付出表示衷心感谢。

  在译稿提交后，出版工作因故延迟了一年多时间。经过这一年多时间的沉淀，我们愈发感觉本书并非以时效性见长的学术快餐，而是值得认真研读和揣摩的学术精品。如今重读这部著作，发现其中的分析和判断对理解当前国际货币金融体系的演进仍然具有非常重要的参考作用。

  最后，不得不提的是，由于本书涉及领域广泛且译者水平有限，一些专业术语和部分内容的翻译定会存在诸多错漏，部分语句的表述也值得进一步推敲。在此，衷心祈望读者的批评意见，以便将来完善。

徐秀军

2017 年 12 月于北海道